江苏省集成电路产业发展研究报告

（2015 年度）

Research Report for Development of Integrated Circuit Industry of Jiangsu Province 2015

江苏省经济和信息化委员会
江 苏 省 半 导 体 行 业 协 会
编

電子工業出版社
Publishing House of Electronics Industry
北京 · BEIJING

内 容 简 介

本报告以 2015 年江苏省集成电路产业发展为主线，以产业分类营运为板块，辅以世界和中国半导体产业市场、集成电路产业发展等，在集成电路产业发展规模、市场、产品、技术、产品结构、投资兼并、产业政策环境等方面进行了研究、分析、探讨；对江苏省集成电路设计业、晶圆业、封测业、支撑业、分立器件以及与半导体相关的专用设备业、材料业和太阳能光伏业、多晶硅业进行了研究、探讨、分析，并对省内相应的城市区域集成电路产业发展、主要企业经营状况进行了研究、探讨、分析。

本报告可供各级政府部门、企事业单位作为决策参考，也可供集成电路相关领域的管理者、科技工作者阅读参考。

图书在版编目（CIP）数据

江苏省集成电路产业发展研究报告. 2015 年度 / 江苏省经济和信息化委员会，江苏省半导体行业协会编. —北京：电子工业出版社，2016.8

ISBN 978-7-121-29692-5

Ⅰ. ①江… Ⅱ. ①江… ②江… Ⅲ. ①集成电路－电子工业－产业发展－研究报告－江苏省－2015 Ⅳ. ①F426.63

中国版本图书馆 CIP 数据核字（2016）第 189521 号

策划编辑：徐蕾薇
责任编辑：赵　娜
印　　刷：北京中新伟业印刷有限公司
装　　订：北京中新伟业印刷有限公司
出版发行：电子工业出版社
北京市海淀区万寿路 173 信箱　邮编　100036
开　　本：787×1092　1/16　印张：25.75　字数：577 千字
版　　次：2016 年 8 月第 1 版
印　　次：2016 年 8 月第 1 次印刷
定　　价：198.00 元

凡所购买电子工业出版社图书有缺损问题，请向购买书店调换。若书店售缺，请与本社发行部联系，联系及邮购电话：（010）88254888，88258888。

质量投诉请发邮件至 zlts@phei.com.cn，盗版侵权举报请发邮件至 dbqq@phei.com.cn。

本书咨询联系方式：xuqw@phei.com.cn。

江苏省集成电路产业发展研究报告（2015年度）

编辑委员会

编辑人员

前　言

由于受世界经济复苏滞缓疲弱的影响，2015 年世界半导体市场呈下滑的态势，世界半导体产业销售收入由 2014 年高速增长的 9.90%，下滑到–0.20%，出乎业界的预测。

2015 年是我国“十二五”规划收官之年。在国家一系列政策引导和国内需求的拉动下，我国集成电路产业实现了平稳快速的增长，产业指标强劲提升。

江苏省委、省政府高度重视和支持本省集成电路产业的发展，在《国家集成电路产业发展推进纲要》和《中国制造 2025》的指引下，于 2015 年 6 月颁发了《省政府关于加快全省集成电路产业发展的意见》（苏政发〔2015〕71 号），明确提出了加快发展江苏省集成电路产业的目标和要求，颁布了一系列支持本省集成电路产业发展的政策，制订了设立产业发展专项资金等各项具体的措施。各级地方政府也积极贯彻落实支持集成电路产业发展的相关政策。2015 年江苏省半导体产业销售收入达到 1192.19 亿元，同比增长 6.94%。其中，集成电路产业销售收入达到 876.09 亿元，同比增长 8.16%，占全国集成电路产业销售收入的 24.30%，位居全国各省市区的首位。

为认真总结江苏省集成电路产业“十二五”期间所取得的成绩，寻找与国内外同业先进水平的差距，剖析不足与薄弱环节，更好地贯彻落实“十三五”规划的各项目标任务，进一步促进江苏省集成电路产业快速发展，江苏省半导体行业协会受江苏省经济和信息化委员会的委托，组织业内专家开展调研，编撰了《江苏省集成电路产业发展研究报告（2015 年度）》（以下简称《研究报告》），呈予各级领导和业界人士作产业分析、决策参考之用。

《研究报告》共分 8 章 61 节。通过收集整理大量的数据资料，运用统计分析工具，对 2015 年世界半导体产业市场和中国、江苏省集成电路产业发展情况进行了研究分析。《研究报告》侧重在集成电路产业规模、市场行情、技术进步、产品结构、投资兼并、产业政策、产业环境、城市区域等层面，较详细分析了江苏省集成电路设计业、晶圆业、封测业、支撑业、分立器件业的发展状况。同时，也简析了多晶硅、太阳能光伏业等泛半导体产业发展情况。《研究报告》以江苏省集成电路产业和市场发展为主线，以产业分类营运为板块，自成一体，便于研读。对江苏省集成电路产业链各重点企业的情况在相应章节中予以表述，力求做到较为系统、全面、真实地反映江苏省集成电路产业的现状、业界人士顽强拼搏的艰辛历程、勇于创新的企业精神风貌和取得的丰硕成果。

《研究报告》的统计口径依据国家《统计法》及相关规定，以“2015 年江苏省半导体产业发展运行分析报告”统计报表中各企事业单位上报数据为依据。统计范围包括：半导体产业为集成电路产业、分立器件产业和支撑业数据之和，集成电路产业为集成电路设计、晶圆制造和封测业数据之和。中国半导体产业和集成电路产业销售收入为中国大陆之销售收入，未包括中国港、澳、台地区同业销售收入。《研究报告》引用了中国半导体行业协会、CCID、《中国电子报》、《经济参考报》及上海市集成电路行业协会等有关省、市兄弟协会、专业协会和相关咨询公司、报刊杂志等发布的数据和分析资料，以及协会会员单位报送的资料。在此，一并表示感谢。

由于收集的资料有限、编撰水平不高，《研究报告》中不当或错误之处，诚望各位领导、业界专家和同仁批评指正，并致谢意。

编委会
2016 年 6 月

目　录

第一章

2015 年世界半导体产业发展情况

第一节　2015 年世界半导体产业发展面临的经济形势

2015 年世界经济形势发展形势表现为弱势复苏，在大宗商品和石油、钢铁、水泥等价格大幅下跌、美联储加息，欧债、中东、东欧政局动荡等因素的影响下，发达经济体增长上升、新兴市场国家经济转型，世界经济仍处在缓慢疲软的轨道上。为抵御经济通缩，增加经济活力，重燃贸易景气，重拾增长之势，采取宽松经济政策和加强国际合作，是 2015 年世界经济弱势复苏的主流。

一、2015 年世界经济发展简况

2015 年世界经济发展情况见表 1.1.1～表 1.1.4。

表1.1.1　2015年世界经济发展情况（GDP）

机构名称	2015 年	2016 年(E)	机构名称	2015 年	2016 年(E)
世界经合组织	2.9%	3.2%	英国智库	3.0%	3.5%
联合国	2.4%	3.1%	国际货币基金组织（IMF）	3.1%	3.4%
世界银行	2.4%	2.9%	中国社科院	3.0%	3.5%

表1.1.2　2015年世界主要地区经济发展情况（GDP）

地区名称	2015 年	地区名称	2015 年	地区名称	2015 年
发达国家	1.8%	欧元区	1.5%	拉美加勒比地区	-0.3%
发展中国家	4.3%	欧盟区	2.1%	独联体	-2.7%

表1.1.3　2015年世界主要国家经济发展情况（GDP）

国家名称	2015 年	国家名称	2015 年	国家名称	2015 年
美国	2.1%	英国	2.4%	印度	7.4%
中国	6.9%	法国	1.1%	俄国	-3.8%
德国	1.8%	日本	0.6%	巴西	-3.0%

表1.1.4　2016—2017年世界主要国家/地区经济发展预测（GDP）

国家/地区	2016 年	2017 年	国家/地区	2016 年	2017 年
世界经济	3.4%	3.6%	德国	2.0%	2.2%
欧元区	1.7%	1.8%	印度	7.5%	7.8%
美国	2.5%	2.6%	俄罗斯	-1.0%	-0.6%
中国	6.5%	6.3%	巴西	-3.5%	有所增长

资料来源：IMF/JSSIA 整理。

二、2015 年世界制造业情况

据国际货币基金组织（IMF）报道，2015 年 Q1～Q4 世界制造业采购经理人指数（PMI）见表 1.1.5。

表1.1.5　2015年Q1～Q4世界制造业采购经理人指数（PMI）

国别（地区）＼季	Q1	Q2	Q3	Q4
美国	55.3%	53.6%	51.8%	52.6%
欧元区	52.2%	53.6%	53.9%	52.8%
德国	52.8%	51.9%	52.5%	52.9%
法国	48.2%	50.7%	50.4%	51.3%
日本	—	50.1%	＞50.0%	50.0%

资料来源：经济参考报/JSSIA 整理。

三、2015 年国际大宗商品期货价格情况

2015 年国际大宗商品期货价格情况如表 1.1.6 所示。

表1.1.6　2015年国际大宗商品期货价格情况

材料名称	单位	2014 年 12 月 26 日价	2015 年 3 月 27 日价	2015 年 6 月 26 日价	2015 年 9 月 25 日价	2015 年 12 月 31 日价	环比（%）	同比（%）
							2015 年 Q4: 2015 年 Q3	2015 年 Q4: 2014 年 Q4
北海布伦特原油	美元/桶	60.23	57.81	63.26	48.6	37.28	−23.29	−38.10
纽约轻质原油	美元/桶	55.89	50.16	59.63	45.7	37.04	−18.95	−33.73
伦敦黄金	美元/盎司	1177.00	1195.75	1170.50	1145.6	1062.2	−7.28	−9.75
伦敦白银	美元/盎司	15.27	17.14	15.83	15.11	13.88	−8.14	−9.10
伦敦铂材	美元/盎司	1199.00	1138.00	1074.0	977.74	890.68	−8.90	−25.71
伦敦钯材	美元/盎司	809.00	748.00	676.00	608.47	552.0	−9.28	−31.77
伦敦铜材	美元/吨	6342.50	6069.00	5787.00	5045.00	4705.0	−6.74	−25.82
伦敦铝材	美元/吨	1874.50	1778.50	1708.00	1573.00	1506.5	−4.22	−19.63
伦敦镍材	美元/吨	15482.00	13375.0	12487.50	11025.0	8815.0	−20.05	−43.06
伦敦铅材	美元/吨	1858.50	1829.0	1789.00	1681.0	1793.25	+6.67	−3.51
伦敦锌材	美元/吨	2175.50	—	2026.00	1644.0	1609.3	−2.11	−26.01
伦敦锡材	美元/吨	18365.00	17285.0	14862.50	15100.0	14557.5	−3.59	−20.73

资料来源：经济参考报/JSSIA 整理。

四、2016 年世界经济形势预估

国际货币基金组织（IMF）报告显示，2016 年世界经济预计增长 3.4%；美国经济增长预计为 2.5%，欧元区经济增长预计为 1.7%；IMF 对发达国家经济前景较为乐观，对新兴经济体与发展中国家的经济增长较为保守与悲观。

第二节 2015 年世界半导体产业发展概况

一、2015 年世界半导体产业营收情况

2015 年世界半导体市场因受世界经济复苏滞缓疲弱的影响，总体上呈下滑的态势。虽然有物联网、车用电子、大数据、云计算等新兴产业的推动，但由于这些新兴产业尚未形成规模，对世界半导体市场的贡献力不大，尚不能抵御智能手机成长率低迷，笔记本电脑、平板电脑、计算机（PC）出货量下滑，彩电等大宗消费家电年内在下滑和抬升的频繁波动等因素的困扰，2015 年世界半导体产业又进入一轮下滑和低速徘徊期。

世界半导体贸易统计组织（WSTS）和美国半导体工业协会（SIA）报道，2015 年全球半导体产业营收入预计为 3352 亿美元，同比下降 0.2%，见图 1.2.1 和表 1.2.1。

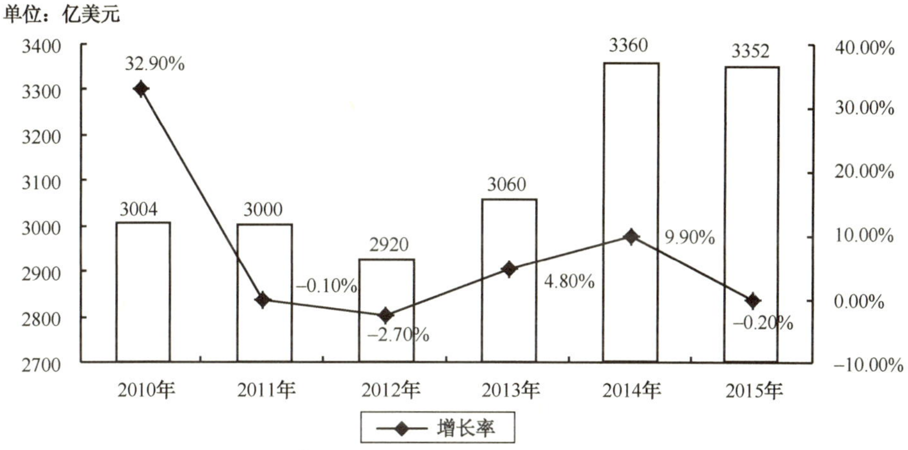

CAGR=1.84%（2010—2015 年）

资料来源：CSIA/CCID。

图 1.2.1 2010—2015 年世界半导体产业营收额规模及增长

表1.2.1 2014年Q1～2015年Q4世界半导体产业营收额发展情况

年　度	2014 年				2015 年			
季　度	Q1	Q2	Q3	Q4	Q1	Q2	Q3	Q4
营收额（亿美元）	784.7	821.8	877.5	874.4	831.0	840.0	852.0	828.7
同比（±%）	+10.8	+10.2	+8.9	9.4	5.9	2.2	−2.8	−5.3
环比（%）	−1.8	+4.7	+6.8	−0.3	−1.9	1.1	1.4	−2.7

二、2015 年世界集成电路产业发展情况

2015 年，因无线通信、数据处理和消费电子产品终端市场需求不足，世界半导体产业呈负增长（–0.2%），销售收入仅为 2744.8 亿美元，同比下降 1.0%，如图 1.2.2 所示。

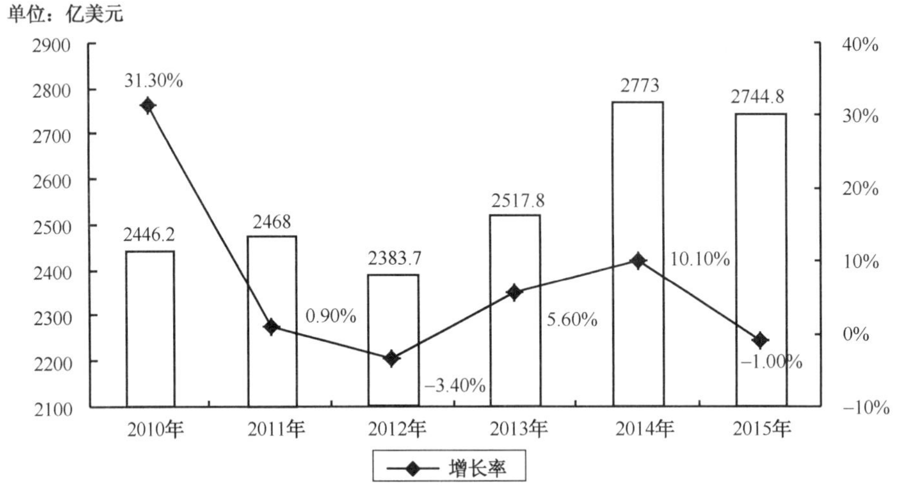

CAGR=1.94%
资料来源：CCID/JSSIA 整理。

图 1.2.2　2010—2015 年世界集成电路产业营收额及增长

三、2015 年世界集成电路三业情况

2015 年世界集成电路营收额为 2744.8 亿美元，同比下降 1%。其中：集成电路设计业营收额为 802.8 亿美元，同比下降 10.8%；集成电路晶圆业营收额为 1433.2 亿美元，同比增长 7.4%；集成电路封测业营收额为 508.8 亿美元，同比下降 5.6%，见表 1.2.2 和图 1.2.3。

表1.2.2　2010—2015年世界集成电路营收及三业分布

单位：亿美元

指标名称	IC 合计			IC 设计		
	实绩	同比	占比	实绩	同比	占比
2010 年	2446.2	31.3%	100.0%	635.0	15.6%	26.0%
2011 年	2468.0	0.9%	100.0%	685.0	7.9%	27.8%
2012 年	2383.7	-3.4%	100.0%	721.1	5.3%	30.2%
2013 年	2517.8	5.6%	100.0%	779.1	8.0%	30.9%
2014 年	2773.0	10.1%	100.0%	899.5	15.5%	32.4%
2015 年	2744.8	-1.0%	100.0%	802.8	-10.8%	29.2%

续表

指标名称	IC 晶圆			IC 封测		
	实绩	同比	占比	实绩	同比	占比
2010 年	1326.3	41.9%	54.2%	484.9	27.8%	19.8%
2011 年	1302.8	−1.8%	52.8%	480.2	−1.0%	19.4%
2012 年	1172.2	−10.0%	49.2%	490.4	2.1%	20.6%
2013 年	1230.7	5.0%	48.9%	508.0	3.6%	20.2%
2014 年	1334.5	8.4%	48.2%	539.0	6.1%	19.4%
2015 年	1433.2	7.4%	52.3%	508.8	−5.6%	18.5%

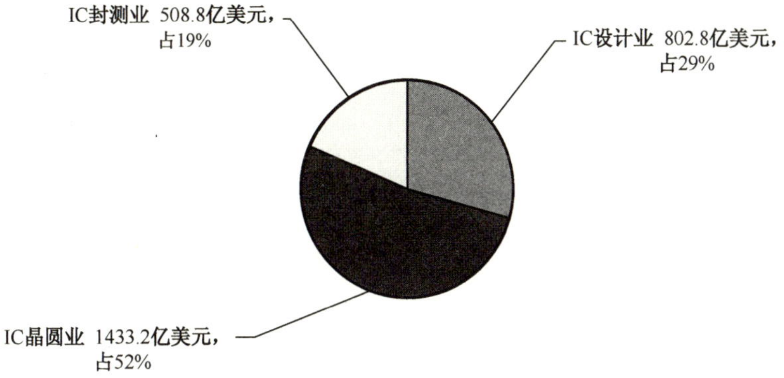

图 1.2.3　2015 年世界集成电路产业三业所占比例

第三节　2015 年世界半导体产品产量情况

一、2015 年世界半导体产品产量发展情况

IC Insight 提供的数据显示，2015 年世界半导体产品产量为 8404 亿块（只），同比增长 3.8%，见表 1.3.1，其中：集成电路产品产量为 2356 亿块，同比增长 2.1%；O-S-D（光电器件、传感器、分立器件）产品产量为 6048 亿只，同比增长 4.4%。

表1.3.1　2006—2018年世界半导体产品产量发展规模及增长

单位：亿块（只）

指标名称	2006年	2007年	2008年	2009年	2010年	2011年	2012年	2013年	2014年	2015年	2016年(E)	2017年(E)	2018年(E)	CAGR
产品产量	5562	6237	6000	5645	7056	7100	7200	7500	8100	8404	8860	9500	10200	4.78%
同比	13.5%	12.1%	-3.8%	-5.0%	25.0%	0.6%	1.4%	4.2%	8.0%	3.8%	5.5%	7.1%	7.4%	—

据 IC Insight 报告，世界半导体产品产量在 1978 年出货量为 328 亿块（只），发展到 2018 年突破万亿块（只），四十年来复合年增长率为 9.00%左右。

从表 1.3.2 和表 1.3.3 中可以看出：1980 年，世界集成电路产品产量仅为 98 亿块，2015 年达到 2356 亿块，在 35 年里，翻了 24 倍，年复合增长率为 9.51%；占比由 1980 年的 22.20% 到 2015 年的 28%，提升近 6 个百分点。2010—2015 年，集成电路产品产量由高涨期进入平稳发展期，2015 年转落 10 个百分点。

表1.3.2　1980—2015年世界半导体产业时间节点产品产量占比情况

单位：亿块（只）

指标名称	1980 年		1990 年		2000 年		2010 年		2015 年		CAGR
	实绩	占比	实绩	占比	实绩	占比	实绩	占比	实绩	占比	
半导体产品产量	441	100%	1433	100%	3974	100%	7056	100%	8404	100%	8.53%
IC 产品产量	98	22.2%	330	23%	891	22.4%	1898	26.9%	2356	28%	9.51%
O-S-D 产品产量	343	77.8%	1103	77%	3083	77.6%	5158	73.1%	6048	72%	8.30%

表1.3.3　2010—2015年世界集成电路产品产量规模及2016年发展预测

单位：亿块

指标名称	2010 年	2011 年	2012 年	2013 年	2014 年	2015 年	2016 年(E)	CAGR
产品产量	1898	1942	1972	2060	2307	2356	2445	3.68%
同比	35.1%	2.3%	1.5%	4.5%	12.0%	2.1%	3.8%	—

二、2015 年世界半导体产品销售均价（ASP）

据世界半导体贸易组织（WSTS）报道，2015 年世界半导体营收入为 3352 亿美元。另据 IC Insight 报道，2015 年世界半导体出货量为 8404 亿块（只）。据此，我们分析 2015 年世界半导体产品出货均价（ASP）预计为 0.4 美元，同比下降 8.5%，下降幅度为近年之最。这是由移动终端芯片及 DRAM、NAND 芯片等价格下降；智能手机增速放缓、计算机（PC）、平板电脑、笔记本电脑、电视机市场需求下降及同业价格竞争，驱使半导体产品销售价格下降等综合因素造成的，见表 1.3.4。

表1.3.4　2009—2015年世界半导体产品销售均价

单位：美元/块

指标名称	2009 年	2010 年	2011 年	2012 年	2013 年	2014 年	2015 年
平均价格	0.428	0.451	0.453	0.433	0.433	0.438	0.400
均价同比	−1.6%	5.4%	0.4%	−4.4%	平	1.2%	−8.5%

2015 年世界半导体产品也同样出现增产不增收的情况，据 WSTS 报道，2015 年世界半导体产业营收入为 3352 亿美元，同比下降 0.2%；据 IC Insight 报告，2015 年世界产品产销量为 8404 亿块（只），同比增长 3.8%。收入产销量之比出现明显的倒挂现象。

2015 年世界集成电路营收入 2744.8 亿美元计算，集成电路产品产量为 2356 亿块，则 2015 年世界集成电路产品均价为 1.1650 美元/块，同比下降 3.1%，见表 1.3.5。

表1.3.5　2010—2015年世界集成电路产品销售均价

单位：亿美元、亿块、美元/块

指标名称	2010 年	2011 年	2012 年	2013 年	2014 年	2015 年
销售收入	2446.2	2468.0	2383.7	2517.8	2773.0	2744.8
销售量（产量）	1898	1942	1972	2060	2507	2356
平均价格	1.2888	1.2709	1.2087	1.2221	1.2020	1.1650
均价同比	5.7%	−1.4%	−4.9%	1.1%	−1.6%	−3.1%

三、2015 年世界半导体（光电器件、传感器、分立器件）营收规模情况

2015 年世界半导体（光电器件、传感器、分立器件）营收规模情况见表 1.3.6～表 1.3.8。

表1.3.6　2010—2015年世界（O-S-D）产业营收规模及增长

单位：亿美元

指标名称	2010 年	2011 年	2012 年	2013 年	2014 年	2015 年	CAGR
销售收入额	558	532	536	542	587	608	1.44%
同比	30.5%	-4.7%	0.8%	1.1%	8.3%	3.6%	—

表1.3.7　2010—2015年世界（O-S-D）产品产量规模及增长

单位：亿只

指标名称	2010 年	2011 年	2012 年	2013 年	2014 年	2015 年	CAGR
产品产量	5158	5148	5228	5448	5793	6048	2.69%
同比	21.7%	-0.2%	1.6%	4.2%	6.3%	4.4%	—

表1.3.8　2010—2015年世界（O-S-D）产品销售均价

指标名称	单位	2010 年	2011 年	2012 年	2013 年	2014 年	2015 年
销售收入	亿美元	558	532	536	542	587	608
销售量	亿只	5158	5148	5228	5448	5793	6048
平均价格	美元/只	0.1082	0.1033	0.1025	0.0995	0.1013	0.1005
均价同比	—	14.7%	-4.5%	-0.8%	-2.9%	1.8%	-0.8%

第四节　2015 年世界半导体产业主要企业发展情况

一、2015 年世界半导体产业前二十大企业发展情况

2015 年世界半导体产业前二十大企业发展情况见表 1.4.1。

表1.4.1　2015年世界半导体产业前二十大企业排名

单位：百万美元

排名	公司名称	型别	国别	2014 年收入	2015 年收入	同比	2015 年占比
1	英特尔（Intel）	IDM	美国	51400	50305	-2.1%	19.4%
2	三星（Samsung）	IDM	韩国	37810	41606	10.0%	16.1%
3	台积电（TSMC）	Foundry	中国台湾	24975	26562	6.4%	10.2%
4	SK 海力士（SK Hynix）	IDM	韩国	16286	16917	3.9%	6.5%
5	高通（Qualcomm）	Fabless	美国	19291	15632	-19.0%	6.0%
6	美光（Micron）	IDM	美国	16720	14816	-11.4%	5.7%
7	德州仪器（TI）	IDM	美国	12166	12112	0.0%	4.7%
8	东芝（Toshiba）	IDM	日本	11040	9734	-11.8%	3.8%
9	博通（Broadcom）	Fabless	美国	8428	8431	0.0%	3.2%
10	安华高科（Avago）	Fabless	新加坡	5644	6961	23.3%	2.7%
11	英飞凌（Infineon）	IDM	欧洲	5938	6898	16.2%	2.7%
12	意法半导体（ST）	IDM	欧洲	7384	6840	-7.4%	2.6%
13	联发科（MediaTek）	Fabless	中国台湾	7032	6504	-7.5%	2.5%
14	索尼（Sony）	IDM	日本	5292	5885	11.2%	2.3%
15	恩智浦（NXP）	IDM	欧洲	5647	5790	2.5%	2.2%
16	瑞萨（Renesas）	IDM	日本	7307	5664	-22.5%	2.2%
17	格罗方德（GlobalFoundries）	Foundry	美国	4355	4990	14.6%	1.9%
18	英伟达（Nvidia）	Fabless	美国	4382	4628	5.6%	1.8%
19	联电（UMC）	Foundry	中国台湾	4331	4474	3.3%	1.7%
20	飞思卡尔（Freescale）	IDM	美国	4548	4410	-3.0%	1.7%
	前 20 强合计	—	—	259976	259149	-0.3%	100.0%

资料来源：IC Insights。

二、2015年世界半导体前二十大企业发展及分布状况

2015年世界半导体市场因受世界经济发展疲弱下行的压力，半导体市场处于停滞状态。科技市场调研机构IC Insights发布的研究报告中指出：从2015年世界前二十大半导体大厂走势分析和预计值来看，有5家厂商有两位数增长，有5家厂商有个位数增长，有2家厂商为零增长，其余8家为负增长，负增长厂商占40%。

据IC Insights分析，以2015年美元汇价来计算，前二十大企业2015年营收入预计同比持平或成长率多出1个百分点左右；若按2014年的美元汇价来计算，这20家企业的营收入预计则可有上升4%的水平。按照IC Insights分析世界半导体产业预计同比增长1%来计算，2015年世界半导体产业销售收入预计可达3365.0亿美元的规模。若按同比增长4%来计算，则2015年世界半导体产业销售收入预计可达到3465亿美元的规模。

2015年世界半导体产业前二十大企业营收额合计为2591.49亿美元，同比下滑0.3%，占2015年全世界半导体产业预计总营收额3352亿美元的77.3%，比2014年前二十大企业营收入合计占比的78%下降0.7个百分点。

2015年前二十大企业中，美国有8家占40%，韩国有2家占10%，中国台湾地区有3家占15%，日本有3家占15%，欧洲有3家占15%，新加坡有1家占5%。其中：美国8家占到44.3%、韩国2家占到22.5%、中国台湾3家占到14.4%、日本3家占到7.4%、新加坡1家占到2.7%。英特尔公司独占世界半导体市场近20%的份额，继续领先；三星紧随其后，占到市场总值的16.1%。

2015年前二十大企业中，IDM企业有12家，占到60%，Foundry企业有3家占到15%，Fabless企业有5家占到25%的份额；其中：IDM企业收入占到总值的69.9%，Foundry企业收入占到总值的13.9%，Fabless企业收入占到总值的16.2%。

三、2015年世界半导体前二十大企业成长分析

根据统计预测，2015年前五大半导体企业排序发生新的变化，依次为英特尔、三星电子、台积电、SK海力士和高通，其中：高通因完成对CSR收购，仍不足抵消其在无线市场销售下滑，由2014年的第4名下滑到第5名；SK海力士由2014年的第6名上升到第4名，美光由2014年的第5名落到第6名。

除此之外，联发科不进反退，由2014年的第12名退至第13名；明显因砷化镓（GaAs）RF元器件抬升的供应商安华高科由2014年的第15名一跃进入第10名；联电由2014年的第21名上升至19名，直接取代超威（AMD）的位置。

2014年进入前二十大企业销售收入门槛是42亿美元，2015年已上升到45.48亿美元，提升7.3%。超微由2014年收入55.12亿美元下滑到2015年近40亿美元，同比下滑27.4%，由2014年的第15名跌出前二十大企业名单之列。

2015年世界半导体业者巨头相比较：三星电子的半导体营收额涨势惊人，与第一名英

特尔之间的差距由 2014 年的 36%大减 15 个百分点至 21%，若以 2014 年的汇价来计算，三星电子 2015 年的营收额只落后英特尔 11%。台积电与三星相比较，差距则由 2014 年的 51%进一步扩大到 57%，若以 2014 年汇价计算台积电与三星的差距更扩大到 61%（三星电子业务多，除晶圆代工外还有其他 IC 营收，台积电仅有晶圆代工业务而已）。

2015 年安华高科与博通合并后，2015 年的营收总额预计可达 154 亿美元，足可跃入世界前 6 大企业；恩智浦与飞思卡尔合并后，其营收总额可达 102 亿美元，也可以进入世界前 9 大企业之列。

2015 年半导体产业前二十大企业中，从营收值来看：瑞萨公司将同比下降 22.5%，创历史下滑之最；高通公司同比下滑 19%，缘于缺乏新产品上市和老市场被蚕食之故；美光公司也下滑 11.4%，也是近年来破天荒第一遭。

据调研机构 IHS 公司报道，2015 年世界半导体企业中：苹果、闪迪、超威、安森美、亚诺德、思佳讯、海思、马威尔（美满）、罗姆等公司，可进入全球前 25 大企业中。

四、2015 年世界 IC 产业前十大 IDM 公司销售排名

2015 年世界 IC 产业前十大 IDM 公司销售排名如表 1.4.2 所示。

表1.4.2　2015年世界IC产业前十大IDM公司销售排名

单位：百万美元

序号	企业名称	国家	2015 年销售额	2014 年销售额	同比
1	英特尔（Intel）	美国	50308	51400	-2.1%
2	三星（Samsung）	韩国	39366	35759	10.1%
3	SK 海力士（SK-Hynix）	韩国	16437	15798	4.0%
4	美光（Micron）	美国	14816	16720	-11.4%
5	德仪（TI）	美国	11370	11431	-0.5%
6	东芝（Toshiba）	日本	8469	9385	-9.8%
7	恩智浦/飞思卡尔（NXP/Freescale）	荷兰	7775	7718	0.7%
8	意法半导体（ST）	瑞士	5020	5468	-8.2%
9	英飞凌/IR(Infineon/IR)	德国	4131	4380	-5.7%
10	索尼（Sony）	日本	840	1122	-25.1%
	合计（Total）		158532	159181	-0.4%

资料来源：IC Insights（2015.12.8）。

从表 1.4.2 可以看出：

2015 年世界集成电路 IDM 型公司营收额为 1585.32 亿美元，同比下降 0.40%，占比为 47.2%。

在 2015 年世界 IC 产业前十大 IDM 公司中，只有 3 家公司同比为正增长，即三星、SK

海力士和恩智浦，其他 7 家企业均有下降。其中三星电子因其在移动设备芯片业的出色表现同比增长 10.1%；SK 海力士在存储芯片业中处于上升时期，也取得同比增长 4.0%的较好业绩；恩智浦因收购合并掉飞思卡尔后，也有所提升。

在 7 家同比下滑的企业中，日本索尼公司下降幅度最大，达到 25.10%，美光同比下滑 11.4%。

从世界 IC 产业前十大 IDM 公司占比来看：美国占到 3 家，韩国占到 2 家，日本占到 2 家，欧洲占到 3 家。

英特尔公司继续蝉联榜首，但因其产业受 PC 机市场的下滑，导致 2015 年营业收入同比下降 2.1%，也是近年来所少见的。

第五节　2015 年世界集成电路设计业发展情况

一、2015 年世界集成电路设计业营收情况

据 IC Insight 报道，2015 年世界集成电路设计业销售规模为 842 亿美元，同比下降 6.4%；据莫大康先生提供的数据，2015 年世界集成电路 Fabless 营收入为 802.8 亿美元，预计同比下降 10.8%，见图 1.5.1 和表 1.5.1。

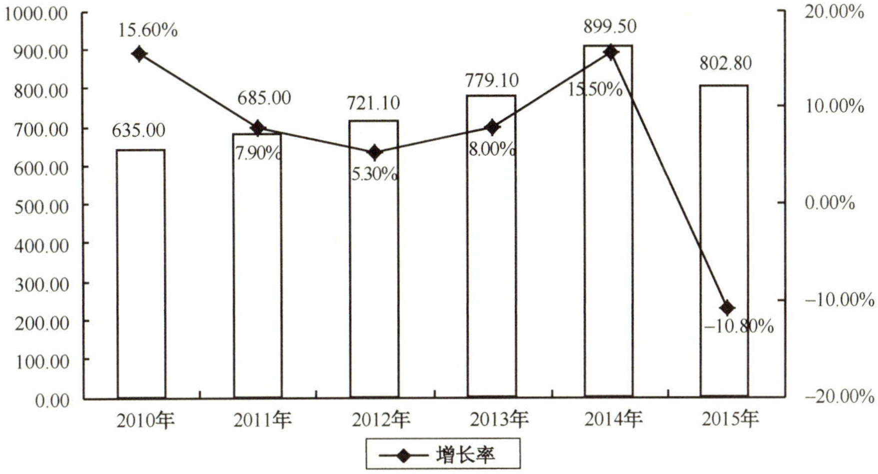

CAGR=3.99%（2010—2015 年）

资料来源：JSSIA 整理。

图 1.5.1　2010—2015 年世界集成电路设计业发展规模及增长

从表 1.5.1 可以看出：

2015 年世界集成电路设计业前十大企业总营收入为 589.19 亿元，同比下降 5.2%，占全球 IC 设计总营收入的 73.4%。

2015 年世界集成电路设计业同比下滑的主要因素除传统的 PC、手机、平板、笔记本电脑等需求下降的原因外，一些 IDM 企业都在发展自有芯片，以压缩芯片制造成本，加快新品流程和赶早上市。

虽然高通/CSR 在 2015 年完成对 CSR 收购，仍位居世界 IC 设计业第一位，但与 2014 年相比，高通/CSR 营收额仍下滑 20.1%，其主要原因为：三星电子决定采用自有芯片 Exynos 系列，而没有采用高通芯片；联发科、海思等也抢下部分高通的移动芯片市场。

在 2015 年世界 IC 设计业前十大企业中，美国企业占到 6 家，中国台湾地区 1 家，新加坡 1 家，中国大陆企业进入前十大企业有 2 家。中国大陆设计企业在 2015 年世界 IC 设计业排名中创造了历史最好水平，其中海思公司由 2014 年的第 8 位上升到 2015 年的第 6

位，展讯公司实现历史性突破，进入第 10 位的佳绩。

表1.5.1　2015年世界前十大IC设计公司（Fabless）销售排名

单位：百万美元

序号	企业名称	国家/地区	2015 年销售额	2014 年销售额	同比	占比
1	高通/CSR (Qualcomm/CSR)	美国	16032	20066	−20.1%	27.2%
2	安华高科/博通（Arago/Broadcom）	新加坡	13922	12957	7.4%	23.6%
3	联发科（Media Tek）	中国台湾	6504	7032	−7.5%	11.0%
4	英伟达（Nvidia）	美国	4628	4382	5.6%	7.9%
5	超微（AMD）	美国	3988	5506	−27.6%	6.8%
6	海思（HiSilicon）	中国	3830	3220	18.9%	6.5%
7	苹果/台积电（Apple/TSMC）	美国/中国台湾	3085	1460	111.3%	5.2%
8	迈威尔（Marvell）	美国	2875	3733	−23.0%	4.9%
9	赛灵思（Xilinx）	美国	2175	2429	−10.5%	3.7%
10	展讯（Spreadtrum）	中国	1880	1340	40.3%	3.2%
合计			58919	62125	−5.2%	100.0%

资料来源：IC Insighters。

从表 1.5.1 中可以看出，前十大设计企业中，同比上升的有 5 家，占到 50%；同比下降的企业有 5 家，也占到 50%。同比上升最快的是苹果/台积电设计业，同比上升 111.3%，翻了 1 番多；其次是展讯上升 40.3%，海思同比上升 18.9%。

在上升的企业中，由于安华高科在 2015 年成功收购博通公司，使该公司由 2014 年第 5 位，一跃到世界第 2 位；英伟达由 2014 年的第 6 位上升到 2015 年的第 4 位；而迈威尔由 2014 年的第 7 位退居 2015 年的第 8 位，超威（AMD）由 2014 年的第 4 位退居到 2015 年的第 5 位。苹果与台积电新晋到前十大设计业企业中，说明了世界整机终端商和代工巨头已进入到 IC 设计业行列、自成产品体系明显并卓有成效。

联发科在 2015 年抢下高通部分市场仍保持在第三位，预计在 2016 年发展速度将趋缓。

在 2015 年同比下降的企业中，美国超微（AMD）下降的幅度最大，同比下降了 27.6%，迈威尔（Marvell）下降了 23.0%、高通/CSR 公司同比下降了 20.1%、赛灵思（XilinX）同比下降 10.5%，都达到了两位数的下降，也是近年所罕见的。

2015 年，中国大陆的海思与展讯成长速度最为抢眼，海思公司同比增长为 18.9%，展讯公司同比增长 40.3%，表现相当优异。这表明，自制处理器将逐渐成为一种趋势，尤其是在移动设备方面，华为、小米这两大品牌都已采取了这样的策略。华为在 2015 年三季度发布的智能手机中，近半数都是使用海思研发的移动处理器；而小米也将在 2016 年开发出旗下第一个终端自制处理器。展讯在获得紫光集团的支持后如虎添翼，预期在 2016 年将推出移动芯片采用 14nm FinFET 制程，确保其芯片的先进性和竞争力。

二、2015 年世界集成电路设计业市场情况

IC Insights 报告，2015 年世界集成电路设计业总营收规模为 842 亿美元，美国 IC 设计业营收占总营收的 62%，居第一位；中国台湾占总营收的 18%，居第二位；中国大陆急起直追，占比上升 5 个百分点，已占到总营收的 10%，居第三位。欧洲地区因 CSR、Lantig 分别被高通（Qualcomm）、英特尔（Intel）收购的影响，占比有所下滑，占总营收的 2%，见表 1.5.2 和表 1.5.3。

表1.5.2　2015年与2010年各国IC设计业市场占比情况

地区名称	2015 年市场占比（%）	2010 年市场占比（%）	市场占比分析
美国	62	69	下降 7 个百分点
中国台湾	18	17	上升 1 个百分点
中国大陆	10	5	上升 5 个百分点
欧洲地区	2	4	下降 2 个百分点
日本	1	1	平
其他	7	4	上升 3 个百分点
合计	100	100	—

资料来源：新电子（2016.4.12）。

表1.5.3　2010—2015年世界集成电路设计业占总值之比

单位：亿美元

指标名称	2010 年	2011 年	2012 年	2013 年	2014 年	2015 年	CAGR
全球 IC 销售额	3004.0	3000.0	2920.0	3060.0	3360.0	3352.0	1.84
全球 IC 设计业销售额	635.0	685.0	721.1	779.1	899.5	802.8	3.99
占比	21.1%	22.8%	24.7%	25.5%	26.8%	23.9%	—

三、2015 年世界集成电路设计业技术进步简况

2015 年世界集成电路 16/14 纳米技术进入大生产；10 纳米技术已进入量产（三星、英特尔）；7 纳米已取得重大技术突破，已出样品；5 纳米技术已在进行研发，在 2018 年可见分晓。

- 三星采用最新 14 纳米工艺芯片 Exynos 7420 在性能上、功耗上都达到了行业新高度；
- 瑞萨电子推出最新的 R-Car T_2 片上系统（SoL）；
- Altera 推出第一款集成 HBM2 DRAM 和 FPGA 的异构器件；
- TI 推出 FRAM 微控制器（MCU），为目前业界最低功耗的电容式触摸 MCU；

- ARM 发布全新 Cortex-A35 处理器，该产品为 64 位超高功效 CPU 系列的首款产品；
- Altera 和 ID 合作，开发出世界上最安全的高端 FPGA；
- 高通公司发布旗舰手机芯片 S-820 处理器，具有 CPU、GPU、DSP 等核心功能和技术；
- 东芝公司推出存储容量为 16GB 的新型无线 SDHC 存储卡；
- Synaptics 推出业界首款芯片，内有匹配的指纹识别技术；
- AMS 推出业界首款集成通用遥控器条码，颜色传感 3D 手势检测传感器模块；
- 是德科技推出全新 5G 信道探测参考解决方案等。

第六节　2015 年世界集成电路晶圆业发展情况

一、2015 年世界集成电路晶圆业发展情况

1．2015 年世界半导体晶圆业营收情况

2015 年世界半导体制造业不含分立器件、光电器件、传感器等，则集成电路晶圆业营收入预计为 1433.2 亿美元，同比增长 7.4%，见图 1.6.1 和表 1.6.1。

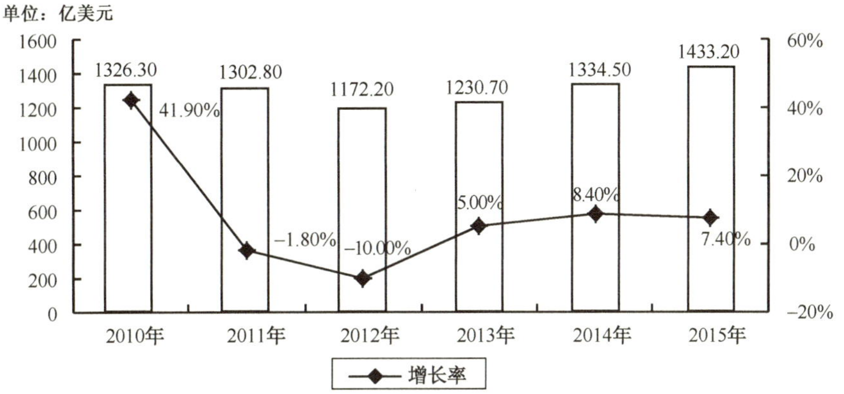

CAGR=1.30%（2010—2015 年）

资料来源：JSSIA 整理。

图 1.6.1　2010—2015 年世界集成电路晶圆业发展规模及增长

表1.6.1　2010—2015年世界集成电路晶圆业占总值之比

单位：亿美元

指标名称	2010 年	2011 年	2012 年	2013 年	2014 年	2015 年	CAGR
全球 IC 销售额	3004.0	3000.0	2920.0	3060.0	3360.0	3352.0	1.84%
全球 IC 晶圆业销售额	1326.3	1302.8	1172.2	1230.7	1334.5	1433.2	1.30%
占比	44.2%	43.4%	40.1%	40.2%	39.7%	42.8%	—

2015 年世界集成电路芯片销售产值增长率由 2014 年的 8.4%下滑到 7.4%，下跌 1 个百分点，这是由个人计算机（PC）需求衰退，移动设备平均售价回稳迟，创新性产品面世缓慢，产值缩减等因素叠加造成。

2015 年世界集成电路芯片能够增长 7.4%也实属不易。这是由于有物联网、互联网、云计算、可穿戴设备的发力拉动，也与高像素镜头模组和内存芯片销售量的增长有关。

2．2015 年世界半导体产业前二十大芯片供应厂商排名

如表 1.6.2 所示，在 2015 年世界半导体产业前二十大芯片供应厂商中，英特尔收购

Altera，高通并购 CSR 和 IKanos，安华高并购博通，联发科并购奕力和立锜，恩智浦合并飞思卡尔，On Semi 收购 Fairchild 等，业绩都有不同程度的上升。东芝将 CIS（CMOS 图像传感器）分出去后，业绩减少 2.5 亿美元。2015 年，中国的海思公司和美国的迈威尔公司进入前二十名之列。

表1.6.2　2015年世界半导体产业前二十大芯片供应厂商排名

序号	公司名称	营收入（百万美元）	序号	公司名称	营收入（百万美元）
1	英特尔（Intel）	50468	11	英飞凌（Infineon）	7019
2	三星（Samsung）	39257	12	意法半导体（ST）	6887
3	SK 海力士（SK Hynix）	16909	13	索尼东芝（Sony/Toshiba）	6380
4	高通（Qualcomm+CSR/LKanos）	16014	14	瑞萨（Renesas）	5685
5	安华高+博通（AVago+Broadcom）	15236	15	英伟达（Nvidia）	4909
6	美光（Micro）	14839	16	安森美・仙童（On Semi Fairchild）	4886
7	德仪（TI）	13011	17	夏普（Sharp）	4302
8	恩智浦/飞思卡尔（NXP/Freescale）	10052	18	超微（AMD）	3986
9	东芝/CIS（Toshiba-CIS）	9486	19	海思（Hisilicom）	2795
10	联发科+奕力/立锜（MTK）	7269	20	迈威尔（Marvell）	2773
前二十大合计				242163	
全球半导体销售额				335180	
前二十大占比（%）				72.2	
全球集成电路销售额				274480	
前二十大占比（%）				88.2	

二、2015 年世界集成电路晶圆代工业情况分析

1. 2015 年世界集成电路晶圆代工业情况

据拓墣产业研究所预测，2015 年全球晶圆代工（Foundry）营收额约为 492.4 亿美元，同比增长 5.0%，2016 年预计可增长 2.1%。

据市场调研机构 IC Insights 预测，2015 年全球晶圆代工业营收额可达到 537 亿美元，同比增长 13.2 %，成为晶圆制造业上升的推动力。其中来自 40 纳米以下工艺节点的营收额达到 161 亿美元，同比增长 24%（2014 年为 130 亿美元），占到纯晶圆代工营收入 32.0%，如图 1.6.2 所示。

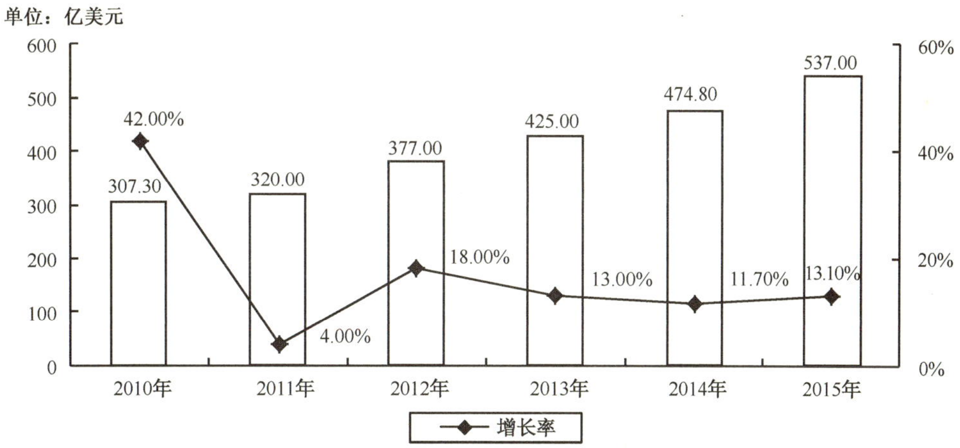

CAGR=9.75%（2010—2015 年）

资料来源：JSSIA 整理。

图 1.6.2　2010—2015 年世界集成电路晶圆代工市场规模及增长率

表1.6.3　2015年世界集成电路晶圆代工厂商排名（纯晶圆代工和IDM代工）

2015 年排名	2014 年排名	厂商	代工类型	地点	2014 年		2015 年		
					销售额（百万美元）	增长率	销售额（百万美元）	增长率	市占率
1	1	TSMC（台积电）	纯代工	中国台湾	24975	25%	26439	6%	56.60%
2	2	GF（格罗方德）	纯代工	美国	4355	6%	4990	15%	10.70%
3	3	UMC（联电）	纯代工	中国台湾	4331	9%	4464	3%	9.60%
4	4	Samsung（三星）	IDM	韩国	2590	-25%	2670	3%	5.70%
5	5	SMIC（中芯国际）	纯代工	中国大陆	1970	0%	2222	13%	4.80%
6	6	Powerchip（力晶）	纯代工	中国台湾	1291	9%	1268	-2%	2.70%
7	7	Tower Jazz（塔富）	纯代工	以色列	828	64%	955	15%	2.00%
8	10	Fujitsu（富士通）	IDM	日本	645	47%	870	35%	1.90%
9	8	Vanguard（世界先进）	纯代工	中国台湾	790	11%	736	-7%	1.60%
10	9	HHGR（华虹宏力）	纯代工	中国大陆	665	14%	650	-2%	1.40%
11	11	Dongbu（东部）	纯代工	韩国	541	20%	585	8%	1.30%

续表

2015 年排名	2014 年排名	厂商	代工类型	地点	2014 年		2015 年		
					销售额（百万美元）	增长率	销售额（百万美元）	增长率	市占率
12	12	SSMC（新加坡半导体）	纯代工	新加坡	480	-3%	460	-4%	1.00%
13	15	Win（稳懋）	纯代工	中国台湾	327	-8%	379	16%	0.80%
—	—	前 13 家合计	—	—	43788	15%	46688	7%	100%
		前 13 家份额			92%	—	93%	—	
		其他厂商	—	—	3689	-2%	3518	-5%	
全球晶圆代工业总计					47477	13%	53700	13.10%	

注*，包括 2015 年下半年 IBM 出售 8 英寸厂的 7 亿美元。

资料来源：IC Insights，Company reports./JSSIA 整理。

从表 1.6.3 中可以看出，2015 年世界 IC 代工前十三大厂商共计营收额为 466.9 亿美元，同比增长 7%左右，占到总值的 86.9%，在前十三大 IC 晶圆代工厂商中，纯代工晶圆厂有 11 家，占 84.6%，IDM 型企业有 2 家，占 15.4%。其中，中国台湾地区有 5 家，占 38.5%；中国大陆和韩国各有 2 家，各占 15.40%；美国、新加坡、以色列、日本各有 1 家，各占 7.7%。其中：中国大陆的中芯国际、上海华虹宏力两家企业占到总值的 5.3%，比 2014 年占比提升 0.2 个百分点，中国台湾地区的台积电一家独大，占到总值的 49.2%的份额。

2. 2015 年世界集成电路晶圆代工（Foundry）企业经营业绩简析

根据中国半导体行业协会和莫大康先生提供的信息显示，2015 年世界半导体产业销售额为 3352 亿美元，同比下降 0.2%，其中集成电路产业销售额为 2744.8 亿美元，同比下降 1.0%。其中：集成电路设计业销售额为 802.8 亿美元，同比下降 10.8%；集成电路晶圆业销售额为 1433.2 亿美元，同比增长 7.4%；集成电路封测业销售额为 508.8 亿美元，同比下降 5.6%。集成电路产业三业占比分别为 19.2%、52.3%、18.5%。在集成电路产业三业中，唯有晶圆业呈正增长之势。

目前，世界晶圆代工的营收入有近 90%的来自纯晶圆代工厂商所产出，2015 年更是提升到 93.60%。这表明世界半导体晶圆制造从 IDM 向轻晶圆型（Fab-Lite）发展的态势越加明确。随着集成电路的建厂成本、研发成本的高涨，将会有更多的垂直型（IDM）企业走向轻晶圆厂模式（Fab-Lite），按此发展趋势，IDM、Fadless、Foundry、Fab-Lite 各展风采。

2015 年世界晶圆代工市场销售额预计为 537 亿美元，同比增长 13.1%，占晶圆业销售额的 37.5%，其中纯晶圆代工销售额为 502.8 亿美元，同比增长 13.2%，占到晶圆代工总额的 93.6%的份额，纯晶圆代工业独树一帜（见图 1.6.3）。其中：40 纳米以下制程营收入达 161 亿美元，同比增长 24.0%，40 纳米以上制程营收入同比下降 1.7%～2.0%。

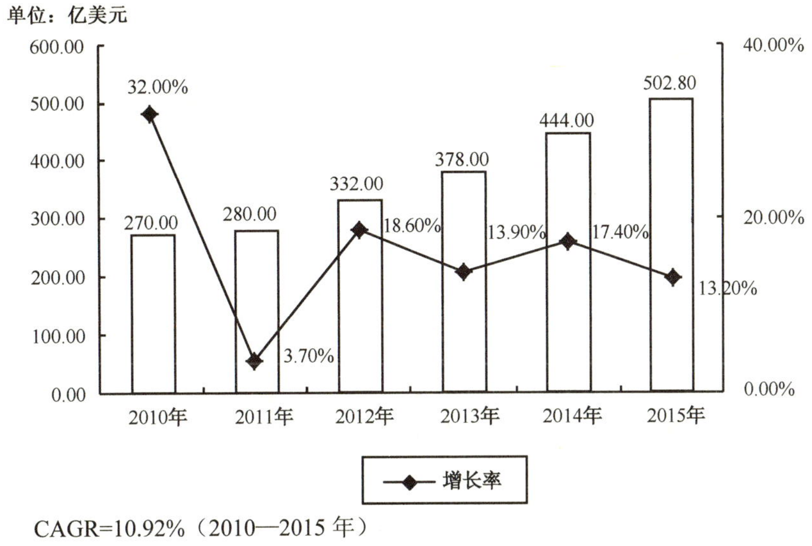

图 1.6.3　2010—2015 年世界集成电路纯晶圆代工规模及增长

当今集成电路晶圆制程进入 28 纳米及以下，16/14 纳米已进入大生产，10/7 纳米已出样品或已取得技术重大突破，5 纳米时代已为时不远。在 28 纳米世代，还有十来家厂商尚可以跟踪投资，到 10 纳米世代已只剩下英特尔、三星、台积电三足鼎立之势。在 2015 年 Fabless 戛然停顿，除市场增长动能减弱和世界经济趋缓之外，还有整机系统厂商为了追求产品差异化，缩短新产品上市周期，纷纷自己研发芯片，如苹果、三星、华为等为其典型代表。为此，在 Fab-lite 模式的推动下，2015 年世界晶圆代工呈上升态势，造就了台积电、格罗方德、联电、中芯国际等世界代工王者，见表 1.6.4。

表1.6.4　2015年世界集成电路纯晶圆代工厂商前十一名排序

单位：亿美元

2015 年排序	2014 年排序	企业名称	总部所在地	代工型别	2015 年营收额	2014 年营收额	增长率	市占率
1	1	台积电（TSMC）	中国台湾	纯代工	264.4	249.8	5.8%	52.6%
2	2	格罗方德（GF）	美国	纯代工	49.9	43.6	11.4%	9.9%
3	3	联电（UMC）	中国台湾	纯代工	44.6	43.3	3.0%	8.9%
4	4	中芯国际（SMIC）	中国大陆	纯代工	22.2	19.7	12.7%	4.4%
5	5	力晶（Powerchip）	中国台湾	纯代工	12.7	12.9	-1.6%	2.5%
6	6	塔富（Tower Jazz）	以色列	纯代工	9.6	8.3	15.7%	1.9%
7	7	世界先进（Vanguard）	中国台湾	纯代工	7.4	7.9	-6.3%	1.5%
8	8	上海华虹宏力（HHGR）	中国大陆	纯代工	6.5	6.7	-3.0%	1.3%
9	11	东部（Dongbu）	韩国	纯代工	5.9	5.4	9.3%	1.2%

续表

2015 年排序	2014 年排序	企业名称	总部所在地	代工型别	2015 年营收额	2014 年营收额	增长率	市占率
10	12	新加坡半导体（SSMC）	新加坡	纯代工	4.6	4.8	-4.2%	0.9%
11	15	稳懋（Win）	中国台湾	纯代工	3.8	3.3	15.2%	0.8%
前 11 家纯代工厂商合计			—	—	431.6	405.7	6.4%	85.8%
其他纯代工厂商合计			—	—	71.2	38.3	86.4%	14.2%
世界 IC 晶圆纯代工总计			—	—	502.8	444.0	13.2%	100.0%

为追赶先进技术制程，集成电路晶圆业代工四强（台积电、格罗方德、联电和中芯国际）不遗余力，其中台积电可称是王中之王，独领风骚，见表 1.6.5。

表1.6.5　2015年世界集成电路晶圆代工四强态势分析

单位：亿美元

公司名称	指标名称	2011 年	2012 年	2013 年	2014 年	2015 年	CAGR	资本/销售转化率	资本/净利润转化率
台积电（TSMC）	销售收入	141.1	174.3	200.1	241.4	266.1	13.53%	35.9%	15.0%
	净利润	44.4	57.1	61.6	80.4	96.7	16.84%		
	资本支出	72.9	83.2	96.9	95.2	81.2	2.18%		
格罗方德（GF）	销售收入	35.2	41.8	43.7	43.7	47.0	5.95%	6.8%	-3.6%
	净利润	-9.8	-6.0	-9.3	-15.0	-16.0	10.30%		
	资本支出	50.9	33.0	44.0	44.8	56.0	1.93%		
联电（UMC）	销售收入	38.6	39.8	41.5	44.3	44.1	2.70%	9.3%	1.90%
	净利润	2.8	2.0	4.1	3.3	3.9	6.85%		
	资本支出	17.6	18.0	11.0	13.7	21.0	3.60%		
中芯国际（SMIC）	销售收入	12.0	15.4	19.6	19.7	22.4	13.30%	32.8%	16.3%
	净利润	-2.5	0.2	1.7	1.5	2.5	88.03%		
	资本支出	7.7	5.0	7.7	10.1	15.6	15.17%		

资料来源：SMIC（2016.3）。

从表 1.6.5 可以看出：

2015 年，台积电、格罗方德、联电、中芯国际四大晶圆纯代工厂销售收入为 379.6 亿美元，占全球晶圆纯代工 502.8 亿美元的 75.5%，形成代工四大诸侯，其中台积电占到 53%，台积电分别比格罗方德、联电、中芯国际高出 5.66 倍、6 倍和 11.1 倍，形成一方独大之势，稳居霸主地位。

台积电为追赶英特尔、三星在 14 纳米、10 纳米、7 纳米制程技术，加大了投资力度。

2015年投资超出80亿美元，分别比格罗方德、联电和中芯国际高出45%、287%和421%。

台积电高投入有高收益、高回报，2015年获得净利润96.7亿美元，反观格罗方德为–16亿美元，是联电的25倍，是中芯国际的39倍。

在资本/销售收入转化率上，台积电2011—2015年平均为35.9%，即台积电每投入一元钱可以产生销售额3角6分钱，同样格罗方德为6.8分钱，联电为9.3分钱，中芯国际为3角3分钱，台积电公司高于格罗方德29.1个百分点，高于联电26.6个百分点，高于中芯国际3.1个百分点。

在资本/净利润转化率上，台积电自2011年到2015年平均为15.0%，台积电每投一元钱，可赚1角5分钱，高于格罗方德18.6个百分点，高于联电13.1个百分点，低于中芯国际1.3个百分点。

从表1.6.5中可以看出，中芯国际虽在总体上不及台积电，但在资金转化率上与台积电不相上下，尤其在资本利润转化率上还优于台积电。

表1.6.6 2014—2015年世界主要IC晶圆代工厂比较

指标名称	台积电			格罗方德			联电			中芯国际		
年度	2014年	2015年	同比（%）	2014年	2015年	同比（%）	2014年	2015年	同比（%）	2014年	2015年	同比（%）
45纳米以下营收入占比（%）	59	61	提升2个百分点	50	64	提升14个百分点	24	34	提升10个百分点	11	17	提升6个百分点
每晶圆营收（折8英寸）（美元）	1343	1341	−0.1	1020	1037	1.7	777	757	−2.6	770	741	−3.8
净收益（百万美元）	8703	9673	11.1	1500	1600	6.7	389	370	−4.9	126	275	118.3
净利润（%）	35	36	1	−34	−32	2	8	8	平	6	12	100

从表1.6.6可以看出，2015年世界IC产业主要代工企业中：

45纳米制程以下的营收入，台积电和格罗方德处于不分伯仲，都占60%以上，但格罗方德公司上升势头较快些；中芯国际正在努力爬坡之中。

每晶圆片（折合8英寸计算）营收入，台积电仍高人一等，比中芯国际要高出近一倍，这说明台积电在高阶芯片中所占比例大。

净收益，台积电可称是龙头老大，中芯国际只占其2.8%的份额，仍不可同日而语。

净利润率，台积电仍处于领先地位，是中芯国际的三倍之多；格罗方德公司仍处在低利润率挣扎之中。中芯国际2015年净利润率打了个翻身仗，采用差异化策略，实现翻倍，已实现连续 14 个季度盈利，且利润率明显提高。

三、2015 年世界集成电路晶圆生产线情况

1. 2015 年世界集成电路晶圆制造业生产线分布情况

2015 年世界集成电路晶圆制造业生产线分布情况，见表 1.6.7。

表1.6.7 2015年世界集成电路晶圆生产线分布

晶圆尺寸	4 英寸（100mm）	5 英寸（125mm）	6 英寸（150mm）	8 英寸（200mm）	12 英寸（300mm）
生产线（条）	78	55	164	150	95

2015 年世界集成电路 12 英寸、8 英寸晶圆前十大企业的情况和 2015 年世界集成电路 6 英寸线分布情况分别见表 1.6.8、表 1.6.9 和图 1.6.4。

2016 年预计有 5 座 12 英寸生产线投产，将达到 100 座。到 2017 年预计有 8 座 12 英寸厂投产。预计到 2020 年，全球再有 22 座 12 英寸厂投入营运。届时，12 英寸晶圆厂总数达到 117 座。如果 18 英寸（450mm）晶圆厂迈入量产，12 英寸晶圆厂高峰数量可达 125 座。届时，8 英寸（200mm）量产的晶圆厂最高数量可达 210 座（2015 年 12 月为 148 座），见表 1.6.10。

表1.6.8 2015年世界集成电路12英寸晶圆线前十大企业情况（按条数排序）

序号	企业名称	国别/地区	生产线（条）	序号	企业名称	国别/地区	生产线（条）
1	英特尔（Intel）	美国	14	6	索尼（Sony）	日本	6
2	三星（Samsung）	韩国	13	7	东芝（Toshiba）	日本	6
3	台积电（TSMC）	中国台湾	12	8	格罗方德（GF）	美国	4
4	美光（Micron）	美国	8	9	力晶（Powerchip）	中国台湾	3
5	SK 海力士（SK Hynix）	韩国	6	10	中芯国际（SMIC）	中国大陆	3

资料来源：IC Insights/eettaiwam。

表1.6.9 2015年世界集成电路8英寸晶圆线前十大企业情况（按条数排序）

序号	企业名称	国别/地区	生产线（条）	序号	企业名称	国别/地区	生产线（条）
1	德州仪器（TI）	美国	9	6	中芯国际（SMIC）	中国大陆	5
2	联华电子（UMC）	中国台湾	7	7	英飞凌（Infireon）	德国	4
3	台积电（TSMC）	中国台湾	6	8	世界先进（Vanguard）	中国台湾	3
4	格罗方德（GF）	美国	6	9	上海华虹宏力（HHGR）	中国大陆	3
5	三星（Samsung）	韩国	5	10	美新集成（Maxim）	美国	3

资料来源：JSSIA 整理（2016.3）。

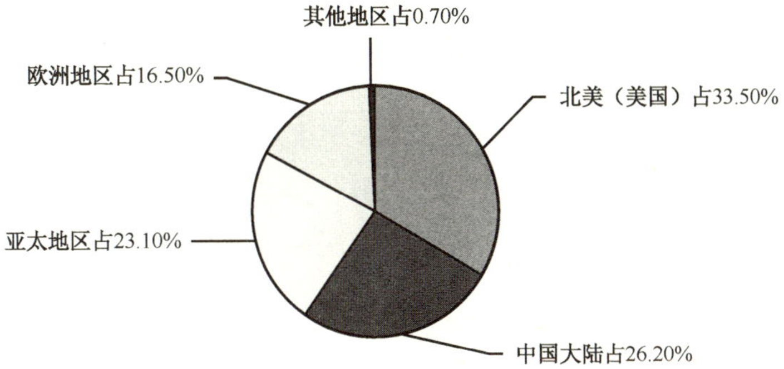

图 1.6.4 2015 年世界集成电路 6 英寸线分布

主要企业有：意法、华润微电子、瑞萨、松下、安森美、士兰微、台积电、东芝、罗姆、稳懋、深圳方正、凌力尔特、科沃、安华高科、富士电机、日立、新电元、英飞凌、特尼仕等。

表1.6.10 2002—2020年世界集成电路12英寸晶圆生产线数量及增长

年度	2002 年	2003 年	2004 年	2005 年	2006 年	2007 年	2008 年	2009 年	2010 年	2011 年
数量（条）	15	19	29	43	51	63	68	68	73	78
年度	2012 年	2013 年	2014 年	2015 年	2016 年(E)	2017 年(E)	2018 年(E)	2019 年(E)	2020 年(E)	
数量（条）	82	81	90	95	100	108	112	115	117	

注：2015 年 95 座量产级 12 英寸晶圆厂（不包括晶片研发厂及少数非生产 IC 产品的厂家，如 CMOS 影像感测器厂等）。

2. 2015 年世界集成电路晶圆制造业产能情况

市调机构 IC Insights 2016 年 3 月 8 日消息显示，2015 年全球已建置的月产 8 英寸晶圆片总产能为 1635 万片，见表 1.6.11。

表1.6.11 2015年世界半导体晶圆片月产能情况（折合8英寸）

地区名称	月产能（千片）	占比	地区名称	月产能（千片）	占比
中国台湾	3547.0	21.7%	中国大陆	1591.0	9.7%
韩国	3357.0	20.5%	欧洲	1046.0	6.4%
日本	2824.0	17.3%	其他地区	1665.0	10.2%
北美	2320.0	14.2%	合计	16350	100.0%

注：月产能按每月晶圆片生产地区，而不按厂商总部地点计算。

其中：中国台湾地区半导体晶圆产能达 354.7 万片，占到 21.7%的份额，首次超越韩国，为全球之冠。中国大陆也有较大幅度的提升。其他地区主要包括新加坡、以色列、马来西亚、俄罗斯、澳大利亚和南美等国家和地区。

2015 年的月产能与 2013 年的 1480 万片相比增长了 10.5%。

预计2016年世界集成电路晶圆制造各个工艺节点产品销售收入所占比重情况见图1.6.5。

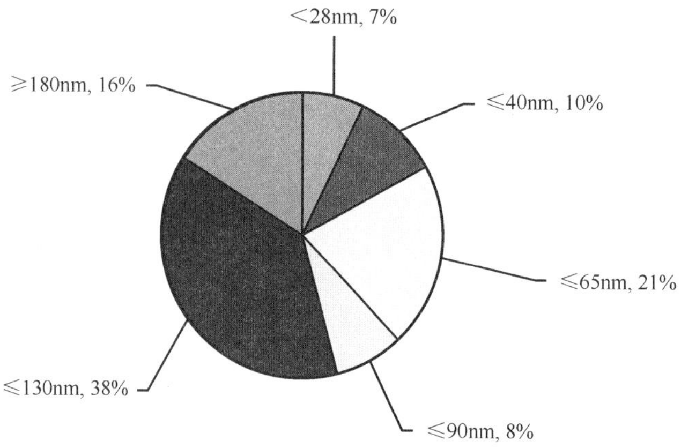

图 1.6.5　2016 年世界集成电路晶圆制造销售收入按工艺尺寸分类占比（预测）

资料来源：《中国电子报》（2016.3.22）。

3. 2015 年世界集成电路晶圆制造业产能情况简析

市场调研机构 IC Insights 报告：截止到 2015 年 12 月，世界前十大集成电路晶圆制造业产能月投片量总计为 1173.7 万片，占全球 IC 总产能的 72%，同比增长 7.8%，较 2014 年每月 1088.5 万片（占比为 71%），提升 1.0%个百分点。

在 2015 年世界 IC 晶圆产能前十大企业中，美国占 4 家、中国台湾占 2 家、韩国占 2 家、日本和瑞士各占 1 家。其中：存储类企业 4 家、纯晶圆代工企业 3 家、微处理器企业 1 家及类比供应商德仪（TI）与意法（ST），见表 1.6.12。

表1.6.12　2015年世界集成电路晶圆制造产能情况（折合8英寸）

2015 年排序	2014 年排序	企业名称	总部所在地	2015 年投片产能（千片）	2014 年投片产能（千片）	同比	占比
1	1	三星（Samsung）	韩国	2534	2345	8.1%	15.5%
2	2	台积电（TSMC）	中国台湾	1891	1657	14.1%	11.6%
3	3	美光（Micron）	美国	1601	1539	4.0%	9.8%
4	4	东芝/闪迪（Toshiba/SanDisk）	日本	1344	1276	5.3%	8.2%
5	5	SK 海力士（SK Hynix）	韩国	1316	1170	12.5%	8.15
6	7	格罗方德（GF）	美国	762	646	17.9%	4.7%
7	6	英特尔（Intel）	美国	714	719	−0.7%	4.4%
8	8	联电（UMC）	中国台湾	564	526	7.2%	3.4%

续表

2015 年排序	2014 年排序	企业名称	总部所在地	2015 年投片产能（千片）	2014 年投片产能（千片）	同比	占比
9	9	德仪（TI）	美国	553	520	6.3%	3.4%
10	10	意法（ST）	瑞士	458	487	-6.0%	2.8%
合计（Total）				16350	15412	6.1%	100.0%
前十大企业合计（Top10　Total）				11737	10885	7.8%	72.0%

从前十大企业表现来看，三星（Samsung）产能最高，折合 8 英寸当量每月投片约 253 万片，占全球总产能的 15.5%，其中投料产能最多的是 DRAM 与 NAND。排名第二的是台积电（TSMC），折合 8 英寸当量每月投片为 190 万片，占全球总产能的 11.6%。

存储器大厂美光（Micron）持续成长，主要因为收购日本尔必达（Elpida）、瑞晶（Rexchip）及华亚科技（Lnotera）后，美光跃升到全球第三大厂商（在 2012 年收购英特尔（Intel）在 IM Flash 晶圆厂的股份，也取得使用该公司晶圆厂产能的权利）。

日本东芝（Toshiba）为第四大晶圆产能厂商，月投片产能为 134 万片，占全球总产能的 8.20%，其中包括来自合作伙伴闪迪（SanDisk）的 NAND 产能。

韩国 SK 海力士位居第五位，月投片产能为 130 万片，占全球总产能的 8.1%。

英特尔的晶圆产能在 2015 年有所下滑，主要因为该公司在中国大连的 Fab 68 逻辑晶圆片生产切换快闪记忆体（3D NAND 与 XPoint 记忆体）生产暂时停工，英特尔在 2015 年世界集成电路晶圆制造产能的位置降至第七位。

4. 2015 年世界集成电路晶圆生产线投片区域分布情况

2015 年世界集成电路晶圆生产线投片区域分布情况见图 1.6.6 和图 1.6.7。

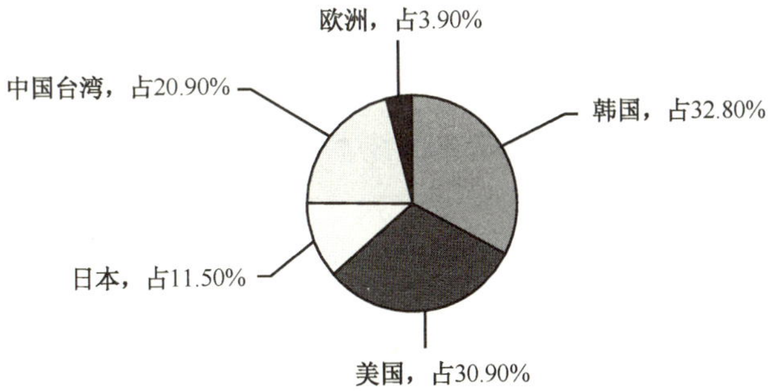

图 1.6.6　2015 年世界集成电路晶圆前十大企业投片量与该 10 家企业总投片量 1173.7 万片/月的占比

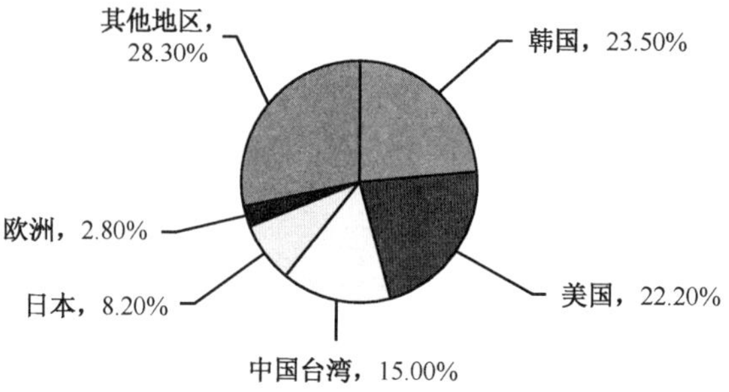

图 1.6.7　2015 年世界集成电路晶圆前十大企业投片量按全球总投片量 1635 万片/月的占比

5．2013—2017 年世界集成电路晶圆投片产能发展及预测

2015 年全球集成电路晶圆月投片产能达 1635 万片（折合 8 英寸晶圆计），比 2014 年的 1541 万片增长 6.1%，比 2013 年的 1480 万片增长 10.5%。其中：三星、台积电、美光等十大厂商握有产能占全球总产能的 72%，见表 1.6.13。

2015 年中国集成电路晶圆业月投片能力约为 159.1 万片（折合 8 英寸晶圆计），占全球投片产能的 9.7%。

表1.6.13　2013—2017年世界集成电路晶圆投片产能规模及增长（折8英寸片）

单位：万片/月

指标名称	2013 年	2014 年	2015 年	2016 年(E)	2017(E)	CAGR
世界 IC 投片总量	1480.0	1541.0	1635.0	1733.0	1856	4.63%
同比	—	4.1%	6.1%	6.0%	7.1%	—
前十大企业投片量	1039.0	1088.5	1173.7	1248.0	1340.0	5.22%
同比	—	4.8%	7.8%	6.3%	7.4%	—
占全球投片总量	70.2%	70.6%	71.8%	72.0%	72.2%	—

资料来源：IC Insighte/JSSIA 整理。

四、2015 年世界集成电路晶圆制程业技术发展情况

1．2015 年世界集成电路晶圆制造先进技术特征尺寸演进

2015 年世界集成电路晶圆制造技术特征尺寸演进见表 1.6.14。

表1.6.14　2015年世界集成电路晶圆制造技术特征尺寸演进

年度	2005 年	2006 年	2007 年	2008 年	2009 年	2010 年	2011 年	2012 年	2013 年	2014 年	2015 年	2016 年
特征尺寸（nm）	130	110	90	65～60	55～50	45～40	32～28	22	20～16	14/10	14/10	10/7

资料来源：JSSIA 整理。

2. 2015 年世界集成电路晶圆制造技术水平发展

技术创新是集成电路发展的不竭动力，集成电路晶圆制程线宽特征尺寸的缩小和晶圆直径尺寸的进一步增大仍是未来集成电路产业发展的趋势之一。

集成电路技术主要沿着三个方向发展。

一是集成电路芯片的特征尺寸等比缩小沿着摩尔定律（More Moor）和 CMOS 工艺每两年或两年半时间就前进一个节点，不断缩小；集成各种存储器、微处理器、数字信号处理、逻辑 IC 等，以数字处理 IC 为主，发展片上集成系统（SoC）技术。

二是拓展摩尔定律（More than Moore），以系统级封装（Sip）实现数字和非数字功能器件、硅和非硅材料及器件、CMOS 和非 CMOS 电路，及光电、MEMS、生物芯片等集成在一个封装内，完成子系统或系统。

三是超越 CMOS（Beyond CMOS），以大量的不同需求产生多种类型的“非尺寸依赖”的多样化集成电路芯片：不断引进新技术、新材料、新器件结构和新原理，发展纳米、亚纳米，以及多功能器件，发明和简化新的信息处理技术，以取代面临极限的 CMOS 器件，迈向更高的集成度，更低的功耗等，以及为满足小型化而产生的系统集成技术。

2015 年是世界集成电路晶圆制造业技术水平发展的一个里程碑。

一是三星公司、英特尔、IBM 公司先后成功开发出 10 纳米制程技术，并制造出产品。

二是逻辑工艺 14 纳米 Fin FET 实现了量产，进入了商业运营。在实现 14 纳米工艺技术进程中，主要有两条技术路线，一条是英特尔公司采用 Fin FET 结构三栅晶体管技术，另一条是 IBM 和意法等公司在 22 纳米制程节点中采用的 FD-SOI 全耗尽技术。业界普遍认为 14 纳米是集成电路制造的工艺拐点。

三是 DRAM 制程已小于 20 纳米，而 NAND Flash 工艺尺寸已达到 1Z 纳米并已量产，未来几年内将在存储器中采用 1X 纳米（19～17 纳米）、1Z 纳米（16～15 纳米）以及 1Y 纳米（14～12 纳米）。

四是应用于 18 英寸的极紫外（EUV）光刻机投入生产线验证，在英特尔公司日产 12 英寸 600 片，在台积电日产 12 英寸 1000 片。可惜因在技术、资金、产品量产及应用等诸多因素困扰下，2015 年英特尔、三星、台积电等龙头大公司目前无力为继，宣布暂停。

五是产业界已把 193 纳米浸液式光刻技术发挥到极限，从 20 纳米到 14 纳米，再到 10 纳米制程节点上，英特尔、三星、台积电等公司将采用图形间距的分隔技术（多次图形曝光技术）可能延伸摩尔定律至 7～5 纳米，并能在图形尺寸缩小方面来弥补光刻成本的增加。

2015 年，3D-NAND Flash 存储技术已走向商用。自 2014 年 10 月，三星宣布开始量产用于固态硬盘（SSD）的 3bit MLC 3D V-NAND 闪存，其优势在于提升芯片的存储密度和写入速度，降低功耗，世界上有四家公司推出了自己的 3D V-NAND 发展路线图。该技术有望在2016年全面走向市场，并可替代传统的NAND闪存。

世界集成电路产业界认为，越过10纳米技术已无大的障碍，至多增加3次或4次图形曝光技术，可延伸到7纳米。三星公司确认开始3.2纳米Fin FET工艺研发，通过EUV远紫外光刻技术、四次图形曝光技术和独家途径，实现工艺更细微化，将继续推进至5纳米工艺制程。

2016年10纳米Fin FET制程工艺的实现将会运用到DRAM和3D V-NAND芯片上，这是面广量大、主导集成电路产业发展的存储器领域。三星表示在2016年或2017年后，将会采用10纳米工艺技术。就目前而言，该公司采用14纳米芯片Exynos的智能手机Galaxy S6，在先进工艺方面的优势能维持两年。为此，三星公司于2015年5月7日在京畿道平泽市投资15.6万亿韩元的（Line 17）生产线开工建设，继续保持移动领域和存储器领域的霸主地位。

3. 世界集成电路晶圆制程有关技术节点简述

1）28纳米技术

28纳米为被业界公认的长寿命、多应用的技术节点，在45～40纳米跳过30纳米（38～30纳米），直接进入28纳米区间。

2015年全球28纳米晶圆代工订单80%落入台积电手中，即80%以上的总利润被台积电独享。

2015年，28纳米工艺技术联电、格罗方德等也掌握并投入生产。

2015年，中芯国际在中国大陆率先进入28纳米制程并量产面市，标志着中国（大陆）集成电路晶圆制造业登上了新台阶，缩短了与国际先进水平的差距。近期，上海华力微电子公司也在28纳米工艺技术的产品流片成功，将在2016年进入量产，28纳米俱乐部又新增一名竞争成员。

三星半导体28纳米将采用FD-SoI技术投片，功耗可降一半。从技术上简单区分，Fin FET（鳍式场效晶体管）是立体型晶体管，FD-SOI是平面型（全耗尽绝缘硅），在28～20纳米时代，FD-SoI远没有退出市场，还有大量产品需求市场去开发和应用。

三星电子近期宣布以20纳米工艺试制出DRAM，其性能良好，并表示可以采用同样方法达到10纳米工艺。

2）16/14纳米技术

16/14纳米也是被业界公认的长寿命、多应用的晶圆制程区间，2015年16/14纳米Fin FET工艺已大量量产出货，已形成英特尔、三星和台积电三足鼎立代工的局面。格罗方德也有望进入这一层次，但与上述三家相比有一定的差距。

在14纳米技术节点，英特尔公司在2011年实现22纳米Fin FET量产及处于领先地位，目前已拥有14纳米第二代Fin FET技术，并在2014年开发出10纳米技术水平的产品。英特尔在全球半导体工艺制程尺寸的过程中，肯定走在三星、台积电的前列，对世界两次实现技术革新，45 纳米世代的 HKMG 和 22 纳米的 Fin FET 工艺技术等。其 14 纳米的 SKyLake 架构系列处理器已在 2015 年第四季度上市。

三星提前通过了 14 纳米 Fin FET 关口，首先进入量产期，推出了 14 纳米 Exynos 7420 处理器。

2015 年上半年，三星 14 纳米芯片状况不佳（芯片发热问题未解决好），被台积电 16 纳米芯片胜出。在下半年，三星推出第二代 14 纳米制程芯片，表现尚佳，挽回一些市场。

三星在 2015 年开发 14 纳米 NAND Flash、64 层 3D NAND 等重点产品，部分产品可望在 2016 年量产。

台积电 2015 年 16 纳米制程已经处于领先地位，拿到约占全球 80%的订单，其 14 纳米技术稍落后于英特尔和三星，但也能在 2015 年赶上。

闪迪公司发布了 256GB 3 位型（X3）48 层 3D NAND 芯片，并携手合作伙伴东芝公司于 12 月 4 日在日本启动 3D NAND 试产线。闪迪 3D NAND 采用的是 Bics 非易失性存储架构，可以提高存储密度、可扩展性和性能，还具备更好的写/擦耐久力、更快的写入速度和更高的能效。

产业界在 14 纳米节点采用 Fin FET 结构已基本达成共识，重点在找到降低成本的有效途径，否则只有少数高毛利产品和企业用得起 14 纳米 Fin FET 工艺。

在 14 纳米节点，英特尔和台积电会采用体硅 Fin FET 工艺技术，而 IBM 可能采用 SDI Fin FET。

产业界还认为在 20 纳米节点及以上，Fin FET 不是必需的工艺技术。

3）10 纳米技术

10 纳米工艺技术现已成为三星、英特尔和台积电三家企业竞争的焦点，谁先登上这一台阶，谁先执牛耳，谁先占据市场并享其丰厚的利益。为此英特尔、三星、台积电以及后来的格罗方德均全力以赴。

英特尔在 10 纳米起步较早，2014 年第四季度就已研制成功，预计在 2016 年第三季度采用 10 纳米制程的“Cannonlake”处理器或在 2017 年实现量产。

三星电子早在 2014 年第四季度宣称 10 纳米 Fin FET 技术开发成功，抢在英特尔公司之前流片成功。其借助 18nm Fin FET（鳍式场效电晶体）制程技术，以扩大在 10 纳米技术领域的优势。据预测，三星在 10 纳米技术上和产品开发上有望超过英特尔和台积电，并以此领先英特尔的 14 纳米和台积电的 16 纳米技术，在 2016 年年中或 2017 年年初可以量产。产品出货由 18 纳米 DRAM 进入到 10 纳米 DRAM。苹果计划在 Mac 笔记本电脑上首先使用三星的 10 纳米 Fin FET 制程产品。

台积电 10 纳米制程起步最晚，但脚步最快，预计在 2017 年年中可以量产；相比 16 纳米制程，10纳米制程芯片速度快15%、功耗减少35%、并拥有2倍闸极密度。据预测，到2018年台积电的中科晶圆厂将采用10纳米节点或更先进的工艺技术，月产能预期可达到9万片的规模。

格罗方德接收IBM晶圆业，IBM也已达10纳米水平。近期又宣称达到7纳米技术，但何时可实现10纳米制程量产，尚未见底。

4）7/5纳米技术

有关媒体报道称小于10纳米制程成功的企业有三星电子（7～5纳米制程）、英特尔和IBM公司（7纳米制程）。现更关键是随着晶圆制程进入1X纳米时代，能够承担起动辄上亿美元开发费用的IC设计产品的企业已经越来越少，高端产品的设计已集中到苹果、高通、博通、联发科、英伟达、阿尔特拉、赛灵思，以至超威、美满和海思等业绩较好的公司。这些大型设计公司也正是台积电、英特尔、三星、格罗方德争夺的对象和它们代工的稳定客户。

目前，随着2015年下半年世界半导体市场呈现萎缩下滑的态势，半导体代工市场竞争更为激烈，10纳米制程虽未实现量产，但已吸引足够的业界目光，谁先戴上10纳米量产的“制程工艺桂冠”，仍需等待。

IBM正在开发一种非常小的晶体管，比其他工厂明显更先进，也是目前首个打破10纳米工艺的企业，采用7纳米锗片代替硅片。目前IBM认为，用碳纳米管技术可以向1.8纳米节点进发。

台积电在小于10纳米（7～5纳米）工艺上也已取得重大突破和成果，实现后来者居上。据报道，台积电7纳米在128MB SRAM中已有30%的成品率，与10纳米相比速度可提高15%～20%，可降低35%～40%的功耗，可提高1.63倍逻辑晶体管密度，这表明台积电也可不必依赖EUV紫外光刻，在7纳米进程可以实现。台积电在7纳米世代可以使用10纳米工艺的90%的设备，包括193纳米光刻机，但要进行四次图形曝光技术（SAQP），有些最小的工艺尺寸只有4纳米和30纳米间距。但台积电有自己的后封装工艺，2016年初已实现用Cowos工艺把16纳米Fin FET工艺的CPU及两个HBM_2存储器堆叠在硅转接板（inteposer）上，为7纳米技术铺平道路。

据消息称，苹果iPhone 7中将采用它的InFO 10纳米 A系列处理器，并于2016年上半年可量产，15×15纳米封装中能装3个芯片，每个采用10纳米的再分布层（redistribution Layer）。

4．2011—2015年世界集成电路制造企业工艺技术进步情况

2011—2015年世界集成电路制造企业工艺技术进步情况见表1.6.15。

表1.6.15　2011—2015年世界集成电路制造企业工艺技术进步

公司名称	技术节点	2011 年	2012 年	2013 年	2014 年	2015 年	2016 年(E)
台积电	28nm　PolySioN	Q3					
	28nm　HKMG		Q1				
	20nm　Planar				Q2		
	16nm　Fin FET					Q2	
	14nm　Fin FET					Q3	
	10nm　Fin FET					√	√
	7nm　Fin FET					√	√
三星	28nm　PolySioN		Q4				
	28nm　HKMG			Q2			
	20nm　Planar				Q2		
	14nm　Fin FET				Q4		
	10nm　Fin FET				Q4		
	7nm　Fin FET					√	√
格罗方德	28nm　PolySioN			Q2			
	20nm　Planar				Q4		
	14nm　Fin FET					Q1	
	10nm　Fin FET						√
	7nm　Fin FET					√	√
英特尔	22nm　Fin FET	Q4					
	14nm　Fin FET				Q2		
	10nm　Fin FET				√	√	√
	7nm　Fin FET					√	√
联电	28nm　Fin FET			Q4			
	16nm　Fin FET						
	14nm　Fin FET					√	√
	10nm　Fin FET						√
中芯国际	28nm　Fin FET					Q1	
	16nm　Fin FET					√	√
	14nm　Fin FET						√

资料来源：Gartner/IC Insights/JSSIA 整理。

第七节　2015 年世界集成电路封测业发展情况

一、2015 年世界集成电路封测业营收情况

据《中国电子报》2016 年 3 月 22 日莫大康先生文章报道，2015 年世界集成电路封测业营收预计为 508.8 亿美元，同比下降 5.7%左右，如图 1.7.1 所示。

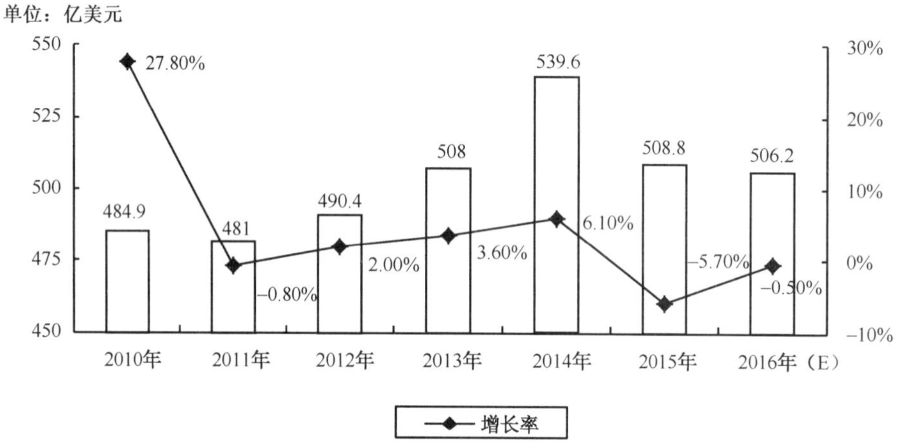

CAGR=0.62%

资料来源：JSSIA 整理。

图 1.7.1　2010—2015 年世界集成电路封测业发展规模及增长

二、2015 年世界集成电路封测业市场结构规模

从表 1.7.1 可以看出，2015 年世界集成电路封测业形势不太好，一是封测业总值仅为 508.8 亿美元，同比下降 5.7%，为自 2010 年以来之最；二是 IDM 型企业中的封测业市场营收入为 225.7 亿美元，同比下滑 17.3%，是 2010 年以来下滑之最深；但也可以看到，2015 年世界集成电路封装代工状况良好，2015 年 IC 封装代工市场规模为 283.1 亿美元，同比增长 6.1%（世界半导体产业同比为-0.2%），占比达 55.6%，占比较 2014 年提升 6.2 个百分点，IC 封测代工为一枝独秀，见表 1.7.2。

表1.7.1　2010—2015年世界集成电路封测业市场结构发展规模及增长

单位：亿美元

指标名称		2010 年	2011 年	2012 年	2013 年	2014 年	2015 年	CAGR
封测代工市场	规模	235.9	240.2	245.3	250.8	266.8	283.1	3.09%
	同比	—	1.8%	2.1%	2.2%	6.3%	6.1%	—
	占比	48.6%	49.9%	50.0%	49.4%	49.4%	55.6%	—

续表

指标名称		2010 年	2011 年	2012 年	2013 年	2014 年	2015 年	CAGR
IDM 封测市场	规模	249.0	240.8	245.1	257.2	272.8	225.7	-1.62%
	同比	—	-3.3%	1.8%	4.9%	6.1%	-17.3%	—
	占比	51.4%	50.1%	50.0%	50.6%	50.6%	44.4%	—
合计	亿美元	484.9	481.0	490.4	508.0	539.6	508.8	0.81%
增长率		27.8%	-0.8%	2.0%	3.6%	6.1%	-5.7%	—

表1.7.2 2010—2018年世界集成电路封测代工市场规模及发展

单位：亿美元

指标名称	2010 年	2011 年	2012 年	2013 年	2014 年	2015 年	2016 年(E)	2017 年(E)	2018 年(E)	CAGR
代工市场	235.9	240.2	245.3	250.8	266.8	283.1	295.3	311.9	311.4	3.13%
同比	—	1.8%	2.1%	2.2%	6.4%	6.1%	4.3%	5.6%	-0.2%	—

三、2015—2016 年世界集成电路封装技术

- 三星推出全球第一款 3D 主体硅穿孔封装（TSV）技术打造内存芯片，容量翻一倍。
- 在移动终端芯片的推动下，轻薄小的系统级封装（SiP）蔚然已成主流。
- 受到移动智能终端基带芯片、应用处理器、无线通信芯片、高端视频芯片市场的推动，扇出型晶圆级先进封装（Fan-out WLP）近年倍受青睐。从 2013 年的 3 亿颗预计到 2018 年达 19 亿颗，5 年内成长 6 倍。
- 2.5D/3D 硅穿孔（TSV）封装技术仍是属于具有挑战的高阶封装领域，在今后的市场中有广泛的应用。

四、2015 年世界集成电路封测业前十大企业情况（见表 1.7.3）

表1.7.3 2015年世界集成电路封测业前十大企业情况

单位：百万美元

2015 年排序	2014 年排序	公司名称	地 区	2015 年营收额	2015 年		2014 年营收额
					同比	占比	
1	1	日月光	中国台湾	4769	-7.8%	28.0%	5170
2	2	安靠	美国	2885	-7.8%	16.9%	3129
3	3	矽品	中国台湾	2612	-4.7%	15.3%	2741
4	6	长电科技	中国大陆	1678	70.9%	9.8%	982
5	5	力成科技	中国台湾	1339	1.4%	7.9%	1321
6	8	联合科技	新加坡	878	19.6%	5.2%	734

续表

2015 年排序	2014 年排序	公司名称	地 区	2015 年营收额	2015 年		2014 年营收额
					同比	占比	
7	4	星科金朋	新加坡	842	−46.9%	4.9%	1586
8	7	J-DEVICES	日本	816	−5.6%	4.8%	864
9	12	天水华天	中国大陆	617	18.9%	3.6%	519
10	9	南茂科技	中国台湾	606	−12.9%	3.6%	696
前十名合计				17042	−3.9%	100%	17742

从表 1.7.3 可见：2015 年全球集成电路封测业前十大企业营收同比下降企业有 6 家，占到 60%；2015 年中国集成电路封测业企业进入前十名的有 6 家（中国大陆 2 家、中国台湾 4 家）；中国大陆的长电科技 2015 年排名跃升两位，天水华天 2015 年排名跃升 3 位。

第八节　2015 年世界半导体市场产品情况

一、2015 年世界半导体市场产品结构发展情况

2015 年世界半导体产品市场为 3351.68 亿美元，同比下降 0.2%。

2015 年世界半导体产品市场由于无线通信、数据处理和消费类电子产品终端需求的下滑，阻碍了半导体市场的增长，在 PC 机领域下滑了 10.3%（包括平板电脑、个人电脑等），虽在 2015 年下半年有新型的笔记本电脑等产品面市而有所抬升，但也为时已晚；在面广量大的手机市场，一些老旧的手机（2G、3G）正在淘汰或市场增长率减缓，4G 手机（智能手机）市场饱和状况正在显现，虽有印度、拉美等国需求上升，但还是拖累了世界半导体产品市场的发展。

表1.8.1　2014—2017年世界半导体市场产品结构规模及增长

产品类别	产品结构规模（百万美元）				增长率			
	2014 年	2015 年	2016 年(E)	2017 年(E)	2014 年	2015 年	2016 年(E)	2017 年(E)
分立器件（DS）	20170	18612	18108	18748	10.8%	−7.7%	−2.7%	3.5%
光电子器件（Optoelec-tromics）	29868	33256	34313	35894	8.3%	11.3%	3.2%	4.6%
传感器（Sensors）	8502	8816	9134	9480	5.8%	3.7%	3.6%	3.8%
集成电路合计（IC/Total）	277302	274484	274537	282328	10.1%	−1.0%	0%	2.8%
其中：模拟电路（Analog）	44365	45228	45976	47856	10.6%	1.9%	1.7%	4.1%
微处理（Micro）	62072	61298	63524	64974	5.8%	−1.2%	3.6%	2.3%
逻辑电路（Logic）	91633	90753	93928	96024	6.6%	−1.0%	3.5%	2.2%
存储器电路（Memory）	79232	77205	71109	73474	18.2%	−2.6%	−7.9%	2.3%
总计（Total）	335843	335168	336092	346450	9.9%	−0.2%	0.3%	3.1%

资料来源：WSTS/JSSIA 整理。

从表 1.8.1 中可以看出：2015 年世界半导体市场产品销售，在元器件类中：光电子器件增速最快，达到 11.3%，传感器增长一般，仅为 3.7%，低于预期；而分立器件大跌 7.7%，这是意料之中的。在集成电路产品销售中，经历了 2014 年的较高增长，厂商正在进行去库存化及市场疲软的过程，有一个迟销的痛苦历程，除面广量大的模拟电路产品略有增长外，

其他诸类产品市场都趋于下降状态，尤其在存储器电路下降幅度较大。

据 WSTS 预测，2016 年世界半导体市场仍处于低迷的状态，同比只增长 0.3%；预计到 2017 年稍有好转，同比增长 3.1%左右的水平，见图 1.8.1 和表 1.8.2。

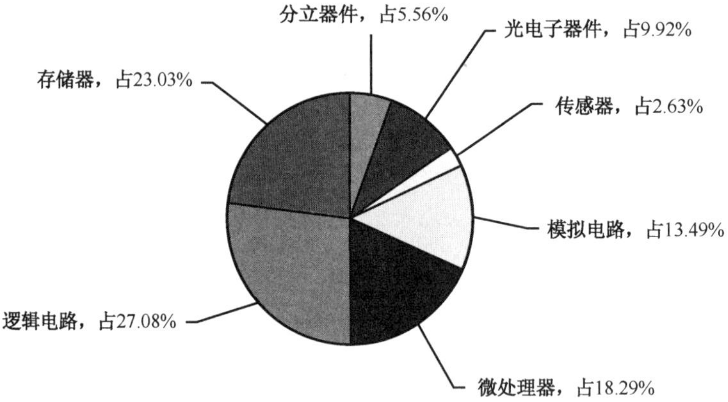

图 1.8.1　2015 年世界半导体市场产品结构占比

表1.8.2　2015年世界半导体产品比例情况

序号	产品名称	2015 年占比	2014 年占比	2015 年/2014 年相较
1	分立器件	5.6%	6.1%	下降 0.5 个百分点
2	光电子器件	9.9%	8.9%	上升 1 个百分点
3	传感器	2.6%	2.6%	平
4	模拟电路	13.5%	13.3%	上升 0.2 个百分点
5	微处理器	18.3%	18.7%	下跌 0.4 个百分点
6	逻辑电路	27.1%	26.9%	上升 0.2 个百分点
7	存储器	23.0%	23.6%	下跌 0.6 个百分点
合计		100%	100%	/

近年来，世界集成电路、光电子、传感器、分立器件产品市场规模及增长情况分别见图 1.8.2 和表 1.8.3。

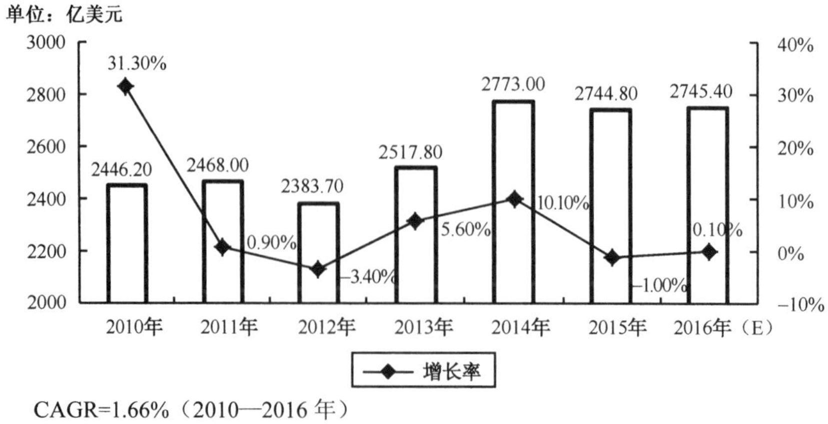

图 1.8.2　2010—2016 年世界集成电路产品市场规模及增长

表1.8.3 2010—2016年世界半导体（光电子、传感器、分立器件）市场规模及增长

单位：亿美元

指标名称	2010 年	2011 年	2012 年	2013 年	2014 年	2015 年	2016 年(E)	CAGR
销售收入	504.1	527.1	533.0	538.0	585.4	606.8	615.6	2.90%
同比	6.1%	4.6%	1.1%	0.9%	8.8%	3.7%	1.5%	—

二、2015 年世界各地区半导体市场产品分布情况

2015 年是世界半导体产品市场最困难的一年，其中，受北美（美国）、欧洲、日本等地区和国家集成电路产品市场下滑的困扰，呈现萎缩的态势，其中日本、欧洲萎缩尤为严重，分别下降 10.7%和 8.5%；其中，亚太地区市场成为唯一仍处在保持增长的地区市场，中国集成电路市场需求量占全球总值的 52.6%以上，成为拉动世界集成电路产品市场的主要动力，如图 1.8.3 所示。

1. 2015 年世界各地区半导体市场产品分布情况

2015 年世界各地区半导体市场产品分布情况见表 1.8.4。

表1.8.4 2014—2017年世界各地区半导体市场产品规模及增长情况

地区名称	市场产品结构规模（百万美元）				同比增长率			
	2014 年	2015 年	2016 年(E)	2017 年(E)	2014 年	2015 年	2016 年(E)	2017 年(E)
北美地区 Americas	69324	68738	69664	71996	12.7%	-0.8%	1.3%	3.3%
欧洲 Europe	37459	34258	33698	34536	7.4%	-8.5%	-1.6%	2.5%
日本 Japan	34830	31102	31277	32125	0.1%	-10.7%	0.6%	2.7%
亚太地区 Asia&Pacific	194230	201070	201453	207792	11.4%	3.5%	0.2%	3.1%
其中：中国（China）	169800	176400	178950	190000	15.4%	3.9%	1.4%	6.2%
合计（Total）	335843	335168	336092	346450	9.9%	-0.2%	0.3%	3.1%

资料来源：WSTS/JSSIA 整理。

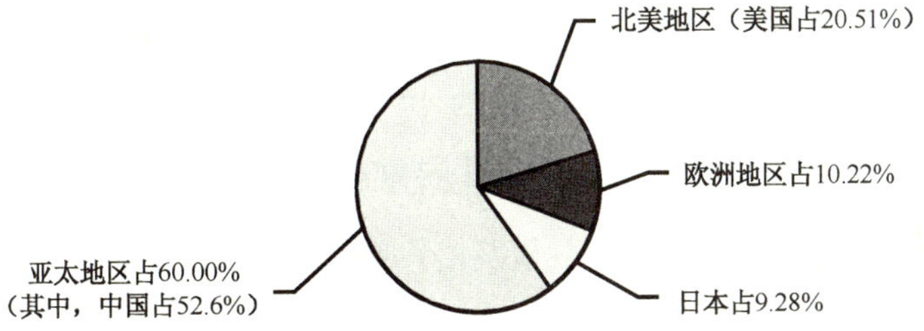

图 1.8.3 2015 年世界各地区半导体市场结构占比情况

2. 2010—2017年世界半导体市场产品主要地区（国家）发展规模及增长情况

2010—2017年世界半导体市场产品主要地区（国家）发展规模及增长情况见表1.8.5～表1.8.9。

表1.8.5　北美（美国）半导体市场发展规模及增长

单位：亿美元

指标名称	2010年	2011年	2012年	2013年	2014年	2015年	2016年(E)	2017年(E)	CAGR
市场规模	536.8	552.0	544.0	615.0	693.2	687.4	696.6	720.0	3.74%
同比	39.4%	2.8%	-1.5%	13.1%	12.7%	-0.8%	1.3%	3.3%	—

表1.8.6　欧洲地区半导体市场发展规模及增长

单位：亿美元

指标名称	2010年	2011年	2012年	2013年	2014年	2015年	2016年(E)	2017年(E)	CAGR
市场规模	380.5	373.9	331.6	349	374.6	342.6	337	345.4	-1.20%
同比	27.4%	-1.7%	-11.3%	5.2%	7.3%	-8.5%	-1.6%	2.5%	—

表1.8.7　亚太地区半导体市场发展规模及增长

单位：亿美元

指标名称	2010年	2011年	2012年	2013年	2014年	2015年	2016年(E)	2017年(E)	CAGR
市场规模	1600.3	1640.3	1629.8	1744	1942.3	2010.7	2014.5	2077.9	3.32%
同比	33.8%	2.5%	-0.6%	7%	11.4%	3.5%	0.2%	3.1%	—

表1.8.8　日本半导体市场发展规模及增长

单位：亿美元

指标名称	2010年	2011年	2012年	2013年	2014年	2015年	2016年(E)	2017年(E)	CAGR
市场规模	465.6	429.0	410.0	348.0	348.3	311.0	312.8	321.3	-4.53%
同比	21.6%	-7.9%	-4.3%	-15.2%	0.1%	-10.7%	0.6%	2.7%	—

表1.8.9　中国半导体市场发展规模及增长

单位：亿美元

指标名称	2010年	2011年	2012年	2013年	2014年	2015年	2016年(E)	2017年(E)	CAGR
市场规模	1086.0	1249.0	1356.0	1472.0	1698.0	1764.0	1789.5	1900.0	7.24%
同比	31.8%	15.0%	8.6%	8.6%	15.4%	3.9%	1.4%	6.2%	—

三、2015年世界半导体产品市场发展规模及增长

2015年世界半导体产品市场发展规模及增长见表1.8.10～表1.8.16。

表1.8.10 模拟电路（Analog）产品市场规模及增长

单位：亿美元

指标名称	2010年	2011年	2012年	2013年	2014年	2015年	2016年(E)	2017年(E)	CAGR
销售额	426.6	429	393	401	443.7	452.3	459.8	478.6	1.45%
同比	16.9%	0.6%	-8.4%	2%	10.6%	1.9%	1.7%	4.1%	—

表1.8.11 微处理器（Micro）产品市场规模及增长

单位：亿美元

指标名称	2010年	2011年	2012年	2013年	2014年	2015年	2016年(E)	2017年(E)	CAGR
销售额	572.7	655	602	587	620.7	613	635.2	649.7	1.59%
同比	13.1%	14.4%	-8.1%	-2.5%	5.7%	-1.2%	3.6%	2.3%	—

表1.8.12 逻辑电路（Logic）产品市场规模及增长

单位：亿美元

指标名称	2010年	2011年	2012年	2013年	2014年	2015年	2016年(E)	2017年(E)	CAGR
销售额	850.2	802	817	859	916.3	907.5	939.3	960.2	1.53%
同比	13.5%	-5.7%	1.9%	5.1%	6.7%	-1.0%	3.5%	2.2%	—

表1.8.13 存储器电路（Memory）产品市场规模及增长

单位：亿美元

指标名称	2010年	2011年	2012年	2013年	2014年	2015年	2016年(E)	2017年(E)	CAGR
销售额	560.8	606	570	670	792.3	772.1	711.1	734.7	3.43%
同比	15%	8.1%	-5.9%	17.5%	18.3%	-2.5%	-7.9%	3.3%	—

表1.8.14 分立器件（DS）产品市场规模及增长

单位：亿美元

指标名称	2010年	2011年	2012年	2013年	2014年	2015年	2016年(E)	2017年(E)	CAGR
销售额	202.8	218	191	182	201.7	186.1	181.1	187.5	-0.98%
同比	5%	7.5%	-12.4%	-4.7%	10.8%	-7.7%	-2.7%	3.5%	—

表1.8.15 光电子器件（Optoelec-tromics）产品市场规模及增长

单位：亿美元

指标名称	2010年	2011年	2012年	2013年	2014年	2015年	2016年(E)	2017年(E)	CAGR
销售额	232.7	227	262	276	298.7	332.6	343.1	358.9	5.57%
同比	4.9%	-2.4%	15.4%	5.3%	8.2%	11.3%	3.2%	4.6%	—

表1.8.16 传感器（Sensors）产品市场规模及增长

单位：亿美元

指标名称	2010年	2011年	2012年	2013年	2014年	2015年	2016年(E)	2017年(E)	CAGR
销售额	68.6	80.9	80	80	85	88.2	91.3	94.8	4.13%
同比	8%	17.9%	-1.1%	平	6.3%	3.8%	3.5%	3.8%	—

四、2015年世界集成电路芯片采购商前十名排行

据Gartner统计报告，2015年世界电子信息产品采购商前十名共采购1230.35亿美元的集成电路（半导体）产品芯片，同比下降0.5%，其中：增长的厂商有2家，中国华为公司同比增长16.2%，拔得头筹，华为公司也从2014年的排名第7位上升到第6位；苹果公司同比增长7.1%。其中：中国的联想位居第3位，同比上升1位，在2015年中国位居前十位的有2家，为联想和华为。惠普公司因PC的下滑已导致芯片采购大幅下滑44.7%，惠普企业因刚从惠普公司分拆出来，暂时无法同期对比；如若将惠普公司与惠普企业两者相加，则为151.07亿美元，同比则下降3.3%。

在采购金额上，三星电子仍居世界同业第1位，但同比下降3.60%，其原因为在手机方面风头被苹果公司抢去，而中低端手机市场被中国华为、小米等分割掉。苹果公司的采购量与金额正在接近三星电子。故此，2015年世界电子信息产品采购金额三星电子、苹果、联想成为前三甲，占据整个市场的21.6%的份额。

据Gartner分析，2015年全世界集成电路产业营收额为3337.18亿美元，同比下降1.9%，而集成电路采购商更倾向于购买散装的IC芯片，自主进行组装以获取对每一组件更好的回报（价格）。因市场的疲弱而采取去库存和分散采购为主，见表1.8.17。

表1.8.17 2015年世界集成电路芯片采购商前十名排行

2014年排名	2015年排名	企业名称	2014年（百万美元）	2015年（百万美元）	同比	2015年市占率
1	1	三星电子	30989	29867	-3.6%	8.9%
2	2	苹果	27177	29116	7.1%	8.7%
4	3	联想	13743	13329	-3.0%	4.0%
5	4	戴尔	10880	10686	-1.8%	3.2%
3	5	惠普公司	15616	8634	-44.7%	2.6%
7	6	华为	6040	7020	16.2%	2.1%
6	7	索尼	7631	6947	-9.0%	2.1%
—	8	惠普企业	0	6473	—	1.9%
9	9	LG电子	5743	5533	-3.7%	1.7%

续表

2014 年排名	2015 年排名	企业名称	2014 年（百万美元）	2015 年（百万美元）	同比	2015 年市占率
8	10	思科	5817	5430	−6.7%	1.6%
前十名合计			123636	123035	−0.5%	36.8%
其他厂商			216695	210684	−2.8%	63.2%
前十名占比			36.3%	36.9%	+0.6%	36.9%
其他厂商占比			63.7%	63.1%	−0.6%	63.1%
全球合计			340331	333718	−1.9%	100%

资料来源：Gartner。

第九节　2015 年世界集成电路厂商研发费用支出情况

据 IC Insights 统计报道，2015 年世界集成电路产业研发费支出达到 564 亿美元，同比增长 0.5%，也是自 2009 年以来最小的增长幅度，比过去 10 年间 4.0%的年复合增长率（CAGR）低了很多，但也是历年来的创记录的最高值。

表1.9.1　2013—2015年世界集成电路产业研发费支出前十名排行

2015年排名	2014年排名	企业名称	型别	国别/地区	2013 年	2014 年			2015 年		
					研发费（亿美元）	研发费（亿美元）	同比	研发/收入	研发费（亿美元）	同比	研发/收入
1	1	英特尔（Intel）	IDM	美国	10611	11537	8.7%	22.4%	12128	5.1%	24.0%
2	2	高通（Qualcomm）	设计	美国	3395	3695	8.8%	19.2%	3702	0.2%	23.1%
3	3	三星（Samsung）	IDM	韩国	2820	2965	5.1%	7.8%	3125	5.4%	7.5%
4	4	博通（Broadcom）	设计	美国	2486	2373	-4.5%	28.2%	2105	-11.3%	25.0%
5	5	台积电（TSMC）	代工	中国台湾	1623	1874	15.5%	7.5%	2068	10.4%	7.8%
6	7	美光（Micron）	IDM	美国	1487	1598	7.5%	9.6%	1695	6.1%	11.4%
7	6	东芝（Toshiba）	IDM	日本	1560	1853	18.8%	16.8%	1655	-10.7%	17.0%
8	9	联发科（Media Tek）	设计	中国台湾	1109	1430	28.9%	20.3%	1460	2.1%	21.8%
9	12	SK 海力士（SK Hynix）	IDM	韩国	—	1340	—	8.2%	1421	6.0%	8.4%
10	8	意法（ST）	IDM	瑞士	1816	1520	-16.3%	20.6%	1409	-7.3%	20.6%
研发费支出前十名合计（TOP10 Total）					28663	30185	5.3%	15.1%	30768	1.9%	15.5%

从表 1.9.1 可以看出：

2015 年世界集成电路研发费前十名企业共投入 307.68 亿美元，占总研发费的 54.6%。

2015 年世界 IC 厂商研发费投入前十名中，美国有 4 家，中国台湾地区有 2 家，韩国有 2 家，日本和欧洲各占 1 家。

从厂商生产经营形态看，IDM 型企业有 6 家、IC 设计业有 3 家、代工型企业有 1 家。

从排名变化看，前五位厂商无变化，但后五位则变化较大，美光由2014年的第七位上升到第六位，联发科由第九位上升到第八位，SK海力士则由原第十二位跃进到第九位。而东芝则由第六位退居到第七位，意法半导体由第八位退居到第十位，英伟达则退出十名之列。

从研发费投入来看，排名前十的企业2014年研发费投入同比增长5.3%，2015年研发费投入同比仅增长1.9%，比2014年下降了3.4个百分点，是近十年来的最低点。这其中原因是随着工艺制程的不断进步，高度技术密集、资本密集，使得有能力参与竞争的企业数量越来越少，经营主体更趋集中；开发新一代新品和技术动辄需要上亿美元至十数亿美元的花费，如28纳米的研发经费大致要花费9亿～12亿美元，14纳米的研发经费估计要花费13～15亿美元之巨；而建一座月产3.5万片的28纳米晶圆厂，需50亿美元，回报周期拉长，而且不保证每个厂都能成功，这对每个企业来说都是极大的挑战，各大企业都感到心有余而力不足。一些巨商大贾为缩短新产品新技术的周期、减少投入，都把注意力和精力放在兼并收购有竞争力的一些中小企业上。因为收购兼并虽花费较大，但相应也减少了新技术新产品的研发投入。

从研发投入在营业收入的占比来分析，2015年为15.5%，比2014年增长0.4个百分点，其中，占比超过20%以上的有博通、英特尔、高通、联发科、意法半导体等；占比超过10%的有东芝、美光等公司；占比在10%以下的有SK海力士、台积电和三星等公司。从研发投入占营业收入比重方面来看，同比上升的企业有英特尔、高通、台积电、美光、联发科、东芝、SK海力士等公司，同比持平的企业有意法等公司，同比下降的企业有三星、博通等公司。

IC Insights的分析报告称，2016年世界半导体（IC）研发支出有望增长4.4%，达到589亿美元，到2020年可增长到763亿美元。2015—2020年间复合增长率（CAGR）预计为6.7%；2016—2020年研发支出占营收的比例预计平均为16.4%，较2011—2015年的16.2%略有增长。

第十节　2015 年世界集成电路产业投资合作信息

据英国金融 Dealogic 数据，截至 2015 年 12 月 30 日，世界并购交易总值已超过 5 万亿美元，比 2007 年 4.12 万亿美元的历史峰值更超 21.4%，时过 8 年再创新高。

一、2015 年世界半导体产业兼并掀高潮

自 2013 年全球互联网经济泡沫破裂后，世界半导体产业整合兼并一直处于调整期，经过 2～3 年的转型后，不同的产业经济的差距也显现出来。其背景为全球宏观经济增长减速，半导体行业增长随之放缓，但研发和资本密集度却持续增加，业内竞争日趋激烈。为股东及本企业追求最大化利益，促成了 2015 年全球半导体产业兼并整合新高潮的到来。

据彭博社（Bloomberg）消息，2015 年已宣布的半导体行业并购案交易总金额已超过 1360 亿美元，为 2014 年 380 亿美元的 3.6 倍，规模前所未有（中国半导体行业协会公布：2015 年全球并购交易额达 1200 亿美元，同比增长 3.2 倍）。但我们也应看到，并购案中绝大部分是为了精简成本，整合产品组合，用转让或出售资本以创造利润，大部分都不是投资新项目。

表1.10.1　2015年世界半导体产业十大并购案

序号	日期	并购方		被并购方		交易金额（亿美元）	备注
		企业名称	国别	企业名称	国别		
1	05.28	安华高科（Avago）	新加坡	博通（Broadcom）	美国	370.0	IC 设计、数字宽频硬件
2	10.21	西部数据（WD）	美国	闪迪（SanDisk）	美国	190.0	NAND Flash
3	06.01	英特尔（Intel）	美国	阿尔特拉(Altera)	美国	167.0	数据中心芯片、物联网
4	03.02	恩智浦（NXP）	荷兰	飞思卡尔（Freescale）	美国	118.0	物联网
5	09.21	戴乐格（dialog）	德国	爱特梅尔（Atmel）	美国	46.0	2016 年第一季度完成 ARM/MCU
6	09.30	紫光股份	中国	西部数据（WD）	美国	38.0	占股 15%（现终止）
7	08.13	高通（Qualcomm）	美国	CSR	英国	24.0	物联网、汽车电子
8	11.19	安森美（Onsemi）	美国	飞兆（仙童）（Fairchild）	美国	24.0	功率器件、汽车电子

续表

序号	日期	并购方		被并购方		交易金额（亿美元）	备注
		企业名称	国别	企业名称	国别		
9	05.02	华创投资（三家）	中国	豪威科技（OVTL）	美国	19.0	2016 年第三季度完成上下游产业链
10	05.28	建广资产	中国	恩智浦（NXP）	荷兰	18.0	占股 51%，射频 IC 设计
合计						1014.0	—

从表 1.10.1 可以看出：在 2015 年世界半导体产业十大并购案中，新加坡的安华高科以 370 亿美元收购美国博通公司位居榜首，创历史之最，超过百亿美元收购案的还有西部数据收购闪迪，英特尔收购阿尔特拉，恩智浦收购飞思卡尔等。

在 2015 年世界半导体前十大并购案中，美国占 4 家；中国占 3 家，说明中国正在走向世界，急速追赶世界集成电路先进水平，参与国际半导体市场竞争的雄心和能力；新加坡、荷兰、德国各占 1 家。

2015 年世界半导体前十大并购案合计为 1014 亿美元，占到全球半导体并购案交易总价值 1360 亿美元的 75%左右，足见产业趋向垄断，有钱有市者“恒者越大”“强者越强”。

在 2015 年世界半导体十大并购案外，还有许多并购或投资的案例可循，或正在进行之中，整合兼并已成为资本投入的新常态。

二、2015 年世界集成电路晶圆生产线投资情况

2015 年世界集成电路晶圆生产线投资情况见表 1.10.2。

表1.10.2　2015年世界集成电路晶圆生产线（在建、筹建）情况

日期	国别/地区	企业名称	产品	投资	地点
2 月	日本	索尼公司	CMOS 图像传感器	1050 亿日元+450 亿日元	
	韩国	Iones Tech Wing	混合型	2000 亿韩元	京畿道安城区
	韩国	GST	生产线		华诚东滩基地
5 月 7 日	韩国	三星电子	移动/DRAM/3DV-NAND	15.6 万亿韩元	京畿道平泽市
9 月 1 日	韩国	SK 海力士	未公布	31 万亿韩元	京畿道利川市
					清州市
9 月竣工	韩国	SK 海力士	DRAM	15 万亿韩元	京畿道利川市

续表

日期	国别/地区	企业名称	产品	投资	地点
	韩国	LGD	OLED	10 兆韩元	
12 月	韩国	SK 海力士	3D NAND Flash		利川市 M14 厂
	美国	英特尔（大连）	3D NAND Flash	50 亿美元	中国大连市（暂停）
2016 年 1 月	日本	东芝公司与闪迪合作	存储器	70 亿美元	三重县四日市
2016 年 2 月	韩国	SK 海力士公司	存储器（3D NAND）	125 亿美元	忠清南道北部

三、2015 年世界半导体产业资本投入规模

市场调研机构 IC Insights 的数据显示：2015 年世界半导体产业总资本支出超过 690 亿美元，同比增长 6.20%，见表 1.10.3 和表 1.10.4。图 1.10.1 给出了 2015 年世界半导体产业各类型资本投资的比例。

表1.10.3　2014—2015年世界主要半导体公司的资本支出规模

单位：百万美元

序号	公司名称	2015 年	2014 年	同比	占比
1	三星半导体（Samsung）	15100	13300	13.5%	21.9%
2	台积电（TSMC）	10800	9500	2.6%	15.6%
3	英特尔（Intel）	8700	10100	-13.9%	12.6%
4	SK 海力士（SK Hynix）	5100	4600	10.9%	7.4%
5	格罗方德（Global Fundries）	4800	4800	0%	7.0%
6	美光（Micro Technology）	3800	1300	192.3%	5.5%
7	东芝（Toshiba）	2000	1400	42.9%	3.0%
8	闪迪（San Disk）				
9	联电（UMC）	1800	1400	28.6%	2.6%
10	中芯国际（SMIC）	1400	1000	40.0%	2.0%
11	英飞凌（Infineon）	900	900	0%	1.3%
12	意法半导体（ST Microelectronics）	500	500	0%	0.7%
13	德州仪器（Texas Lnstruments）	500	400	25.0%	0.7%
14	恩智浦（NXP）	400	300	33.3%	0.6%
前十四大企业合计		55800	49500	12.7%	80.9%
其他		13200	15500	-14.8%	19.1%
合计		69000	65000	6.2%	100.0%

表1.10.4 2010—2015年世界半导体产业资本市场规模及增长

单位：亿美元

年度	2010年	2011年	2012年	2013年	2014年	2015年	CAGR
半导体资本市场规模	453	556	586	574	650	690	7.27%
同比	31.7%	22.7%	5.3%	-2.1%	13.2%	6.2%	—

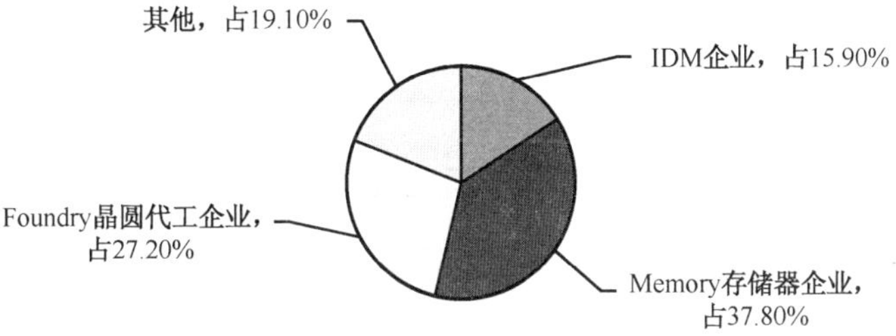

图1.10.1 2015年世界半导体产业各类型资本投资比例

四、2015年世界半导体制造业投资情况

据国际半导体产业协会（SEMI）报告：2015年世界半导体制造设备资本支出市场达373亿美元，同比微幅下滑0.6%，究其原因：2015年世界掀起并购热潮，而非投资热潮，又因在2015年世界半导体市场呈萎缩状态，世界主要半导体厂商投资热情不高。

2015年，中国台湾、韩国与北美仍是世界最大的半导体设备资本支出地区。日本较有提升，已接近美国的投资水准。

2015年，欧洲半导体设备市场萎缩13%。

2015年全球半导体大厂进入16/14纳米Fin FET制程时代，台积电资本支出为108亿美元，三星电子资本支出为150亿美元，英特尔资本支出为87亿美元，合计投入345亿美元，占到总投入373亿美元的92.5%，展望2016年台积电将敲开10纳米制程技术的大门。为此，世界半导体设备制造大厂如应用材料（A.M）、科林研发（L.R）、爱司摩尔（ASML）等同步配合晶圆大厂调低成本、陆续推出设备升级计划。

据拓璞产业研究所报告，2015年世界三大半导体厂台积电（TSMC）、三星（Samsung）和英特尔（Intel）资本开支金额为289.23亿美元，同比下降12.94%，占全球半导体设备总投资的77.5%。三大厂的资本支出都呈负增长，其主要原因为电子信息产品终端市场需求放缓，供给提速大于需求增长速度。故此，三大厂放缓了投资速度，见表1.10.5。

由于预期2016年世界集成电路晶圆厂代工增速不高，约增长2.1%。为争取更大的市场份额，提升16/14纳米制程产量，三大半导体厂将加大投入，预计要达到305.0亿美元，同比增长5.45%。

表1.10.5 2013—2016年世界三大半导体（IC）厂资本支出情况

企业名称	2013年	2014年		2015年		2016年	
	支出额	支出额	同比(%)	支出额	同比（%）	支出额	同比（%）
台积电（TSMC）	96.88	95.22	-1.7	81.23	-14.7	95.00	17.0
三星（Samsung）	97.17	135.95	39.9	135.00	-0.7	115.00	-14.8
英特尔（Intel）	107.11	101.05	-5.7	73.00	-27.8	95.00	30.1
合计	301.16	332.22	10.3	289.23	-12.9	305.00	5.45

五、2016年世界集成电路设备资本支出市场发展预测

据SEMI报告预测， 2016年世界半导体设备制造业可望增长约1.4%，预计可达378.2亿美元。

2016年，格罗方德、英飞凌、英特尔、意法和中国公司将有较大的晶圆设备投资支出，同时也使欧洲和中国半导体设备制造厂商出现强劲成长。

2016年，欧洲设备市场将达到34亿美元，同比增长63.1%。

2016年，东南亚为主的其他地区半导体设备支出将达到25亿美元，同比增长25.7%。

2016年，中国半导体设备市场支出为53亿美元，同比增长9.1%。

2016年，北美（美国）半导体设备市场支出为59亿美元，同比增长6.1%。

第十一节　2015 年世界半导体设备市场情况

2015 年世界半导体设备业与 2014 年相比较显得有些冷清，据 SEMI 报道，2015 年世界半导体设备业营收额为 365.3 亿美元，同比下降 2.6%～3.0%（见图 1.11.1）。

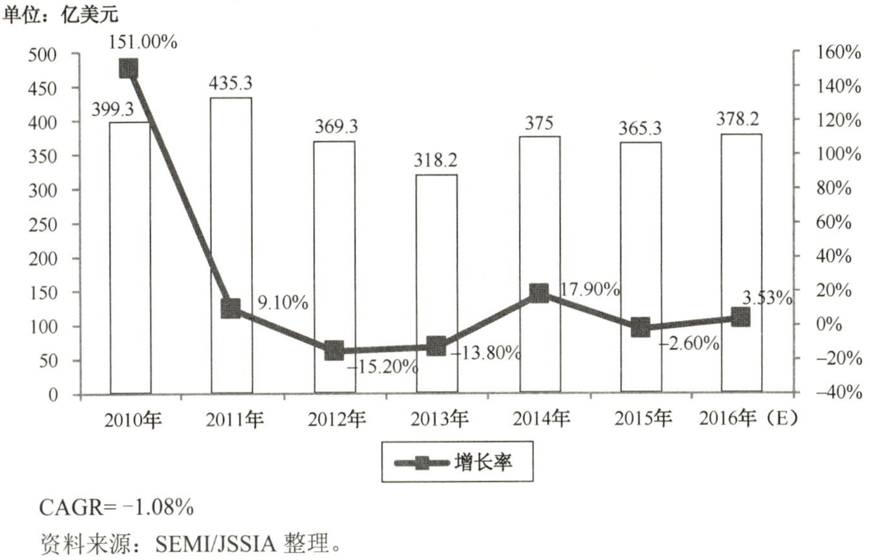

图 1.11.1　2015 年世界半导体设备市场规模及增长

一、2015 年世界半导体设备市场情况

1. 2015 年世界半导体设备市场分析

2015 年世界半导体设备市场下滑的原因大致有以下几方面。

一是 2015 年世界半导体产业市场疲软所致。世界半导体贸易组织（WSTS）数据显示，2015 年世界半导体产品市场为 3352 亿美元，同比下降 0.2%，这说明 2015 年世界半导体市场受世界经济发展不景气影响，显示硅周期性的低谷现象。为此，世界半导体业界巨头不敢贸然加大在制造设备的投资。

二是 2015 年世界半导体产业界掀起了有史以来的并购高潮。据彭博社（Bloomberg）统计，2015 年世界半导体行业并购案交易总金额已超过 1360 亿美元，为 2014 年 380 亿美元的 3.6 倍，创历史新高（中国半导体行业协会公布 2015 年世界半导体并购交易额为 1200 亿美元，为 2014 年的 3.2 倍）。并购案中绝大部分是为了迅速扩大产品市场、抢占技术优势、精减成本、重组整合，以资本为纽带创造利润，而非以投资新项目。

三是 2015 年世界半导体设备投资主要集中投在前端晶圆制造业，主要投资于 16/14、10/7 纳米制程设备，这关乎世界半导体业界巨头为抢占制程制高点，满足移动芯片以及

DRAM、NAND、逻辑电路等产品领域需求，将近有五成的资金投在 10 纳米制程设备。

四是 2015 年除了 SK 海力士等在本土建 3D NAND 生产线以外，其他厂商新建 12 英寸生产线的寥寥无几。因此，对拉动设备制造业增长的能量有限。

五是据应用材料（Applied Materials）称，2015 年半导体制造厂商接受蚀刻（Etch）、化学机械研磨（CMP）、化学气相沉积（CVD）的订单是自 2007 年以来最多的一年，这将为 2016 年设备业的增长奠定了基础。

六是据科磊公司（KLA Tencor）称，由于物联网蓬勃发展，须采用鳍式场效电晶体（FinFET）、全空乏绝缘履矽（FD-SOT）等新制程技术所生产的系统单芯片（SOC），绝大多数仍可用旧设备生产，使得 2015 年二手晶圆设备市场燃起火花，变得炙手可热。

2. 2015 年世界前十大半导体设备制造厂商情况

2015 年世界前十大半导体设备制造厂商销售额为 260.3 亿美元，同比下降 1.5%，占 2015 年世界半导体设备销售总额的 77%。美国应用材料公司 2015 年销售额为 64.2 亿美元，同比增长 1.3%，见表 1.11.1。

表1.11.1　2015年世界前十大半导体设备制造厂商排序

排序	公司名称	排序	公司名称
1	应用材料	6	Screen Semiconductor Solutions
2	科林研发	7	日立先瑞科技
3	艾司摩尔	8	尼康
4	东京电子	9	日立国际电气
5	科磊	10	ASM International

二、2015 年世界半导体设备市场结构情况

据 SEMI 报道，2015 年世界半导体制造设备结构发生了较大的变化，前端领域晶圆加工设备市场同比下降 2.0%；测试设备领域同比下降 6%；封装设备下降幅度最大，同比下降 18%，见表 1.11.2 和表 1.11.3 以及图 1.11.2。

表1.11.2　2013—2015年世界半导体制造前后端装备市场结构情况

单位：亿美元

指标名称	2015 年(E)			2014 年			2013 年		
	销售额	同比	占比	销售额	同比	占比	销售额	同比	占比
前端领域	291.0	−0.2%	79.7%	292.0	19.1%	77.9%	245.2	−13.0%	77.6%
封装设备	25.4	−18.0%	7.0%	31.0	29.2%	8.2%	24.0	−22.1%	7.6%
测试设备	32.9	−6.0%	9.0%	35.0	25.0%	9.4%	28.0	−20.7%	8.9%
其他设备	16.0	−5.9%	4.3%	17.0	−8.6%	4.5%	18.6	−13.5%	5.9%
合计	365.3	−2.6%	100.0%	375	18.7%	100.0%	318.2	−13.8%	100.0%

从表 1.11.2 可以看出，2015 年世界半导体制造业前端晶圆业制造设备占到全年总值的 79.7%，较 2014 年占比提升 1.8 个百分点，主要投资于 16～14～10 纳米制程；而在封装测试的投资同比下降 1.2 个百分点，测试设备下降 0.4 个百分点。

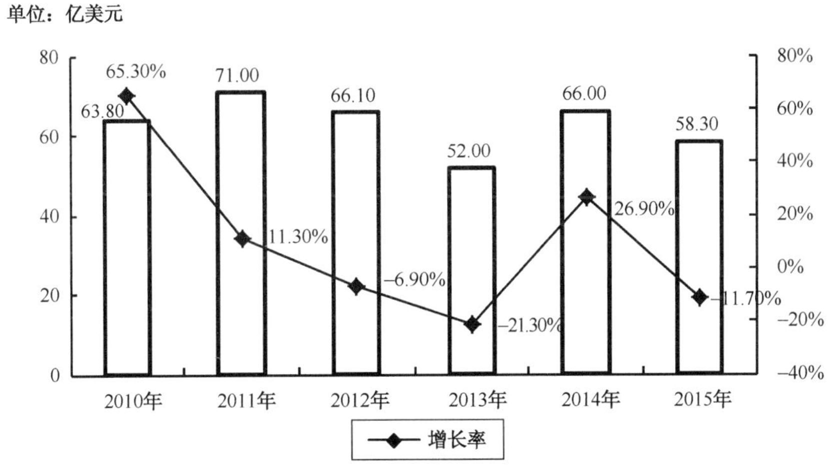

CAGR= −1.49%（2010—2015 年）

资料来源：JSSIA 整理。

图 1.11.2　2010—2015 年世界半导体封测设备市场规模及增长

表1.11.3　2010—2015年世界半导体封测设备占比情况

单位：亿美元

指标名称	2010 年	2011 年	2012 年	2013 年	2014 年	2015 年
世界半导体设备总额	399.3	435.3	369.3	318.2	375.0	365.3
半导体封测设备总额	63.8	71.0	66.1	52.0	66.0	58.3
占比	16.0%	16.3%	17.9%	16.3%	17.6%	16.0%

三、2015 年世界各地区半导体设备市场分布情况

据 SEMI 报道，2015 年世界半导体制造设备市场主要分布在中国台湾地区、韩国、日本、北美地区、中国大陆、欧洲地区等。中国台湾地区以 96.4 亿美元自 2012 年以来连续雄踞榜首，其次为韩国 74.7 亿美元、日本 54.9 亿美元、北美（美国）51.2 亿美元、中国大陆 49 亿美元、欧洲 19.4 亿美元、其他地区为 19.7 亿美元，见表 1.11.4、表 1.11.5 和图 1.11.3。

表1.11.4　2015年世界半导体设备主要地区分布情况

单位：亿美元

地区名称	中国台湾	韩国	日本	美国	中国大陆	欧洲	其他	合计
2015 年设备销售额	96.4	74.7	54.9	51.2	49.0	19.4	19.7	365.3
2014 年设备销售额	94.1	68.4	41.8	81.6	43.7	23.8	21.5	375.0
2015 年/2014 年同比	2.4%	9.2%	31.3%	-37.3%	12.1%	-18.5%	-8.4%	-2.6%
2015 年占比	26.4%	20.4%	15.0%	14.0%	13.4%	5.3%	5.4%	100.0%

从表 1.11.4 可以看出，2015 年日本在半导体制造业中投入增长幅度最大，达到增长 31.3%，而美国却同比下降 37.3%，欧洲也同比下降 18.5%。中国大陆 2015 年投入同比增加 12.1%，这也说明，2015 年中国在大基金的带动下，在国家科技重大专项的支持下，在各企业自主发展的努力下，正在将做大做强中国集成电路产业的信心和决心付诸实施。

表1.11.5　2010—2015年世界各地区半导体设备发展规模

单位：亿美元

区域	日本	中国台湾	韩国	美国	中国大陆	欧洲	其他	合计
2010 年	44.4	112.5	86.3	57.5	36.8	23.3	38.4	399.3
2011 年	58.1	85.2	86.6	92.6	36.5	42.2	34.1	435.3
2012 年	34.2	95.3	86.7	81.5	25.0	25.5	21.0	369.3
2013 年	33.8	105.7	52.2	52.7	33.7	19.2	20.8	318.2
2014 年	41.8	94.1	68.4	81.6	43.7	23.8	21.5	375.0
2015 年	54.9	96.4	74.7	51.2	49.0	19.4	19.7	365.3

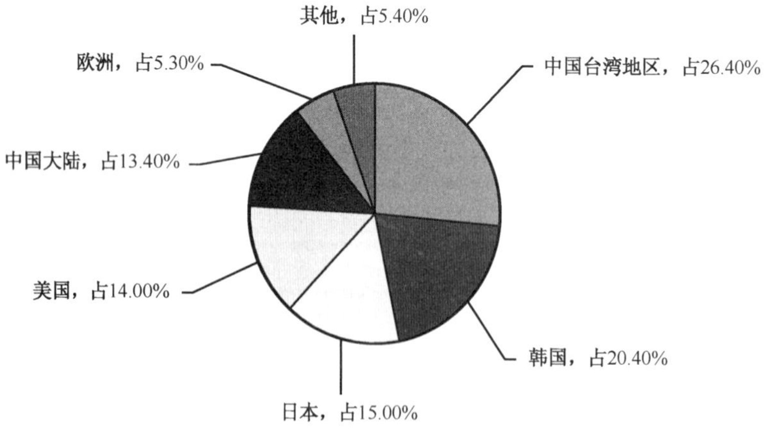

图 1.11.3　2015 年世界各地区半导体制造设备分布结构情况

四、2016 年世界集成电路设备制造业发展预测

（1）据 SEMI 报告预测，由于 3D NAND 和 10 纳米制程产品产量的增加及前端硅单晶设备需求增加，在 2016 年世界半导体设备制造业可望有正增长约 1.4%，预计可达 378.2 亿美元。

（2）2016 年世界半导体有关厂商设备投资情况如下。

2016 年全球半导体大厂进入 16/14 纳米 Fin FET 制程时代，台积电资本支出为 108 亿美元，三星电子资本支出为 150 亿美元，英特尔资本支出为 87 亿美元，合计投入 345 亿美元，展望 2016 年台积电将敲开 10 纳米制程技术的大门。为此，世界半导体设备制造大厂如应用材料（A.M）、科技研发（L.R）、爱司摩尔（ASML）等同步配合晶圆大厂调低成本、陆续推出设备升级计划。

2016 年，格罗方德、英飞凌、英特尔和意法将有较大的晶圆设备投资支出，同时也使欧洲半导体设备制造出现强劲成长，欧洲市场将达到 34 亿美元，同比增长 63.1%；北美（美国）半导体设备市场支出为 59 亿美元，同比成长 6.1%；东南亚为主的其他地区半导体设备支出将达到 25 亿美元，同比增长 25.7%；中国半导体设备市场支出为 53 亿美元，同比成长 9.1%。

第十二节　2015 年世界半导体材料市场情况

一、2015 年世界半导体材料市场简况

2015 年世界半导体制造材料市场与 2014 年相比稍许回落，据 SEMI 在 2015 年 12 月报告，2015 年世界半导体制造材料销售规模为 433.0 亿美元，同比下降 0.9%。其中，中国台湾地区市场规模居第一位，达 93.6 亿美元，其次是韩国、日本等为前三甲，见表 1.12.1～表 1.12.3。

表1.12.1　2010—2016年世界半导体材料市场规模及增长

单位：亿美元

指标名称	2010 年	2011 年	2012 年	2013 年	2014 年	2015 年	2016 年(E)	CAGR
材料市场规模	448.4	478.6	448	434.6	436.8	433	442	−0.21%
同比	30%	6.7%	−6.4%	−3%	0.5%	−0.9%	2.1%	—

资料来源：SEMI（2016.4）。

表1.12.2　2010—2015年世界集成电路晶圆制造材料市场需求情况

单位：亿美元

材料品类	2010 年	2011 年	2012 年	2013 年	2014 年	2015 年(E)	CAGR
硅片	97.3	98.8	86.8	75.4	76.3	78.9	−3.43%
SOI 晶片	4.5	5.2	4.3	3.9	3.6	3.8	−2.78%
掩膜版	30.4	32.0	31.1	31.4	32.2	33.1	1.43%
光刻胶	11.6	12.8	13.5	12.2	13.7	14.0	3.18%
光刻胶配套试剂	13.0	14.1	15.1	14.3	17.1	17.8	5.38%
电子气体	28.9	31.1	31.2	33.2	34.8	35.6	3.54%
工艺化学品	8.5	9.1	9.7	10.0	10.6	11.2	4.70%
靶材	6.0	5.8	6.0	6.0	6.3	6.4	1.08%
CMP 材料	12.5	12.7	13.8	14.4	15.7	16.8	5.05%
其他材料	17.7	20.6	23.2	25.9	29.4	31.8	10.26%
合计	230.4	242.6	234.7	226.5	239.8	249.3	1.32%

资料来源：中半协支撑分会（2015.11.10）。

表1.12.3　2010—2015年世界集成电路封装材料市场需求情况

单位：亿美元

材料品类	2010 年	2011 年	2012 年	2013 年	2014 年	2015 年(E)	CAGR
引线框架	33.9	34.6	35.3	33.4	34.8	34.8	0.44%
封装基板	90	85.7	77.8	74.1	76.1	82.0	-1.54%
陶瓷基板	13.8	17.0	19.0	20.1	20.8	21.6	7.75%
键合丝	49.7	57.3	50.4	41.5	33.8	32.6	-6.79%
包封材料	19.3	21.7	23.3	24.5	27.1	29.2	7.14%
芯片粘结材料	6.6	6.7	6.8	6.7	7.0	7.3	1.69%
其他材料	4.8	5.6	3.4	3.7	4.1	4.5	-1.07%
合计	218.1	228.6	216	204	203.7	212	-0.47%

资料来源：SEMI。

表1.12.4　2014—2015年世界集成电路制造材料市场地区分布情况

单位：亿美元

地区	2015 年	2014 年	同比	2015 年占比
欧洲	30.5	29.8	2.3%	7.0%
日本	66.4	69.3	-4.2%	15.3%
美国	50.2	49.5	1.4%	11.6%
韩国	71.0	69.4	2.3%	16.4%
中国台湾	93.6	95.4	-1.9%	21.6%
中国大陆	60.4	59.6	1.3%	13.9%
其他地区	60.9	63.7	-4.4%	14.1%
合计	433.0	436.8	-0.9%	100.0%

从表 1.12.4 可以看出，在 2015 年中国台湾地区占到世界集成电路材料市场的 21.6%，居首位，其次是韩国和日本，分别占到 16.4%和 15.3%，中国大陆地区占到 13.9%，较 2014 年上升 0.3 个百分点，超越美国 2.3 个百分点，位居第四。

二、2015 年世界集成电路制造材料消耗情况

2015 年世界集成电路制造材料消耗情况见表 1.12.5、图 1.12.1 和图 1.12.2。

表1.12.5　2010—2015年世界集成电路制造前后道材料耗比

指标名称	2010 年	2011 年	2012 年	2013 年	2014 年	2015 年
前道材料耗比	51.4%	52.2%	51.8%	53.0%	53.3%	51.0%
后道材料耗比	48.6%	47.8%	48.2%	47.0%	46.7%	49.0%

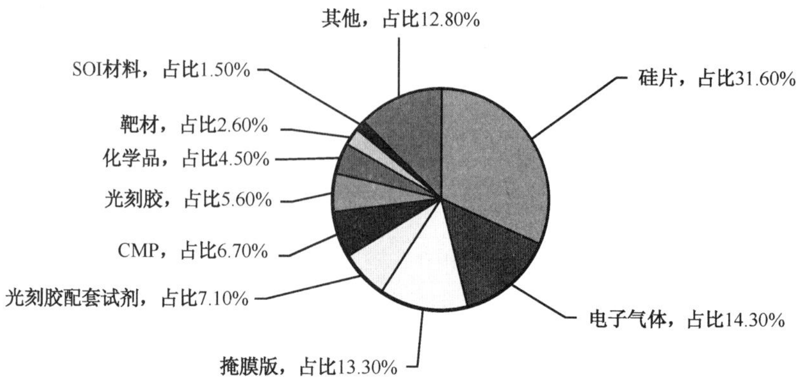

图 1.12.1　IC 制造前道材料耗比

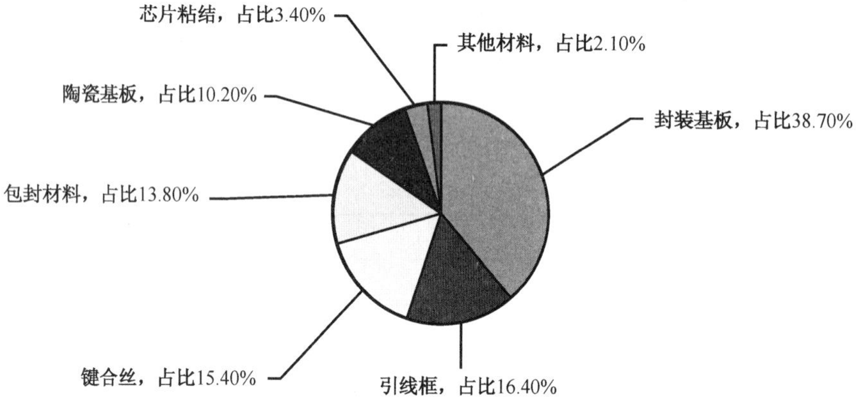

图 1.12.2　IC 制造后道材料耗比

三、2015 年世界硅晶圆片出货面积情况

全球半导体产业协会（SEMI）下属 SMG 公布的年终分析报告显示，2015 年全球硅晶圆片出货面积为 10434 百万平方英寸，较 2014 年增长 3.3%，营收为 72 亿美元，较 2014 年下降 5.6%，见表 1.12.6。

表1.12.6　2007—2015年世界硅晶圆片出货面积发展及增长

单位：百万平方英寸、亿美元

	2007 年	2008 年	2009 年	2010 年	2011 年	2012 年	2013 年	2014 年	2015 年
硅晶圆片出货面积	8661	8137	6707	9370	9043	9031	9067	10098	10434
同比	21.0%	−6.1%	−17.6%	39.7%	−3.5%	−0.1%	0.4%	11.3%	3.3%
营收入	121	114	67.2	97.3	98.8	86.8	75.4	76.3	72
同比	23%	−5.8%	−41.1%	44.8%	1.5%	−12.1%	−13.6%	1.2%	−5.6%

注：硅晶圆片出货面积 CAGR=2.09%（2007—2015 年）

硅晶圆片出货营收入 CAGR=−5.60%（2007—2015 年）

SEMI 统计范围包括原始测试晶圆片（Virgin test Wafer）、外延硅晶圆片（epitaxia Silicon wafer）、抛光硅晶圆片（Polished Silicon Wafer）、非抛光硅晶圆片（non-Polished Silicon Wafer）。

中国半导体行业协会支撑业分会对 2015 年全球硅片营收入统计为 78.9 亿美元，同比增长 3.40%。

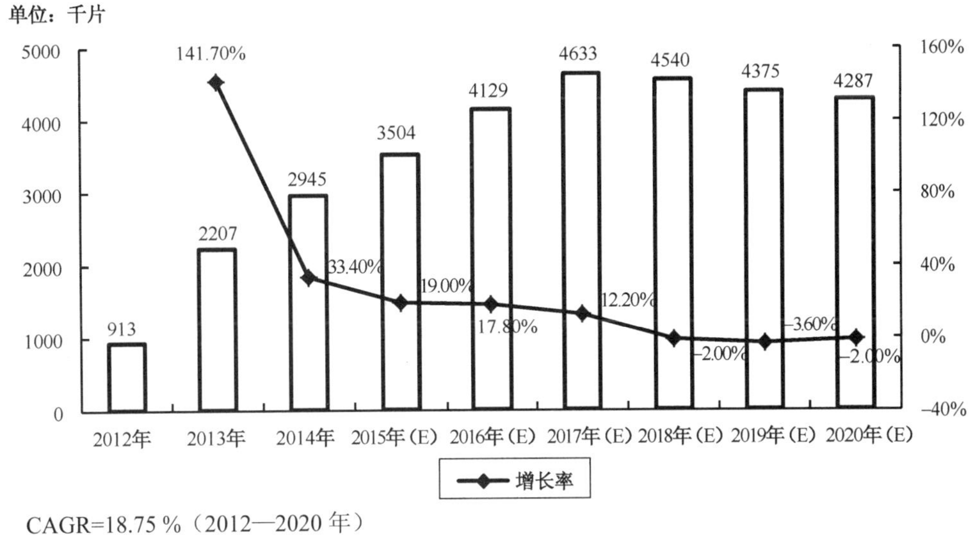

图 1.12.3　2012—2020 年世界 IC 28 纳米工艺产品市场年需晶圆片量规模及增长

世界集成电路制造已到达 16—14—10 纳米水平，16/14 纳米在目前还不能大量生产，所以 28 纳米仍是主流产品技术。图 1.12.3 给出了 28 纳米工艺产品市场年需晶圆片量的规模及增长。28 纳米是一个长节点工艺技术，主要是 28 纳米比 22/20 纳米有成本优势 1.5～2 倍。随着 16/14 纳米和 10/7 纳米的上量上市，28 纳米产量会在移动通信有所下降，但在 RF、ASIC、图像传感器、混合信号等产品中仍有很大的市场。

第十三节　2016年世界半导体产业发展预测

据世界半导体贸易统计组织（WSTS）估计，由于2016年美洲市场的增长，日本半导体行业的复苏和欧洲半导体市场损失的降低，中国半导体市场消费的持续增长等因素，世界半导体市场在2016年将会有小幅度提升，约为1.7%，市场总额（营收入）预计为3410亿美元。预计到2017年有3.1%的上涨，达到3516亿美元。

据IC Insights预估，2016年世界IC市场景气指数同比增长4%，世界半导体市场约为3500亿美元。

据拓墣产研所报告预估，2016年因个人电脑（PC）需求不振；移动设备市场趋缓，创新产品应市不足、内存产品DRAM与NAND FLash衰退等原因。2016年世界半导体产品产值年增长率比2015年微幅下滑0.9%，预计约3330亿美元。

其中：

2016年上半年中央处理器经历去库存调整后，CPU/GPU SoC产品占比将有所上升；

16/14纳米产品产值占比可望上升，中高端产品应用处理器降价幅度将收敛；

车用电子模拟IC芯片与OSD市场上升到30%左右，带动模拟IC产品增长3.5%；

光电组件、传感器与分立器件受惠于高像素模组与车用市场，可望增长4.4%；

2016年传感器可望增长11.3%；微组件预计增长3.6%；逻辑集成电路增长3.5%。

由于供过于求，终端产品市场需求疲软、库存增长等因素，DRAM、NAND Flash等内存产品产值将下降7%，是半导体衰退最严重的产品大类，将成为2016年世界半导体产值有可能下滑0.6%的主要原因之一。

个人计算机（PC）需求不振，移动设备价格平均售价先下滑后回稳，CPU/GPU SoC产品比例有所上升，但整体产值萎缩。

2016年世界消费电子技术产品在2015年下降8.0%（9690亿美元）的基点上，预计再下降2%。其中，电视机产量下降0.7%，产量约为2.3亿台；手机继续保持中速增长，约增长8.0%～9.0%的水平，智能手机增速与2015年持平；PC继续有下滑的趋势，但有企稳的积极因素存在；可穿戴设备大幅上升59%，营收入约250亿美元，见表1.13.1。

表1.13.1　2010—2017年世界半导体产业发展规模及增长预测

单位：亿美元

指标名称	2010年	2011年	2012年	2013年	2014年	2015年	2016年(E)	2017年(E)	CAGR
产业规模	3004	3000	2920	3060	3360	3352	3410	3516	1.95%
同比	32.9%	-0.1%	-2.7%	4.8%	9.9%	-0.2%	1.7%	3.1%	—

资料来源：WSTS/JSSIA整理。

第二章

2015 年中国集成电路产业发展情况

第一节 2015年中国经济形势发展简况

2015年，面对错综复杂的国际形势和艰巨繁重的国内改革发展稳定任务，按照协调推进“四个全面”战略布局要求，贯彻落实2014年度召开的中央经济工作会议决策部署，坚持稳中求进工作总基调，牢牢把握经济社会发展主动权，主动适应市场经济发展新常态，妥善应对重大风险挑战，在中央布局的“中国制造2015”、“一带一路”、“亚投行建立”、“互联网+”、“国家制造强国建设”等合力推进下，改革向纵深发展，民生持续改善，完成了“十二五”规划主要目标，胜利收官，见表2.1.1～表2.1.8。

据国家统计局公布：2015年中国国内生产总值为67.67万亿元，同比增长6.9%；2015年第四季度中国国内生产总值为18.89万亿元，同比增长6.8%。

表2.1.1 2014—2015年中国GDP发展情况

年度	2014年					2015年				
季度	Q1	Q2	Q3	Q4	全年	Q1	Q2	Q3	Q4	全年
GDP	7.3%	7.4%	7.1%	7.2%	7.4%	7.0%	7.0%	6.9%	6.8%	6.9%

表2.1.2 2015年中国制造业指数（PMI）

年度	2014年	2015年												
月份	12月	1月	2月	3月	4月	5月	6月	7月	8月	9月	10月	11月	12月	全年
指标值	49.6%	49.7%	49.9%	50.1%	50.1%	50.2%	50.2%	50.0%	49.7%	49.8%	49.8%	49.6%	49.7%	49.9%
环比	−0.7%	0.1%	+0.2%	+0.2%	平	+0.1%	平	−0.2%	−0.3%	+0.1%	平	−0.2%	+0.1%	—

表2.1.3 2015年中国商务活动指数（PMI）

年度	2014年	2015年												
月份	12月	1月	2月	3月	4月	5月	6月	7月	8月	9月	10月	11月	12月	全年
指标值	54.1%	53.7%	53.9%	53.7%	53.8%	53.2%	53.8%	53.9%	53.4%	53.4%	53.1%	53.6%	54.4%	52.9%
环比	−0.8%	−0.4%	+0.2%	−0.2%	+0.1%	−0.6%	+0.6%	+0.1%	−0.5%	平	−0.3%	+0.5%	+0.8%	—

表2.1.4　2015年中国居民消费物价指数（CPI）

年度	2014 年	2015 年												
月份	12 月	1 月	2 月	3 月	4 月	5 月	6 月	7 月	8 月	9 月	10 月	11 月	12 月	全年
同比	1.5%	0.8%	1.4%	1.4%	1.5%	1.2%	1.4%	1.6%	2.0%	1.6%	1.3%	1.5%	1.6%	1.4%
环比	+0.1%	−0.7%	+0.6%	平	+0.1%	−0.3%	+0.2%	0.2%	+0.4%	−0.4%	−0.3%	+0.2%	+0.1%	—

表2.1.5　2015年中国工业生产者价格指数（PPI）

年度	2014 年	2015 年												
月份	12 月	1 月	2 月	3 月	4 月	5 月	6 月	7 月	8 月	9 月	10 月	11 月	12 月	全年
指标值	96.7%	95.7%	95.2%	95.8%	95.4%	95.4%	95.2%	94.6%	94.1%	94.1%	94.1%	94.1%	94.1%	94.8%
同比	−3.3%	−4.3%	−4.8%	−4.6%	−4.6%	−4.6%	−4.8%	−5.4%	−5.9%	−5.9%	−5.9%	−5.9%	−5.9%	−5.2%
环比	—	−1.0%	−0.5%	+0.2%	平	平	−0.2%	−0.6%	−0.5%	平	平	平	平	—

表2.1.6　2015年中国工业购进者价格指数（PPI）

年度	2014 年	2015 年												
月份	12 月	1 月	2 月	3 月	4 月	5 月	6 月	7 月	8 月	9 月	10 月	11 月	12 月	全年
指标值	96.0%	94.8%	94.8%	94.3%	94.5%	94.5%	94.4%	93.9%	93.4%	93.2%	93.1%	94.1%	95.0%	94.2%
同比	−4.0%	−5.2%	−5.2%	−5.7%	−5.5%	−5.5%	−5.6%	−6.1%	−6.6%	−6.8%	−6.9%	−5.9%	−5.0%	−5.8%
环比	−0.8%	−1.2%	平	−0.5%	−0.2%	平	−0.1%	−0.5%	−0.5%	−0.2%	−0.1%	+1.0%	+0.9%	—

表2.1.7　2015年中国生活资料出厂价格指数

年度	2014 年	2015 年												
月份	12 月	1 月	2 月	3 月	4 月	5 月	6 月	7 月	8 月	9 月	10 月	11 月	12 月	全年
指标值	99.8%	99.8%	99.9%	99.9%	99.8%	99.7%	99.8%	99.7%	99.7%	99.7%	99.6%	99.6%	99.6%	99.7%
同比	−0.2%	−0.2%	−0.1%	−0.1%	−0.2%	−0.3%	−0.2%	−0.3%	−0.3%	−0.3%	−0.4%	−0.4%	−0.4%	−0.3%
环比	−0.1%	平	+0.1%	平	−0.1%	−0.1%	+0.1%	−0.1%	平	平	−0.1%	平	平	—

表2.1.8　2015年中国有关经济指标完成情况

序号	指标名称	实绩	同比
1	规模以上工业增加值	27.43 万亿元	6.1%
2	固定资产投资额	55.16 万亿元	10.0%
3	实际使用外资	1262.7 亿美元	6.4%
4	房地产开发投资	9.60 万亿元	1.0%
5	广义货币（M2）	139.33 万亿元	13.3%

续表

序号	指标名称	实绩	同比
6	社会零售总值	30.09 万亿元	10.7%
7	进出口总值	24.59 万亿元	-7.0%
	其中：出口总值	14.14 万亿元	-1.8%
	进口总值	10.45 万亿元	-13.2
8	汽车产量	2483.8 万辆	2.7%
	汽车销量	2459.76 万辆	4.7%
9	云存储用户	4.5 亿个	—
10	外汇储备	3.33 万亿美元	—
11	工业投资	22 万亿元	7.7%
12	城乡人均可支配收入	21966 元	8.9%
13	新增就业人数	1200 万人	—
14	第三产业占比	50.5%	—

- "十二五"期间，我国货物出口年平均增长率为 6.5%，占全球份额由 2010 年的 10.4%提升到 2015 年的 13.2%。
- "十二五"期间，我国服务贸易年平均增长率超过 13.6%，居世界第二。
- "十二五"期间，我国累计实际使用外资达 6200 亿美元，比"十一五"增长 30%以上；其中，三产占比提高到 60%以上。
- "十二五"末期，我国网络零售额预计超 4 万亿元，位居世界第一。
- "十二五"期间，我国工业企业增加值年均增长 8.3%。
- "十二五"期间，我国工业企业劳动生产率年均增长 11.9%。
- "十二五"期间，我国工业能耗比"十一五"下降 25%，耗水下降 35%。
- "十二五"期间，我国十大重点领域专利年均增长率超过 23%。
- "十二五"期间，我国实现从 3G 突破到 4G 同步，TD—LTE 成为国际两大主流标准；在载人航天、探月工程、载人深潜、北斗导航、高性能计算、新型显示、移动通信等领域取得重大突破；在移动互联网、物联网、云计算、大数据等新兴产业领域成为发展的新引擎。

第二节 2015年中国电子信息制造业简况

1. 2015年中国规模以上电子信息制造业情况

2015年规模以上电子信息制造业增加值同比增长10.5%，销售产值同比增长8%；

2015年规模以上电子信息制造业内销产值同比增长17.3%，出口交货值同比下降0.1%；

2015年内资企业销售产值同比增长17.8%，港澳台资企业同比增长8.3%，外资企业同比下降0.1%；

2015年规模以上电子信息制造业企业西部地区同比增长11.5%，中部地区同比增长18.1%，东部地区同比增长7.2%，东北地区同比下降13%；

2015年1～12月，全行业实现主营业务收入11.1万亿元，同比增长7.6%；实现利润4652亿元，同比增长11.5%。

2. 2015年中国电子信息产业主要行业运行情况

2015年通信设备行业实现销售产值同比增长13.2%，内销产值同比增长18.6%；

2015年家用视听行业实现销售产值同比增长4.8%，内销产值同比增长6.4%；

2015年电子元器件行业实现销售产值同比增长7.8%，内销产值同比增长19.7%；

2015年电子器件行业实现销售产值同比增长10.5%，内销产值同比增长22.6%；

2015年计算机行业实现销售产值同比增长0.4%，内销产值同比增长15.7%。

3. 2015年中国电子信息制造业投资情况

2015年，中国电子信息产业500万元以上项目完成固定投资13775.3亿元，同比增长14.2%，其中新增固定资产9658.9亿元，同比增长20.6%；新开工项目9614个，同比增长19.8%。

2015年新开工项目中，电子器件行业新开工项目同比增长6.7%，占比为11.8%。在完成固定投资中，电子器件行业完成投资3032.1亿元，同比增长7.3%，占比为22%；电子工业专用设备行业完成投资1750.8亿元，同比增长13.9%；电子信息机电完成投资2316.3亿元，同比增长19.6%。

2015年在电子信息产业外商企业投资累计完成1487.63亿元，同比增长11.85%；内资企业投资完成11462.3亿元，同比增长14.8%；港澳台资企业完成投资825.31亿元，同比增长10.24%。

2015年，东部地区完成投资6748.5亿元，同比增长20.31%，占49.0%；中部地区完成投资4278.8亿元，同比增长8.09%，占31.1%；西部地区完成投资2251亿元，同比增长11.81%，占16.3%；东北地区完成投资496.9亿元，同比增长2.74%，占3.6%。在地区投资中浙江、重庆、广东、山东、安徽增速居全国前五位。

第三节　2015 年中国半导体产业发展情况

2015 年中国半导体产业销售额达 5609.5 亿元，同比增长 14.8%，其中：集成电路产业销售收入为 3609.8 亿元，同比增长 19.7%；半导体分立器件产业销售收入约为 1999.7 亿元，同比增长约为 6.8%，呈现产销两旺的景象。

“十二五”期间，我国半导体产业销售额情况、我国半导体产业销售额占国内半导体市场的份额、我国半导体产业销售额占世界半导体市场的份额如图 2.3.1～图 2.3.3 所示。

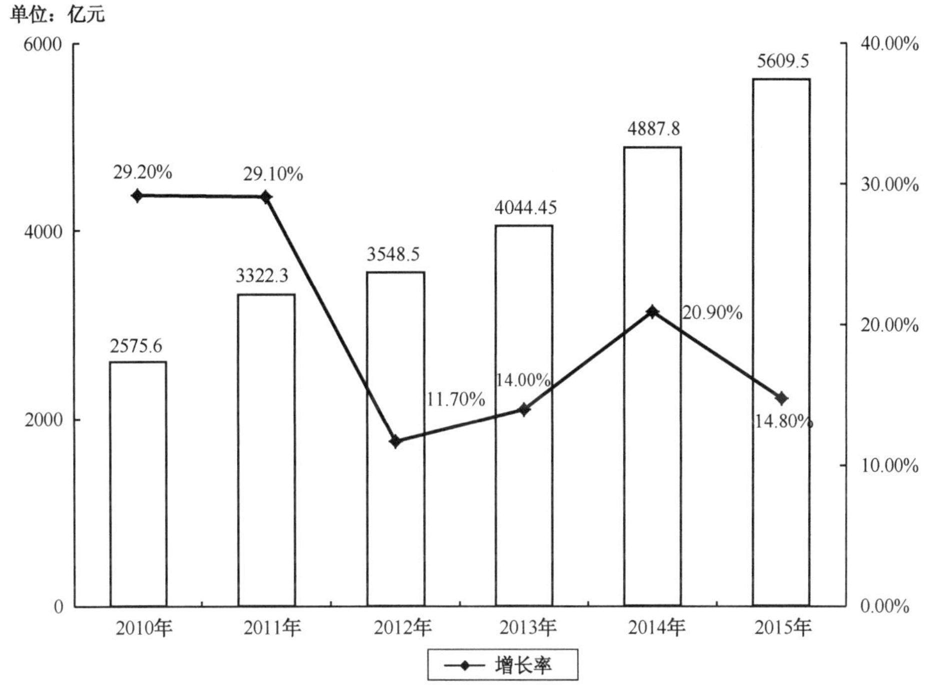

CAGR=13.01%（2010—2015 年）

资料来源：JSSIA 整理。

图 2.3.1　2010—2015 年我国半导体产业销售与增长状况

图 2.3.2　2010—2015 年我国半导体产业销售额占国内半导体市场的份额

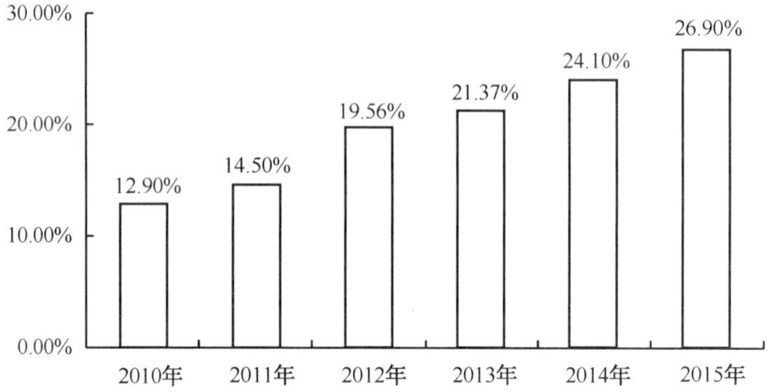

图 2.3.3　2010—2015 年我国半导体产业销售额占世界半导体市场的份额

第四节　2015 年中国集成电路产业发展简况

一、2015 年中国集成电路产业发展情况

据中国半导体行业协会统计公布：2015 年中国集成电路产业销售额将达到 3609.8 亿元，同比增长 19.7%。其中，集成电路设计业销售额达 1325.0 亿元，同比增长 26.5%；集成电路晶圆业继续保持高速增长的态势，销售额达到 900.8 亿元，同比增长 26.5%，增速为近几年来之最；集成电路封测业保持较快增长，销售额达到 1384.0 亿元，同比增长 10.2%，如图 2.4.1、表 2.4.1 和表 2.4.2 所示。图 2.4.2 给出了 2015 年中国集成电路三业结构情况。

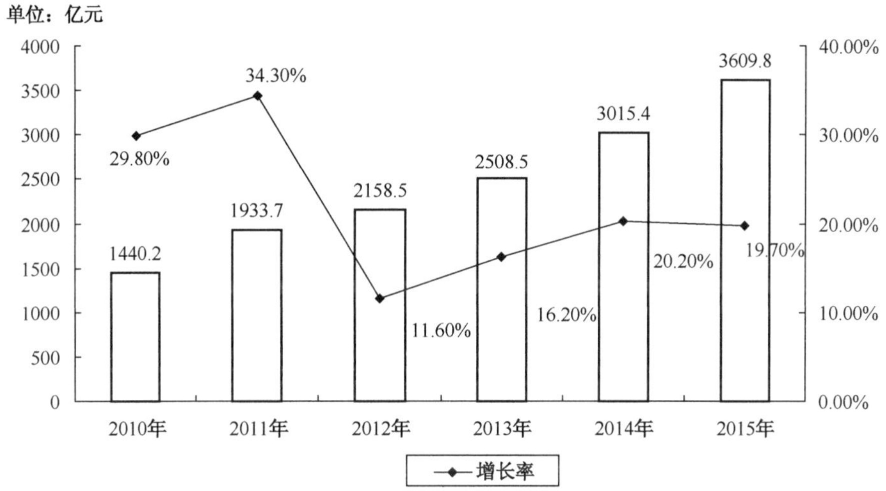

CAGR=20.17%（2010—2015 年）

图 2.4.1　2010—2015 年中国集成电路产业销售收入规模及增长率

表2.4.1　2015年中国集成电路产业分季度销售收入规模及增长

单位：亿元

指标	2014 年				2015 年			
	Q1	Q2	Q3	Q4	Q1	Q2	Q3	Q4
销售收入	587.5	751.1	787.3	889.5	685.5	906.1	948.9	1069.3
同比	13.4%	17.8%	19.7%	28.0%	16.7%	20.6%	20.5%	20.2%
环比	−15.4%	27.8%	4.8%	13.0%	−22.9%	32.2%	4.7%	12.7%

表2.4.2　2010—2015年中国集成电路产业三业销售收入规模及增长情况

单位：亿元

型别	指标名称	2010年	2011年	2012年	2013年	2014年	2015年	CAGR
集成电路产业	合计	1440.2	1933.7	2158.5	2508.5	3015.4	3609.8	16.55%
IC设计业	销售额	363.9	526.4	621.7	808.8	1047.4	1325.0	24.03%
	增长率	34.8%	44.6%	18.1%	30.1%	29.5%	26.5%	—
IC晶圆业	销售额	447.1	431.6	501.1	600.9	712.1	900.8	12.38%
	增长率	31.1%	ˉ3.6%	16.1%	19.9%	18.5%	26.5%	—
IC封测业	销售额	629.2	975.7	1035.7	1098.8	1255.9	1384.0	14.04%
	增长率	26.3%	55.1%	6.1%	6.1%	14.3%	10.2%	—

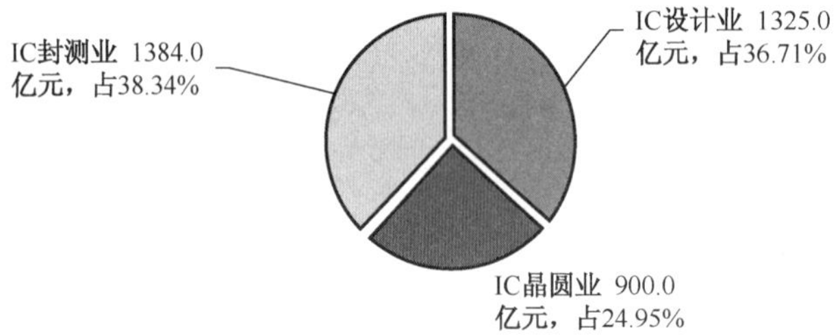

资料来源：CSIA/JSSIA整理。

图2.4.2　2015年中国集成电路三业结构情况

2015年中国集成电路产业销售收入为3609.8亿元（折577.6亿美元），占世界半导体产业营收入3352亿美元的17.2%，同比增长2.8个百分点，见表2.4.3。

表2.4.3　2010—2015年中国集成电路产业销售额占世界同业的比重

指标名称	2010年	2011年	2012年	2013年	2014年	2015年
占比	8.6%	10.3%	11.8%	13.1%	14.4%	17.2%

2015年中国集成电路产业销售收入为3609.8亿元，占全国电子信息制造业主营收入11.1万亿元的3.25%，同比增长0.32个百分点，见表2.4.4。

表2.4.4　2010—2015年中国集成电路产业销售额占全国IT制造业的比重

指标名称	2010年	2011年	2012年	2013年	2014年	2015年
占比	2.25%	2.58%	2.55%	2.69%	2.93%	3.25%

二、2015年中国集成电路产业集群及企业情况

我国集成电路产业呈集群式分布，主要集中在长三角地区、京津环渤海地区和珠三角地区，以及以西安、成都、武汉、重庆等城市为中心的中西部地区，如图2.4.3所示。

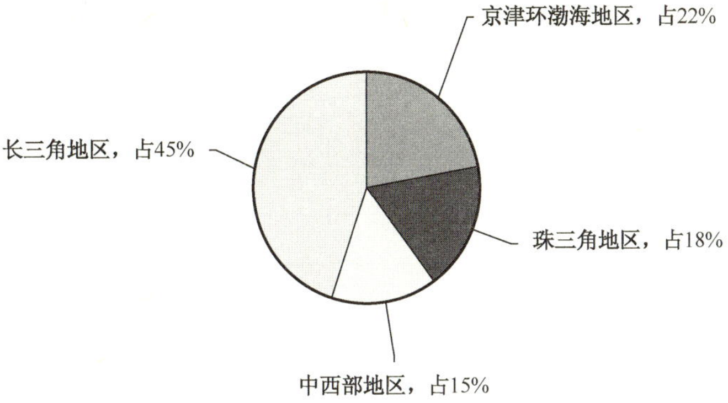

图 2.4.3 2015 年中国集成电路产业集群分布情况

按 2015 年集成电路产业前三十大企业销售收入计：京津环渤海地区同比增长 2.2%，中西部地区增长 1.7%，见表 2.4.5。

表2.4.5 2015年中国半导体（集成电路）三十大企业（以销售收入排序）

排名	企业名称	2015 年销售额（亿元）	同比	类别
1	深圳市海思半导体有限公司	221.0	51.4%	设计业
2	中芯国际集成电路制造有限公司	145.2	20.8%	晶圆业
3	三星（中国）半导体有限公司	144.7	186.5%	晶圆业
4	SK 海力士半导体（中国）有限公司	127.0	13.1%	晶圆业
5	清华紫光展锐	109.9	16.9%	设计业
6	江苏新潮科技集团有限公司	92.2	33.4%	封测业
7	威讯联合半导体（北京）有限公司	62.0	-1.6%	封测业
8	南通华达微电子集团有限公司	56.4	8.3%	封测业
9	恩智浦半导体（天津）	54.2	0.6%	封测业
10	深圳市中兴微电子技术有限公司	51.0	66.7%	设计业
11	华润微电子有限公司	47.8	-5.2%	晶圆业
12	天水华天电子集团有限公司	47.8	18.6%	封测业
13	台积电（中国）有限公司	43.6	10.9%	晶圆业
14	上海华虹宏力半导体制造有限公司	42.7	6.0%	晶圆业
15	英特尔产品（成都）有限公司	40.5	-4.9%	封测业
16	海太半导体（无锡）有限公司	37.2	4.8%	封测业
17	华大半导体有限公司	33.8	3.0%	设计业
18	大唐半导体设计有限公司	31.0	-1.0%	设计业
19	上海凯虹科技有限公司	30.1	2.7%	封测业
20	安靠封装测试（上海）有限公司	29.5	-9.5%	封测业
21	北京智芯微电子科技有限公司	29.2	17.7%	设计业
22	晟碟半导体（上海）有限公司	27.6	2.2%	封测业

续表

排名	企业名称	2015 年销售额（亿元）	同比	类别
23	英特尔半导体（大连）有限公司	22.1	−34.6%	晶圆业
24	西安微电子技术研究所	22.0	15.8%	晶圆业
25	敦泰科技（深圳）有限公司	22.0	—	设计业
26	杭州士兰微电子股份有限公司	20.1	2.6%	设计业
27	上海华力微电子有限公司	20.0	11.1%	晶圆业
28	北京中星微电子有限公司	18.5	5.7%	设计业
29	和舰科技（苏州）有限公司	18.1	11.7%	晶圆业
30	格科微电子（上海）有限公司	17.9	−12.3%	设计业
合计		1665.1	20.7%	

资料来源：CSIA/JSSIA 整理。

按前三十大企业销售额统计分析 2015 年中国内资企业所占比例有明显上升，纯外资企业占比有所下降，见表 2.4.6。

表2.4.6　2015年中国内外资企业集成电路产业销售收入结构统计表

单位：亿元

指标名称	内资企业	中外合资企业	外资企业	合计
前三十大企业销售收入	1018.9	541.5	104.7	1665.1
同比	22.1%	21.9%	3.8%	20.7%
占比	61.2%	32.5%	6.3%	46.1%

在前三十大企业中，进入世界前十大企业的有：深圳海思、清华紫光展锐；在晶圆代工中有中芯国际；在封测业中有江苏新潮科技公司。

在前三十大企业中，销售收入同比增长的企业有 23 家，占到 76.7%；同比下降的企业有 7 家，占到 23.3%。其中，增长幅度最大的前十家企业分别为：三星（中国）（186.5%）、深圳中兴微（66.7%）、深圳海思（51.4%）、江苏新潮科技（33.4%）、中芯国际（20.8%）、天水华天（18.6%）、北京智芯（17.7%）、清华紫光展锐（16.9%）、西安微电子所（15.8%）、SK 海力士（中国）（13.1%）。其中主要因素为：三星（中国）为韩国独资公司，该公司排列在增幅最大是因其基数低的缘故。

在前十大企业中，设计业占 3 家、晶圆业占 3 家、封测业占 4 家。

深圳海思半导体公司以销售收入 221 亿元成为集成电路设计企业翘首，16 纳米工艺技术开发成功，产品应用于华为手机，产量大增、受益匪浅，该公司在移动通信芯片领域做大做强。

中兴微为通信类芯片产品大佬，年年有余；长电科技新兼并星科金朋、与中芯国际合作等，增幅显著；中芯国际28纳米投产，在40纳米以下制程占到全国80%的代工量；天水华天兼并西钛（FCI）（昆山），在西安等地扩建扩产，颇有建树；清华紫光展锐为兼并的展讯通讯和锐迪科两家公司而设立，锐气正盛；敦泰科技（深圳）是新晋的新贵，一炮走红；西安微电所是军民结合、以民养军的典范。

在2015年新晋前三十的企业有：敦泰科技（深圳）、上海华力、上海凯虹、安靠封测（上海）、晟碟半导体（上海）等5家企业。

在2014年前三十大企业中，吉林华微、星科金朋（上海）、上海松下、三星电子（苏州）等4家公司（展讯与锐迪科合为清华紫光展锐）已退出2015年前十大排名。

从表2.4.7中可以看出：由于京津环渤海地区、珠三角地区的大量投资和兼并，使得上述地区集成电路产业快速发展，增速分别提高3.1个百分点和3.6个百分点，从而使长三角地区的占比由2014年的56.3%下滑到2015年的45.4%，下跌10.9个百分点。

表2.4.7 2014—2015年中国半导体（集成电路）前三十大企业地区分布情况分析

序号	地区	2014年		2015年		2015年/2014年同比	2015年/2014年占比比较
		前三十大企业销售收入合计（亿元）	占比	前三十大企业销售收入合计（亿元）	占比		
1	长三角地区	776.3	56.3%	755.4	45.4%	-2.7%	下降10.9个百分点
2	京津环渤海地区	256.4	18.6%	360.7	21.7%	40.7%	上升3.1个百分点
3	珠三角地区	194.6	14.1%	294.0	17.7%	51.1%	上升3.6个百分点
4	中西部地区	152.4	11.0%	255.0	15.3%	67.3%	上升4.3个百分点
合计		1379.7	100.0%	1665.1	100.0%	20.7%	

资料来源：JSSIA整理。

增长的亮点有：京津地区主要是清华紫光收购展讯和锐迪科；珠三角地区主要是海思公司同比增长51.4%，绝对值增收75亿元；中兴通信同比增长66.7%，绝对值增收20.4亿元；中西部地区增速同比提高4.3个百分点，主要是三星（中国）投产、扩产后，同比增长186.5%，翻了近二番，增收94.2亿元；天水华天同比增长18.6%，增值7.5亿元等。

长三角地区总体占比下滑10.9%，同比下滑了2.7%。部分企业有明显进步，如中芯国际增长20.8%，增值25亿元；长电科技由于兼并星科金朋后，实力大增，同比增长33.4%，增值23.1亿元；台积电（中国）增值4.3亿元；南通华达增值4.3亿元等。还有上海凯虹、安靠、晟碟等新晋加入到十大企业行列中。长三角地区仍为我国半导体（集成电路）产业的主要产区。

三、2015 年度中国集成电路产业十大新闻

由中国电子报社盘点和发布的 2015 年度中国集成电路产业十大新闻见表 2.4.8。

表2.4.8　2015年度中国集成电路产业十大新闻

序号	新闻标题	新闻内容	新闻点评
1	大基金发力加速集成电路产业与资本结合	国家集成电路产业投资基金（简称大基金）设立后，募集资金超过 1300 亿元，决策通过十几个投资项目，有效带动了国内资本对集成电路产业的关注与投入。长电科技并购星科金朋、通富微电收购 AMD 封测厂，对中芯国际的增资扩股等项目都得到了大基金的支持。在大基金的带动下，多个地方政府也设立了地方版的集成电路产业投资基金，包括北京市设立 300 亿元集成电路产业基金，上海市启动 100 亿元的上海武岳峰集成电路信息产业创业投资基金，四川省信息安全和集成电路产业投资基金的首期规模为 100 亿～120 亿元等，总体资金量与大基金相同	任何一项高科技产业的发展和成熟都离不开创新链、产业链与金融链的合力推进，而且缺一不可。国家级集成电路产业基金成立，同时鼓励社会资本投入，有效激活了集成电路产业的金融链。2015 年我国集成电路业界之所以能够掀起并购整合热潮，除了国际大背景外，国内资金瓶颈的解决也是功不可没的
2	紫光启动大举入股并购行动布局“从芯到云”战略	2015 年 5 月，紫光与惠普签订股权收购协议，收购惠普旗下新华三通信技术有限公司 51%的股权，成为该公司的控股股东。9 月，紫光投资 38 亿美元，持有西部数据 15%的股份，成为第一大股东。11 月，紫光集团以 6 亿美元投资入股台湾力成科技股份有限公司，获得力成约 25%的股份，成为力成最大股东。12 月，紫光分别投入 17 亿美元与 3.7 亿美元入股台湾地区另外两家封装测试厂矽品和南茂科技，分别成为这两家封测厂的第一和第二大股东	这是紫光继 2014 年收购展讯、锐迪科之后，通过资本整合高科技公司的新举措。资本热是 2015 年国内集成电路行业的一大特点。如果要在其中选取一个代表，则非紫光莫属。其大手笔以及频频出手，在台湾行业内已有“伟国旋风”之称。而这些大动作的背后，则是紫光集团“从芯到云”的发展战略
3	北京闪胜成功收购芯成半导体中国资本拉开海外并购大幕	2015 年 12 月 8 日，芯成半导体正式从纳斯达克退市。这意味以北京闪胜为代表的中国资本联合体对芯成半导体的收购案在历经 9 个月的纷扰之后，终于尘埃落定。除此之外，2015 年中国资本对海外集成电路公司的收购还有多起，包括清芯华创收购豪威科技、建广资本收购恩智浦 PFPower 部门、清芯华创联合华润微电子向美国仙童半导体发出收购要约等	本轮海外收购潮可以溯源至美国纳斯达克的中概股公司大举退市。随着优质分司被瓜分，中国资本又将目光盯到了真正的海外半导体公司身上。然而，与中概股不同，并购海外公司整个过程要复杂得多。现在只是大幕开启的阶段，以后还将经历更多的艰辛，也考验着从业人员的智慧。这其中既有成功，也会有失败
4	长电、通富微电启动海外并购中国有望成为全球最大封测基地	长电科技以 7.8 亿美元的价格收购星科金朋公司。星科金朋总部位于新加坡，按照 2013 年数据，营收全球排名第 4 位、市场份额 6.4%。长电科技+星科金朋将成为仅次于日月光和安靠的全球第三大封测厂，占全球市场份额 9.8%。通富微电出资约 3.7 亿美元收购 AMD 旗下的苏州厂和马来西亚槟城厂。AMD 苏州和 AMD 槟城主要从事高端集成电路封测业务，主要产品包括 CPU、GPU、APU 以及 Gaming Console Chip 等	封测是中国最有希望先期赶上的产业环节，并购则是加快这一进程的有力手段。而且这两项并购案，双方的现有业务相辅相成，相互支持，不仅是技术有利长期发展，还有助于中国企业国际化，可以发挥“1+1>2”的效果

续表

序号	新闻标题	新闻内容	新闻点评
5	英特尔大连建新型存储器厂晶圆制造投资活跃	英特尔公司2015年10月21日正式对外宣布，将其与美光合资开发的最新非易失性存储技术引入中国，并在辽宁大连投资55亿美元，升级原有的英特尔大连工厂以生产非易失性存储设备。项目将于2016年年底实现正式投产。英特尔在2007年宣布投资建造大连工厂，并于2010年正式投产，成为其在亚洲唯一的晶圆制造工厂。此次投资计划是英特尔迄今在中国的最大一笔投资	非易失性存储芯片是指在断电情况下，依旧能保存数据的芯片。非易失性存储芯片包括目前被广泛应用于智能手机、平板电脑的闪存芯片，在数据中心的应用也非常广泛，发展其有战略意义。除英特尔升级改造大连厂外，2015年中国在晶圆制造方面的投资也很活跃，包括力晶投资在合肥建12英寸晶圆厂、中芯国际在北京建B3生产线（12英寸）、台积电计划在南京建12英寸晶圆厂等。同时，全球半导体业主要厂商几乎都聚在中国建厂，对本土制造企业是一个挑战
6	力晶合肥建12英寸合资厂台晶圆代工加快西进步伐	2015年6月，台湾半导体厂力晶宣布与安徽合肥有关方面签署合作协议，合资成立合肥晶合集成电路公司，在合肥新区设立月产能4万片的12英寸晶圆厂，投资金额达135.3亿元，初期锁定LCD驱动IC代工。力晶表示，将逐步以少量资金和技术作价方式参股，在当地投入0.15微米、0.11微米与90纳米制程，争取逻辑代工商机	这也是继联电后，我国台湾地区第二家在大陆合资设立的12英寸厂，未来全球最大的代工厂台积电也有望在南京独资设立一家12英寸厂，导入的可能是先进的16纳米工艺。看重大陆的市场和资源，是台厂本轮投资热潮的主要原因。想要发展集成电路，自主的核心技术实力必然不可或缺。大陆有关方面也应借合资之机，学到技术，做强产业
7	迈向主流高端工艺节点中芯、华力双双突破28纳米工艺	2015年8月，中芯国际宣布28纳米产品实现量产。其首先量产的是Poly-SiN工艺，下一步集中在HKMG工艺，量产主要在北京和上海的12英寸晶圆厂进行。12月，上海华力微电子宣布28纳米工艺开发目前已经试产，2016年有望量产。华力微电子目前开发的工艺平台为PolySiON，未来也将开发HKMG平台	随着28纳米工艺技术的成熟，28纳米工艺产品市场需求量呈现爆发式增长态势，年复合增长率高达79.6%，且这种高增长态势将持续到2017年。因成本原因，14/16纳米不会迅速成为主流。28纳米工艺将会在未来很长一段时间作为高端主流的工艺节点。中国代工企业在这一工艺节点上取得突破，在市场拓展与技术推进上均有重要意义
8	中芯国际、华为、imec、高通签约面向14纳米创新研发模式	2015年6月，中芯国际与华为、比利时微电子研究中心（imec）、高通签约，共同投资中芯国际集成电路新技术研发（上海）有限公司，开发下一代CMOS逻辑工艺，打造中国最先进的集成电路研发平台。该公司由中芯国际控股，华为、imec、高通各占一定股比，目前以14纳米先进逻辑工艺研发为主	此项目是集成电路制造企业与国际业界公司、研究机构合作模式上的重大突破，充分整合了优势资源。以企业为主导创新，可以针对市场需求进行最及时有效的研发与生产；让无晶圆半导体厂商以股东身份加入到工艺的研发过程中，可显著缩短产品开发流程，加快先进工艺节点投片时间。该公司在第一阶段着力研发14纳米CMOS量产技术。研发将在中芯国际的生产线上进行

续表

序号	新闻标题	新闻内容	新闻点评
9	国产北斗芯片研发成功亿级北斗应用市场有了“中国芯”	展讯通信、海思半导体、联芯科技等国内主要 IC 设计企业，均已成功研发出北斗移动通信一体化芯片，这意味着在智能手机等消费电子产品上将可大量安装国产芯片。2016 年年初安装我国自主研发的北斗多模导航芯片的智能手机将大量面世，促使北斗应用进入千万量级，乃至亿级市场	自从 2012 年年底正式提供区域服务以来，国产北斗导航芯片多数应用于交通、气象、渔业、公安、林业等行业领域，在最具广泛用户基础的消费电子市场尚属缺位。量大面广的智能手机厂商采用的多模导航芯片（包括北斗）均出自高通、MTK、博通等国际芯片厂商。国内主要移动通信 IC 设计企业开发出北斗移动通信一体化芯片，意味着国产北斗芯片的产业化进入一个新的阶段
10	龙芯发布新一代产品全面进入产业化阶段	龙芯中科技术有限公司发布全新一代产品，其中的重点包括：龙芯自主指令系统“LoongISA”、龙芯新一代高性能处理器架构“GS464E”、新一代处理器“龙芯 3A2000”“龙芯 3B2000”以及龙芯基础软硬件标准及社区版操作系统“LOONGNIX”。这些产品的发布，以及未来的量产与应用，标志着中国自主研发的芯片——龙芯全面进入产业化阶段	尽管近年来中国集成电路取得了不小的进步，特别是在通信 SoC 芯片的设计开发上。然而，核心处理器基本上还是 ARM 公司提供的 IP 内核，并未从根本上解决信息安全漏洞等问题。此外，龙芯不仅发布了自主指令集、自主架构以及基于龙芯的操作系统，而且解决了产业化瓶颈，对未来的意义极为重大

四、2015 年享受所得税优惠政策的集成电路生产企业

国家发改委、工信部、国家税务总局于 2015 年 4 月 30 日联合发文《关于印发 2015 年度享受所得税优惠政策的集成电路生产企业名单的通知》（发改高技〔2015〕893 号），该文件是为贯彻落实《国务院关于印发进一步鼓励软件产业和集成电路产业发展若干政策的通知》（国发〔2014〕4 号）文，对集成电路产业投资超过 80 亿元、线宽小于 0.25 微米、小于 0.8 微米的企业，可享受国家财政部、国家税务总局（财税〔2012〕27 号）文件有关企业所得税优惠政策，表 2.4.9 给出了享受所得税优惠政策的企业。

表2.4.9 2015年度享受所得税优惠政策的集成电路生产企业

序号	企业名称	企业类型	备注
1	上海华力微电子有限公司	芯片制造	线宽小于 0.25 微米
2	英特尔半导体（大连）有限公司	芯片制造	线宽小于 0.25 微米
3	和舰科技（苏州）有限公司	芯片制造	线宽小于 0.25 微米
4	上海集成电路研发中心有限公司	芯片制造	线宽小于 0.25 微米
5	上海先进半导体制造股份有限公司	芯片制造	线宽小于 0.25 微米
6	台积电（中国）有限公司	芯片制造	线宽小于 0.25 微米

续表

序号	企业名称	企业类型	备注
7	无锡华润上华科技有限公司	芯片制造	线宽小于 0.25 微米
8	武汉新芯集成电路制造有限公司	芯片制造	线宽小于 0.25 微米
9	中国电子科技集团公司第十三研究所	芯片制造	线宽小于 0.25 微米
10	中芯国际集成电路制造（北京）有限公司	芯片制造	线宽小于 0.25 微米
11	中芯国际集成电路制造（上海）有限公司	芯片制造	线宽小于 0.25 微米
12	中芯国际集成电路制造（天津）有限公司	芯片制造	线宽小于 0.25 微米
13	中航（重庆）微电子有限公司	芯片制造	线宽小于 0.25 微米
14	德州仪器半导体制造（成都）有限公司	芯片制造	线宽小于 0.25 微米
15	SK 海力士半导体（中国）有限公司	芯片制造	线宽小于 0.25 微米
16	上海华虹宏力半导体制造有限公司	芯片制造	线宽小于 0.25 微米
17	中芯北方集成电路制造（北京）有限公司	芯片制造	线宽小于 0.25 微米
18	三星（中国）半导体有限公司	芯片制造	线宽小于 0.25 微米
19	中芯国际集成电路制造（深圳）有限公司	芯片制造	线宽小于 0.25 微米
20	联芯集成电路制造（厦门）有限公司	芯片制造	线宽小于 0.25 微米
21	宁波时代全芯科技有限公司	芯片制造	线宽小于 0.25 微米
22	中芯长电半导体（江阴）有限公司	芯片制造	线宽小于 0.25 微米
23	无锡华润微电子有限公司	芯片制造	线宽小于 0.25 微米
24	西安西岳电子技术有限公司	芯片制造	线宽小于 0.8 微米（含）
25	宁波比亚迪半导体有限公司	芯片制造	线宽小于 0.8 微米（含）
26	北京微电子技术研究所	芯片制造	线宽小于 0.8 微米（含）
27	北京燕东微电子有限公司	芯片制造	线宽小于 0.8 微米（含）
28	福建福顺微电子有限公司	芯片制造	线宽小于 0.8 微米（含）
29	杭州士兰集成电路有限公司	芯片制造	线宽小于 0.8 微米（含）
30	华越微电子有限公司	芯片制造	线宽小于 0.8 微米（含）
31	江苏东晨电子科技有限公司	芯片制造	线宽小于 0.8 微米（含）
32	日银 IMP 微电子有限公司	芯片制造	线宽小于 0.8 微米（含）
33	上海新进半导体制造有限公司	芯片制造	线宽小于 0.8 微米（含）
34	深圳方正微电子有限公司	芯片制造	线宽小于 0.8 微米（含）
35	无锡华润华晶微电子有限公司	芯片制造	线宽小于 0.8 微米（含）
36	无锡华润上华半导体有限公司	芯片制造	线宽小于 0.8 微米（含）
37	长沙创芯集成电路有限公司	芯片制造	线宽小于 0.8 微米（含）
38	重庆中科渝芯电子有限公司	芯片制造	线宽小于 0.8 微米（含）
39	河北美泰电子科技有限公司	芯片制造	线宽小于 0.8 微米（含）

续表

序号	企业名称	企业类型	备注
40	吉林华微电子股份有限公司	芯片制造	线宽小于0.8微米（含）
41	上海新进芯微电子有限公司	芯片制造	线宽小于0.8微米（含）
42	苏州能讯高能半导体有限公司	芯片制造	线宽小于0.8微米（含）
43	西安卫光科技有限公司	芯片制造	线宽小于0.8微米（含）
44	飞思卡尔半导体（中国）有限公司	封装测试	投资额超过80亿元
45	日月光集成电路制造（中国）有限公司	封装测试	投资额超过80亿元

第五节　2015 年中国集成电路产品产量情况

2015 年中国集成电路产品产量为 1170.4 亿块，同比增长 13.2%，见图 2.5.1 和表 2.5.1。

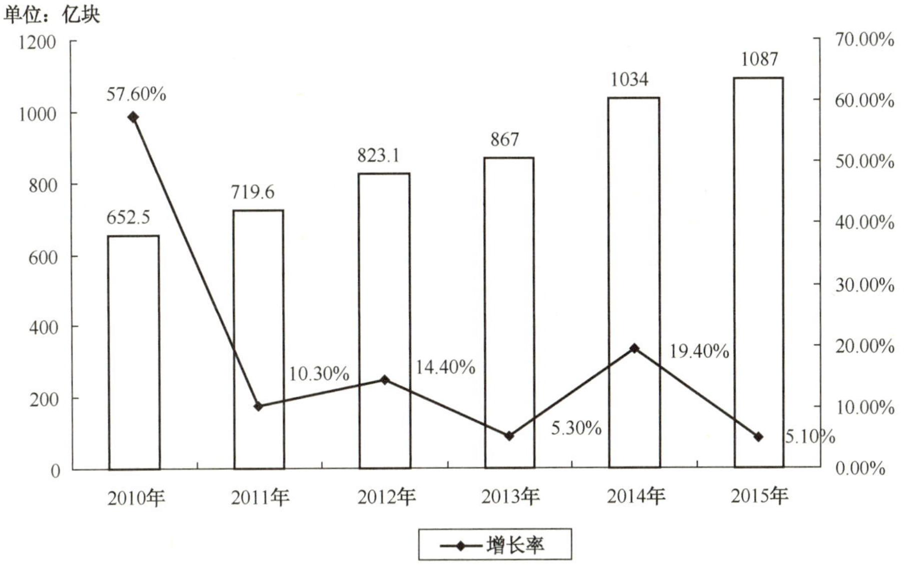

CAGR=8.88%（2010—2015 年）

图 2.5.1　2010—2015 年中国集成电路产品产量发展规模及增长情况

表2.5.1　2010—2015年中国集成电路产品产量占世界总量的比重

单位：亿块

指标名称	2010 年	2011 年	2012 年	2013 年	2014 年	2015 年	CAGR
中国 IC 产量	652.5	719.6	823.1	916.6	1034.8	1170.4	8.88%
世界 IC 产量	1898.0	1942.0	1972.0	2060.0	2307.0	2356	3.67%
同比	34.4%	37.1%	41.7%	44.5%	44.9%	49.7%	—

第六节　2015 年中国集成电路产品进出口情况

一、2015 年中国贸易及电子信息产业进出口情况

2015 年，我国贸易进出口总额为 24.59 万亿元，同比下降 7.0%，其中，出口 14.14 万亿元，同比下降 1.8%；进口 10.45 万亿元，同比下降 13.2%，贸易顺差 3.69 万亿美元，扩大 82.1%，见表 2.6.1。

表2.6.1　2015年中国电子信息产业主要产品进出口情况

行业名称	出口		进口	
	金额（亿美元）	同比	金额（亿美元）	同比
合计	7811.0	-1.1%	5277.0	-1.2%
通信设备	2148.0	8.7%	505.0	9.8%
广播电视	76.0	-10.2%	41.0	-11.7%
计算机	1941.0	-14.4%	533.0	-12.6%
家用电器	1057.0	-0.6%	198.0	-5.0%
电子元件	808.0	3.0%	480.0	-7.3%
电子器件	1399.0	6.2%	2994.0	2.2%
电子材料	66.0	-6.1%	73.0	-9.6%
电子设备	316.0	-4.9%	453.0	-6.8%

资料来源：工信部运行监测协调局（2016.1.29）。

二、2015 年中国集成电路产品进出口情况

1. 2015 年中国集成电路产品进出口额情况

据中国海关统计：2015 年中国集成电路产品进出口总额为 3000 亿美元，同比增长 7.7%。其中：进口额为 2307 亿美元，同比增长 6.0%；出口额为 693.0 亿美元，同比增长 13.9%，进出口逆差为 1614.0 亿美元，同比增长 3.0%，见表 2.6.2、图 2.6.1 和图 2.6.2。

中国是世界集成电路产品消费第一大市场，2015 年进口集成电路产品金额达 2307 亿美元，占 2015 年世界半导体产品市场 3352 亿美元的 68.8%，这其中包含有我国集成电路企业来料代工额，有内资和外资企业来华组装或整机采购进口的金额在内。如按 2015 年我国集成电路产品进出逆差 1613.9 亿美元来计算，也占到世界半导体产品市场的 48.0% 的份额。

表2.6.2　2010—2015年中国集成电路产品进出口额及增长情况

单位：亿美元

指标名称		2010 年	2011 年	2012 年	2013 年	2014 年	2015 年	CAGR
进口情况	进口额	1569.9	1702.0	1920.6	2313.4	2176.0	2307.0	6.63%
	同比	30.9%	8.4%	12.8%	20.5%	-5.9%	6.0%	—
出口情况	出口额	292.5	325.7	534.3	877.0	608.6	693.2	15.46%
	同比	25.5%	11.4%	64.0%	64.1%	-30.6%	13.9%	—
逆差情况	逆差额	1277.4	1376.3	1386.3	1436.4	1567.4	1614.0	3.98%
	同比	32.2%	7.7%	7.3%	3.6%	9.1%	3.0%	—

资料来源：CCID/JSSIA 整理。

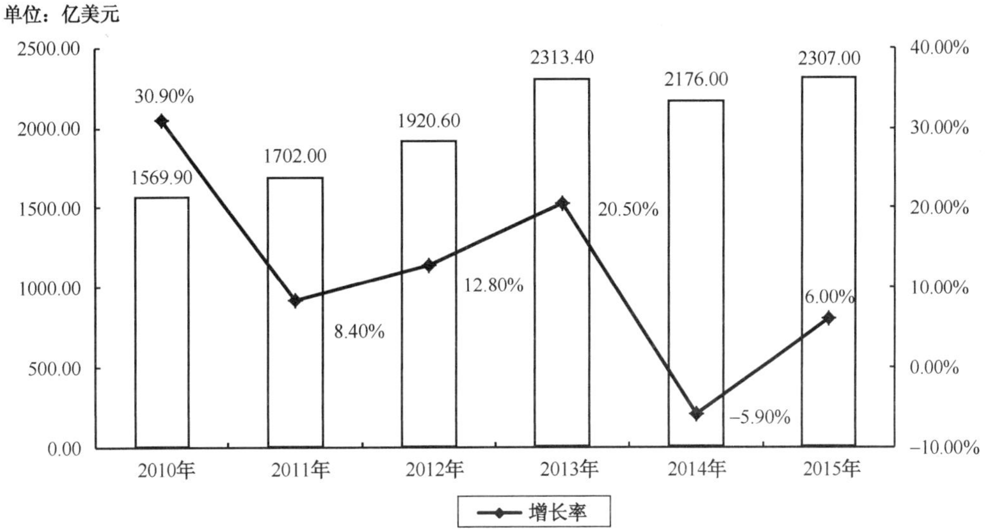

CAGR=6.63%（2010—2015 年）

图 2.6.1　2010—2015 年中国集成电路产品进口额及增长情况

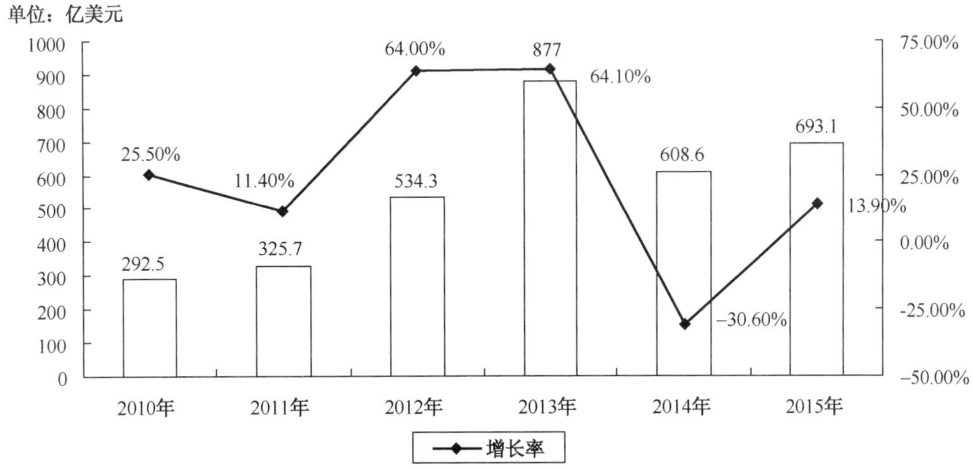

CAGR=15.46%（2010—2015 年）

图 2.6.2　2010—2015 年中国集成电路产品出口额及增长

2. 2015年中国集成电路产品进出口量情况

据中国海关统计：2015年中国集成电路产品进出口总量为4968亿块，同比增长13.1%。其中：进口量为3140亿块，同比增长10.0%；出口集成电路1827.7亿块，同比增长19.1%；进出口逆差为1312.3亿块，同比下降0.7%，见表2.6.3、图2.6.3和图2.6.4。

表2.6.3 2010—2015年中国集成电路产品进出口量及增长情况

单位：亿块

指标名称		2010年	2011年	2012年	2013年	2014年	2015年	CAGR
进口情况	进口量	2009.6	2141.1	2418.2	2663.1	2856.6	3140.0	7.72%
	同比	37.4%	6.5%	12.9%	10.1%	7.3%	10.0%	—
出口情况	出口量	831.5	904.4	1182.2	1426.7	1535.2	1827.7	14.03%
	同比	46.6%	8.8%	30.7%	23.7%	7.6%	19.1%	—
逆差情况	逆差量	1178.1	1236.7	1236.0	1236.4	1321.4	1312.3	1.81%
	同比	31.6%	5.0%	平	平	6.9%	-0.7%	—

资料来源：CCID/JSSIA 整理。

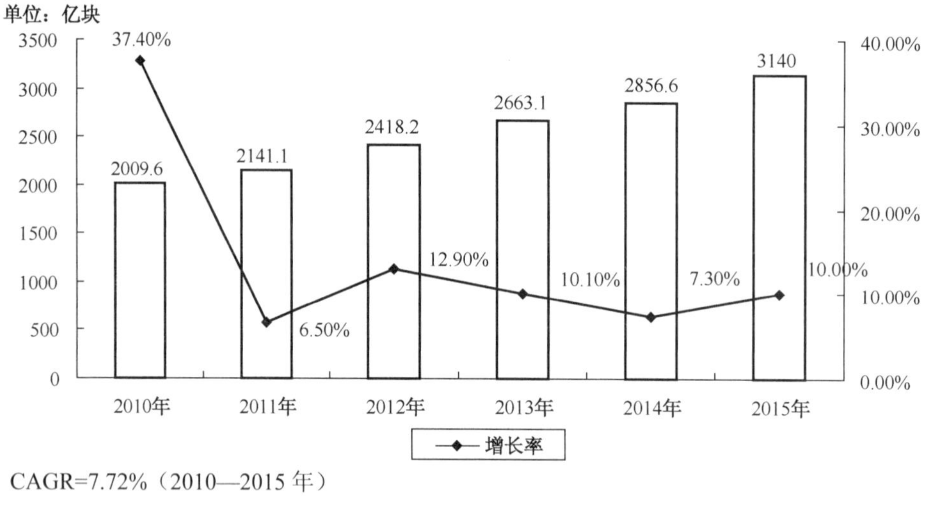

图2.6.3 2010—2015年中国集成电路产品进口量及增长情况

三、2015年中国集成电路进口与大宗商品进口对比情况

2015年中国集成电路产品进口额达2307亿美元，同比增长6.0%，成为我国进口量最大的商品，已达到原油、铁矿砂、粮食、塑料等商品进口量之和的81.3%，如图2.6.5所示。

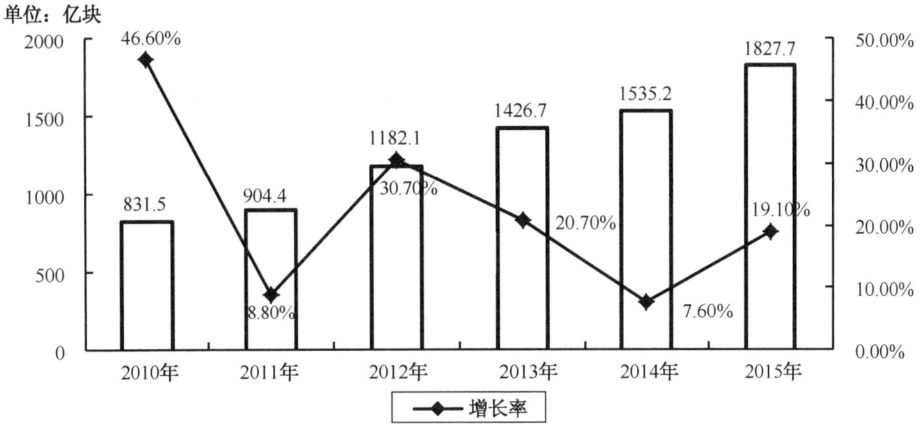

CAGR=14.03%（2010—2015 年）

图 2.6.4　2010—2015 年中国集成电路产品出口量及增长情况

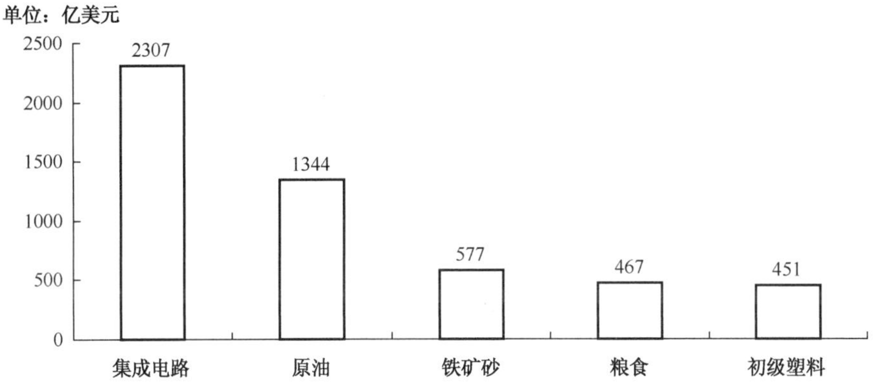

图 2.6.5　2015 年中国进口大宗商品情况

四、2015 年中国半导体分立器件产品进出口情况

据中国海关统计报道，2015 年中国分立器件进口量达到 5280.9 亿只，同比增长 33.8%，进口额为 235.5 亿美元，同比下降 3.4%；出口量达到 5672.6 亿只，同比增长 56.4%，增速同比提高 48 个百分点，出口额为 283.4 亿美元，同比增长 7.0%；进出口顺差达 47.9 亿美元。

第七节 2015 年中国集成电路产业投资情况

一、2015 年中国集成电路产业投资情况

2015 年，中国电子信息产业 500 万元以上项目完成固定投资 13775.3 亿元，同比增长 14.2%，其中新增固定资产 9658.9 亿元，同比增长 20.6%；新开工项目 9614 个，同比增长 19.8%。其中，电子器件行业新开工项目同比增长 6.7%，占比为 11.8%；在完成固定投资中，电子器件行业完成投资 3032.1 亿元，同比增长 7.3%，占比为 22%；电子工业专用设备行业完成投资 1750.8 亿元，同比增长 13.9%，电子信息机电行业完成投资 2316.3 亿元，同比增长 19.6%。

2015 年，东部地区完成投资 6748.5 亿元，同比增长 20.31%，占 49.0%；中部地区完成投资 4278.8 亿元，同比增长 8.09%，占 31.1%；西部地区完成投资 2251 亿元，同比增长 11.81%，占 16.3%；东北地区完成投资 496.9 亿元，同比增长 2.74%，占 3.6%。从各地区的投资增速看，浙江、重庆、广东、山东、安徽居全国前五位。

2015 年外商企业投资累计完成 1487.63 亿元，同比增长 11.85%，内资企业投资完成 11462.3 亿元，同比增长 14.8%；港澳台资企业完成投资 825.31 亿元，同比增长 10.24%。

2015 年中国海外并购案总值为 171.4 亿美元，占全世界半导体产业并购案 1360 亿美元的 12.6%。

二、2015 年中国集成电路产业发展投资基金情况

我国政府历来重视和支持集成电路产业的发展，相继出台了国发〔2000〕18 号文、国发〔2011〕4 号文和 2014 年 6 月发布的《国家集成电路产业发展推进纲要》等，并于 2014 年 9 月成立了“国家集成电路产业投资基金”（简称“大基金”）；不少省、市、区相继出台了地方性支持集成电路产业发展的政策性文件，建立集成电路产业发展基金。引导金融、社会资金投资集成电路产业链各环节；吸引了不少境外（含港、澳、台）企业（资金）来华投资，分享中国大陆巨大的 IT 市场等。

国家大基金截至 2015 年年底已筹集资金 1387 亿元，超目标值 167 亿元。主要分步投资为 2015 年（260 亿元）、2016 年（240 亿元）、2017 年（360 亿元）、2018 年（240 亿元）、2019 年（134 亿元）、2020 年（220 亿元）。主要投资方向：以集成电路制造业（晶圆业）为主，同时支持发展设计业、封测业、设备材料业和相关产业链等，以市场化资本运作为原则，不做天使，只做导师，为股东和企业谋利等。

在投资策略上，由 “注重投资前” 向 “投资前后并重” 转变，主抓国家重点项目和产

品，如存储器等。

2015年国家大基金累计决策投资28个项目，实际出资约262亿元，出资比例为晶圆制造业约占45%，设计业占38%，封装业占11%，装备业占3%，材料业占3%。投资芯片晶圆业大力支持中芯国际12英寸生产工艺（31亿港元），支持杭州士兰建设8英寸生产线发展特色工艺，支持厦门三安光电建设（48.4亿元）；支持集成电路设计龙头企业，如展讯通信、中兴微电子；支持北斗导航、打印机芯片；支持上市的设计企业（Pro-IPO）湖南国科微、珠海艾帕克等；在集成电路封测领域，支持长电科技、通富微电、天水华天等公司，以帮助和支持这类企业开展跨国并购和提高封装水平；在设备材料业方面，支持中微北方、中微半导体、七星华创、上海硅业等。还将对紫光集团投资100亿元，累计有十数家企业得到支持。各地集成电路产业发展基金建设情况见表2.7.1。

表2.7.1 各地集成电路产业发展基金建设情况

省市名称	基金规模	基金名称	基金支持方向发展
上海市	500亿元	并购基金100亿元 上海市IC产业发展基金	推动上海临港产业园区IC基地建设、主持中芯国际、上海华力、新阳大硅片项目等
北京市	300亿元	北京市IC产业发展股权投资基金	支持中芯北方b3线建设、IC设计、重点企业兼并（20亿元）、园区建设等
安徽省	300亿元	—	支持晶合集成12英寸线。京东方10.5代线等建设；多元化IC、显示器产业链建设等
湖北省	500亿元	湖北IC投资专属基金	支持武汉新芯及其二期工程，发展NAND产品及IC设计、封测等产业链基地等
深圳市	300亿元	深圳市集成电路产业发展推进方案	IC设计为主，系统方案、整机等产业链；紫光集团到深圳投资等
山东省	100亿元	—	IC设计、引进国外芯片制造业企业和材料业等
四川省	100亿元	—	支持重点骨干企业、重大项目和实体投资
南京市	500亿元	关于加快推进集成电路产业发展的意见	支持南京浦口IC基地（园区）建设，支持台积电在南京建厂

三、2015年中国集成电路晶圆制造业生产线投资情况

有意向或正在作立项论证的有：

（1）上海华力（二期），12英寸，0.028～0.016/14，筹资195亿元人民币。

（2）中芯国际（深圳），12英寸线等。

（3）2016年3月，有消息报道紫光集团意在深圳市投资300亿美元，建设12英寸生产线，主产NAND，月产3万片，DRAM月产1万片的能力。

从表2.7.2可以看出，2015—2016年3月，我国正在掀起一股投资建设8～12英寸生产线的热潮，预计2016—2018年，我国将有16条左右的12英寸晶圆生产线，26条8英寸晶圆生产线。同时，在16/14～10纳米工艺技术领域得到突破，3D NAND Flash和DRAM

产品量产速度得到快速提升，将缩短与世界先进水平的差距。

表2.7.2　2015年中国集成电路晶圆制造业8英寸以上生产线投资情况

晶圆尺寸（英寸）	序号	日期	单位名称	产能（万片/月）	工艺技术水平（μm）	投资额	状况
12 英寸	1	2015 年 3 月	厦门联芯	5.0	0.055～0.040～0.028	62 亿美元	开工
	2	2015 年 10 月 20 日	合肥晶合集成	4.0	0.15～0.090 LCD 驱动 IC	135 亿元人民币	开工
	3	2015 年 10 月 29 日	中芯国际（北京）（Fab3）	11.0	≤0.028 CMOS	35 亿美元	开工
	4	2016 年 3 月 28 日	武汉新芯（Fab2）	2020 年 30.0 2030 年 100.0	3D NAND Flash DRAM	240 亿美元	开工
	5	2016 年 3 月 28 日	台积电（南京）	2.0	0.016	30 亿美元	签约
	6	2016 年 3 月 28 日	德科玛（淮安）	4.0	一期图像传感器 8 英寸	20 亿～30 亿美元	一期开工
				2.0	二期 12 英寸		
	7	2016 年 3 月 30 日	万代 AOS（重庆）	—	功率型金属氧化层场效晶体管	7 亿美元	开工
8 英寸	1	2015 年 10 月	力盛（洛阳）	—	微机电工艺传感器、（MEMS）	9 亿元人民币	2017 年投产
	2	2016 年 1 月	江苏澳洋顺昌（淮安）	—	IC 芯片	20 亿元人民币	签约开工
	3	2015 年 4 月	杭州士兰集昕（四川成都金堂）	—	外延片、功率器件芯片、封装	10 亿元人民币	建设
	4	2015 年 2 月	河北沧州（长沙创芯投）	8	IC 芯片	60 亿元人民币	签约

四、2015 年中国集成电路产业国内外并购情况

2015 年中国集成电路产业国外并购事例发生 21 件，有成功的事例，也有竞标失败的或因 CFIUS（美国外国投资委员会）审批取消的事例发生，涉案金额约为 171.4 亿美元，见表 2.7.3。

表2.7.3　2015年中国集成电路行业部分重大并购参股案例

日期	并购方公司名称	被并购方公司名称	国家/地区	金额	备注
2015 年 2 月	中芯国际	东部高科	韩国		IC 晶圆
2015 年 3 月	五岳峰、清芯华创、闪胜	芯成半导体（ISSI）	美国	7.6 亿美元	IC 设计/存储器

续表

日期	并购方公司名称	被并购方公司名称	国家/地区	金额	备注
2015 年 4 月	清芯华创、中信资本、金石投	豪威科技（OV）	美国	19 亿美元	IC 设计
2015 年 5 月	建广资本	NXP RF Power	美国	18 亿美元	IC 设计
2015 年 5 月	紫光集团	新华三	美国	25 亿美元	PC/占股 51%
2015 年 6 月	国民飞骧	国民技术	中国	0.07 亿美元	射频功率放大器
2015 年 6 月	长电科技、国家大基金、芯电	星科金朋	新加坡	7.8 亿美元	IC 封测
2015 年 7 月	盛世宏明	Silex Microsystems	瑞典	占股 98%	MEMS
2015 年 9 月	同方国芯	西安华芯	中国	0.21 亿美元	DRAM 设计
2015 年 9 月	盈方微	Altair	以色列	3.2 亿美元	LTE 基带芯片
2015 年 10 月	通富微电	AMD（苏州）AMD（新加坡）	美国	3.7 亿美元	占股 85%
2015 年 10 月	紫光集团	西部数据	美国	38 亿美元	占股 15%(终止)
2015 年 10 月	科陆电子	深圳芯珑	中国	5.3 亿元人民币	电力载波芯片
2015 年 10 月	科陆电子	金海科技	中国	3.9 亿元人民币	安防领域芯片
2015 年 10 月	紫光（春华）	同方股份	中国	70.1 亿元人民币	占股 36.4%
2015 年 10 月	紫光集团（同方国芯）	力成科技	中国台湾	194 亿元新台币	占股 25%
2015 年 11 月	国家 IC 大基金	中兴微电子	中国大陆	3.7 亿美元	IC 设计
2015 年 12 月	国家 IC 大基金	华天西安	中国大陆	0.8 亿美元	IC 设计
2015 年 12 月	紫光集团	矽品科技	中国台湾	568 亿元新台币	占股 24.9%
2015 年 12 月	紫光集团	南茂科技	中国台湾	190.7 亿元新台币	占股 25%

资料来源：JSSIA 整理。

第八节　2015 年中国集成电路设计业发展情况

一、2015 年中国集成电路设计业基本情况

1．2015 年中国集成电路设计业企业数量

据中国半导体行业协会集成电路分会统计：2015 年中国集成电路设计企业有 736 家，比 2014 年的 681 家增加了 55 家。

2．2015 年中国集成电路设计业分布

中国集成电路设计业主要集中分布在珠三角地区、长三角地区、京津环渤海地区和以重庆、西安、成都、武汉等中心城市圈为重点的中西部地区，如图 2.8.1 所示。

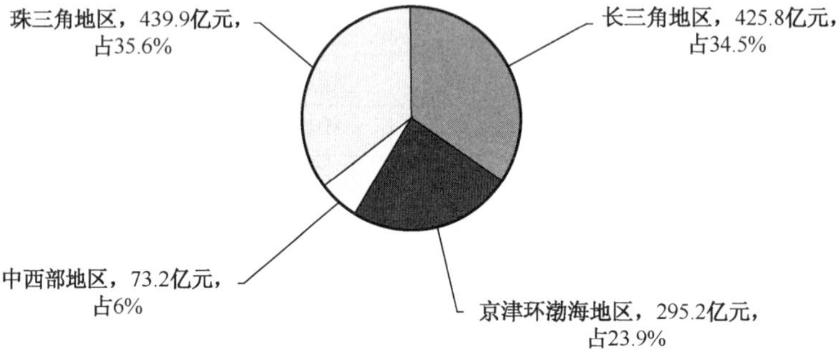

资料来源：中半协 IC 设计分会（2015.12）。

图 2.8.1　2015 年中国集成电路设计业分布情况

3．2015 年中国集成电路设计业发展的特点

- 我国集成电路设计业持续高速发展，同比增长 26.5%，在全球集成电路设计业的占比大幅度提升。
- 各地区发展增减互现，但总体保持较快增长，主要集中在长三角、珠三角和京津地区。
- 企业经营状况喜中有忧，大者越大，恒者越强；有新生也有消亡。
- 主要产品领域有所改观，在通信、智能卡、计算机、多媒体、导航、模拟、功率和消费电子类中，有 5 个领域增加，有 3 个领域减少。
- 并购加强了产业集中度，技术和资本两个轮子运行更加协调。

4．2015 年中国集成电路设计业面临的挑战

在 2015 年我国集成电路设计业取得了不俗的业绩，但影响设计业快速发展的深层次问题尚未得到根本性的解决，主要体现在：

- 关键重点产品尚未进入主流市场，如微处理器、存储器、可编程逻辑电路、数字信号处理器等，仍需依靠大量进口；
- 产业总体实力相对较弱，产业营收额只占全球 6.4%左右的份额；
- 产品同质化情况严重，价格竞争越演越烈；
- 产品升级换代主要靠工艺和 EDA 工具现象仍未改观，设计基础能力亟待提高；
- 创新能力不足，提升十分缓慢，“跟随”型策略仍大行其道；
- 资金不足，人才匮乏，知识产权保护等仍是困扰设计企业快速发展的拦路虎。

二、2015 年中国集成电路设计业销售收入情况

1．2015 年中国集成电路设计业销售收入为 1325.3 亿元，同比增长 26.5%，如图 2.8.2 和表 2.8.1～表 2.8.4 所示。

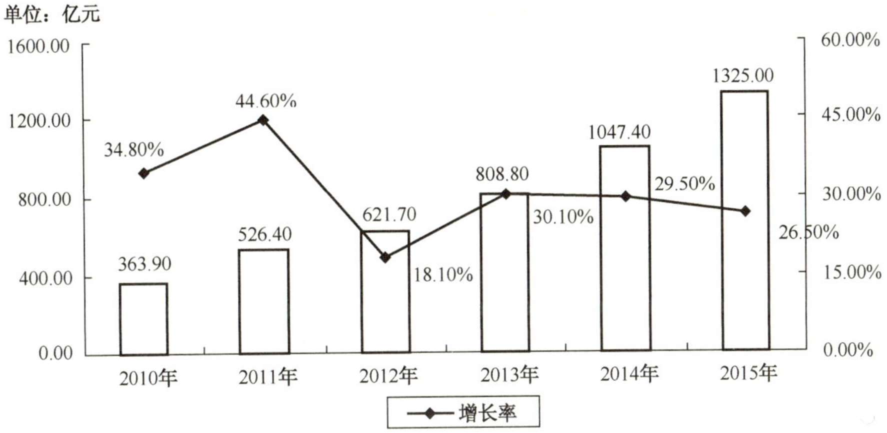

CAGR=29.49%（2010—2015 年）

资料来源：CSIA。

图 2.8.2 2010—2015 年中国集成电路设计业销售收入

表2.8.1 2010—2015年中国集成电路设计业在全国IC产业中占比演进

年度	2010 年	2011 年	2012 年	2013 年	2014 年	2015 年
占比	25.3%	27.2%	28.9%	32.2%	34.7%	36.7%

表2.8.2 2010—2015年中国集成电路设计业在世界同业中的比重

指标名称	2010 年	2011 年	2012 年	2013 年	2014 年	2015 年
占比	9.2%	12.3%	13.8%	16.6%	18.6%	26.4%

表2.8.3　2015年全国重点城市集成电路设计业销售收入情况

单位：亿元

序号	城市名称	2015 年收入	2014 年收入	同比	占比
1	深圳市	380.0	243.5	56.1%	32.8%
2	上海市	305.0	241.5	26.6%	26.3%
3	北京市	207.1	170.2	21.7%	17.9%
4	无锡市	76.1	64.6	17.8%	6.6%
5	南京市	47.3	31.0	52.6%	4.1%
6	杭州市	36.8	35.8	2.8%	3.2%
7	成都市	31.0	31.2	-0.6%	2.7%
8	苏州市	29.7	23.8	24.8%	2.6%
9	西安市	28.6	22.5	27.1%	2.5%
10	厦门市	18.0	14.0	28.6%	1.6%
合计		1159.6	878.1	32.1%	100%
十大城市占全国设计总值		87.5%	83.8%	增长 3.7 个百分点	
十大城市占全国总值		32.1%	29.1%	增长 3 个百分点	

表2.8.4　2015年中国各地区集成电路设计业发展情况

指标名称	珠三角地区	长三角地区	京津环渤海地区	中西部地区	合计
销售规模（亿元）	439.9	425.8	295.2	73.2	1234.2
同比	46.1%	7.9%	31.4%	18.2%	25.6%
占比	35.6%	34.5%	23.4%	6.0%	100.0%

2. 2015 年中国集成电路设计公司产值成长情况

TrendForce 旗下拓璞产研所的数据显示，自 2009 年以来中国集成电路设计业产值在全球的占比正在逐步攀升，从 2009 的 7.1%，达到 2015 年的 18.5%，而销售产值以年复合增长率 25%的增速高速成长，见表 2.8.5。

表2.8.5　2009—2015年中国设计公司产值成长情况（Fabless）

年度	2009 年	2010 年	2011 年	2012 年	2013 年	2014 年	2015 年
全球销售占比	7.1%	8.2%	11.3%	12.9%	14.5%	16.6%	18.5%
销售产值复合成长率	20.0%	36.9%	46.9%	21.0%	19.6%	23.6%	25.0%

资源来源：TrendForce。

2015—2017 年将是 Fabless 晶圆代工厂商（Foundry）争相布局卡位的重要时期。其中 28 纳米及或先进的 16/14 纳米制程能力大大提升，更先进的 10/7 纳米工艺技术制程也开始运作。为此，中国大陆设计公司会在现有基础发力追赶，提高市场的占有率和企业的成长率。

三、2015 年中国集成电路设计业企业情况

从表 2.8.6 可以看出，2015 年我国集成电路设计企业与 2014 年相比，销售收入大于 1 亿元的企业有 143 家，同比增加 9 家，占比为 19.4%，环比下降 0.3 个百分点；销售收入 5000 万～1 亿元的企业有 169 家，同比增加 11 家，占比为 23.0%，环比下降 0.2 个百分点；销售收入 1000 万～5000 万元的企业有 204 家，同比增加 6 家，占比为 27.7%，环比下降 1.4%；销售收入小于 1000 万元的企业有 220 家，同比增加 29 家，占比为 29.9，环比增长 1.9 个百分点。同时也反映出我国集成电路设计企业集中在小于 1000 万元这一档次，与 2014 年相比反而有所增加。

表2.8.6　2015年中国集成电路设计业企业按销售收入规模分布情况

销售规模	≥1 亿元	5000 万元～1 亿元	1000～5000 万元	＜1000 万元	合计
2015 年企业数（家）	143	169	204	220	736
2014 年企业数（家）	134	158	198	191	681
增减数（家）	9	11	6	29	55
2015 年占比	19.4%	23.0%	27.7%	29.9%	100%
2014 年占比	19.7%	23.2%	29.1%	28.0%	100%
2015 年/2014 年增幅	-0.3	-0.2	-1.4	1.9	—

从表 2.8.7 中可以看出，我国集成电路设计业大于 1000 人的只有 7 家，不足 1.0%；人数规模在 500～1000 人的企业，同比减少 1 家；人数在 100～500 人的有 113 家，占到 15.3%，同比增加 6.5 个百分点；人数小于 100 人的企业数占到 81.7%，同比减少 6.1 个百分点。这也说明，我国集成电路设计业普遍存在规模小而散的局面，仍未得到改观。

表2.8.7　2015年中国集成电路设计业企业从业人员分布情况

从业人员数（人）	＞1000 人	500～1000 人	100～499 人	＜100 人	合计
2015 年企业数（家）	7	15	113	601	736
2014 年企业数（家）	7	16	60	598	681
增减数（家）	0	-1	53	3	55
2015 年占比	1.0%	2.0%	15.3%	81.7%	100%
2014 年占比	1.0%	2.3%	8.8%	87.8%	100%
2015 年/2014 年增幅（百分点）	平	-0.3%	6.5%	-6.1%	—

从表 2.8.8 可以看出：

2015 年我国集成电路设计业企业中，主要集中在通信类产品设计领域中，占到 48.4%，

同比上升 6.6 个百分点，销售收入同比增长 45.4%；其次为消费类产品领域，占到 11.7%，同比上升 1.4 个百分点，销售收入同比增长 42.3%；模拟电路设计占到 9.8%，同比上升 0.8 个百分点，销售收入同比增长 36.5%。

2015 年我国集成电路设计业在导航领域同比增长 19.7%，在智能卡领域同比增长 5.7%；但在功率器件类同比下降 10.4%，多媒体领域同比下降 5.4%，在计算机领域同比下降 3.8%。

表2.8.8　2015年中国集成电路设计业产品领域企业分布情况

序号	领域	2014 年				2015 年				
		企业数（家）	企业占比	销售收入（亿元）	收入占比	企业数（家）	企业占比	销售收入（亿元）	收入占比	收入同比
1	通信	109	16.0%	411.1	41.8%	157	21.3%	597.8%	48.4%	45.4%
2	智能卡	35	5.1%	90.4	9.2%	39	5.3%	95.6%	7.7%	5.7%
3	计算机	58	8.5%	92.0	9.4%	51	6.9%	88.5	7.2%	-3.8%
4	多媒体	98	14.4%	89.1	9.1%	93	12.6%	84.3	6.8%	-5.4%
5	导航	23	3.4%	14.7	1.5%	33	4.5%	17.6	1.4%	19.7%
6	模拟	139	20.4%	88.5	9.0%	164	22.3%	120.8	9.8%	36.5%
7	功率器件	115	16.9%	95.3	9.7%	86	11.7%	85.4	6.9%	-10.4%
8	消费电子	104	15.3%	101.4	10.3%	113	15.4%	144.3	11.7%	42.3%
合计		681	100.0%	982.5	100.0%	736	100.0%	1234.2	100.0%	25.6%

如表 2.8.9 所示，2015 年中国集成电路设计业前十大企业营收入为 554.4 亿元，同比增长 27.7%，占到全国设计业总值 1325 亿元的 41.8%，主要是海思、展讯、中兴、智芯起到了积极的作用。

表2.8.9　2015年中国集成电路设计业前十大企业

2015 年排序	2014 年排序	企业名称	2015 年业绩（亿元）	2014 年业绩（亿元）	同比	2015 年占比	备注
1	1	深圳海思	221.0	146.0	51.4%	39.9%	
2	2	清华紫光展锐	109.9	94.0	16.9%	19.8%	清华紫光收购展讯与锐迪科
3	5	深圳中兴微	51.0	30.6	66.7%	9.2%	
4	3	华大半导体	33.8	32.1	3.0%	6.1%	
5	4	大唐半导体	31.0	31.3	-1.0%	5.6%	
6	6	北京智芯	29.2	24.8	17.7%	5.3%	
7		敦泰科技（深圳）	22	—	15.8%	4.0%	
8	9	杭州士兰微	20.1	19.6	2.6%	3.6%	

续表

2015 年排序	2014 年排序	企业名称	2015 年业绩（亿元）	2014 年业绩（亿元）	同比	2015 年占比	备注
9	10	北京中星微	18.5	17.5	5.7%	3.3%	
10	8	格科微（上海）	17.9	20.4	-12.3%	3.2%	
合计			554.4	434.3	27.7%	100.0%	

资料来源：CSIA/Jssia。

在 2015 年 IC 设计业排序中，深圳海思、展锐仍居第一、第二位不变，中兴微晋升 2 级，华大和大唐各退居 1 位，北京智芯座次不变，杭州士兰、北京中星微各前进 1 位，格科微退居 2 位。以研发电容式触摸屏控制芯片产品为主的敦泰科技（深圳）有限公司取得较好的业绩，首次进入中国集成电路设计业十大企业。

从表 2.8.9 可以看出，在中国十大设计企业中，形成深圳海思一骑绝尘、遥遥领先，占 IC 设计业收入的近 40%，清华紫光展锐紧随其后（占近 20%），形成海思、展锐、中兴三驾马车。按此情况，海思、展锐能进入世界 IC 设计业的前十名之列。

还可以看出，我国集成电路设计业主要由于深圳海思、紫光展锐、深圳中兴和北京智芯等发力，起到了主要的拉动作用，而其他企业业绩同比上升一般，格科微和大唐半导体还呈下滑的态势。企业类型，以内资企业为主，占 80%，合资企业占 20%，中国集成电路设计业以内资企业为主。

企业所在地区分布：深圳市有 3 家，销售收入占 53.4%；北京市有 5 家，销售收入占 40.1%；浙江省有 1 家，销售收入占 3.3%；上海市有 1 家，销售收入占 3.2%。

四、2015 年设计业的主要亮点和面临的挑战

2015 年，中国集成电路设计业的总体发展态势良好，技术水平不断提高、市场地位更为稳固。移动智能终端、CPU、智能电视芯片等领域实现重大突破，一批明星企业的发展十分抢眼。

- 在移动通信终端芯片领域，紫光集团在成功并购展讯通信和锐迪科之后实力大增，拥有高、中、低端搭配的完整产品线，移动通信终端 SoC 年出货量接近 6 亿只，市场占有率接近 30%，稳居世界前三，与第二名的差距明显缩小。

海思半导体的移动智能终端芯片全面应用于华为的整机产品，整体性能比肩国际最先进的同类产品水平，（16nm Fin FET Plus 制程的 CoS，麒麟 950）装备海思高端芯片的华为高端智能手机得到广大用户的认可，集成晶体管 30 亿个，金属互连，性能提高 65%，功耗降低 70%，市场供不应求。我国企业的智能手机芯片已经具备了与国际一流厂商全面竞争的实力。

- 在 CPU 领域，上海兆芯研发的桌面计算机 CPU，成功实现了“引进、消化、吸收

和再创新”，在特定市场领域实现批量交货，得到了客户的好评。“龙芯”系列 CPU 在专用市场打开局面，在数控机床等领域获得批量应用，向产业化、市场化和商品化迈出了坚实的一步。

海思半导体采用 16nm 工艺研发的服务器 CPU 取得成功，成为全球为数不多采用最先进工艺研发 CPU 产品的企业。

杭州中天的 CK 系列嵌入式微处理器累计出货已经超过 2 亿颗，单品应用超过 1 亿颗，2015 年在国产嵌入式 CPU 市场的占有率超过 70%。

- 在智能视频芯片领域，海思半导体主导研发的智能电视芯片达到国际领先水平，打破了垄断，在创维等电视整机企业得到批量应用，出货量达到百万颗量级，有望在 2016 年获得更多电视厂商的订单，冲击千万颗出货水平。
- 在随机动态存储器芯片领域，上海澜起科技研发的 DRAM 缓存控制器芯片是通过 Intel 公司认证的 2 个产品之一，全球市场占有率继续保持第一，缓存控制芯片的设计水平处于国际领先地位。
- 在闪存芯片领域，北京兆易创新在 NOR 闪存市场上继续深耕，全年出货超过 15 亿只，全球市场占有率达到 29%，国内市场占有率超过 55%。
- 在 CMOS 图像传感器市场，格科微电子和北京思比科在激烈的市场竞争中继续保持了增长的势头。按出货量计算，格科微电子全年出货超过 10 亿颗，增长了 10%左右，保持了近 30%的全球市场占有率，产品档次向上平移；思比科的出货量达到 4 亿颗，全球占有率接近 10%，在中低端市场具备相当的实力。如果将清芯华创收购的豪威电子的产量也纳入计算的话，我国在 CMOS 图像传感器领域无论是出货量还是销售额都已经稳居世界第一。
- 在光通信芯片领域，厦门优讯成功研发出 2.5G 和 10G 光通信系列芯片，产品批量进入市场，2.5G 芯片国内市场占有率超过 40%，光纤宽带 PON 传输芯片国内市场占有率达到 20%，2015 年出货量超过 3000 万颗，累计出货 1.3 亿颗，表现出极强的市场竞争力和发展潜力。

五、2015 年中国集成电路设计业技术进步情况

1. 2015 年中国集成电路产品和技术获奖情况

由中国半导体行业协会、中国电子材料行业协会、中国电子专用设备工业协会和中国电子报共同组织评定的“第十届（2015 年度）中国半导体创新产品和技术”项目中国集成电路产品和技术获奖，见表 2.8.10。

表2.8.10　2015年中国集成电路产品和技术获奖（排名不分先后）

序号	企业名称	获奖产品和技术	创新特点
1	北京中科汉天下电子技术有限公司	基于标准 CMOS 工艺的单芯片射频前端芯片 HS8269	该产品采用标准 CMOS 工艺，通过芯片构架、电路技术、封装方式的创新等多方面改进，完成了国内第一颗用标准 CMOS 工艺实现的单芯片全集成射频功率放大器。具有备货风险低，可靠性和一致性高，成本低于其他厂商 20%以上等优点
2	北京中电华大电子设计有限责任公司	北斗多模导航 SoC 芯片 HD8020	该芯片主要由射频前端和数字基带处理器组成，完成卫星信号接收、捕获、跟踪、处理以及位置解算。相对于国内目前普遍的射频基带分立 SIP 芯片，该 SOC 芯片大大降低了功耗、体积和成本，芯片性能处于国内领先、国际先进水平
3	大唐微电子技术有限公司	指纹安全处理芯片 DMT-FAC-CG4P	该芯片是国内首款支持国密算法的指纹算法处理芯片。系统级采用安全架构，实现了程序数据运行、传输、存储安全和防攻击。可有效防止针对指纹敏感数据的各种主动、被动和侧信道攻击。此外，芯片具有安全协处理器和环境检测安全子模块
4	大连硅展科技有限公司	无线智能电源管理系统级芯片	该芯片采用了硅展科技国际首创的脉冲式电场无线充电技术，首次使无线充电技术实现了高效率、无辐射、不发热、体积小、易植入的发展目标。产品的主要技术创新有零电磁辐射、高效率、热效应微弱、无电磁干扰问题、兼容 USB、器件少等
5	矽力杰半导体技术（杭州）有限公司	高效率的 LED 驱动电路及驱动技术	该技术结合了线性调节器的 LED 驱动器与开关型调节器的 LED 驱动器，与现有技术相比，具有以下两种优势：与线性调节器相比，该技术提高了整体电路的工作效率；与开关型调节器相比，该技术电路结构相对简单，降低了电路成本与尺寸
6	华润矽威科技（上海）有限公司	非隔离、降压型三端 LED 恒流驱动芯片 PT4501/C	该系列采用自有高压 700V 工艺，在单芯片上集成了 500V 功率 MOS、高压自供电电路以及专利的采样电路，无需启动电阻以及反馈电阻，稳定性高。此外，PT4501 采用高可靠性的恒流控制方式实现了优异的线性调整率、负载调整率及温度特性
7	敦泰科技（深圳）有限公司	高性能电容触摸芯片 FT3427	该产品采用新型耦合图案设计方案，在保持现有图案能够实现单层互容多点检测的前提下，实现大幅减少绑定 PAD 的数目，满足所有屏厂邦定工艺
8	湖南国科微电子股份有限公司	高性能高清网络摄像机（IP Camera）主芯片 GK7101	该芯片是在高清网络摄像机领域具有自主知识产权的原始创新，具备优秀的芯片架构，在通用低功耗设计的基础上，创造性地加入真待机电路，最大限度地降低了待机功耗
9	晶晨半导体（上海）有限公司	智能电视主控 SoC 芯片 T866	该芯片基于 T866 SoC 的分体形态智能电视解决方案，打破了传统机屏一体的结构模式，屏幕与硬件机芯两个功能模块相互独立的设计，不仅方便了未来的软硬件自由升级，更可以让电视机的结构设计突破厚度的限制

续表

序号	企业名称	获奖产品和技术	创新特点
10	无锡中感微电子股份有限公司	低功耗蓝牙 SoC 芯片 WS9625	该产品采用了创新型的无静态功耗启动电流，有助于降低电路功耗，同时实现了低功耗振荡器的快速启动。PSUB 导环技术则很好地解决了数字与模拟模块相互干扰的难题
11	北京同方微电子有限公司	双界面金融 IC 卡芯片 THD88	该产品通过原创了部分 IP,并对现有的大量同类 IP 进行了吸收、改进，并在安全环节产生了重大创新，最终形成全新的产品
12	北京中电华大电子设计有限责任公司	双界面金融 IC 卡芯片 CIU98	该芯片主要是使用时钟自适应技术解决了非接触卡工作距离与近场交易性能的矛盾，使用了功耗平衡技术、创新的顶层有源布线绕线规则等多项技术，提升了安全性能
13	盛科网络（苏州）有限公司	支持软件定义网络(SDN)的高性能以太网交换芯片 CTC5160	该产品突破了 45nm 下低功耗设计技术、N-Flow™ 技术、NVGRE 等技术难点，填补了国内在千兆以太网路由交换芯片方面的空白
14	北京兆易创新科技股份有限公司	GD32F2 系列高性能增强型 MCU	该产品支持高级电源管理并具备三种省电模式。作为当前市场最高性能的基于 Cortex-M3 内核的 MCU 产品，GD32F2 系列提供了卓越的闪存缓存和连接能力方案
15	澜起科技（上海）有限公司	超低功耗 DDR4 内存缓冲控制器芯片	该芯片突破了架构设计、电路设计和可靠性设计等多项关键技术，芯片在功耗、抖动及对高速数字信号的处理方面都极具优势，设计技术达到国际领先水平
16	芯海科技（深圳）股份有限公司	高性能模拟前端芯片 CS1258	该芯片内部集成的低温漂基准采用了不同以往的结构实现，达到了预期的效果，并具有一定原创性。CS1258 还可以使用多通道来实现四角平衡的压力测量功能，通过设置模拟滤波口可以简化外围电路，减少外围电阻电容

2. 2015 年集成电路设计业新技术新产品情况

- 赛微微电子有限公司推出 CW6113 充电管理 IC，采用开关电源结构，具有效率高、低发热的特点，支持电源路径管理功能和 USB OTG 升压功能，支持最大 2.5A 的充电电流，能在 1 小时内充满 2000mAh 的电池；CW 1055/1043 多串电池保护 IC 能实现六大保护功能，解决现有快速充电技术在电池中 CM 保护板内部的瓶颈问题。
- 集创北方公司针对高分辨率、大尺寸 LCD 屏推出了源极驱动芯片和栅极驱动芯片各两款，四款产品交叉使用，可满足市场所有高清及 4K×2K 电视的需求。
- 10 月 21 日，锐迪科推出了集成物联网系统专用芯片 RDA5852，从具备强大多媒体处理能力和集成 WiFi、蓝牙等多种无线连接功能的微处理器，为智能猫眼、网络摄像头、无线音箱等设备提供灵活的物联网应用解决方案。
- 由长春吉湾微电子公司开发设计的中国第一颗自主知识产权的桌面云终端专用

CPU“吉湾一号”，历时 6 年研发及 1 年测试调查，成功实现商业化量产。

- 中国籍科学家宋金会实现了世界上第一个 50nm 级的超高分辨率数字图像传感器，打破了这个领域 1μm 的极限，并优先该项技术的推广应用。
- 11 月 5 日，海思发布首款手机用 16 纳米 SoC 芯片麒麟 950，采用台积电 16 纳米 Fin FET plus 技术，在工艺制程上，麒麟 950 在上一代 930 的 28 纳米工艺的基础上，跳过 20 纳米到达 16 纳米工艺技术。在高端新品领域里无论是高通骁龙 820、三星 Exynos M1，还是联发科的 helio X20，在发布时间上都晚于麒麟 950。
- 海信公司发布自主画质芯片 Hi-View Pro 引擎芯片的新一代超高清画质处理芯片，包括数十个自主算法和核心 IP，该芯片搭载的是中科龙芯为视频处理深度定制开发的中央处理器核，这是国产自主 CPU 在超高清视频处理领域的首次成功应用，实现了彩电中国“芯”梦。
- 展讯发布 4 核 5 模移动通信 SoC 芯片 SC 9830A，在 2016 年将推出 16nm 高性价比 LTE 产品。
- 龙芯中科推出龙芯自主全系统“Loong ISA”、龙芯高性能处理器架构“S464E”、新一代处理器龙芯“3A200”“3B2000”以及基础软件及社区版操作系统“LOONG XIN”。
- 紫光旗下展讯推出内置 4 核 ARM Cortex-47 支持 4G 互模的应用处理器 SC9830A 等多种智能手机芯片。
- 北京中电华大推出北斗多模导航 SoC 芯片，可完成卫星信号接收、捕获、跟踪、处理以及位置解算等功能。

第九节 2015 年中国集成电路晶圆业发展情况

一、2015 年中国集成电路晶圆制造业规模

1. 2015 年中国集成电路晶圆制造业销售收入

据中国半导体行业协会统计报告，2015 年中国集成电路晶圆制造业销售收入为 900.8 亿元，同比增长 26.5%，为 2011 年以来的最高增长值，增速较 2014 年提高了 8 个百分点，如图 2.9.1 所示。

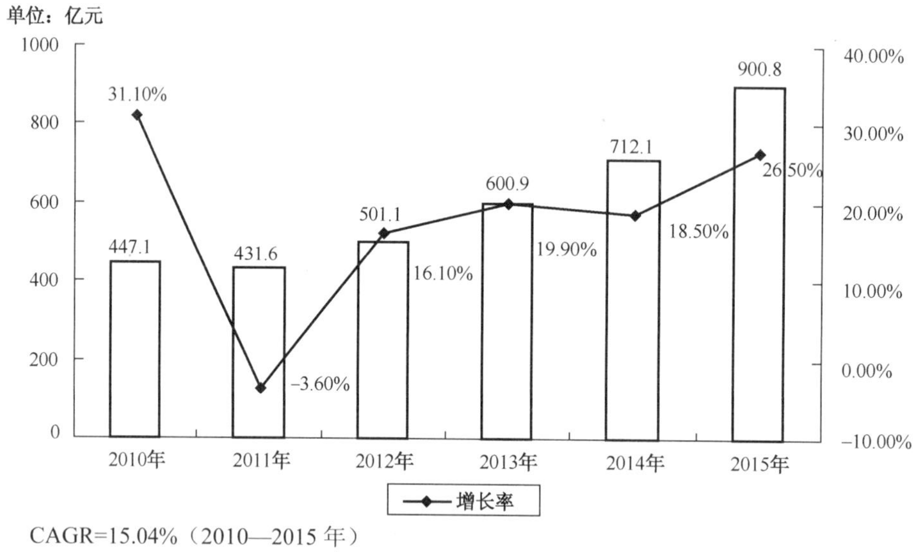

图 2.9.1 2010—2015 年中国集成电路晶圆业销售收入及增长情况

2. 2015 年中国集成电路晶圆制造业在三业中的占比

2015 年中国集成电路晶圆业在全国集成电路产业所占比重有所提高，达到 25.0%，比 2014 年提升 1.4 个百分点，实属来之不易，如图 2.9.2 所示。

中芯国际因 28 纳米生产线上量，同比增长 20.8%；西安三星 12 英寸生产线产出同比增长 186.5%，增长了近 2 倍；SK 海力士、台积电（上海）、西安微电子所、上海华力等公司都有两位数的增长，因此拉高了集成电路晶圆业在三业中的占比份额，见表 2.9.1。

图 2.9.2　2010—2015 年中国集成电路晶圆业在三业中所占比重演进

表2.9.1　2010—2015年中国集成电路晶圆业在世界同业中的占比演进

单位：亿美元

指标名称	2010 年	2011 年	2012 年	2013 年	2014 年	2015 年	CAGR
世界 IC 晶圆业营收额	1326.0	1302.8	1172.0	1230.7	1334.5	1433.2	1.30%
中国 IC 晶圆业营收额	71.5	69.1	80.2	96.1	113.9	144.1	12.39%
占比	5.4%	5.3%	6.8%	7.8%	8.5%	10.1%	—

注：中国 IC 晶圆业营收额中包括在华的外资企业生产之值。

二、2015 年中国集成电路晶圆制造产业布局

1. 2015 年中国集成电路晶圆生产线情况

2015 年中国集成电路晶圆 4 英寸以上生产线有近 100 多条，其中：12 英寸生产线有 9 条，8 英寸生产线有 20 条，6 英寸生产线有 40 条，5 英寸生产线有 18 条，4 英寸生产线有 16 条。

2. 2015 年中国集成电路晶圆制造（含分立器件）6 英寸以上生产线产能和工艺技术水平（见表 2.9.2）

表2.9.2　2015年6英寸以上生产线产能和工艺技术水平情况（排名不分先后）

晶圆尺寸（英寸）	序号	单位名称	编号	产能（万片/月）	工艺技术水平（μm）
12 英寸	1	海力士（中国）	HC1	10.0	0.090～0.040 DRAM
	2		HC2	6.8	0.045～0.025 CMOS
	3	中芯国际（上海）	Fab8	1.5～2.0	0.09～0.028 CMOS
	4	中芯国际（北京）	Fab4	3.6	0.09～0.065 CMOS、逻辑芯片
	5	中芯国际（北京）	Fab6	3.5	0.065～0.028 CMOS（Cu 制程）
	6	英特尔（大连）	Fab68	6.0	0.065～0.04 CMOS、处理器、存储器

续表

晶圆尺寸（英寸）	序号	单位名称	编号	产能（万片/月）	工艺技术水平（μm）
12英寸	7	武汉新芯	Fab1	2.5	0.09～0.065 CMOS、NAND快闪
	8	上海华力	Fab1	3.5	0.09～0.040 CMOS
	9	三星电子（西安）	Fab1×1	10.0	0.02～0.01 NAND Flash
8英寸	1	中芯国际（上海）	Fab1	12.0	0.35～0.11 CMOS
	2		Fab2		0.13～0.09 CMOS
	3		Fab3	3.0	0.13～0.09 Cu制程
	4		Fab9	1.0	CMOS图像传感器芯载彩色滤膜制作
	5	中芯国际（深圳）	Fab15	3.0	0.35～0.11 CMOS
	6	华虹宏力	Fab1	8.0	0.35～0.11 CMOS数模混合
	7		Fab2	3.0	
	8	华虹宏力	Fab3	5.0	0.35～0.09 CMOS
	9	中芯国际（天津）	Fab7	4.2	0.35～0.13 CMOS
	10	上海先进	Fab3	2～3.0	0.50～0.25 CMOS、数模混合
	11	台积电（中国）	Fab10	12.0	0.35～0.13 CMOS
	12	华润微电子	Fab2	6.0	0.35～0.11 CMOS数模混合、逻辑、BCD、功率器件
	13	和舰科技（苏州）	Fab1	6.0	0.35～0.15 CMOS
	14		Fab2	4.0	0.13～0.11 CMOS
	15	成都（德仪）成芯	Fab11	5.0	0.35～0.18 CMOS数模混合
	16	中航（重庆）渝芯	Fab1	3.0	0.35～0.18 CMOS数模混合
	17		Fab2		
	18	中科院微电子所		中试线（0.1）	CMOS、MEMS
	19	中车株洲所	Fab2	1.0	高压功率器件（IGBT）
	20	宁波时代全芯		1.0	0.25 PCM
6英寸	1	华润上华（无锡）	Fab1	11.0	1.0～0.35 CMOS、BCD、SOI、FRD、MOSFET、MM
	2		Fab5	5.0	0.5～0.35 IGBT、MEMS、Bipdar MosFET、BCD
	3	华润华晶（无锡）	Fab6	12.5	1.2～0.8 IGBT、FRD、Bipolar MosFET
	4	上海新进	Fab1	6.0	3.0～0.5 BCD
	5	上海新进芯	Fab2	2～3.0	0.6～0.35 数模混合
	6	上海先进	Fab2	6.0	1.0～0.5 BCD、BiCMOS
	7	江苏东晨		3.0	0.8～0.35 数模混合

续表

晶圆尺寸（英寸）	序号	单位名称	编号	产能（万片/月）	工艺技术水平（μm）
6 英寸	8	首钢微电子		3.0	1.0～0.35 数模混合（暂停）
	9	北京燕东		3.0	1.0～0.35 数模混合、BCD
	10	杭州士兰		5.0	1.0～0.35 数模混合
	11	杭州立昂	Fab1	4.5	肖特基器件
	12		Fab2	6.0	并购 1 条日本生产线
	13	比亚迪半导体（宁波）		5.0	0.8～0.5 MOS、BCD
	14	西岳电子（西安）	Fab1	2.0	0.5～0.35 数模混合
	15	乐山菲尼克斯		3.0	0.5 双极模拟、TR
	16	福建福顺（福州）	Fab1	2.0	0.8～0.5 数模混合
	17		Fab2	5.0	0.35 数模混合
	18	广州南科	Fab1	1.5	1.2～0.5 CMOS/MOSFET
	19	深圳方正	Fab1	6.0	0.5～0.35 BiCMOS
	20		Fab1A		
	21	中航（重庆）渝芯	Fab1	3.0	0.35 CMOS
	22	吉林华微	Fab4	2.0	功率器件
	23	西安卫光	Fab2	3.0	0.35 功率器件、MOS
	24	天津中环	Fab2	3.5	0.35 功率器件、MOS
	25	中车株洲所	Fab1	0.5	0.35 高压功率器件
	26	中科院微电子所		2.0	0.35～0.13 CMOS
	27	厦门集顺	Fab1	3.0	0.5～0.35 数模混合
	28	扬州晶新		3.0	0.35～0.18 CMOS
	29	苏州纳科		中试线平台	MEMS
	30	长沙创芯 IC	Fab1	3.5/6.0	0.35 数模混合
	31	中国电科第 13 所	Fab1		MEMS
	32		Fab2		IC/TR 混合线
	33	深圳深爱			TR
	34	河北美泰电子		0.4	MEMS
	35	苏州能讯高能			0.8
	36	厦门三安集成		5.0	
	37	淄博国高			0.35
	38	鹤壁仕佳光子		0.3	
	39	南京英特神斯		0.5	0.35 MEMS
	40	苏州同冠微电子		3.0	0.5 IGBT

*注：上表不含在建生产线。

3．2015 年中国集成电路晶圆生产线外资企业情况

在 12 英寸晶圆生产线中外资企业有：SK 海力士 2 条、英特尔（大连）1 条、三星西安 1 条，共计 4 条，占 12 英寸生产线的 44.40%。

在 8 英寸晶圆生产线中外资企业有：台积电（中国）1 条、和舰科技（苏州）2 条、成都德仪成芯 1 条，共 4 条，占 8 英寸生产线的 20%。

在 6 英寸晶圆生产线中外资企业有：乐山菲尼克斯 1 条、福建福顺 2 条、厦门集顺 1 条、广州南科 1 条，共计 5 条，占 6 英寸晶圆线的 12.5%。

4．2015 年中国各地区集成电路晶圆制造业分布情况

从表 2.9.3 中可以看出，长三角地区（苏、浙、沪）、京津环渤海湾地区、闽粤地区（珠三角）、中西部地区（以西安、武汉、重庆、成都等中心城市为主）已成为我国集成电路产业的四大板块。其中，长三角地区目前仍是我国集成电路产业的主战区，占到全国晶圆线的 47.9%，12 英寸生产线占 44.4%，8 英寸生产线占 65%和 6 英寸生产线占 40%。

表2.9.3　6英寸以上晶圆生产线区域布局情况

	12 英寸生产线		8 英寸生产线		6 英寸生产线		合计	
	数量（条）	占比	数量（条）	占比	数量（条）	占比	数量（条）	占比
长三角地区	4	44.4%	13	65.0%	16	40.0%	33	47.9%
京津环渤海地区	3	33.3%	2	10.0%	10	25.0%	15	21.7%
珠三角（闽粤）地区	0	0%	1	5.0%	10	25.0%	11	15.9%
中西部地区	2	22.2%	4	20.0%	4	10.0%	10	14.5%
合计	9	100%	20	100%	40	100%	69	100%

5．2015 年中国集成电路晶圆生产线情况

我国集成电路晶圆业通过近十年的发展，已开始进入 12 英寸生产为主的发展时期，12 英寸产能首次超越 8 英寸的产能，占到 43.6%（见图 2.9.3）。

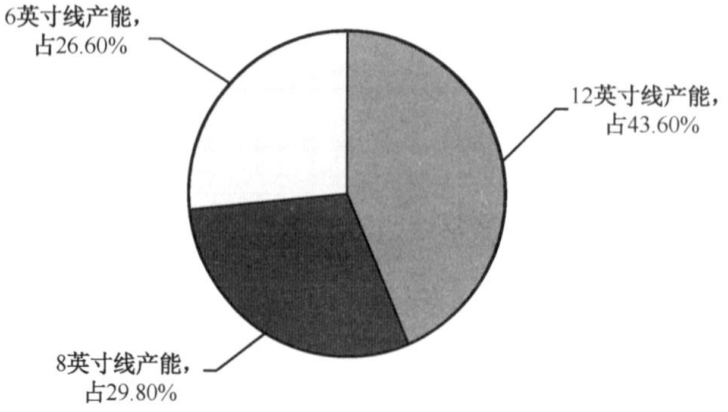

图 2.9.3　2015 年中国集成电路晶圆生产线（6 英寸以上）产能（折合 8 英寸）

我国集成电路晶圆业 12 英寸销售收入已超过 8 英寸，占比为 38%，同比增长 4 个百分点；但 8 英寸和 6 英寸仍是我国晶圆业销售收入主要来源，占比合计为 58%；5 英寸及以下生产线销售收入正在下降和萎缩（见图 2.9.4）。

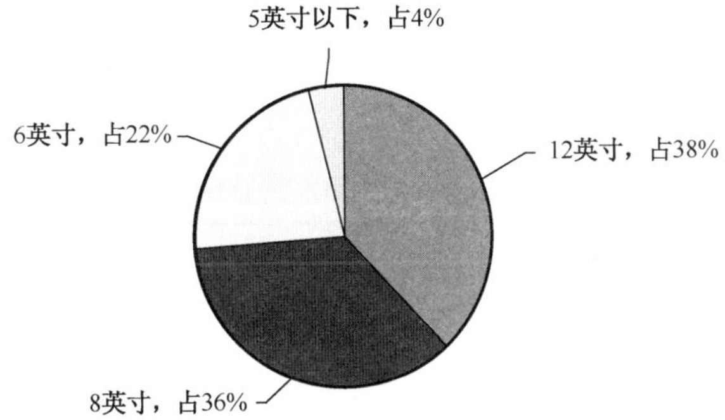

图 2.9.4　2015 年中国集成电路晶圆生产线销售收入情况

6．2015 年中国各地区集成电路晶圆业情况

长三角地区为我国集成电路晶圆业产能的主要集聚区，占到全国总产能的 59%；中西部地区首次超过京津环渤海湾地区（见图 2.9.5）。

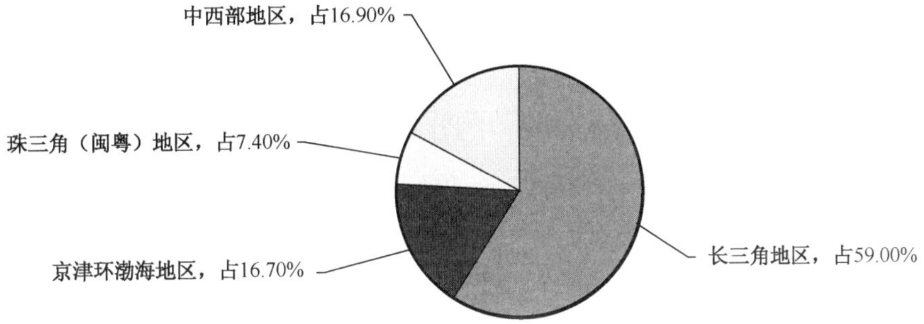

图 2.9.5　2015 年中国各地区集成电路晶圆业产能分布情况（折合 8 英寸）

2015 年中国集成电路晶圆制造业销售收入为 900.8 亿元，各地区集成电路晶圆销售收入规模情况如图 2.9.6 所示。

从图 2.9.6 可见，长三角地区仍是我国集成电路晶圆业的主产区，销售收入占到 63%，中西部增长最快，同比增长 4 个百分点，主要是以西安三星的快速上量为主。

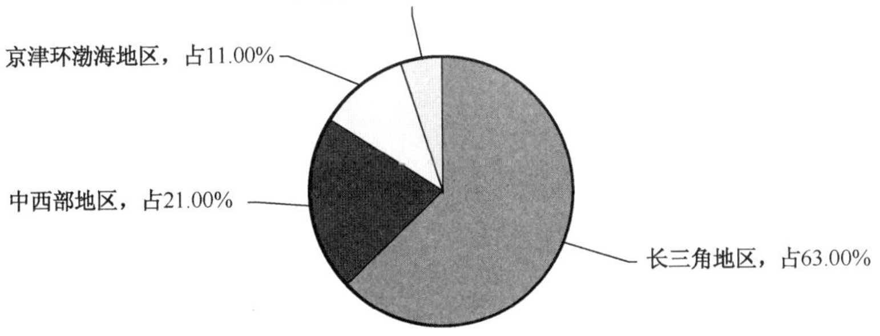

图 2.9.6　2015 年中国各地区集成电路晶圆业销售收入规模情况

三、2015 年中国集成电路晶圆业主要企业情况

从表 2.9.4 可以看出，2015 年中国集成电路晶圆制造业前十大企业营收入为 633.2 亿元，同比增长 26.6%，占到全国 IC 晶圆业 900.8 亿元的 70.3%，主要原因是中芯国际、三星（中国）和 SK 海力士“三驾马车”发力前行。这“三驾马车”的营收入占到晶圆业前十大企业的 65.8%，占到全国 IC 晶圆业的 46.3%。

表2.9.4　2015年中国集成电路晶圆业前十大企业情况

2015 年排序	2014 年排序	企业名称	2015 年业绩（亿元）	2014 年业绩（亿元）	同比	2015 年占比
1	1	中芯国际	145.2	120.2	20.8%	22.9%
2	3	三星（中国）	144.7	50.5	186.5%	22.0%
3	2	SK 海力士	127.0	112.3	13.1%	20.0%
4	4	华润微电子	47.8	50.4	-5.2%	7.5%
5	6	台积电（中国）	43.6	39.3	10.9%	6.9%
6	5	上海华虹宏力	42.7	40.3	6.0%	6.7%
7	7	英特尔（大连）	22.1	33.8	-34.6%	3.5%
8	8	西安微电子所	22.0	19.0	15.8%	3.5%
9		上海华力	20.0	18.0	11.1%	3.2%
10	9	和舰科技（苏州）	18.1	16.2	11.7%	2.9%
合计			633.2	500.0	26.6%	100.0%

资料来源：CSIA/JSSIA 整理。

中芯国际已连续 14 个季度盈利，小于 45 纳米的制程代工占到 80%左右，28 纳米工艺技术已投产，促进了中芯国际再上一个新台阶。

三星（中国）由于 NAND 市场形势较好，故扩产增量，业绩如日中天。

SK 海力士自 2013 年 9 月火灾事故以后，到 2015 年已恢复到正常运营水平。

2015 年，英特尔（大连）不进反退 34.6%，如雾里看花。

2015 年，吉林华微已经不在中国前十大晶圆企业名单之列。

2015 年中国 IC 晶圆业前十大企业中，长三角地区企业营收入占到 70%，京津环渤海地区占到 3.5%、中西部地区占到 26.3%。长三角地区仍是我国 IC 晶圆业的主要产区；由于三星西安生产上马，中西部地区增速很快，已经扭转了落后的面貌。

2015 年中国 IC 晶圆业前十大企业中，内资企业占到 43.9%，外资（台资）企业占到 56.1%，外资（台资）企业继续超过内资企业，但占比正在缩小。

预计 2016 年三星（中国）有可能超越中芯国际，坐上中国 IC 晶圆业第一把交椅。

鉴于我国集成电路晶圆建线热潮的来临，从 2016 到 2018 年，12 英寸生产线在建的有上海华力的第 2 条生产线，北京中芯北方的第 3 条生产线，厦门联芯的第 1 条生产线，合

肥晶合的第 1 条生产线（LCD 驱动 IC），武汉新芯的第 2 条生产线（3D NAND DRAM），台积电（南京）16 纳米生产线，香港德科码在淮安建生产线（传感器 CIS），清华紫光集团在深圳建（DRAM）晶圆生产线，美国万代半导体（AOS）公司在重庆建 IGBT 生产线等。以及多条 8 英寸生产线的建成或扩产。届时，我国集成电路晶圆制造业将发生根本性的变化，产业规模更大，区域分布结构更趋合理，重点产品领域（DRAM、3D NAND）将被突破和实现产业化。

四、2015 年中国集成电路晶圆业创新产品和技术情况

1. 集成电路制造业产品和技术获奖项目

由中国半导体行业协会、中国电子材料行业协会、中国电子专用设备工业协会和中国电子报共同主办的“第十届（2015 年度）中国半导体创新产品和技术”项目揭晓，中国集成电路晶圆业获得表彰的创新产品和技术项目见表 2.9.5。

表2.9.5　集成电路制造（晶圆业）产品和技术获奖项目

企业名称	获奖产品和技术	创新特点
上海华力微电子有限公司	55nm CIS（CMOS 图像传感器）工艺开发	该产品使用了双沟槽隔离（Dual AA）工艺，非多晶硅接触孔（Non Silicide CT）刻蚀。特别是堆栈式 CMOS（UTS）工艺开发大大降低了成本，提高了输出，优化了产品质量
	55 纳米低功耗、超低功耗工艺开发	该技术属于原始创新，产品新颖的 STI 退火工艺很好地解决了器件和产品漏电问题，创新的 GOX 中掺氮工艺条件提升 CMOS 器件特性和可靠性
中芯国际集成电路制造（上海）有限公司	28 纳米低功耗逻辑集成电路制造工艺技术	为了降低器件阈值电压不匹配性,该技术开发了新的浅槽隔离衬里材料、在固定的面积内最大限度上增大了有源区和栅极的尺寸，并配合优化了相关的离子注入开口区域和工艺
	中国首例 200mm 高端微机电（MEMS）麦克风量产平台	该产品采用自主创新开发的 MEMS 麦克风特殊技术，包括高精度应力控制震动膜、特殊金属、深孔刻蚀等关键技术的自主开发，以及特殊带孔薄片的操作与工艺，具有加工精度高、效率高、一致性好、可靠性高等诸多优点
上海华虹宏力半导体制造有限公司	第二代深槽型超级结工艺平台	该产品创造性地开发了深沟槽刻蚀填充的超级结产品加工工艺，在国内首创了深沟槽（超过 38um）的刻蚀和填充技术，通过不同的工艺集成方法，成功生产超级结构产品

资料来源：中国电子报（2016.3.22）。

2. 2015 年中国集成电路晶圆业企业技术进步情况

● 中芯国际

2015 年中芯国际 28nm POLY SION 工艺已经实现量产。该工艺应用于高通骁龙 410 处

理器的代工制造，产品已经成功加载在主流智能手机之中，实现28纳米高K介质/金属栅极（HK/MG）技术低功耗、高性能，这标志着中芯国际28纳米核心芯片在中国已经实现商业化应用。

物联网领域大量芯片加工可以应用特色工艺技术，如嵌入式存储器工艺、CIS 工艺、低功耗、低电流工艺技术。

为强化本土产业链生态系统，中芯国际与国产设备、材料厂商展开合作，在12英寸生产线已成功验证了10个种类的设备，占总设备类别的11%；验证各种材料60个类别，已有51个类别的国产材料得到使用，预计2016年可达到公司耗材总额的13%。

中芯国际在SoC嵌入式SRAM（e RAM）、I/O及其他逻辑功能上，28纳米是最具成本优化的工艺节点。

中芯国际与ARM在28纳米制程工艺IP方面进行合作。

中芯国际的超低功耗技术，可以运用于发展物联网产业的五大关键技术：影像感测器（CMOS）、电源管理IC芯片（PMIC）、微机电系统（MEMS）、射频（RF）、嵌入式NVM / MCU。中芯国际也掌握了嵌入式非挥发性存储器（e NVM）制程的关键技术。

中芯国际12英寸晶圆38纳米NAND闪存工艺制程可满足无晶圆客户对高质量、高密度NAND闪存的特殊需求，主要面向嵌入式产品、移动计算、物联网（LOT）、串行外设接口（SPI）、TV及机顶盒等多种需求量大的应用领域。

中芯国际在2015年实现16/14纳米工艺制程技术的突破和取得一批专利成果，预计在2016年可以完成工艺验证，在2017年预计实现量产，缩小与世界先进水平的差距。

中芯国际在8英寸晶圆代工业，也是走在国内业界前列，拥有先进的0.35～0.11微米嵌入式存储器（eEEPROM/eFlash）和嵌入式微处理器（eCPU）制程技术、0.35～0.11微米HV CMOS（高压CMOS）、0.18～0.13微米CMOS图像传感器（CIS）。其8英寸正在导入90纳米技术，应用于深圳工厂，2015年达到月投2万片，2016年将达到月投4万片的能力。

中芯国际与长电科技合作12英寸凸块生产线建设取得新进展，将进一步扩大生产规模，提升先进生产能力。

中芯国际开发和推出的28纳米低功耗逻辑IC制造工艺技术和中国首例200mm高端微机电（MEMS）麦克风量产平台，获第十届（2015年度）中国半导体创新产品和技术奖。

- 上海华力

上海华力是“909”工程的升级改造项目。2012年实现55/50纳米量产。2013年实现45/40纳米量产。2014年实现17.8亿元收入，2015年实现20亿元收入，同比增长12.4%，并首次进入全国集成电路晶圆制造业十强企业之列。

上海华力2015年28纳米取得突破，实现量产，成为继中芯国际后的第二家具有28纳米代工实力的晶圆企业。

上海华力公司具有 65/55、45/40 两代逻辑工艺平台，采用先进的应变硅、193 纳米浸没式光刻、低 K 介质（LOWK）和铜互连工艺，具有低功耗、高性能技术优势。该公司还将应用先进特色工艺，如高压 CMOS、嵌入式闪存、射频 CMOS 和 CMOS 图像传感器等工艺技术进行开发生产。

上海华力公司与联发科进行合作，联发科的部分移动通信处理器代工交由华力完成。

2015 年上海华力公司开发的 55nm CIS （CMOS 图像传感器）工艺技术，55 纳米低功耗、超低功耗工艺技术，获第十届（2015 年度）中国半导体创新产品和技术奖。

- 武汉新芯

武汉新芯以基于 SST 应用方案的 55 纳米嵌入式闪存工艺模块验证成功为先导，在高压（HV）和单元存储（Cell）电参数符合预期，整体电路结构具备高可靠、低成本，能满足智能卡和物联网产品的需求，16M 存储良品率达到预期，NAND 工艺技术已达到 9 层。

武汉新芯与美国飞索公司达成协议，联合开发 3D NAND。

2016 年 3 月，国家大基金、湖北省、武汉市等出资 240 亿美元，在武汉东湖区光谷开工建设存储器工业园区，一期投资 3D NAND Flash 和 DRAM，到 2020 年达到月产 30 万片，二期到 2030 年前达到月投 100 万片的生产能力。

武汉新芯与清华、复旦、中科院微电子所、中芯国际等联合成立“中国集成电路先导技术研究院”，目标定位于 20～14 纳米先进技术节点，集中力量加快我国集成电路晶圆制造业发展的步伐。

武汉新芯公司的二期扩建工程，对推动我国中西部地区集成电路产业的发展和产业合理布局有着重要的现实意义和深远的历史意义。

- 上海华虹宏力

上海华虹宏力由原上海华虹 NEC 电子有限公司和上海宏力半导体制造有限公司合并而成，是世界领先的 8 英寸纯晶圆代工厂，共有 3 条 8 英寸晶圆生产线，月产能目前达 15 万片。

上海华虹宏力公司致力于差异化先进技术，工艺技术覆盖 1 微米至 90 纳米各节点，在标准逻辑、嵌入式非易失性存储器、电源管理、功率器件、射频、模拟和混合信号等领域形成了具有竞争力的先进工艺平台，持续开发微机电系统（MEMS）工艺解决方案。

华虹宏力公司技术广泛应用于消费类电子产品，通信、计算机、工业及汽车等各种终端产品的制程，适用于物联网及智能可穿戴设备的低功耗 eFlash 及 eEEPROM 工艺技术和射频工艺技术，适用于 LED 照明、机器人和新能源汽车等热点应用的高效低耗超级结 MOSFET 和场截止型 IGBT 工艺技术，以及适合智能电表、手机和平板电脑 PMU 等热点应用的电源管理技术。

2015 年华虹宏力具有高安全性和兼容扩展性的 Java 智能卡在移动通信应用中获得较大成功。

2015 年华虹宏力公司开发的第二代深槽型超级结工艺平台（超过 38 微米）的刻蚀和填充技术获第十届（2015 年度）中国半导体创新产品和技术奖。

2015 年华虹宏力推出 0.18 微米数模、混合及嵌入式 OTP/MTP 工艺平台；0.11 微米超低漏电嵌入式闪存工艺平台、超高压 700V BCD 技术；推出 0.11 微米 ULL 嵌入式闪存平台，支持 RF、CMOS 设计；0.5 微米 700V BCD 平台在 LED 照明驱动快速上量的工艺平台技术等，集成 7.5V CMOS 和 20V/40V 中压 LDMOS 及高压 200V～700V 功率的 LDMOS，丰富了产品系列。

● 上海先进

上海先进半导体制造有限公司经过 20 多年的引进、消化、吸收国外先进的半导体制造技术，逐渐形成了以电源管理、功率器件为特色的技术工艺平台，特别是在汽车电子、IGBT、TVS 等特定领域处于国内领先地位。

上海先进的核心器件绝缘栅双极晶体管（IGBT）芯片工艺技术，在高压大电流 IGBT 晶圆制造处于国内领先地位，先后启动 1200V、1700V、3300V、4500V IGBT 等项目的开发，填补了国内空白，完全具有自主知识产权。该公司与国网智研院合作，完善双方产业链，加速智能电网 IGBT 芯片国产化；与比亚迪公司在新能源汽车领域进行合作；与中车公司在轨道交通领域合作等。

● 台积电（中国）

台积电上海松江工厂扩大 8 英寸产能和技术，月投达 12 万片，主要制程技术水平集中在 0.18～0.15～0.13 微米区段，可满足市场需求的逻辑电路、混合信号电路、数模混合电路，以及电源管理 IC、CMOS 影像感测器、微机电系统（MEMS）、LCD 驱动 IC 等产品的工艺技术要求。

● 华润微电子

华润微电子公司现拥有：8 英寸生产线 1 条，技术水平为 0.25～0.18～0.15～0.13～0.11 微米，月投片能力为 6 万片；2015 年实际投片能力为 5 万片，尚有余力发挥；工艺技术 0.35～0.11 微米为 CMOS、数模混合；0.5～0.13 微米为数模混合、逻辑、BCD、功率器件等。

6 英寸生产线有 3 条，其中：华润上华一厂（Fab1）技术水平为 0.5～0.35 微米、月投片量为 11 万片，工艺技术为 CMOS、BCD、SOI、FRD；0.5 微米为 MEMS、BCD、SOI、MOSFET、FRD 等；华润上华五厂（Fab5），技术水平为 0.5～0.35 微米，月投片 5 万片，工艺技术为 IGBT、MEMS、Bipdar、MOSFET、BCD；华润华晶为 6～5 英寸混合线，折合 6 英寸晶圆投片量为 12 万片/月。技术水平为 1.2～0.8 微米，工艺技术为 IGBT、FRD、Bipolar、MOSFET。5 英寸线 1 条（与 6 英寸合），技术水平为 3.5～1.6～0.8 微米，工艺技术为 VDMOS、TR 等；华润华晶 6～5 英寸生产线以生产分立器件产品为主。

华润微电子以 SOI、BCD、IGBT、MEMS、Biploar、MOSFET、FRD 工艺技术为主。具有 e—NVM 工艺平台 0.18 微米 OTP 技术，0.18～0.13 微米 e-Flash 工艺，0.13 微米 SONOS e-Flash 工艺，0.18～0.13 微米 SONOS EEPROM 工艺，高压 MOSFET 从传统工艺升级到超结工艺模块，功率器件工艺平台，MEMS 工艺平台，模拟 SOI 工艺平台等。

现开发成功 MEMS、IGBT（1200～1700V，3300～4500～6000V），SOI/BCD（0.18 微米 BCD，0.8 微米 700V BCD，0.35 微米 BCD、1 微米 600V HVIC，0.5 微米 700 V BCD，0.5 微米 200V SOIBCD 等。

华润上华公司有 IGBT/FRD 完整的生产线，具备 600V/1200V/1700V NPT IGBT 及 60 微米超薄片量产能力，4500V 开发产品主要参数 vce/Eoff 已通过考核，达到国际同类水平，已建立 1700V/2500V 配套 FRD 工艺平台，有较好的竞争实力和发展潜力。

五、2015 年中国集成电路晶圆制造业代工情况

1. 2015 年世界集成电路晶圆代工情况

据 IC Insights 报道，2015 年世界集成电路晶圆代工为 537 亿美元，同比增长 13.1%，占 2015 年世界半导体产业营收入 3352 亿美元的 16.02%，占世界集成电路产业营收入 2744.8 亿美元的 19.56%，占世界集成电路晶圆制造业 1433.2 亿美元的 37.4%。

2015 年世界集成电路晶圆代工前 13 大企业中，纯代工企业有 11 家，占比为 85%; IDM 企业有 2 家，占比为 15%。在晶圆代工排列前 13 位企业中，中国台积电位居第一位，分居第二至第十位的是格罗方德、联电、三星、中芯国际、力晶、塔富、富士通、世界先进和华虹宏力。其中：中国大陆有 2 家中芯国际居第五位、华虹宏力居第十位；中国台湾地区有 4 家；美国、韩国、以色列、日本各有 1 家。

2. 2015 年中国集成电路晶圆制造业代工情况

中国集成电路制造业 IDM 企业有为数不多的几家公司，如华润微电子有限公司、吉林华微、中国电科第 13 所等，大都以 IDM 与 Foundry 相融合的格局发展。

中国集成电路制造业代工起步于 20 世纪 90 年代初，由中国华晶电子集团 6 英寸生产线承接国内外委托代工，开创了我国集成电路制造业代工的先河。

我国集成电路晶圆业代工受限于技术和投资两大瓶颈，IP 核、工艺技术和可靠性等方面，尚不能全面满足我国集成电路设计企业发展的需要，但这种状况正在逐年得到改善。在 2013 年以前，设计芯片加工线宽小于 45 纳米的产品基本上都要到中国台湾地区加工。到 2014 年这种现象得到一定改观，中芯国际已具备 55～32 纳米的代工水平。2015 年，中芯国际已具有 28 纳米代工的技术水平和大批加工能力。据来自中芯国际的报道，2015 年中芯国际营收中来自国内代工收入占 50%以上的规模。

从表 2.9.6 可以看出，在全国十大晶圆代工企业中，纯代工企业 8 家，占 80%；IDM 型企事业单位为 2 家，占 20%。在十大晶圆代工企业中，内外资企业各有 5 家，各占 50%。从销售收入来区分，内资企业占 43.9%，外资（台资）企业占 56.1%，在晶圆代工中，外

资企业所占比重比内资企业高出 12.2 个百分点。

表2.9.6 2015年中国集成电路晶圆代工企业情况

2015 年	2014 年	企业名称	型别	资别	2015 年营收入（亿元）	2014 年营收入（亿元）	同比
1	1	中芯国际	纯代工	内资	145.2	120.2	20.8%
2	3	三星（中国）	纯代工	外资	144.7	50.5	186.5%
3	2	SK 海力士	纯代工	外资	127.0	112.3	13.1%
4	4	华润微电子	IDM	内资	47.8	50.4	−5.2%
5	6	台积电（中国）	纯代工	台资	43.6	39.3	10.9%
6	5	华虹宏力	纯代工	内资	42.7	40.3	6.0%
7	7	英特尔（大连）	纯代工	外资	22.1	33.8	−34.6%
8	8	西安微电子所	IDM	内资	22.0	19.0	15.8%
9		上海华力	纯代工	内资	20.0	18.0	11.1%
10	9	和舰科技（苏州）	纯代工	台资	18.1	16.2	11.7%
合计					633.2	500.0	26.6%

资料来源：CSIA/JSSIA 整理。

在中国晶圆代工十大排名中，上海华力公司在 2015 年新晋入前十大，居第七位；台积电（中国）公司比 2014 年前进一位； 2014 年居第十位的吉林华微公司，2015 年退出前十大。

2015 年我国集成电路晶圆代工前十大企业营收入为 633.2 亿元，占全国集成电路制造业营收入 900.8 亿元的 70.3%。其中，集成电路晶圆纯代工企业营收入为 563.4 亿元，占全国晶圆业营收入总值的 62.5%，占晶圆十大企业营收入总值的 89%。

总体来看，在华的外资（台资）企业代工主要是为其母公司代工，在加工量、技术水平、资金投入等方面都有充裕的保证，在华发展潜力增大。世界著名半导体厂商尤其是看好我国的中西部地区的发展环境，纷纷来华投资设厂。我国内资集成电路晶圆企业则主要依靠自我发展技术、自筹资金辅之以国内产、学、研联盟和对外合作等，在技术水平、服务能力方面与国际先进水平尚有较大的差距，现暂时无法满足国内集成电路设计业中的先进产品（22～16/14 纳米）的代工需求，亟待完善和提高。

第十节 2015年中国集成电路封测业发展情况

一、2015年中国集成电路封测业概况

1. 2015年中国集成电路封测业基本情况

据中国半导体行业协会封装测试分会统计：2015年中国集成电路封测产业规模以上企业有87家，比2014年增加2家。其中：本土企业或内资控股企业29家，比2014年增加2家，占比为33.3%；其余为外资、台资及合资企业，占比为66.70%。2015年集成电路封测企业从业人数约12.69万人，比2014年增加9.97%；2015年集成电路封测业生产能力约为1200亿块，同比增长4.01%；2015年集成电路封测产业产值为1327.81亿元，同比增长7.2%，见表2.10.1和图2.10.1。

表2.10.1 2011—2015年中国集成电路封测业规模

年份	企业数（家）	从业总人数（千人）	年生产能力（亿块）	销售收入（亿元）
2011	79	94.5	735.4	648.61
2012	81	95.3	856.3	805.68
2013	83	105.9	984.7	1000.05
2014	85	115.4	1149.8	1238.47
2015	87	126.9	1195.9	1327.81

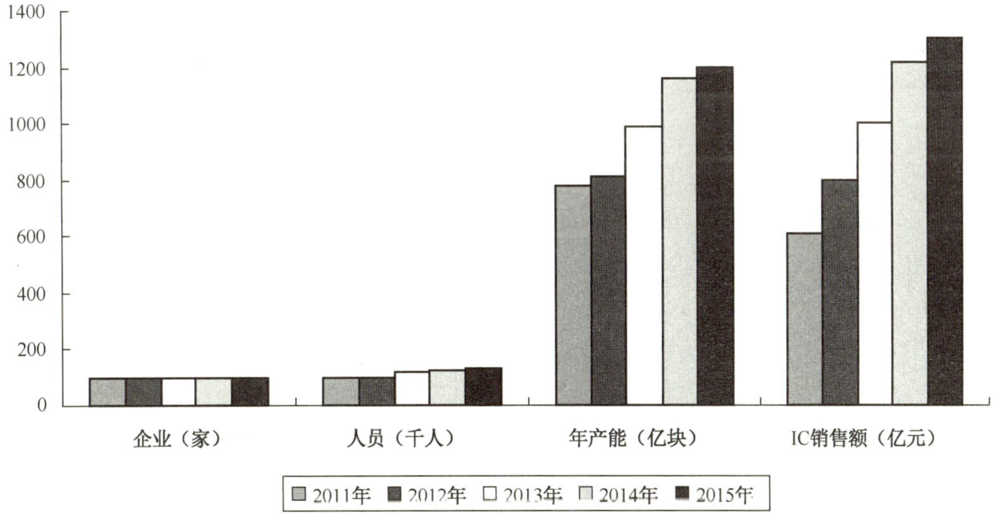

图2.10.1 2011—2015年中国集成电路封测业规模变迁示意图

2. 2015年中国各地区集成电路封测产业分布情况

2015年中国各地区集成电路封测产业分布情况如表2.10.2和图2.10.2所示。

表2.10.2　国内地区封装测试企业数量分布情况

年度	长三角	环渤海	珠三角	中西部	其他	合计
2011 年	45	12	10	8	4	79
2012 年	46	13	10	8	4	81
2013 年	48	13	10	8	4	83
2014 年	48	13	10	10	4	85
2015 年	48	13	11	11	4	87

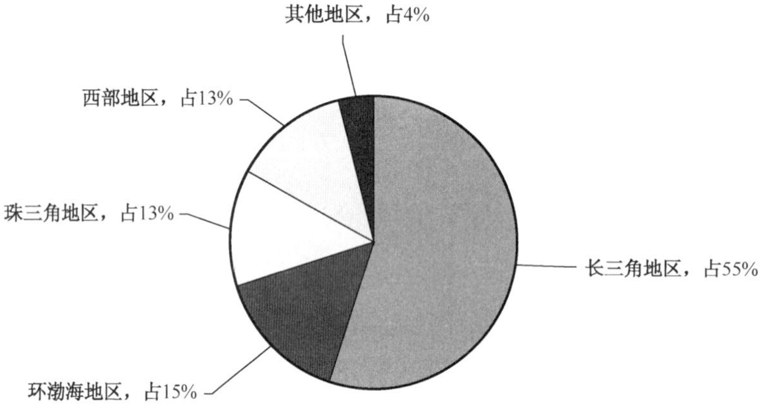

图 2.10.2　国内各地区封装测试企业数量分布比例

二、2015 年中国集成电路封测业销售收入情况

2015 年中国集成电路封测业销售收入为 1384 亿元，同比增长 10.20%，为 2011 年以来的又一新高，如图 2.10.3、图 2.10.4 和表 2.10.3 所示。

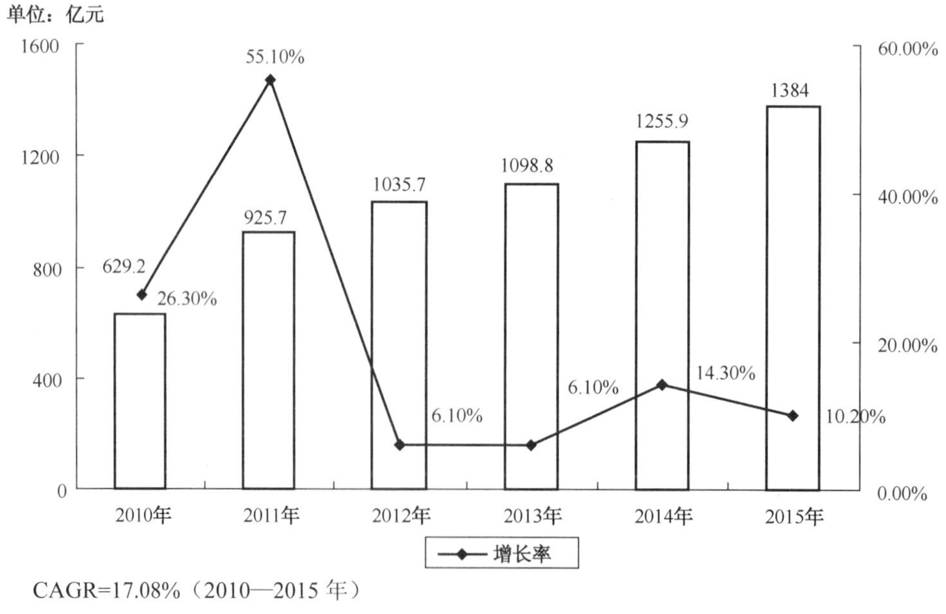

图 2.10.3　2010—2015 年中国集成电路封测业销售收入及增长情况

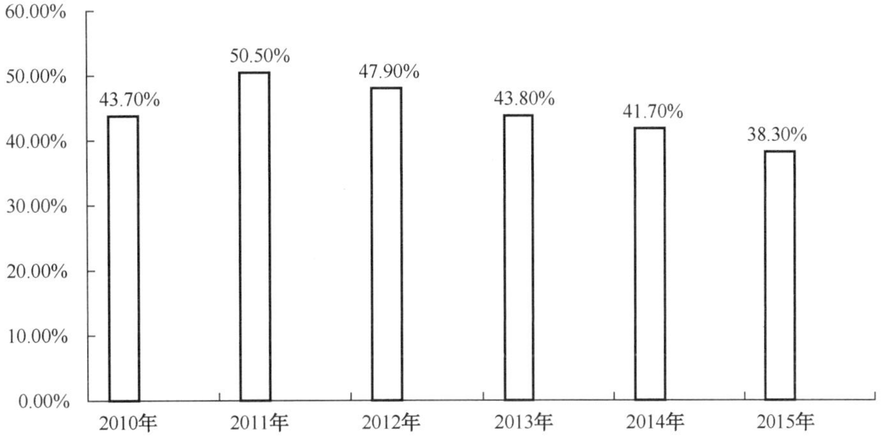

图 2.10.4　2010—2015 年中国集成电路封测业占集成电路产业总值的比重

自 2011 年后集成电路封测业占比逐年走弱，主要是由于集成电路设计业迅速增长之故。

表2.10.3　2010—2015年中国集成电路封测业占世界同业的比重

单位：亿美元

指标名称	2010 年	2011 年	2012 年	2013 年	2014 年	2015 年	CAGR
世界 IC 封测业营收额	484.90	480.2	490.40	508.00	539.60	508.80	0.81%
中国 IC 封测业营收额	100.70	148.10	165.70	175.80	200.90	221.40	14.03%
占比	20.80%	30.84%	33.80%	34.60%	37.20%	43.50%	—

注：中国 IC 封测业营收额中，包括在华的外资企业生产之值。

三、2015 年中国集成电路封测企业情况

从表 2.10.4 中可见，2015 年中国集成电路封测业前十大企业营收入为 477.5 亿元，同比增长 7.2%，占全国 IC 封测业营收入 1384 亿元的 34.5%，同比下降 1 个百分点；前四名企业营收入都超 50 亿元，其中江苏新潮科技遥遥领先，占到十大企业营收入的近 20%。

表2.10.4　2015年中国集成电路封测业前十大企业情况

2015 年排序	2014 年排序	企业名称	类型	2015 年业绩（亿元）	2014 年业绩（亿元）	同比	占比
1	1	江苏新潮科技集团	内资	92.2	69.1	33.4%	19.3%
2	2	威讯联合半导体（北京）	外资	62.0	63.0	-1.6%	13.0%
3	4	南通华达微电子集团	内资	56.4	52.1	8.3%	11.8%
4	3	恩智浦半导体（天津）	外资	54.2	53.9	0.6%	11.4%
5	6	天水华天电子集团	内资	47.8	40.3	18.6%	10.0%
6	5	英特尔产品（成都）	外资	40.5	42.6	-4.9%	8.5%
7	7	海太半导体（无锡）	合资	37.2	35.5	4.8%	7.8%
8		上海凯虹科技	外资	30.1	29.3	2.7%	6.3%

续表

2015 年排序	2014 年排序	企业名称	类型	2015 年业绩（亿元）	2014 年业绩（亿元）	同比	占比
9		安靠封测（上海）	外资	29.5	32.6	-9.5%	6.2%
10		晟碟半导体（上海）	外资	27.6	27.0	2.2%	5.8%
合计			—	477.5	445.4	7.2%	100.0%

资料来源：CSIA/JSSIA 整理。

与 2014 年相比，江苏新潮科技、威讯联合分居第 1、第 2 位不变，前进 1 位的有南通华达集团、天水华天集团；后退 1 位的有恩智浦（天津，原飞思卡尔）、英特尔产品（成都）公司。新晋十大企业的有上海凯虹、安靠封测（上海）、晟碟半导体（上海）。

在 2014 年进入封测十大企业，2015 年退出十大企业的有星科金朋（上海）、上海松下、三星电子（苏州）公司等。

在 2015 年 IC 封测十大企业中，内资企业有 3 家，营收入为 226.5 亿元，占到 47.4%；外资（合资）企业有 7 家，营收入为 251 亿元，占到 52.6%，中外企业差距正在缩小。

在 2015 年 IC 封测十大企业中，长三角地区占到 57.2%、京津环渤海地区占到 24.3%、中西部地区占到 18.5%。

如表 2.10.5 所示，2015 年国内封测业前 11～30 名中，销售收入为 292.8 亿元，占全国 IC 封测总收入的 21.20%，其中：内资企业有 3 家，销售收入为 34.4 亿元，占比为 11.70%；外资（合资）企业有 17 家，销售收入为 258.40 亿元，占比为 88.30%。

表2.10.5　2015年国内IC封测业收入排名11～30位的企业

排名	企业名称	销售额（亿元）	类型
11	三星电子（苏州）半导体有限公司	26.3	外资
12	瑞萨半导体(包括北京、苏州)有限公司	23.5	外资
13	星科金朋（上海）有限公司	22.6	内资
14	英飞凌科技（无锡）	20.1	外资
15	上海松下半导体有限公司	20.1	合资
16	矽品科技（苏州）	20.1	台资
17	三星（中国）半导体有限公司	19.8	外资
18	爱思开海力士半导体（重庆）有限公司	19.5	外资
19	上海金雅拓智能卡技术有限公司	19.3	合资
20	日月光封装测试（上海）有限公司	16.2	台资
21	美光半导体（西安）有限责任公司	14.1	外资
22	纮华电子科技（上海）有限公司	11.4	台资
23	金雅拓科技（上海）有限公司	11.1	合资

续表

排名	企业名称	销售额（亿元）	类型
24	日月新半导体（苏州）	9.0	台资
25	快捷半导体（苏州）	8.9	外资
26	超威半导体（苏州）	7.0	外资
27	嘉盛半导体（苏州）	6.3	外资
28	无锡华润安盛	6.0	内资
29	苏州晶方半导体	5.8	内资
30	力特半导体（无锡）	5.7	外资
国内 IC 封测业前 11～30 名合计		292.80	
占全国 IC 封测销售额的比重		21.20%	

2015 年中国 IC 封测业前 30 名企业合计销售收入达 770.30 亿元，占全国 IC 封测总收入的 55.70%。其中：内资企业销售额为 260.90 亿元，占全国总收入的 18.90%；外资合资企业销售额为 509.4 亿元，占全国总值的 36.80%。

表 2.10.6 给出了 2015 年国内三个梯队封装测试企业的比较。

表2.10.6　2015年国内三个梯队封装测试企业的比较

企业类型	主要特征	主要优势	典型企业
第一梯队（技术创新型企业）	规模大、综合实力强，引领行业技术和产品创新，目前以 BGA、CSP、WLCSP、Flip-chip、Bumping 等封装形式为主，但仍有 QFP 和 QFN 等封装产品	技术领先，产能规模大，市场占有率高，综合实力强	日月光（上海） 英特尔（成都） 恩智浦、飞思卡尔（中国） 长电科技 通富微电子 华天科技等
第二梯队（封装技术应用型企业）	规模中等，具备一定的技术实力，专注于技术应用和工艺创新，以 DIP、SOP、QFP、QFN 和 DFN 等系列产品为主，正在逐步向 BGA、CSP、Flip-chip 和 MEMS、新型功率器件封装形式过度	适合新技术的推广应用和工艺技术研发创新	以华润安盛科技为代表的中等规模企业
第三梯队（封装服务型企业）	规模小，技术和经营管理一般，主要为小批量生产，目前仍以 TO、DIP、SOP 等传统封装形式为主	满足客户的特殊要求，适合多品种、小批量生产	一般的中小型企业

资料来源：集微网。

从表 2.10.7 中可以看出：

通富微电在 2015 年保持 2 位数净利润增长，是因为重点推进 BGA，WLCSP，FCCSP，QFN 等系列的产品，先进封装的比例大大提高；12 英寸 28 纳米 Bumping 的技术突破后，在通信领域的高端封装订单成长迅猛；指纹识别、IPM 模块、DTV 等产品应用领域打开了市场。

长电科技在2015年销售收入同比增长68.12%，其中主要因素有：实现合并星科金朋，同时也因兼并之缘故，净利润盈余5200万元，但同比下降66.80%。

表2.10.7　2015年度四家IC封测上市公司的运营情况

简称	代码	总股本（万股）	总资产（亿元）	销售收入（亿元）	同比增幅	净利润（万元）	同比增幅
长电科技	600584	103591.48	255.59	108.07	68.12%	5199.75	-66.81%
通富微电	002156	74817.7	65.12	23.22	11.06%	14732.54	21.93%
华天科技	002185	81965.88	70.69	38.74	17.20%	31851.61	6.82%
晶方科技	603005	22669.7	19.98	5.76	-6.51%	11327.53	-42.30%

资料来源：中半协封测分会。

四、2015年中国集成电路封测业技术进步情况

由中国半导体行业协会、中国电子材料行业协会、中国电子专用设备工业协会、中国电子报共同举办的“第十届（2015年度）中国半导体创新产品和技术”项目经专家评审予以揭晓，以下企业获得此殊荣（见表2.10.8）。

表2.10.8　集成电路封装与测试创新产品和技术

序号	企业名称	获奖产品和技术	创新特点
1	江苏长电科技股份有限公司	超小超薄芯片高可靠性1006/0603封装技术	该技术创新性地使用了特殊设计的导线架技术、大尺寸引脚SMD器件贴装技术、3D模块结构化封装技术和特殊结构的包封技术，为电源系统提供了新的解决方案
2	南通富士通微电子股份有限公司	12英寸28纳米晶圆级先进封装测试制程技术	该项目采用先进的密节距凸点制造技术及TCB-NCP/MUF等Flip Chip封装技术，实现了移动智能终端应用处理器芯片的封装，满足了芯片的高集成度、电性能、小外形及低成本的要求
3	华进半导体封装先导技术研发中心有限公司	2.5D TSV硅转接板制造及系统集成技术	在2.5D TSV硅转接板制造过程中，该技术采用自主研发的高选择比刻蚀液，不仅显著提高刻蚀速度，使该技术具备充分的工艺窗口，进一步降低了整体制造成本
4	华天科技（昆山）电子有限公司	焊盘通孔全填充的12英寸图像传感芯片WLCSP封装技术	与传统的不完全填充激光焊盘处开口电镀不同，该技术采用“焊盘通孔全填充”电镀的方式，降低焊盘处的接触电阻，提升芯片性能；同时铆钉式的结构，具有钉轧作用，不易分层
5	苏州晶方半导体科技股份有限公司	12英寸硅通孔晶圆级芯片尺寸封装技术	该技术是在晶圆级芯片尺寸封装技术的基础上进行的消化吸收再创新，这是首次将TSV技术引入影像传感芯片的12英寸晶圆级封装，封装后影像传感器的厚度约为500μm，可立即支持各种电子产品

封测领域的中高端产品占比的多寡，代表了一个国家或一个地区的封测业发展水平。根据封测行业不完全统计，截至2015年，国内的集成电路产品中，中高端先进封装的占比约为30%，国内部分主要封测企业的集成电路产品中，先进封装的占比已经达到40%～50%的水平。

中高端先进封装广泛用于智能移动设备（智能手机/平板电脑等），2015年，其成长率虽然有所趋缓，但由于其未来使用量仍大，并且设备功能还在不断增加和优化，为此，各种先进封装的需求也越发增多。在智能手机等移动装置产品轻薄及降低成本要求驱使下，Fan-out扇形圆片级封装（FO-WLP）市场，至2018年将有数倍的成长。

高端系统级封装（SiP）是由多个半导体器件集合到一个集成电路以达到多性能的电子封装。它使得设计者能够把多个功能集成到小空间，同时加强系统的性能，减小系统的功耗。高端系统级封装使用包括打线、倒装（FC）、铜柱（Copper Pillar）和硅通孔（TSV）等多种封装连接技术。为了不断适应和满足国内、国际市场对各类先进封装技术和工艺的需求，2015年国内集成电路封装的前三大企业，长电科技、通富微电、华天科技对先进封装技术和工艺不断深化布局和深耕、加强研发力度，并又取得新的长足进展。

2015年，长电科技在扇出型晶圆级封装——eWLB封装技术方面又有进展，能够在更小的封装体内提供更高的性能和带宽。同时，基于Cu Pillar的低成本高密度先进倒装封装技术——fcCuBE®，显著降低了倒装封装中由于密间距和高I / O带来的高成本。还有，在具全球自主知识产权的高密度塑封互联系统 MIS 上，首次在框架封装产品上实现扇入（Fan-in）和扇出（Fan-out）设计，极大地提高了封装设计的灵活性，细微的尺寸带来超小超薄的封装，兼容芯片倒装（FC）、COL、芯片堆叠及POP等各种封装技术，目前细线、超细线和多层板研发已取得重大进展。

通富微电在12英寸28nm先进封装测试全制程（Bump+CP+FC+FT+SLT）方面有了重大进展，并于2015年4月实现成功量产。作为国内第一条12英寸28纳米先进封测全制程生产线，通富微电再一次填补国内空白。另外，在2015年，通富微电在Copper Clip产品（Sawing&Punch typeDFN）上，实现了多芯片封装，单颗产品最多包含4片clip，无键合打线，并在2015年通过客户可靠性验证，并实现量产。

2015年，华天科技成功研发多项新技术。12英寸图像传感器晶圆级封装，硅基麦克风基板封装实现了规模化量产；在指纹识别上，开发出TSV硅通孔晶圆级封装方案和超薄引线塑封技术；国产CPU的FCBGA封装技术量产成功；FC+WB技术，PA封装技术开发获得成功，进入了批量生产阶段。

华进半导体封装先导研发中心是国内优秀的封测研发基地，2015年建立和打通工艺平台，通过了ISO 9001资质认证，在WLCSP、Wafer bumping、2.5D TSV Interposer等技术通过了国内外主流客户的产品认证。还与国内外知名公司：微软（中国）、AMD（中国）、Synaptic、LittleFuse、TDK-EPCOS、美新、德豪光电等公司进行技术合作，在技术开发上与中航科技、中国电科、中科院、华为等院校所企形成了稳定的合作关系，成为“江苏省产业技术研究院半导体封装研究所”。

2015 年国内封测企业已在 BGA、CSP、WLP（WLCSP）、FC、FCBGA、PCCSP、BUMP、SiP 等先进封装产品市场已占有一定的比例（约占 30%），在某些方面已经达到世界封装领域先进水平。缩短和赶上，甚至超越国际先进封测技术，还需要国内封测业做出艰苦努力，不断增加研发和提高创新能力，持续地通过国际合作、海外企业的兼并收购，来获取封装工艺技术的跨越式的发展，来满足国内外不断增长的先进封装的需求，并能在国际市场上占据更多、更高端的市场。

五、2015 年中国集成电路封测代工市场情况

1. 2015 年世界集成电路封测代工市场情况

2015 年世界集成电路封测业营收入为 508.8 亿美元，同比下降 5.70%，其中 IDM 企业封测业营收入为 225.70 亿美元，同比下降 17.30%；封测代工市场营收入为 283.1 亿美元，同比增长 6.10%。世界集成电路封装代工在世界集成电路产业不景气和整个封测业下滑的情况下，仍获得了较快的发展（见表 2.10.9）。

表2.10.9　2010—2016年世界集成电路封测代工营收入情况

单位：亿美元

指标名称	2010 年	2011 年	2012 年	2013 年	2014 年	2015 年	2016 年(E)	CAGR
世界 IC 封装营收入	484.9	481.0	490.4	508.0	539.6	508.8	506.2	0.62%
同比	27.8%	-0.8%	2.0%	3.6%	6.2%	-5.7%	-0.5%	—
其中：IDM 封装收入	249.0	240.8	245.1	257.2	272.8	225.7	210.9	-2.34%
同比	28.6%	-3.3%	1.8%	4.9%	6.1%	-17.3%	-6.6%	—
占比	51.4%	50.1%	50.0%	50.6%	50.6%	44.4%	41.7%	—
封装代工市场	235.9	240.2	245.3	250.8	266.8	283.1	295.3	3.26%
同比	27.5%	1.8%	2.1%	2.2%	6.4%	6.1%	4.3%	—
占比	48.6%	49.9%	50.0%	49.4%	49.4%	55.6%	58.3%	—

2. 2015 年中国集成电路封装代工业情况

2015 年中国集成电路封装代工业营收入为 43.3 亿美元，同比增长 86.70%，增速高涨（见表 2.10.10），增长的主要因素有：一是国内集成电路产业快速发展，对 IC 封装业的需求增大，二是国外代工市场的扩大，使 IC 封装代工业务增大，三是江苏长电、通富微电、天水华天收购海外封装工厂，扩大了产能也扩大了国外市场等。

表2.10.10　2010—2015年中国集成电路封装代工营业收入

指标名称	2010 年	2011 年	2012 年	2013 年	2014 年	2015 年	2016 年(E)	CAGR
中国封测代工市场（亿美元）	15.30	16.80	17.90	19.30	23.30	43.30	48.50	17.92%
占世界封测代工总值	6.5%	7.0%	7.3%	7.7%	8.7%	15.3%	16.4%	—
同比	—	9.8%	6.5%	7.8%	20.3%	86.7%	12.1%	—

3. 2015 年世界 IC 封测纯代工市场及两岸对比情况

2015 年世界 IC 封测纯代工营收额为 283.12 亿美元，同比增长 6.1%，其中中国台湾地区 IC 封测代工营收入约为 148.0 亿美元，市场占比为 52.3%，同比增长 7.5%，有较大幅度的增长；中国大陆地区 IC 封测代工营收入约为 43.32 亿美元，市场占比为 15.3%，同比增长 86.7%，增幅更为突出。海峡两岸 IC 封测代工占到全球的 67.6%，集成电路封测业代工仍向中国地区延伸，发展规模正在日益壮大（见表 2.10.11）。

表2.10.11　2013—2016年中国大陆VS中国台湾地区集成电路封测代工业比较情况

单位：亿美元

指标名称	2013 年	2014 年	2015 年	2016 年(E)
IC 封测业（纯代工）营收额	250.8	266.8	283.1	295.3
同比增长率	2.2%	6.4%	6.1%	4.3%
其中：中国台湾地区	121.5	137.7	148.0	160.3
占比	48.6%	51.6%	52.3%	54.3%
同比	—	13.3%	7.5%	8.3%
中国大陆	19.3	23.2	43.3	48.5
占比	7.7%	8.7%	15.3%	16.4%
同比	—	20.3%	86.7%	12.1%

2016 年世界 IC 封测代工市场营收额预计可达到 295.3 亿美元，同比增长 4.3%，比 2015 年有所减缓，但海峡两岸的占比有所上升，达到 70.70%，抬升 3.1 个百分点，这主要体现在长电科技收购星科金朋、通富微电收购 AMD（苏州、槟城工厂）、天水华天收购美国西钛（FCI）公司产生的积极成果。

六、2015 年中国集成电路封测业技术进步信息

- 华进封装先导研发中心与灿芯半导体（上海）公司正式签署 SoC 及 SiP 技术合作协议，双方将在高性能倒装芯片球栅格阵列（Flip Chip Ball Grid Array，FCBGA）和高密度三维系统级封装（3D-SiP，包括 TSV）等创新型系统级封装解决方案开展全面合作。

- 江苏省科技厅对通富微电进行“TSV 硅转接板微凸点制造技术”、国家火炬计划“IGBT 封装产业化”、“高密度 BVMP 技术”、“BGA 封装技术”等通过验收。
- 华润安盛公司运用 3D 打印技术到 IC 封装的 EOPLex CSITM 平台中，具有 IC 封装颠覆性技术的首创之举。
- 长电科技抢下苹果一线手机芯片 LCD 驱动电路及系统级封装（SiP）模块的订单，苹果新一代 iPhone 所用最新 TDDI 芯片为 SiP 模块，订单占苹果公司这一产品（品种）的 50%。
- 天水华天收购美国 FCI 公司后，进一步提升晶圆级封装及 FLipchip 封装技术，改善公司客户群结构，提高公司国内外市场竞争力。
- 在国家重大科技项目“大规模集成电路成套装备及工艺”的支持下，国内主要封测企业取得了多项重大技术创新成果：
  - 长电科技承担的“重布线/嵌入式圆片级封装技术及高密度凸点技术研发及产业化”项目；通富微电承担“高集成度多功能芯片系统级封装技术研究及产业化”项目；时代民芯承担的“多目标先进封装和测试公共服务平台”等项目已通过验收。
  - 华进半导体封装先导技术研发中心承担的“三维系统封装/集成先导技术研究”和“高密度三维系统集成技术开发和产业化项目”；深南电路承担的“高密度三维基板及高性能 CPU 封装技术研发与产业化”项目；丹邦科技、中科院微电子所、新宇腾飞共同承担的“三维柔性基板及工艺研究与产业化”等项目都在顺利开展。
- 天水华天与武汉新芯在 2015 年 2 月签署协议，双方在 3D 先进封装上进行深度合作，形成产业链，打开新局面。
- 通富微电与上海华虹宏力、上海华力签署合作意向书（2014 年 8 月），在 2015 年里将在 8/12 英寸凸点制造（BumPing）、微点测试工艺技术以及 FC/TSV/SiP 等先进封装测试技术方面进行深层次战略合作，组成战略同盟。
- 2015 年在我国集成电路封装产品中，以球型阵列（BGA）技术为标志的先进封装技术约占市场的 25%，包括倒装焊（Flip Chip）、晶圆级封装（WLP/CSP/WLCSP）、凸点技术（Bumping）、2.5D 封装技术、集成系统（SIP）产品占比正在逐年增长；3D 封装技术及其他新的封装技术，也都已经开始研究（见表 2.10.12 和图 2.10.5）。

表2.10.12　我国集成电路主要封装形式及其市场份额

封装形式	典型产品/技术	市场份额及前景	主要生产企业
直插封装	TO、DIP 等	仅占市场 10%，市场规模还在减小	主要由一定应用基础的小型企业承担

续表

封装形式		典型产品/技术	市场份额及前景	主要生产企业
表面贴装	两边或四边引线封装	SOP、PLCC、QFP、QFN/DFN	占市场 50%左右，市场容量大，且保持平稳发展	以中等规模的内资企业为代表的技术应用型企业
	面积阵列封装	BGA、CSP、WLCSP、MCP 等	占市场 40%左右，市场较大，发展速度快	以外资、合资及内资领先企业为代表的技术创新型企业
高密度封装		3D/2.5D 堆叠	主要技术已有突破，市场正处于起步阶段	以外资、合资及内资领先企业为代表的技术创新型企业

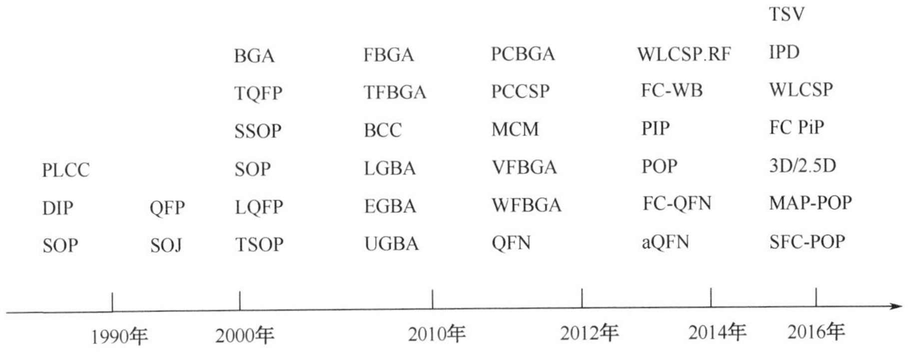

图 2.10.5　中国集成电路封装技术发展路线示意图

七、2015 年中国集成电路封测业投资与并购信息

- 2015 年 2 月，天水华天公司拟以非公开发行股票 1.72 亿股，募集资金不超 20 亿元，投资于扩大高密度封装规模。其中：投入 5.8 亿元形成 MCM（MCP）系列、QFP 系列；投资智能移动终端封装项目 6.1 亿元，形成 QFN/DFN、BGA 系列、SiP 系列、MEMS 系列产品；投资于晶圆级 IC 先进封装技术研发及产业化 5.1 亿元。形成 BumPing 系列、TSV-CIS 系列、指纹识别系列及晶圆级 MEMS 系列等。
- 2015 年 2 月，石家庄市开发区与北京中关村等签署协议发展 IC 封测产业，做大京津冀产业集群。
- 2015 年 2 月，天水华天与武汉新芯签署战略合作协议，打造上下游产业贯通，为先进 3D 叠层封装做高效产业链准备。
- 6 月 23 日，扬州扬杰公司拟以现金认购 MSI 发行的新股，加强双方的合作。
- 4 月 14 日，三星（西安）封装测试工厂生产线竣工投产，生产存储芯片 V-NAND，形成固态硬盘（SSD），总投资 5 亿美元，建筑面积 7000 平方米。
- 9 月 16 日，中芯国际、国家大基金和高通公司向中芯长电公司投资 2.8 亿美元，帮助中芯长电加快建设中国第一条 12 英寸凸块生产线建设，扩大生产规模，配合中芯国际制造 28 纳米高通骁龙 410 处理器，在智能手机领域的商用。2015 年已完成工艺调试和产品认证，2016 年上半年可为客户提供服务，且被中芯国际 40～28 纳米先进制程大量采用。

- 10 月 3 日，紫光集团以 194 亿元新台币（约 6 亿美元）入股台湾力成科技，持股 25%。11 月 16 日以同方国芯收购。
- 12 月 11 日，紫光集团以 568 亿元新台币入股台湾矽品精密工业，持股 24.9%，成为第二大股东。
- 12 月 11 日，紫光集团以 190 亿元新台币入股台湾南茂科技，持股 25%，成为第一大股东。
- 2015 年 10 月 15 日，通富微电与 AMD 签署协议，以 3.71 亿美元，持有马来西亚槟城和中国苏州的两个封测厂 85%的股权（10 月 16 日收购成功）。支持和拓宽通富微电在 CPU、GPU、网关服务器、基站处理器、FPGA（现场可编程门阵列）等产品的研发和量产。
- 华润微电子旗下华润赛美科微电子（深圳）公司 IC 封测二期项目在深圳市龙岗区宝龙工业园开工建设，预计在 2016 年完工，月产能 1 亿块。
- 10 月 8 日，英飞凌在无锡投资 3 亿美元建第二座工厂。
- 长电科技为苹果新一代 TDDI 芯片 SiP 模块投资 2 亿美元，扩大产能和市场占有率。
- 南通华达微电子集团公司加大 IC 封测的投资建设力度：
  * 南通通富微电子公司（苏通工厂），工厂于 2015 年 9 月 16 日封顶，工程投资约 80 亿元（一期投资为 3.4 亿元），定于 2016 年下半年正式投产。
  * 合肥通富微电子公司（合肥工厂），工厂于 2015 年 10 月 17 日封顶，总投资约 80 亿元（一期投资为 30 亿元），定于 2016 年下半年正式投产。
- 山东华芯半导体公司和济南高新区、台湾群成科技公司共同承担 WLP 晶圆级封装产业项目，总投资 20 亿美元（一期为 1.5 亿美元），群成以 WLP 工艺技术授权，2015 年一期进行试运营，到 2020 年建成完整的 IC 封装测试生产线。

第十一节　2015 年中国半导体分立器件产业发展情况

半导体产业起于分立器件，作为半导体产业的两大分支之一，分立器件具有广泛的应用范围和不可替代性。中国半导体分立器件产业经济在国际市场占有举足轻重的地位，全球经济缓慢复苏，持续的宏观经济形势景气向好直接影响到电子产品消费和更新的速度，更受益于移动互联网、物联网、新能源等热点应用，特别是智能手机的迅猛发展，半导体分立器件在过去两年出现了大幅的增长。由于电子零组件需求疲软，美元走强，以及库存太多等因素的影响，2015 年半导体分立器件回归到一个平稳的增长阶段。

一、2015 国内半导体分立器件产业发展情况

2015 年，在国家一系列积极政策密集出台的环境下，国内市场相对强劲的需求推动下，我国半导体分立器件产业整体虽然保持平稳的增长，但增速较 2014 年已大幅下滑。2015 年国内半导体分立器件产量从 2010 年的 3403.9 亿只上升至 2015 年的 5551.9 亿只，比 2014 年增长了 3.6%左右。国内分立器件产业的销售收入达到 1754 亿元，比 2014 年增长了 2.8%左右（见图 2.11.1 和图 2.11.2）。随着国际产业转移和兼并重组加速，以及国内企业自身实力的不断提升，中国分立器件市场规模将进一步稳健增长。

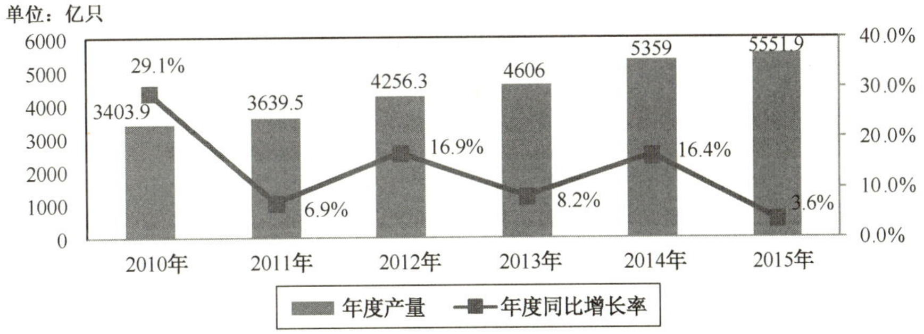

图 2.11.1　2010—2015 年中国半导体分立器件产品产量发展情况

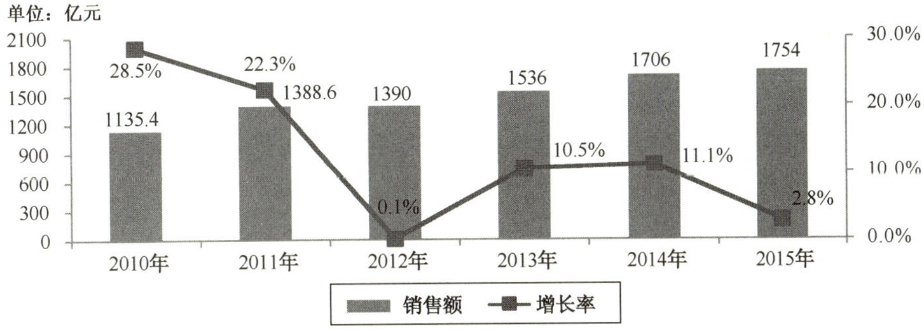

图 2.11.2　2010—2015 年中国半导体分立器件产业销售收入发展情况

从图 2.11.1 和图 2.11.2 中可以看出，2015 年中国半导体分立器件产量同比增长 3.60%，销售收入同比增长 2.80%，属正常发展态势。

2015 年各月份中国半导体分立器件产量情况如图 2.11.3 所示。

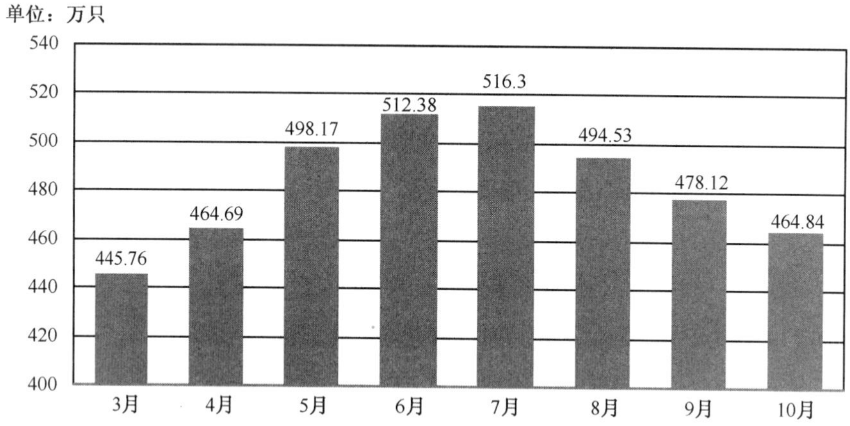

资料来源：中国产业信息网。

图 2.11.3　2015 年中国半导体分立器件月度产量统计

2015 年中国半导体分立器件产品产量占世界同期总产量 6048 亿只的 94.3%；而在 2010 年只占到世界同期总产量 5158.0 亿只的 66.0%。

据国家海关数据显示，2015 年中国半导体分立器件进口量达 5280.9 亿只，同比增长 33.80%；进口额为 235.5 亿美元，同比下降 3.40%；出口量达 5672.6 亿只，同比增长 56.40%；出口额为 283.4 亿美元，同比增长 7.0%；进出口顺差 47.9 亿美元。

二、2015 年中国半导体分立器件产业分布情况

我国半导体分立器件产业地区分布相对集中，2015 年国内半导体分立器件行业销售总额比重分布格局出现明显变化，据不完全统计，其中长三角地区占 50%以上，京津环渤海湾地区占 8%以下，珠三角地区占 30%左右，其他四川等中西部地区占比迅速上升达 12%以上。我国生产分立器件的企业主要分布在江苏、广东、四川等省市，占到全国的 80%以上，如图 2.11.4 所示。

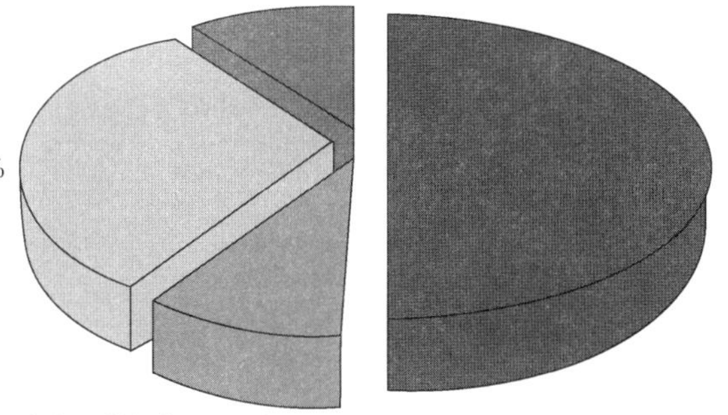

资料来源：中国产业洞察网。

图 2.11.4　2015 年我国半导体分立器件产量区域分布格局

三、2015 年国内主要半导体分立器件封测企业情况

据不完全统计，2015 年国内主要分立器件封测厂家产能规模排名与 2014 年度相比位置不变（见表 2.11.1）。

表2.11.1　2015年国内主要分立器件封测厂家情况

序号	公司名称	主要产品	生产能力（亿只）	企业性质
1	乐山菲尼克斯半导体有限公司（ON）	SOT/SOD 系列	450	合资
2	江苏长电科技股份有限公司	TO-92 系列、SOT/SOD 系列、FBP、TO-126、TO-220、TO-251/252 等	250	内资
3	NXP 恩智浦	SOT-23/54、SOD-323/523/723 等	250	外商独资
4	罗姆半导体（中国）有限公司	SOT/SOD 系列二三极管	250	合资
5	乐山无线电股份有限公司（LRC）	SOT-23、SOD-323/523/723/923 等	250	内资
6	泰丰国际集团有限公司（先科）	SOT\SOD\DFN 系列	200	内资
7	上海凯虹电子	SOT/SOD 系列	120	外资
8	银河半导体控股有限公司	SOT/SOD/SMA/SMB 系列二、三极管	120	内资
9	佛山市蓝箭电子有限公司	SOT-23、SOT-323、SOT-89、SOT-252、TO-92、TO-92S、TO-92LM、TO-126F、TO-126、TO-220F、TO-220	120	内资
10	广东省风华芯电科技股份有限公司	TO-92、TO-92Ls、TO-126、TO-220、TO-220F、TO-251&TO-252、SOT-23、SOT-23A、SOT-25、SOT-26、SOT-223、SOT-323、SOT-89、SOD-123、SOD-323	75	内资
11	广州半导体器件有限公司	TO-92L、TO-92、半导体分立器件、快恢复二极管、开关二极管、稳压二极管、可控硅、节能灯用晶体管	30	内资

续表

序号	公司名称	主要产品	生产能力（亿只）	企业性质
12	南通华达微电子集团有限公司	SOT23，SC70，SOT89，SOT223，TO92，TO251，TO252，TO263，TO220，TO247	30	内资
13	苏州固锝电子股份有限公司	TO-220AB，TO-220AC，TO-263等	30	内资
14	英飞凌科技（无锡）有限公司	SOT-23、SOD323等	27	外资
15	天水华天微电子有限公司	TO252、TO251、TO220、TO220F、TO3P、TO247、TO264、TO263、PPAK	20	内资
16	吉林华微电子股份有限公司	TO-126、TO-220封装的功率晶体管、MOS、肖特基	20	内资

四、2015年中国半导体分立器件产业产品技术进步情况

由中国半导体行业协会、中国电子材料行业协会、中国电子专用设备工业协会和中国电子报共同举办的“第十届（2015年度）中国半导体创新产品和技术”项目经专家评审，业已公布。中国半导体分立器件产业有关企业及其创新产品和技术获奖如表2.11.2所示。

表2.11.2 分立器件（半导体功率器件、光电器件）、MEMS产品和技术获奖项目

企业名称	获奖产品和技术	创新特点
杭州士兰集成电路有限公司	高压IGBT电力电子器件20N60PD/40N60NPFD/20N120NPTFD系列	该系列是通过优化芯片结构设计和制造工艺等不同技术，提高器件耐压、导通电流、功率容量，降低饱和压降和通态损耗，提高开关速度和工作频率，提高产品的稳定性、可靠性
无锡华润华晶微电子有限公司	600V～1200V FS（Field-Stop）场截止IGBT制造产品与技术	该项目属于原始创新，其FS结构通过注入形成，具有和一般FS不同的浓度分布，该分布使得产品具有极强的参数稳定性和很高的产品应用可靠性优势
河北美泰电子科技有限公司	MSV1200超低频微振系列桥梁专用MEMS加速度传感器	该产品是基于自主知识产权的高端MEMS电容式加速度传感器芯片，采用最新MEMS工艺技术。具有超低频、高分辨率、超低噪声等特点，能够捕捉微振动信号
深迪半导体（上海）有限公司	三轴MEMS陀螺仪ST200GC	该产品采用的是非标工艺，在之前单轴的SOI-MEMS工艺的基础上，开发3d-MEMS工艺平台来加工传感器晶圆；面外驱动是通过梳齿的高低差产生的电势差来实现的，这与现行的底电极形式的陀螺仪完全不同

五、中国半导体分立器件产品市场特点及展望

2015年，国家一系列积极政策密集出台，国内市场需求相对强劲，我国半导体分立器件产业整体虽然保持平稳的增长，但增速较2014年已大幅下滑。受发达国家产业转型的影响，国际领先企业逐步将部分生产环节转移至发展中国家，也为我国半导体分立器件的发

展带来了一定机遇。

随着平板电脑、智能手机、轨道交通、新能源、混合动力汽车、LED 照明、便携医疗电子等新型应用领域的持续升温，这些领域的强大需求成为半导体分立器件很大的发展空间和新的增长点。2015 年我国半导体分立器件市场需求额为 1477 亿元。同比增长 19.7%

从未来市场发展来看，除了分立器件市场主要的应用领域：工业控制、计算机、汽车电子、消费电子和网络通信，伴随着我国产业结构的调整，新能源、节能环保、智能电网等新兴产业的发展，我国半导体分立器件的应用领域将得到进一步拓展。

信息产业数字化、智能化、网络化的不断推进，新材料和新技术的不断涌现，都将会从不同的侧面促进半导体分立器件向高频、宽带、高速、低噪声、大功率、大电流、高线性、大动态范围、高效率、高亮度、高灵敏度、低功耗、低成本、高可靠、微小型等方面快速发展。

为了满足新兴领域的发展要求，半导体分立器件厂家会不断研发出新型半导体分立器件，在替代原有市场应用的同时，还将开拓出新的应用领域。同时，为了使现有半导体分立器件能适应市场需求的快速变化，也会不断改进材料、结构设计、制造工艺和封装等，提高器件的性能。电子信息系统的小型化，甚至微型化，必然要求其各部分，包括半导体分立器件在内尽可能小型化、微型化、多功能模块化、集成化，因此，有一部分半导体分立器件的发展可能会趋向模块化、集成化。

未来几年正值全球半导体产业重大转型期，也是我国半导体产业发展的机遇期。半导体分立器件行业作为国家重点鼓励行业之一。在一系列产业扶持政策的推动下，我国分立器件产业规模将迎来更大的发展。预测 2016 年将继续保持 4.7%的增长率，销售收入额有可能达到 2093.2 亿元。

第十二节　2015 年中国半导体设备制造业发展情况

一、2015 年中国集成电路设备产业发展简况

近年来，在国家政策、资金和各级地方政府的支持下，在我国集成电路制造装备业各有关厂商的共同努力下，集成电路芯片制造业、封装测试业、LED 业、太阳能光伏业等专用设备研制方面取得了突破，开发出一些具有世界先进水平的集成电路制造设备，广泛地应用于 6 英寸生产线和部分 8 英寸制程，部分设备还应用于 12 英寸大生产线，个别设备还出口国外。这标志着我国集成电路装备制造业达到了一个新的里程碑和新的发展起点。

中国电子专用设备工业协会根据行业内 71 家制造商 2015 年经济主要指标的统计，实现销售收入 267.8 亿元，同比增长 22.5%，高于 2014 年 11.3 个百分点；其中主营业务产品销售收入 131.3 亿元，同步增长 23.5%，高于 2014 年 3.2 个百分点。

利税总额为 23.2 亿元，同比增长 8.5%。其中，实现利润 16.7 亿元，同比增长 15.5%。

出口交货总值 19.19 亿元，同比增长 27.1%。其中，主营业务产品的出口交货值 9.64 亿元，同比增长 5.8%。

1. 2015 年中国半导体设备市场情况

2015 年中国半导体设备市场为 49.0 亿美元，同比增长 12.1%，占世界设备市场总值的 13.4%；已接近美国市场 51.2 亿美元和日本市场 54.9 亿美元的规模（见表 2.12.1 和图 2.12.1）。

表2.12.1　2010—2015年中国半导体设备市场规模及其占比情况

单位：亿美元

指标名称	2010 年	2011 年	2012 年	2013 年	2014 年	2015 年	CAGR
世界半导体设备市场	399.3	435.3	369.3	318.2	375.0	365.3	-1.47%
中国半导体设备市场	36.8	36.5	25.0	33.7	43.7	49.0	4.89%
占比	9.2%	8.4%	6.8%	10.6%	11.7%	13.4%	—

资料来源：SEMI/JSSIA 整理。

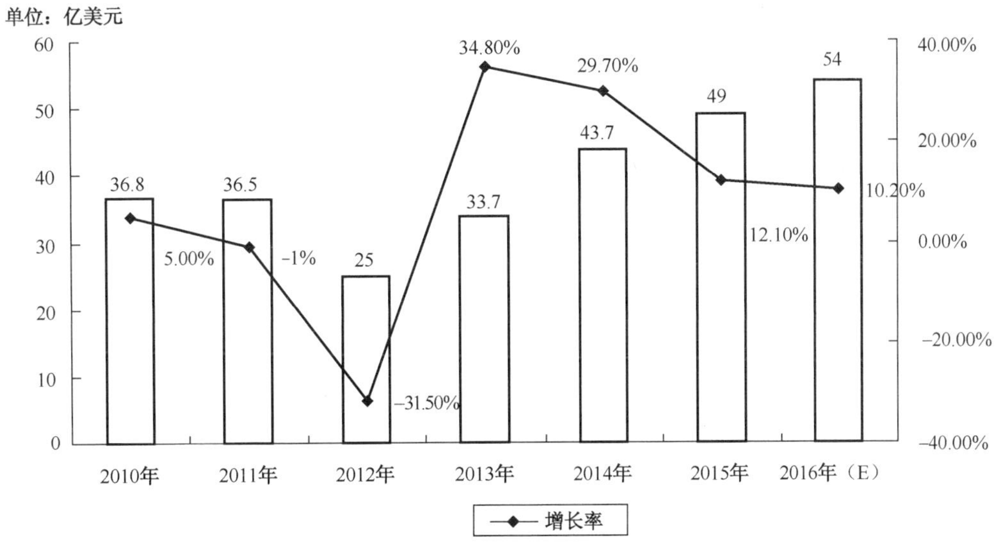

CAGR = 5.63%（2010—2016 年）

图 2.12.1 2010—2015 年中国半导体设备市场发展规模及增长预测

2. 2015 年中国设备制造业设备销售和进出口情况

表 2.12.2 给出了 2015 年中国半导体设备制造业各类别产品的销售情况。

表2.12.2 2015年中国半导体设备制造业各类别产品销售收入情况

指标名称	2015 年			2014 年		
	销售额（亿元）	同比	占比	销售额（亿元）	同比	占比
半导体设备总计	47.2	16.4%	100.0%	40.53	34.6%	100.0%
集成电路设备	22.9	43.6%	48.5%	15.95	11.5%	39.4%
LED 设备	5.86	-17.9%	12.4%	7.14	26.2%	17.6%
分立器件设备	3.0	8.3%	6.4%	2.77	75.3%	6.8%
太阳能光伏设备	15.45	5.4%	32.7%	14.66	11.1%	36.2%

2015 年中国半导体设备十强企业（见表 2.12.3）完成出口交货值 6.16 亿元，同比增长 67.8%。其中，集成电路设备出口 5.77 亿元，同比增长 63.9%（见表 2.12.4 和表 2.12.5）。

表2.12.3 2015年中国半导体设备制造十强企业

序号	单位名称	销售收入（万元）	其中出口（万元）
1	中国电科电子装备有限公司	92881.0	116.0
2	浙江晶盛机电股份有限公司	48795.0	599.0
3	中微半导体设备（上海）有限公司	44995.0	30399.0
4	北京北方微电子基地设备工艺研究中心有限责任公司	37626.5	—

续表

序号	单位名称	销售收入（万元）	其中出口（万元）
5	上海微电子装备有限公司	34702.6	1183.0
6	天通吉成机器技术有限公司	29267.0	—
7	深圳市捷佳伟创新能源装备股份有限公司	27408.8	3041.1
8	北京七星华创电子股份有限公司	21686.8	751.9
9	盛美半导体设备（上海）有限公司	20506.0	19810.0
10	格兰达技术（深圳）有限公司	18471.3	5747.0
合计		376340.0	61647.0

资料来源：中国电子专用设备工业协会。

表2.12.4　2013—2015年13项半导体设备出口情况表

税则号 8486	设备名称	2013—2015 年			
		数量（台）	同比增长	金额（万美元）	同比增长
1010	单晶炉	1065	349.4%	766.87	-56.7%
1020	研磨设备	18	-53.8%	218.01	24.85
1030	切割设备	116	-56.6%	1695.71	15.4%
1040	CMP	15	-64.3%	137.16	20.2%
2010	氧化/扩散炉	213	-14.1%	590.58	-45.3%
2021	化学气相沉积装置（CVD）	6128	11.3%	7191.87	-12.4%
2022	物理气相沉积装置（PVD）	567	37.3%	3434.50	189.7%
2031	分步重复光刻机	1472	9713.3%	290.79	-23.0%
2041	等离子体干法刻蚀机	65	75.7%	5234.37	-8.8%
2050	离子注入机	16	-89.3%	79.09	-8.7%
4021	塑封机	370	15.6%	2351.77	-17.4%
4022	引线键合装置	3964	-21.6%	8922.40	-13.0%
4031	IC 工厂专用的自动搬运机器人	109	122.4%	491.54	83.7%
合计		14118	14.1%	31404.66	-6.8%

表2.12.5　2015年13项半导体设备进口情况表

税则号 8486	设备名称	2015 年				
		数量（台）	同比增长	金额（万美元）	销售额排序	同比增长
1010	单晶炉	88	-62.1%	1193.50	13	-80.0%
1020	研磨设备	249	-26.3%	4304.39	12	-14.1%
1030	切割设备	1089	-16.6%	15437.27	8	-34.1%
1040	CMP	193	-11.5%	14672.32	9	18.9%

续表

税则号8486	设备名称	2015年				
		数量（台）	同比增长	金额（万美元）	销售额排序	同比增长
2010	氧化/扩散炉	645	-27.6%	29685.79	5	-43.9%
2021	化学气相沉积装置（CVD）	709	3.2%	107118.40	1	5.7%
2022	物理气相沉积装置（PVD）	290	1.4%	21934.09	6	22.5%
2031	分步重复光刻机	192	-17.2%	58798.87	3	-13.3%
2041	等离子体干法刻蚀机	653	3.7%	96298.64	2	14.3%
2050	离子注入机	90	-30.8%	21052.86	7	20.9%
4021	塑封机	199	-44.9%	6029.15	11	-29.0%
4022	引线键合装置	10443	23.9%	44576.70	4	-5.4%
4031	IC工厂专用的自动搬运机器人	820	58.3%	7900.39	10	122.1%
合计		15572	9.2%	427808.88		-2.0%

二、2015年中国集成电路设备制造重点企业情况（见表2.12.6和表2.12.7）

表2.12.6 国内集成电路设备重点制造企业

序号	企业名称	产品种类	地域
1	北京北方微电子基地设备工艺研究中心有限责任公司	硅刻蚀、PVD、外延、封装	北京
2	北京七星华创微电子股份有限公司	氧化炉、LPCVD、清洗、ALD	
3	北京中科信电子设备有限公司	离子注入机	
4	中国电科第45所	切磨抛、CMP、键合机、光刻机	
5	北京华卓精科	快速退火	
6	中国电科电子装备有限公司	封装、切磨抛成膜	
7	北京京运通科技股份有限公司	区熔硅单晶炉	
8	睿励科学仪器（上海）有限公司	膜厚测量、颗粒测量	上海
9	上海微电子设备有限公司	光刻机、刻蚀、封装	
10	中微半导体设备（上海）有限公司	介质刻蚀、封装、MOCVD	
11	上海盛美半导体设备有限公司	清洗机、抛光机、去胶机	
12	上海凯世通半导体有限公司	离子注入机、离子源	
13	大连佳峰电子有限公司	先进封装设备	大连
14	沈阳芯源微电子设备有限公司	匀胶、清洗、去胶	沈阳
15	沈阳拓荆科技有限公司	PECVD	
16	天津华海精科	CMP	天津

表2.12.7　国内集成电路设备关键零部件制造企业

序号	企业名称	产品种类	地域
1	沈阳富创精密设备有限公司	金属零部件	沈阳
2	中科院沈阳科学仪器有限责任公司	干泵、阀门	
3	北京七星华创微电子股份有限公司	气体质量流量计	北京
4	中科院北京科学仪器有限责任公司	磁悬浮分子泵	
5	北京自动化研究院	倒片机、温度控制器	
6	川北真空	真空阀门、管道	
7	北京华卓精科	工件台、自动化部件	
8	靖江先锋	刻蚀机腔室	江苏
9	苏州珂玛	陶瓷部件	
10	中科院长春光机所	光刻机镜头	吉林
11	中科院成都光机所	光刻机镜头	四川

三、2015 年集成电路重大制造装备国产化情况（见表 2.12.8～表 2.12.10）

表2.12.8　2015年实现集成电路重大制造装备的关键产品

序号	企业名称	产品种类
1	中国电科第 45 所	12 英寸硅片单面抛光（CMP）机
2		12 英寸硅片多线切割机
3	中微半导体设备（上海）	12 英寸 28—14 纳米去耦合反应等离子体刻蚀机
4	北京七星华创	12 英寸集成电路立式氧化炉
5	北京中科信电子装备	12 英寸中束流离子注入机
6	北京北方微电子基地设备工艺研究中心	12 英寸金属物理气相沉积系统（PVD）
7		12 英寸 28 纳米等离子硅刻蚀机
8	大连佳峰	全自动装片机
9	北京中国电科电子装备	芯片倒装键合设备
10		8 英寸晶圆减薄机
11		8 英寸全自动划片机
12	格兰达技术（深圳）	芯片全自动测试分选机
13	铜陵富仕三佳机器	170 吨全自动封装系统
14	中国电科第 2 所	在线式等离子清洗工艺设备

表2.12.9　2015年成功进入生产线的新型晶硅太阳能电池生产设备

序号	企业名称	产品种类
1	浙江晶盛机电	基于 CFZ 技术的高效单晶设备
2	深圳捷佳创新能源装备	全自动半熔高效多晶铸锭炉

续表

序号	企业名称	产品种类
3		全自动单晶制绒酸洗综合设备
4	北京七星华创电子	全自动石墨舟装卸片机
5	中国电科第 48 所	减压扩散炉
6		太阳能电池片全自动印刷烘干机系统
7	中国电科第 2 所	太阳能电池片自动分选测试设备

表2.12.10　2015年进入生产线的LED设备

序号	企业名称	设备名称
1	中微半导体（上海）	LED 外延用 MOCVD
2	上海微电子装备	LED 芯片制造光刻机
3	中晟光电（上海）	金属有机化学气相沉积（MOCVD）
4	北方微电子、中微半导体	物理气相薄膜沉积设备
5	七星华创、北方微电子	化学气相薄膜沉积设备（CVD）

四、2015 年中国集成电路设备和仪器技术进步情况

由中国半导体行业协会、中国电子材料行业协会、中国电子专用设备工业协会共同举办的“第十届（2015 年度）中国半导体创新产品和技术”项目中设备制造企业及其产品获奖情况如表 2.12.11 所示。

表2.12.11　设备制造企业及其产品获奖情况

序号	企业名称	获奖产品和技术	创新特点
1	浙江晶盛机电股份有限公司	FZ100*型 8 英寸区熔硅单晶炉	该产品研制一种无间隙稳定正反转的下轴运动机构，采用内外轴精密联动的机构，省略中间传动环节，可实现内外轴无间隙稳定正反转，使得熔区“搅拌”更加充分，提高单晶径向均匀性
2		WCG700-ZJS 金刚线单晶硅棒切磨加工一体机	该项目开发的边皮自动传送机构，边皮掉落下方配备两条同步输送带，可以实现无人自动传料，既提高了生产效率，又保证了安全生产，还降低了人工劳动强度
3	中国电子科技集团公司第四十八研究所	Y08-3/UM 型全自动硅片品质分选设备	该设备突破硅片高产能在线非接触式检测的多项关键技术，满足市场需求设备，创新性地采用硅片的精密传输技术、基于模组自研的在线检测技术和在线检测分类技术
4	中国科学院微电子研究所	等离子体浸没黑硅表面处理设备	该设备具有长寿命、低气压的均匀等离子体源，反应腔内气流分布模型优化方案，32nm 以下超浅结注入工艺，结合预非晶化处理的浸没注入技术等独特的创新设计

续表

序号	企业名称	获奖产品和技术	创新特点
5	北京北方微电子基地设备工艺研究中心有限责任公司	exiTin H430 TiN 金属硬掩膜物理气相沉积系统	该设备主要由大气平台、真空传输平台、两个去气腔室和两个工艺腔室组成，并具有反应腔自动开闭盖、wafer 传输、工艺去气、薄膜沉积完全自动化等特点
6	中国科学院光电技术研究所	紫外纳米压印光刻机 URE-2000/35NI	该设备通过创新技术解决了微米、纳米加工无法兼容以及现有对准技术无法实现纳米级对准等问题，形成了成套工艺流程，满足不同尺度微纳器件的加工需要
7	中微半导体设备（上海）有限公司	双反应台刻蚀除胶一体机 Primo iDEA®	该设备采用了双反应台腔体设计，这种方法不仅能够更有效地移除光刻胶，而且减少了等离子体直接接触晶圆的机会
8	中微半导体设备（上海）有限公司	22～14 纳米单反应台等离子体刻蚀机 Primo SSC AD-RIETM	该产品采用高抽速、低压、高能脉冲等离子体的手段为高深宽比刻蚀而开发的产品，能够满足超高产能、优异的芯片加工质量和芯片刻蚀技术可延展性等严苛的技术要求
9	北京中科信电子装备有限公司	90～65nm 大角度离子注入机	该设备中束流离子光学传输系统通过采用 TRACE3-D、OPERA3d 等光学软件，建立了中束流离子注入机宽范围光学传输系统仿真平台，并为低能大束流设备奠定基础
10	北京中国电科电子装备有限公司	8 英寸晶圆减薄机	该设备攻克了多项关键技术，在低速进给技术、超薄片传输技术以及空气轴承与精密机械轴承联合轴系技术等方面取得重大技术创新，系统整体技术达到国际先进水平
11	北京中国电科电子装备有限公司	8 英寸全自动划片机	该产品在制造过程中创新性研发了多项关键技术，该产品创新设计了集上下料、预对准、清洗及机械手于一体的桥型结构，使整机结构紧凑、传输定位准确、运行效率高
12	大连佳峰电子有限公司	粗铝线全自动打线机	通过对超音波波频与功率上的工艺进行深入研究，该设备对超音波电功率、低温键合的温度、键合压力等参数进行优化测量，使键合强度得到提高，且高端芯片的打线质量得到优化
13	中国电子科技集团公司第四十五研究所	JBQ-3100 型自动金属膜剥离机	该设备采用多工位 SAW 圆片自动传输技术，设计了可独立工作的 3 套陶瓷材料手爪和最优传输算法、位置自动补偿算法和真空防堵塞结构，实现干/湿片分离传输，提高了设备运行效率和工艺洁净度

第十三节　2015 年中国半导体材料制造业发展情况

据中国半导体行业协会支撑业分会统计报道：2015 年中国半导体材料市场规模为 591.0 亿元，同比增长 10.30%。

一、中国半导体材料市场规模及增长情况

2015 年中国半导体材料市场规模及增长情况如表 2.13.1、表 2.13.2 和图 2.13.1～图 2.13.4 所示。

表2.13.1　2010—2016年中国集成电路晶圆业材料市场规模及增长情况

单位：亿元

材料名称	2010 年	2011 年	2012 年	2013 年	2014 年	2015 年	2016 年(E)	CAGR
硅和硅基材料	66.34	86.70	91.04	98.83	104.59	116.66	118.90	8.69%
掩膜版	20.13	26.31	28.61	32.93	36.61	43.75	45.68	12.42%
光刻胶	8.24	10.76	11.71	13.59	15.41	18.04	18.83	12.53%
光刻胶配套试剂	7.78	10.17	11.49	14.33	16.24	18.99	19.49	14.02%
电子气体	20.28	26.51	28.83	33.35	37.65	44.35	46.24	12.50%
工艺化学品	6.10	7.97	8.67	10.43	11.97	13.89	14.20	12.83%
靶材	3.81	5.04	5.51	6.55	7.29	8.40	8.75	12.61%
CMP 材料	8.24	10.78	11.84	14.82	18.14	21.24	23.12	15.88%
其他材料	11.59	15.07	19.08	22.24	27.33	31.70	35.08	17.14%
合计	152.51	199.32	216.77	247.07	275.24	317.02	330.28	11.67%

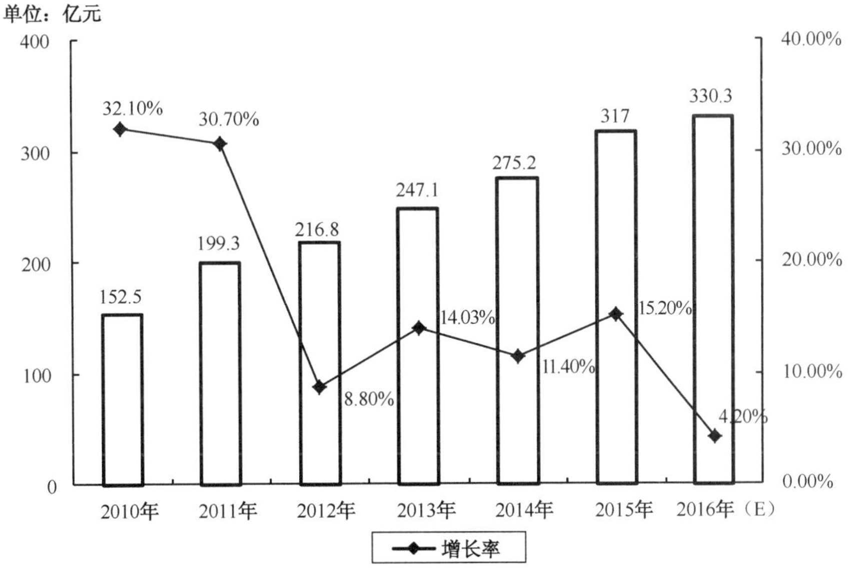

CAGR=11.67%（2010—2016 年）

图 2.13.1　2010—2016 年中国集成电路晶圆业材料市场需求增长预测

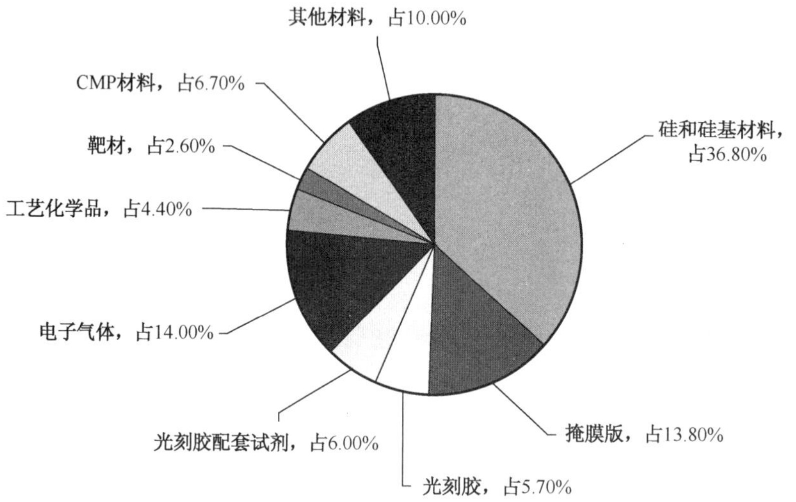

图 2.13.2　2015 年中国集成电路晶圆制造材料市场需求结构

表2.13.2　2010—2016年中国集成电路封装业材料市场规模及增长

单位：亿元

材料名称	2010 年	2011 年	2012 年	2013 年	2014 年	2015 年(E)	2016 年(E)	CAGR
引线框架	48.8	67.2	64.0	65.0	68.0	70.0	81.0	7.51%
封装基板	37.1	51.1	51.0	52.0	56.0	62.0	72.0	9.94%
陶瓷基板	8.8	12.1	13.0	14.0	15.0	17.0	19.0	11.62%
键合丝	48.0	66.1	94.0	83.0	63.0	61.0	71.0	5.75%
包封材料	21.8	30.1	38.0	40.0	46.0	52.0	61.0	15.83%
芯片粘结材料	5.2	7.0	7.0	7.0	8.0	9.0	10.0	9.79%
其他材料	2.2	3.0	2.0	3.0	3.0	3.0	4.0	8.92%
合计	171.9	236.6	270.0	264.0	260.0	274.0	318.0	9.19%

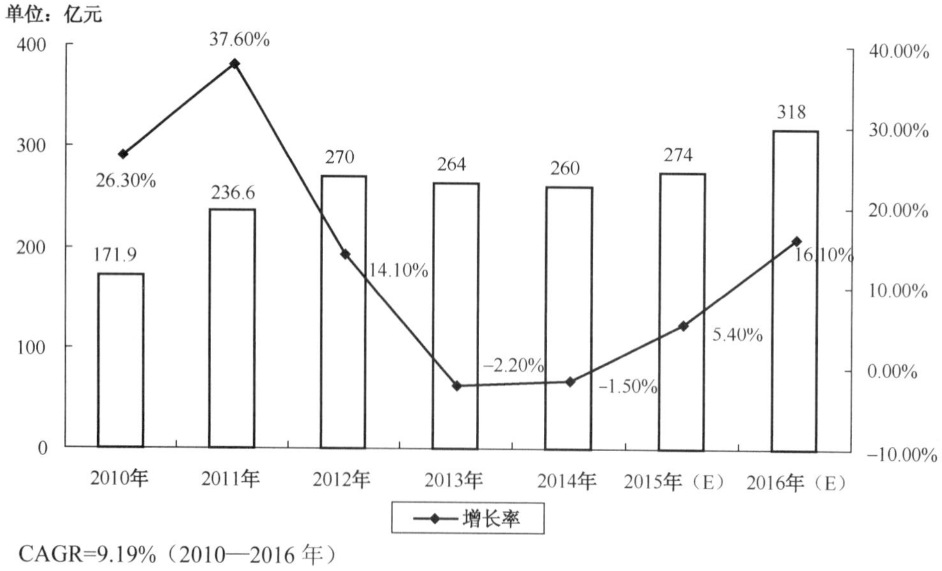

图 2.13.3　2010—2016 年中国集成电路封装材料市场需求增长情况

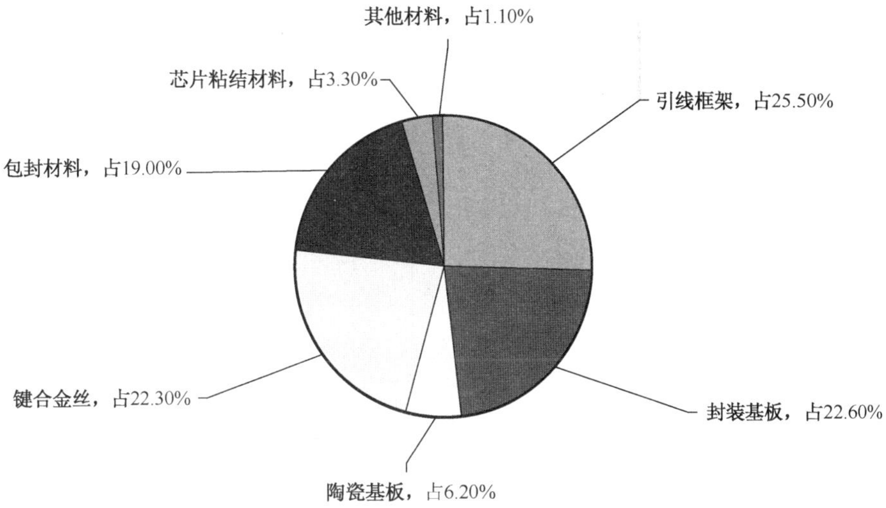

图 2.13.4　2015 年中国集成电路封装材料市场需求结构

二、2015 年中国集成电路材料业销售收入情况

据中国半导体行业协会支撑业分会调研数据显示，2015 年中国集成电路晶圆用材料企业销售收入约为 135.40 亿元，同比增长 15.30%（见图 2.13.5）；封装用材料企业销售收入为 113 亿元，同比增长 16.50%（见图 2.13.6）。

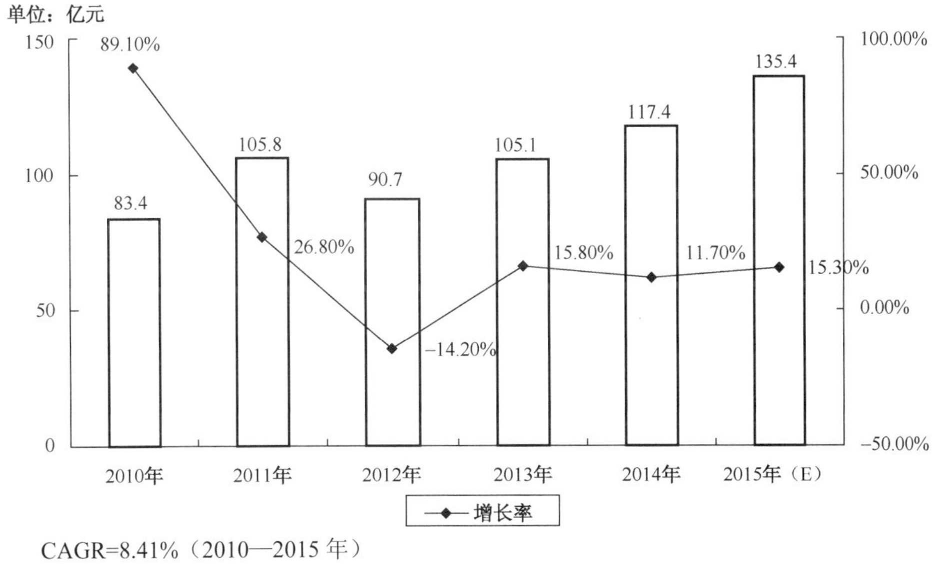

图 2.13.5　2010—2015 年中国集成电路晶圆材料销售收入及增长率情况

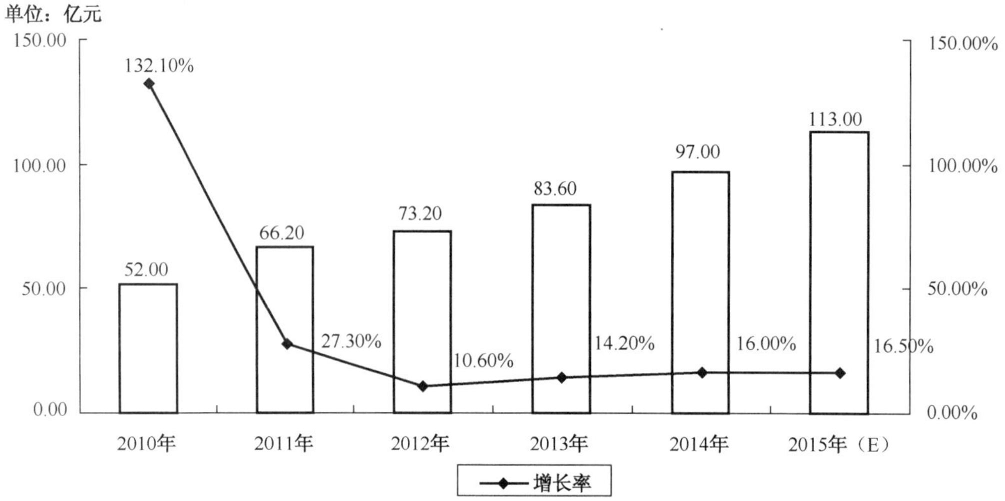

CAGR=13.81%（2010—2015 年）

图 2.13.6　2010—2015 年中国集成电路封装业材料销售收入规模及增长率情况

三、2015 年中国集成电路材料业产能情况（见表 2.13.3）

表2.13.3　2015年中国集成电路材料业产能情况

材料类别	产能	备注
硅和硅基材料	1068 百万平方英寸	5～8 英寸抛光片、外延片、区熔片、SOI 晶片和 12 英寸试验
光刻胶	241 万加仑	紫外宽谱光刻胶、G 线光刻胶、I 线光刻胶、248nm 光刻胶、电子束光刻胶等
电子化学品试剂	40 万吨	包括通用化学品和功能性化学品（超净、超高净）
抛光材料液	402 万加仑	包括衬底抛光液、IC 用 CMP 抛光液、TSV 抛光液、其他抛光液等
靶材	80000 个	5～12 英寸硅片工艺用靶和封装工艺用靶
塑封料	58000 吨	中资企业产量约 28000 吨、外资企业产量约 30000 吨
引线框架	销售额约 113 亿元	引线框架 58.6 亿元（9.3 亿美元）、金属外壳 9.0 亿元、陶瓷外壳 3.5 亿元、气密性封装 8.0 亿元、基板 34.0 亿元；产量约 825 亿只（个）、基板 6900K 平方米，陶瓷外壳 1190 万只，陶瓷基板 1250 万平方厘米，装片材料 21 吨、热界面材料 18 吨
内引线	销量约 5800KKM	2014 年为 5636KKM，同比增长 2.9%，如计入外资则可达 200 亿米
特种电子气体	刻蚀/清洗/CVD，约 70000 吨	
	离子注入等用气，约 11000 瓶	
	化学前驱体，约 28000 千克	

四、2015 年中国集成电路材料业主要企业简况（见表 2.13.4）

表2.13.4　2015年中国集成电路材料业主要企业产品情况

<table>
<tr><th>序号</th><th>材料类别</th><th>企业名称</th><th colspan="2">主要产品</th></tr>
<tr><td rowspan="6">1</td><td rowspan="6">硅及硅基材料</td><td>北京有研半导体</td><td colspan="2">6 英寸、8 英寸硅单晶生产、12 英寸试生产</td></tr>
<tr><td>浙江金瑞泓科</td><td colspan="2">5/6/8 英寸硅单晶、抛光片、外延片、8 英寸年产能 60 万片、5/6 英寸年产能 180 万片</td></tr>
<tr><td>上海新傲科技</td><td colspan="2">4-8 英寸 SOI 晶片、外延片年产能 15 万片左右</td></tr>
<tr><td>南京国盛</td><td colspan="2">6/8 英寸外延片、4～6 英寸低掺厚层碳化硅，年产能 15～20 万片</td></tr>
<tr><td>天津中环</td><td colspan="2">8 英寸区熔硅单晶、CFZ 硅单晶</td></tr>
<tr><td>河北普兴电子、洛阳单晶硅厂</td><td colspan="2"></td></tr>
<tr><td rowspan="3">2</td><td rowspan="3">光刻胶及配套试剂</td><td>苏州瑞红</td><td colspan="2">紫外负性光刻胶及配套试剂、G 线光刻胶及配套试制 TN-STN 光刻胶等</td></tr>
<tr><td>北京科华微</td><td colspan="2">紫外宽谱负性光刻胶、G 线光刻胶、I 线光刻胶、KrF 光刻胶、光刻胶及配套试制等</td></tr>
<tr><td>江苏南大光电</td><td colspan="2">光刻胶及配套试制</td></tr>
<tr><td rowspan="3">3</td><td rowspan="3">引线框</td><td>宁波康强</td><td colspan="2">刻蚀引线框架、冲压引线框架</td></tr>
<tr><td>宁波华龙</td><td colspan="2">冲压引线框架（IC、TR）</td></tr>
<tr><td colspan="3">无锡华晶利达、厦门永红、广州丰江、南京长江电子、济南晶恒、泰兴光电、泰州东田、铜陵丰山三佳、四川金湾、天水华洋、江苏三鑫、宁波埃斯科；苏州住矿、三井高科、顺德工业、新光电气（无锡）、先进材料（深圳）、深圳赛格柏狮、中山复盛等</td></tr>
<tr><td rowspan="4">4</td><td rowspan="4">封装基板</td><td>深南电路</td><td colspan="2">2～6L 的 BGA 基板和 CSP 基板，线宽/线距为 25/25μm，研发 15/15μm</td></tr>
<tr><td>芯智联</td><td colspan="2">线宽/线距为 25/25μm，研发 15/15μm</td></tr>
<tr><td>深圳丹邦</td><td colspan="2">柔性 FPC 材料、FPC、柔性基板</td></tr>
<tr><td colspan="3">安捷利、珠海越亚、兴森快捷、中兴新宇</td></tr>
<tr><td>5</td><td>陶瓷基板</td><td colspan="3">宜兴电子器件总厂、中国电科第 13 所中瓷公司、中国电科第 55 所、钟山微电子、宜兴吉泰、无锡博精、苏州日铁柱、福建闽航、中国电科第 43 所、44 所，浙江长兴电子、诸城电子封装厂等</td></tr>
<tr><td rowspan="7">6</td><td rowspan="7">内引线</td><td>贺利氏招远（常熟）</td><td>Au、Cu、Pd-Cu、Ag、AL</td><td rowspan="2">产量 2000KKM</td></tr>
<tr><td>贺利氏招远贵金属</td><td>Au、Cu、Pd-Cu、Ag、AL</td></tr>
<tr><td>山东科大鼎新</td><td colspan="2">Au、Cu、AL</td></tr>
<tr><td>田中电子（杭州）</td><td>Au、Cu、Pd-Cu、AL</td><td>产量 887KKM</td></tr>
<tr><td>宁波康强</td><td>Au、Cu、Pd-Cu、Ag</td><td>产量 162KKM</td></tr>
<tr><td>北京达博</td><td>Au、Cu、Pd-Cu、Ag</td><td>产量 360KKM</td></tr>
<tr><td colspan="3">铭凯益电子（昆山）、杭州日茂、烟台招金励福、广东佳博、喜讯金属、乐金股份等</td></tr>
</table>

续表

序号	材料类别	企业名称	主要产品
7	包封材料	江苏中鹏新材料	QFN 封装用绿色环保塑封材料产品 SP-G900，LQFP，产量 800 吨
		江苏华海诚科新材料	MIS 用环氧塑封料（ENG-900-MI），产量 3500 吨，用于 TO 系列、DIP 系列、SOT、SOP 系列、QFP、QFN 系列等
		无锡创达电子	产量 1500 吨
		科化新材料（泰州）	产量 800 吨
		汉高华威（10000 吨）、长春塑封料（常熟）（11000 吨）、苏州住友电木（5200 吨）、日立化成工业（苏州）（5000 吨）、长兴电子材料（昆山）（4000 吨）、江苏晶科（1200 吨）	
8	电子气体	江苏南大光电材料	高纯特种气体
		广东华特气体	标准气体、特种气体
		苏州金宏	标准气体、特种气体、7N 电子级超纯氨
		中船重工 718 所、山东绿菱	
9	电子化学品试剂	江阴润玛	各类电子化学品试剂、超净高纯钼铝蚀刻液、超净高纯氢氟酸、硝酸；各类蚀刻液等
		江阴江化微电子	ZX 型低张力正胶显形液、各类电子化学品试剂
		江阴化学试剂厂	各类电子化学品试剂
		湖北兴福	电子级磷酸、蚀刻液
		上海新阳	硫酸铜电镀液、添加剂、铜互连蚀刻清洗液、各类清洗液
10	CMP	安集微电子（上海）	用于 IC 的 CMP 工艺铜/阻挡层抛光液、二氧化硅抛光液、TSV 化学机械抛光液
11	靶材	常州苏晶电子材料	金属钼钯
		有研亿金新材料	超高纯铝合金溅射靶材

五、2015 年中国集成电路材料业技术进步情况

由中国半导体行业协会、中国电子材料行业协会、中国电子专用设备工业协会和中国电子报社共同举办的“第十届（2015 年度）中国半导体创新产品和技术”业已揭晓公布，集成电路材料业有以下企业和创新产品技术获奖（见表 2.13.5）。

表2.13.5　2015年度中国半导体专用材料企业获奖情况

序号	企业名称	获奖产品和技术	创新特点
1	山东绿菱电子材料有限公司	己二酸尾气回收精制电子级(99.9995%)高纯氧化亚氮（笑气）气体	该产品采用大宗工业气体“己二酸”在制造过程排放的尾气作为原材料，将工艺尾气中的氧化亚氮分离出来，并进行精制，得到高纯度的氧化亚氮产品

续表

序号	企业名称	获奖产品和技术	创新特点
2	深圳德邦界面材料有限公司	高性能导热材料	该产品创新性地尝试通过加入功能性助剂改性有机硅树脂，解决导热粉体的均匀分散以及相容性问题，研究出一种新的改性有机硅树脂的新思路和新方法
3	宁波江丰电子材料股份有限公司	长寿命钽环件	该产品根据超高纯钽材料的特殊机械加工性能，设计了有针对性的刀具、切削液、装夹方式，通过采用不同的加工工艺，确保了各种不同的加工材料，在加工后的尺寸精度、表面光洁度以及完美的表面状态
4	安集微电子（上海）有限公司	三维封装抛光液（TSV 系列）及光刻胶去除剂（BPC 系列）	3D-TSV 技术是实现多功能、高性能、高可靠且更轻、更薄、更小的系统级封装最有效的技术途径之一，其中 TSV 电镀填充之后的平坦化及蚀刻后光刻胶的去除是实现该技术的最为关键的制程
5	河北普兴电子科技股份有限公司	超级结 MOSFET 外延片	该产品利用外延生长技术，控制外延层生长过程中滑移线等微缺陷的产生；利用减压低温选择性生长，实现单晶硅在凹槽内选择性外延生长，并获得没有空洞的外延层
6	南京国盛电子有限公司	4～6 英寸低掺厚层碳化硅外延片	该项目技术采用 TCS 作为硅源，反应气体引入 Cl，生成稳定且高黏附系数的 SiHxCly，同时优化反应气体 C/Si 比，极大提高了外延层的生长速率
7	大连保税区科利德化工科技开发有限公司	高纯三氯化硼（99.999%）	该产品建立了洁净充装系统，利用产品低温稳定、不易挥发的性质，低温收集，避免产品分解，同时保证合格产品进入钢瓶后不会二次污染
8	广东华特气体股份有限公司	高纯六氟乙烷（99.999%）	该产品很好地解决了六氟乙烷中 CO2 和 H2O 脱除深度不够和引入无水 HCl 造成安全隐患的问题，降低能耗，增强吸附剂的吸附效果，使六氟乙烷产品达到纯度在 99.9995%以上
9	天津市环欧半导体材料技术有限公司	8 英寸区熔硅单晶	该产品设计了特定合理的热系统，提高电磁托浮力，有效控制固液界面形状，形成具备成晶的温度梯度、悬浮力度等必要条件
10	天津中环领先材料技术有限公司	8 英寸功率器件用区熔单晶硅抛光片	该产品将有蜡抛光系统中的贴蜡机内部与 1000 级大洁净室隔离开，贴片机内部单独构成一个封闭的 1 级洁净空间，在贴蜡前增加了一道硅片清洗工序，解决了硅片抛光前玷污问题

六、2015 年中国集成电路材料业面临的挑战

1. 总体产业规模小，产品档次低

从事集成电路材料业的企业本身比较少，且普遍存在体量小、产品销售收入偏低。材料产品主要集中在 6 英寸线及以下使用的，较少进入 8 英寸生产线，进入 12 英寸生产线的少之又少。高端关键材料主要依靠进口。

2．产品同质化竞争问题严重

在硅材料、化学品和特种气体等同类产品重置现象严重，经营产品大都同质、普遍采用压价促销，导致恶性价格竞争。

3．供应链不完善、产业发展存在瓶颈

在硅单晶用 11～13N 超高纯多晶硅、大尺寸高档石英坩埚和石墨热场，高档光刻胶及其用成膜树脂，高档靶材用超高纯金属，CMP 高档抛光液等严重依赖进口。

4．创新积累不足、创新要素落后

我国在材料投入严重不足，主要靠企业自身投入发展、能力有限。2005—2014 年十年间，我国材料业总投入不足是日本信越公司的 22.60%，全行业总体收入也只有日本信越公司的 8.2%，差距太大了。另外在政策支持、人才引入、技术引进等都显得落后。

5．现行进出口税率对国内企业发展存在不利因素

主要表现在国外进口用材料关税大多采用低税率或退税免税政策，但出口则采用工业产品对应目录的相关税率，仅此一项作用内企比国外同类产品成本上升 5%～15%，不利于市场竞争。

第十四节 2015 年中国台湾地区集成电路产业发展情况

一、2015 年中国台湾地区集成电路产业发展状况

据台湾半导体产业协会（TSIA）和工研院（IEK）统计报道，2015 年台湾地区集成电路产业产值为 22640 亿元新台币（约合 710 亿美元），同比增长 2.8%；其中：集成电路设计业产值为 5927 亿元新台币（约合 186 亿美元），同比增长 2.8%；集成电路制造业（晶圆、芯片）为 12300 亿元新台币（约合 386 亿美元），同比增长 4.9%，其中：晶圆代工业产值为 10093 亿元新台币（约合 316 亿美元），同比增长 10.4%，存储器制造业产值为 2207 亿元新台币（约合 69 亿美元），同比下降 14.8%；集成电路封测业产值为 4413 亿元新台币（约合 138 亿美元），同比下降 2.8%，其中：集成电路封装业产值为 3099 亿元新台币（约合 97 亿美元），同比下降 1.9%，集成电路测试业产值为 1314 亿元新台币（约合 41 亿美元），同比下降 4.7%，如图 2.14.1 和表 2.14.1 所示。

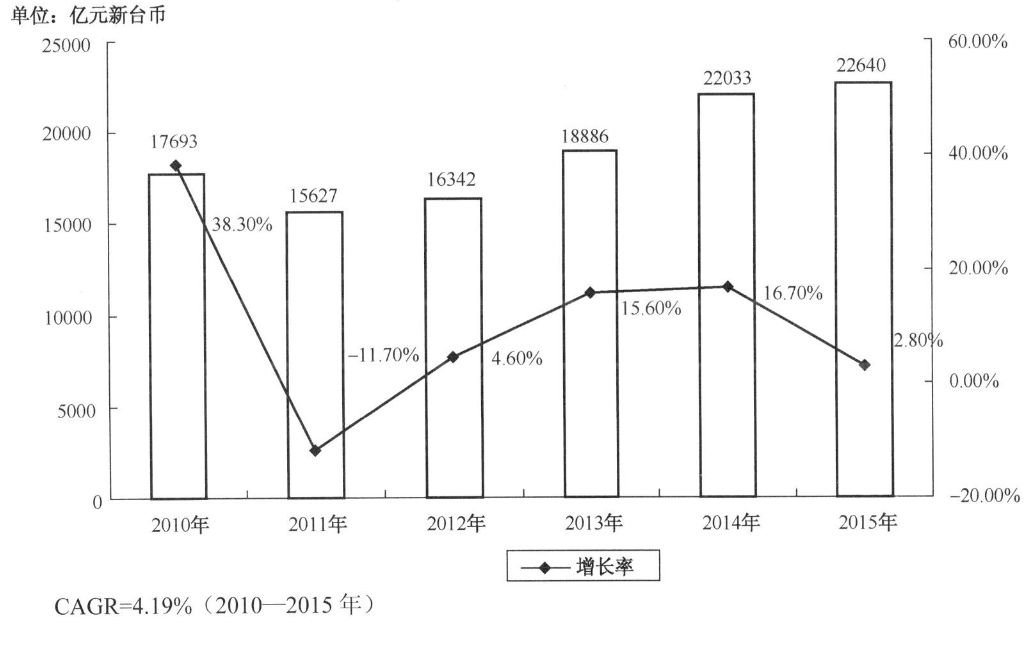

图 2.14.1 2010—2015 年中国台湾地区集成电路产业产值及增长情况

表2.14.1　2010—2015年中国台湾地区集成电路各业产值及增长情况

单位：亿元新台币

	2010	同比	2011	同比	2012	同比	2013	同比	2014	同比	2015	同比
IC 设计业	4548	17.9%	3856	−15.2%	4115	6.7%	4811	16.9%	5763	19.8%	5927	2.8%
IC 制造业	8997	56.0%	7867	−12.6%	8292	5.4%	9965	20.2%	11731	17.7%	12300	4.9%
晶圆代工	5830	42.8%	5729	−1.7%	6438	13.2%	7592	17.1%	9140	20.4%	10093	10.4%
内存制造	3167	88.10%	2138	−32.5%	1809	−15.4%	2373	31.2%	2591	9.2%	2207	−14.8%
IC 封测业	4148	44.4%	3904	−5.9%	3935	7.9%	4110	4.4%	4539	10.4%	4413	−2.8%
封装业	2870	30.6%	2696	−6.1%	2720	0.9%	2844	4.6%	3160	11.1%	3099	−1.9%
测试业	1278	32.3%	1208	−5.5%	1215	0.6%	1266	4.2%	1379	8.9%	1314	−4.7%
IC 产品产值	7715	39.2%	5994	−22.3%	5924	−1.2%	7184	21.3%	8354	16.3%	8134	−2.6%

二、2015 年中国台湾地区集成电路三业发展规模

2015 年中国台湾地区集成电路发展规模如表 2.14.2 和图 2.14.2 所示。

表2.14.2　2015年中国台湾地区集成电路三业规模情况

单位：亿元新台币

年度	2005	2006	2007	2008	2009	2010	2011	2012	2013	2014	2015	CAGR (2005—2015)
IC 设计业	2850	3234	3997	3479	3859	4548	3856	4115	4811	5763	5927	6.88%
IC 晶圆业	5874	7665	7274	6542	5767	8997	7867	8292	9965	11731	12300	6.95%
IC 封测业	2455	3060	3303	3182	2873	4148	3904	3935	4110	4539	4413	5.48%
合计	11179	13959	14574	13203	12793	17693	15627	16342	18886	22033	22640	6.63%

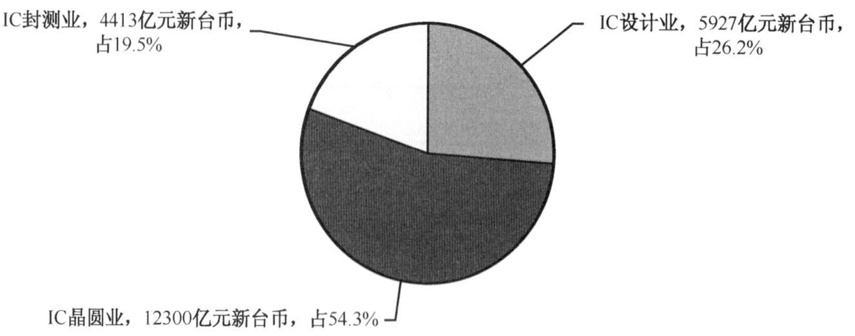

图 2.14.2　2015 年中国台湾地区集成电路三业结构情况

三、2015 年中国台湾地区集成电路设计业发展情况

2015 年中国台湾地区集成电路设计企业有 260 家。据报道 2015 年台湾集成电路设计业发展不如预期。

台湾地区 IC 设计业 2015 年营收额同比增长 2.8%（见图 2.14.3），以美元换算折合下降 2.3%（美元升值之故）；IC 设计业前十大企业同比下降 1.2%（折合美元下降 6.8%）。

从表 2.14.3 可以看出，联发科以 2091 亿元新台币居全行业首位，占比超一半，达到 56.2%，联詠占 13.6%。联发科位居世界 IC 设计业第三位（次于高通和安华高/博通），但联发科同比也下降 2%。（折合美元下降 8.0%）。台湾 IC 设计业前十大营收中，有 6 家企业出现同比下滑的态势，其中：联发科也出现同比下滑 8.0%（折美元）和下滑 2%（按新台币计）；其中：敦泰科技因并购旭曜后增长 126%，扣除并购因素、敦泰公司还是同比出现下滑。

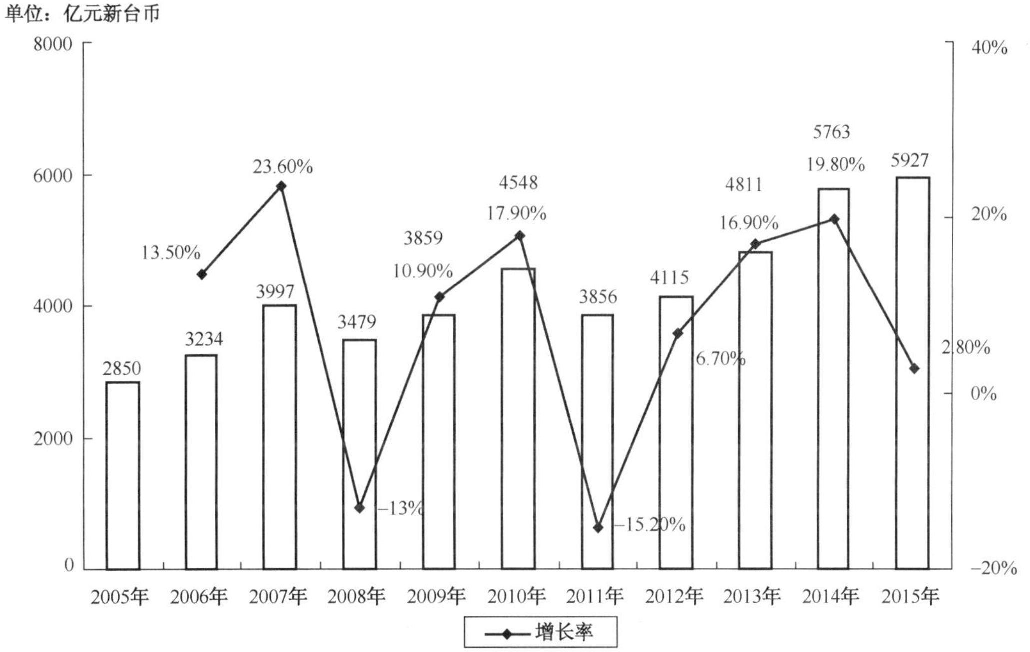

CAGR=6.88%（2005—2015 年）

资料来源：TSIA 工研院（IEK）。

图 2.14.3 2005—2015 年中国台湾地区集成电路设计业营收规模及增长情况

表2.14.3　2014—2015年台湾集成电路设计业十大厂商情况

排名	厂商	2014 年营收（亿元新台币）	2015 年营收预估（亿元新台币）	2015/2014 年成长率（元新台币）	2015/2014 年成长率（美元）	2015 年前十大占比	2015 年 IC 设计业占比
1	联发科	2,130.60	2,091.00	−2%	−8%	56.2%	35.3%
2	联詠	540.7	505.4	−7%	−12%	13.6%	8.5%
3	瑞昱	312.6	304.2	−3%	−8%	8.2%	5.1%
4	奇景	252.2	213.3	−15%	−20%	5.7%	3.6%
5	敦泰	51.9	124.8	140%	126%	3.4%	2.1%
6	立錡	119.3	127.3	7%	0%	3.4%	2.1%
7	晶豪科	98	89.5	−9%	−14%	2.4%	1.5%
8	矽创	76	91.6	20%	13%	2.5%	1.5%
9	凌阳	87.1	92.9	7%	0%	2.5%	1.6%
10	奕力	100.5	81.8	−19%	−23%	2.2%	1.4%
IC 设计前十大企业合计		3768.90	3721.8	−1.2%	−6.8%	100.0%	—
台湾 IC 设计业产值合计		5763.0	5927.0	2.8%	−2.3%	—	100.0%
IC 设计前十大企业占比		65.4%	62.8%	下降 2.6 个百分点	—	—	—

注：2014 年汇率以新台币：美元=30.3∶1；2015 年汇率以新台币：美元=31.9∶1 计算

资料来源：各公司，拓墣产业研究所整理（2015.12）。

四、2015 年中国台湾地区集成电路晶圆业发展情况

2015 年中国台湾地区有集成电路晶圆厂 15 家，其中：晶圆代工厂有 8 家，IDM 厂有 4 家，内存制造厂有 3 家。

据台湾半导体产业协会（TSIA）和工研院（IEK）统计报道，2015 年台湾集成电路晶圆业产值为 12300 亿元新台币（约合 386 亿美元），同比增长 4.9%，其中：晶圆代工产值 10093 亿元新台币（约合 316 亿美元）、同比增长 10.4%；存储器产值 2207 亿元新台币（约合 69 亿美元），同比下降 14.80%，如图 2.14.4～图 2.14.6 及表 2.14.4～表 2.14.7 所示。

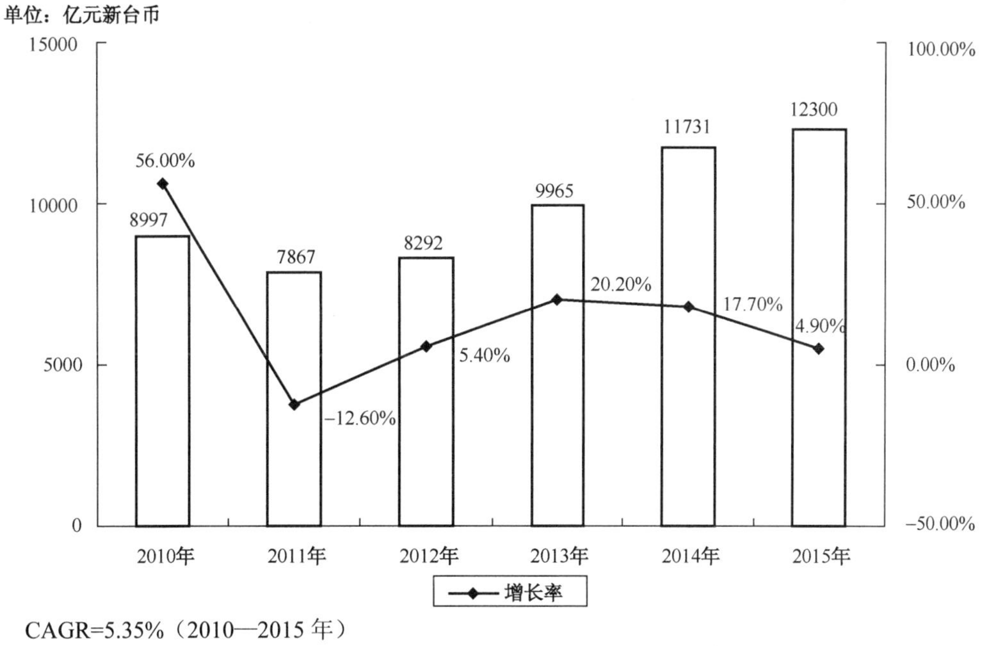

图 2.14.4　2010—2015 年中国台湾地区集成电路晶圆业营收规模及增长

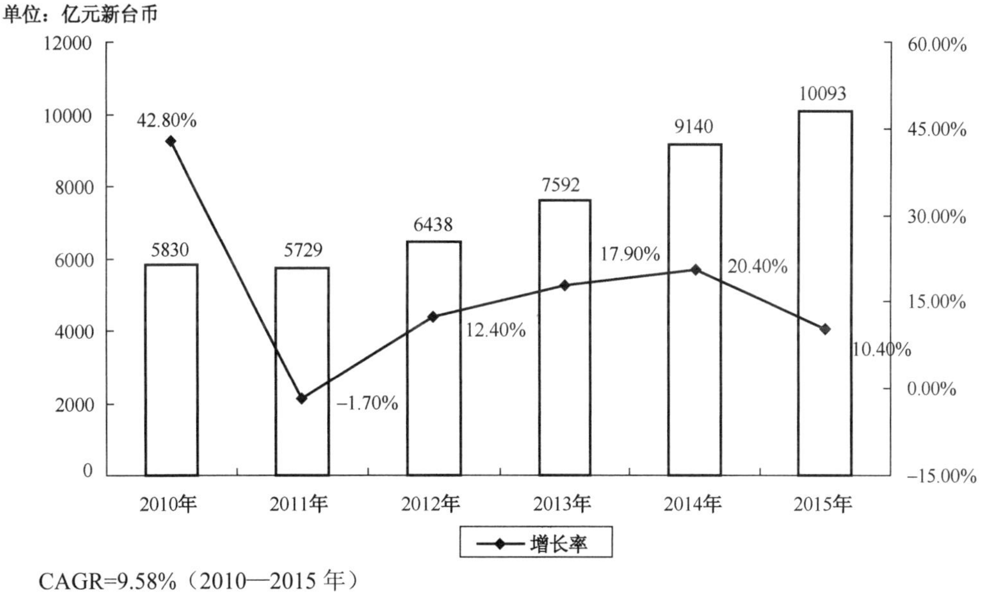

图 2.14.5　2010—2015 年中国台湾地区集成电路晶圆代工营收规模及增长

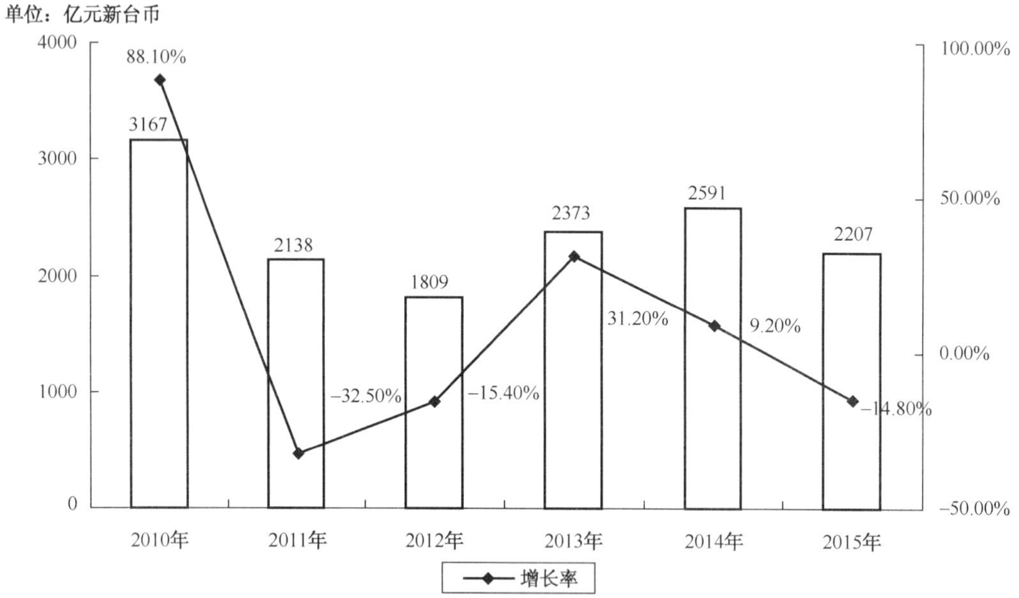

资料来源：TSIA。

图 2.14.6 2010—2015 年中国台湾地区集成电路晶圆（内存制造）营收规模及增长

表2.14.4 2015年中国台湾地区集成电路晶圆代工企业前五强排名

单位：百万美元

序号	企业名称	2015 年			2016 年		
		销售额	同比	占比	销售额	同比	占比
1	台积电（TSMC）	26439	5.90%	79.40%	24975	25.0%	78.80%
2	联电（UMC）	4464	3.1%	13.4%	4331	9.0%	13.70%
3	力晶（Powerchip）	1268	-1.8%	3.8%	1291	9.0%	4.10%
4	世界先进（Vanguard）	736	-6.8%	2.2%	790	11.0%	2.5%
5	稳懋（win）	379	15.90%	1.1%	327	-8.0%	1.0%
台湾 IC 晶圆前五强合计		33286	5.0%	100.0%	31714	—	100.0%
全球 IC 晶圆代工合计		53700	13.1%	—	47477	6.0%	—
台湾 IC 晶圆代工五强占世界 IC 代工比重		—	—	62.0%	—	—	66.80%

资料来源：IC Insights/JSSIA 整理。

表2.14.5 2011—2015年台积电晶圆投片产能情况（折8英寸晶圆）

单位：千片/年

指标名称	2011 年	2012 年	2013 年	2014 年	2015 年(E)	CAGR(%)
晶圆投片产能	13221	15091	16448	18396	20904	9.60%
同比	—	14.10%	9.00%	11.80%	13.60%	—

表2.14.6 2011—2015年联电晶圆投片产能情况（折8英寸晶圆）

单位：千片/年

指标名称	2011 年	2012 年	2013 年	2014 年	2015 年	CAGR(%)
晶圆投片产能	5323	5514	6107	6323	6617	4.45%
同比	—	3.60%	10.80%	3.50%	4.60%	—

资料来源：拓璞产研所（2015.11）。

表2.14.7 2013—2015年台积电公司IC晶圆代工制程工艺技术情况

工艺技术	MEMS	MCU	DRAM	Analog	Logic IC	RFIC	IC BCD	High V	CIS	Sensors
5nm					▲					
7nm					▲					
10nm					●					
14nm		▲			●					
16nm		●	▲	▲	●	▲				
20nm		●	●	●	●	●				
28nm		●	●	●	●	●			▲	
40nm		●	●	●	●	●		▲	▲	▲
55～65nm	▲	▲	●	●	●	●		●	●	●
90nm	●	●	●		●	●		●	●	●
0.11～0.13μm	●		●	●	●	●	▲	●	●	●
0.15～0.18μm	●	●	●	●	●	●	●	●	●	●
0.25～0.35μm	●	●		●	●	●	●	●	●	●
0.5μm	●	●		●	●	●	●	●	●	●

注：●表示生产，▲表示试制/批量生产。

● 2015 年中国台湾地区集成电路晶圆厂投资情况

1）2015 年中国台湾地区集成电路公司资本支出

* 2015 年台积电公司资本支出为 108 亿美元，同比增长 2.60%；
* 2015 年联电公司资本支出为 18 亿美元，同比增长 28.60%。

2）2015 年中国台湾地区集成电路制造设备需求

* 2015 年中国台湾地区集成电路制造设备投入 96.40 亿美元，同比增长 2.40%。

3）2015 年中国台湾地区集成电路研发费投入

* 2015 年台积电研发费投入 20.70 亿美元，同比增长 10.40%；
* 2015 年联发科研发费投入 14.60 亿美元，同比增长 2.10%。

4）2015 年台湾地区集成电路晶圆业投资方向

* 2015 年台湾力晶与安徽省合肥市联合投资 135 亿元人民币建合肥晶合集成 12 英寸

LCD 驱动 IC（生产）线；

* 2014—2015 年，台湾联电与厦门市联合投资厦门联芯科技 12 英寸生产线，总投资 62 亿美元，联电以 45/40 纳米技术切入，有望达到 28 纳米；联电出资 13 亿～14 亿美元；
* 2015 年 10 月至 2016 年 3 月 28 日签约，台积电独资在南京浦口区（江北新区）出资 30 亿美元，建 12 英寸 16 纳米晶圆生产线，月产能初始 2 万片，在 2018 年可投产；
* 2015 年联发科与上海华力拟投资华力第二条 12 英寸晶圆生产线（筹备）；
* 联电在苏州和舰科技扩大 8 英寸生产线产能，月投片能力可达到 6 万～7 万片；
* 台积电在上海松江的 8 英寸生产线扩大产能，月产能从 8 万片扩大到 10 万片，2015 年又扩大到 12 万片。

五、2015 年中国台湾地区集成电路封测业发展情况

2015 年中国台湾地区封测业企业有 37 家，包括封装、测试、设备、测试设备、封装材料等企业。台湾地区集成电路封测业为当今世界同业中处于产业规模最大，技术水平最先进的地区，2015 年封测产值占到世界同业的 30%。

据台湾半导体产业协会（TSIA）和工研院（IEK）统计报道，2015 年台湾地区集成电路封测业产值为 4413 亿元新台币（约合 138.3 亿美元），其中：集成电路封装业产值为 3099 亿元新台币（约合 97.10 亿美元），集成电路测试业产值为 1314 亿元新台币（约合 41.2 亿美元），如图 2.14.7 所示。

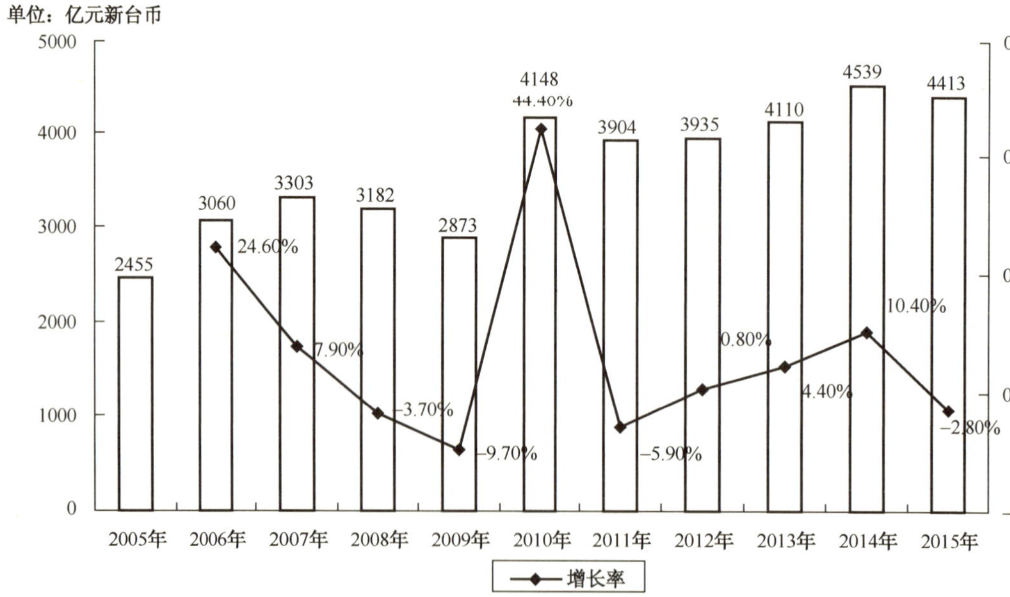

CAGR=5.48%（2005—2015 年）

资料来源：TSIA。

图 2.14.7　2005—2015 年中国台湾地区集成电路封测业营收规模及增长情况

表2.14.8 2012—2016年中国台湾地区集成电路主要封测代工企业情况

单位：亿美元

企业名称	2012 年产值	2013 年		2014 年		2015 年(E)		2016 年(E)		CAGR
		产值	同比	产值	同比	产值	同比	产值	同比	
日月光	43.99	47.40	7.80%	51.70	9.10%	48.18	-6.8%	47.92	-0.5%	1.73%
矽品	21.86	23.35	6.80%	27.41	17.40%	25.53	-6.9%	25.40	-0.5%	3.05%
力成	14.08	12.67	-10.0%	13.21	4.30%	12.92	-2.2%	12.85	-0.5%	-1.81%

附：

企业名称	2012 年产值	2013 年		2014 年		2015 年(E)		2016 年(E)		CAGR
		产值	同比	产值	同比	产值	同比	产值	同比	
安靠	27.60	29.56	7.10%	31.29	5.9%	29.24	-6.6%	29.08	-0.5%	1.05%
长电科技	7.14	8.50	19.0%	9.82	15.5%	24.59	-4.2%	24.46	-0.5%	27.92%
星科金朋	17.02	15.99	-6.1%	15.86	-0.1%	由长电收购		—	—	—

资料来源：拓璞产研所（2015.12）。

由表 2.14.8 可以看出：在 2015 年世界集成电路封测业代工中，都处于下降的态势，2016 年预计也处于微弱下降之势，代工市场竞争更为激烈，引起封装代工毛利率下降。

从表 2.14.9 可以看出，台湾日月光公司毛利率处于全球 IC 封测业的领先地位，矽品位居第二位。长电科技在毛利率上，已超过安靠公司居第三位。

表2.14.9 2013—2015年中国台湾地区集成电路主要封测代工厂毛利率情况

企业名称	2013 年	2014 年	2015 年	平均毛利率
日月光（毛利率）	24.20%	27.70%	26.00%	26.00%
矽品（毛利率）	20.40%	25.10%	25.50%	23.70%
力成（毛利率）	14.10%	16.30%	18.60%	16.30%
安靠（毛利率）	18.40%	17.80%	16.50%	17.60%
长电科技（毛利率）	19.80%	21.0%	20.80%	20.50%
星科金朋（毛利率）	14.00%	11.50%	10.00%	11.80%

2015 年中国台湾地区集成电路封装业技术则处于全球领先地位，日月光和矽品公司除受惠于铜打线制程产能持续提升外，近几年以来锁定应用处理器（AP）、基带芯片（Base Band）等通信应用芯片，朝先进制程与高整合方向发展，积极扩充凸块封装（Bumping）、覆晶封装（Flip Chip）、晶圆级封装（WLP）、系统级封装（SiP）、Fan-out 扇形晶圆级封装（Fo-MLP）、e MCP 等先进封装产能，使得中国台湾封测大厂得以掌握智能手机与平板电脑等移动网络装置出货高增长的商机，带动了中国台湾封测产业发展，表现优于全球

封测产业。

由于智能手机与平板电脑出货在 2015 年处于低潮之中，但在互联网、大数据、云服务和可穿戴设备领域的扩张，使日月光与矽品等中国台湾地区封测大厂持续锁定先进封装产能进行扩充，通信应用与先进封装将成为带动中国台湾地区封测产业成长的重要动力。

第十五节　2016 年中国集成电路产业发展预测

“十三五”期间，我国集成电路产业界要全面落实《国家集成电路产业发展纲要》中提出的“坚持需求牵引、创新驱动、软硬结合、重点突破、开放发展”的原则，形成和实现市场在资源配置中起到决定性作用，更好地发挥政府的扶持引领作用，突出企业的主体地位，破解产业发展的瓶颈，推动产业重点突破和整体提升的发展目标，打造一批重点骨干企业和骨干队伍等。力争 2016 年我国集成电路产业销售收入比 2015 年增长 18.7%，达到 4284.8 亿元，如图 2.15.1 所示。

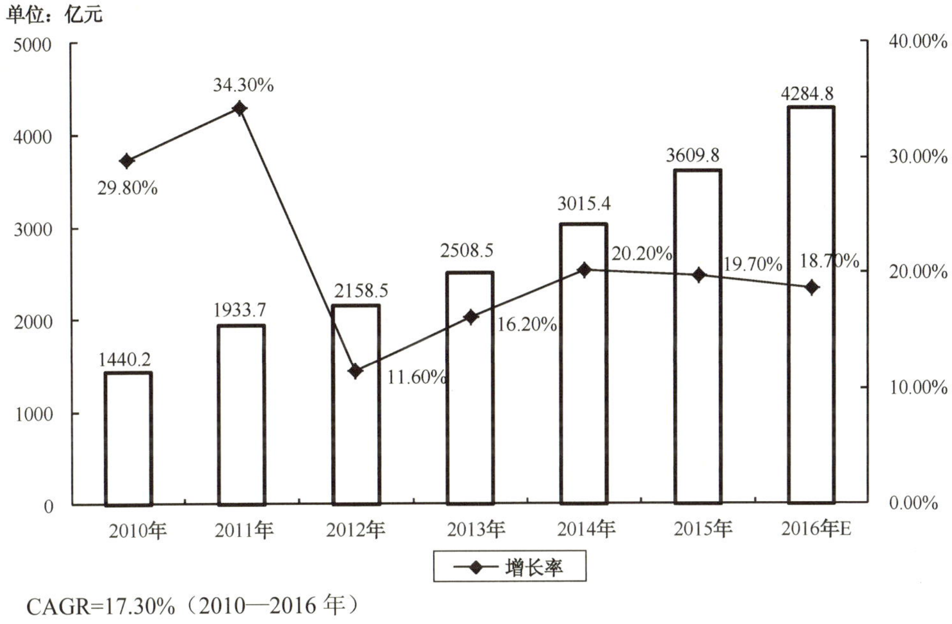

图 2.15.1　2010—2016 年中国集成电路产业发展规模及增长预测

到“十三五”末（2020 年），我国集成电路产业规模将达到 9300 亿～1 万亿元的规模，年复合增长率达 22%。其中：集成电路设计业规模将达到 3900 亿～4000 亿元，集成电路晶圆业规模将达到 2500 亿元，集成电路封测业规模将达到 2900 亿～3000 亿元。

为研究 2016 年集成电路产业发展技术支撑情况，由中国电子报编辑部会同半导体行业专家、研究机构和主导企业，预测了 2016 年最具市场潜力的十大半导体技术如下。

1. 新型传感器

传感器涉及人工智能、VR、3D、智能家居、云技术，在未来，传感器将是创新的重点，如运动传感器，室内定位、能感知加速度、重力等。此外，人机交互技术、语音语义、手势识别、动作跟踪、眼球跟踪等，传感器的创新点几乎是无尽的。随着物联网、智能硬件的普及，发展潜力将无比巨大。

2. 室内定位芯片

GPS 在室外定位领域已被广泛应用，不过它有一个很明显缺陷是较难用于室内定位，而且一般民用的精度也不够高（10 米左右），相对于室内导航的要求（1 米左右）还有一段距离。由此，人们大约 80%活动时间的位置服务，就是一个空白点。与此同时，其中就蕴藏了巨大的商业机会。目前，谷歌、微软、苹果、博通等科技巨头均已开始研究室内定位技术。可以想见，未来随着室内定位芯片技术的商业化，必将带来一波创新高潮，其影响和应用前景绝不会亚于 GPS。目前应用于室内定位的技术方案很多，博通公司推出的一种用于室内定位的新芯片（BCM4752）具备三维定位功能。这种芯片可以通过 WiFi、蓝牙或 NFC 等技术提供室内定位系统支持。该芯片还可以结合其他传感器，例如手机里的陀螺仪、加速度传感器等，将位置的变化实时计算出来。博通公司计划将这种芯片内置到智能手机里。

3. 3Dxpoint

存储是电子产品中最重要的部分之一，它对电子产品来说就像粮食一样不可或缺。每一项新存储技术的诞生都将引发市场关注。何况 3DXpoint 是由英特尔与美光两家业界最具分量的公司重点发布的技术。2015 年下半年英特尔联合美光闪电发布了新非挥发性内存技术“3D-Xpoint”据了解，英特尔 3D-XpointSSD 效能与耐用性令人惊艳——IOPS 效能较传统主流 SSD 快超过 7 倍，延迟效能超过 8 倍，耐用性则足以挑战 SLC-SSD 水准。英特尔已将采用搭载 3D-Xpoint 内存的 SSD 产品作为提升系统产品效能，拉开对手差距的杀手级产品。预计新一代平台将搭配 Kaby Lake CPU 于 2016 年第三季开始出货，有可能将在高端 SSD 市场掀起一阵波澜，带给内存龙头三星等竞争者一大威胁。据悉，三星为了对抗英特尔的攻势，现在正紧锣密鼓地开发新内存产品，打算融合自身 DRAM 与 NAND Flash 的技术优势，赶在 2016 年年中推出。三星的积极因应显示出 SSD 市场未来将有重大改变。

4. NFC 小额支付

2015 年 12 月，苹果公司和中国银联正式宣布合作，将在中国推出 Apple Pay 移动支付服务，预计用户最快于 2016 年年初可在中国大陆使用此服务。就在 Apple 宣布与中国银联合作的同一天，中国银联同样和三星电子达成将 Samsung Pay 引进中国市场的协议。近年来移动支付市场迅速爆发，2014 年全球移动支付交易额达到 3250 亿美元，未来几年内全球移动支付市场将维持 40%左右的复合增长率。相对于远程支付来说，以 NFC（近场支付）技术为代表的近场支付，在交易方式、硬件保障等方面拥有更高的安全性，受应用场景的限制也比较少，使用频率更高，一度将被业界看好，但在中国市场上的应用推广却一直缓慢。随着苹果公司、三星公司等国际大厂进入中国市场，同时在金融机构、电信运营商、手机厂商等的共同推动之下，将有越来越多搭载 NFC 功能的手机、终端被开发出来。未来 NFC 的应用有望开始普及。

5. MCU+无线技术

无论是德国的工业 4.0，还是《中国制造 2025》，核心都是智能制造，制造业数字化程度将日益提高，并使用互联系统来控制复杂的工业生产流程，这就使数据在网络间的低耗、安全、有效传输变得至关重要。由此，低功耗微控制器+工业以太网的 SoC 芯片，将成为一个发展趋势。在所有构成工业 4.0 的技术产品中，低功率的无线链路和微控制器将成为整个系统的核心，MCU+无线技术的新一代解决方案，可简化智慧感测和联网功能设计，并降低物料清单成本，打造无缝连接的物联网环境。如英飞凌推出集成片上 EtherCAT 节点的 XMC4800 系列 32 位 MCU；瑞萨电子推出的 R-IN 开发平台则干脆将多种工业以太网通信标准的接口结合在一起。

6. 车载以太网芯片

近年来，随着汽车中电子产品使用比例快速提高，车载网络的性能也在不断提升。目前在汽车中广泛使用的总线产品包括 CAN、LIN 以及 Flexray 等，未来在娱乐信息系统、辅助驾驶系统（ADAS）快速普及之后，将对车载网络性能有进一步提高，将促使以太网——这种成熟网络技术，应用于汽车环境之中，替代其他总线产品，成为车联网发展的一个新趋势。目前，博通的 BroadR-Reach 车载以太网技术已在一系列车型中获得使用，包括宝马 X3、X4、X5、X6、i3、i8、6 系和 7 系，以及捷豹 XJ、XF 和大众帕萨特。恩智浦半导体、意法半导体都推出了相应的产品。中国搭载以太网的汽车上路时间预计为 2020 年。此外，随着安全互联汽车的兴起以及随之而来的超高数据传输需求，以太网的普及步伐不断加快，支持 1 千兆网络速率的车载以太网交换机收发器产品将会得到应用。

7. 高性能移动 GPU

苹果是目前坚决的自主开发移动芯片的手机厂商。不过，苹果似乎仍不满足于现状。前段时间不断有报道称，苹果不仅致力于移动芯片的 CPU 中央处理单元开发，而且还考虑自行研发 GPU 图形处理单元，相关工作已在进行当中。除此之外，虚拟现实、手机游戏等的发展都使强大的图形处理器越来越重要。目前，ARM 正在不遗余力地推广其 Mail 系列 GPU 内核，Imagination 则在积极进军被 NV 和 AMD 所把持的桌面和专业图形市场。比如在 GDC2014 游戏开发者大会上，Imagination 正式发布了全新的“PowerVRWizard”GPU 家族，号称可在适合移动、嵌入式应用的功耗水平下，提供高性能的光线追踪、图形和计算能力。相信未来，GPU 技术重要性将不断凸显。

8．4K/H.265编解码芯片

市场调研机构IHS预计到2018年，网络摄像头的出货量将超过7400万，市场规模超过100亿美元，中国市场增长最为迅猛。随着视频监控技术的快速发展，高清监控取代标清监控、具备分析能力的智能网络视频监控取代功能单一的模拟视频监控，已经成为不可逆转的趋势。高分辨率是高清IP摄像机的一个重要因素。当前，720P、1080P的高清监控前端已经屡见不鲜，300万像素、500万像素的高清IP摄像机也拥有一定的市场份额，而最新的4K分辨率（4096×2160）已是公认的发展趋势。毕竟，从1080P到4K，获取的信息量将更大，这样也可以做更多的智能分析。目前H.265芯片已经逐渐成熟，从各大厂商的战略布局来看，4K/H.265已是不可阻挡的趋势，随着技术的成熟，成本逐渐降低，4K/H.265芯片必将在更多的应用领域采用。

9．嵌入式基板

嵌入式基板与SIP封装相关。如果将SIP简单地理解为多颗芯片放在一起，需要有多项核心技术方能实现，嵌入式基板就是其中之一。与传统基板相比，嵌入式基板是将原本贴在基板表面的电子元器件埋入基板内部，实现从2D到3D的转变。这种转变不仅大大减少了布线的面积，减少焊接点数，而且免去了原本器件的安装空间，从而减少整体芯片封装体积，达到产品小型化的目标。嵌入式基板在应用之初，只是将电阻、电容埋入基板，在封装内部形成芯片外围电路或者是芯片与芯片之间的连接电路。但是，随着嵌入式基板技术的演进，其他种类的器件也可以嵌入到基板之中，如ACDA、MOSFET等，嵌入基板可以增强这类芯片的散热性能；另外，在射频电路中，将电容嵌入基板也可以增强电路的抗干扰能力和稳定性。所以，嵌入式基板具有小型化、散热性能好、抗干扰能力强等优点。在许多小型化要求较高的应用场合，例如：硅麦克风、组合传感器、手机摄像头、指纹识别等生活常用的电子产品中，嵌入式基板都是不可或缺的部件。

10．SIP封装

追求轻薄短小一向是消费电子的大趋势，这些年来智能手机的发展已经让人们见识到了电子产品小型化的能量，可穿戴设备更是把这种努力推向极致。但是，小型化的背后却是一项项尖端技术保证的，系统级封装（SIP）正是其中十分关键的技术之一。说起SIP，也许大家都不陌生，Apple Watch就采用了这项封装技术，将多颗不同功能的芯片封装在一起。SIP封装是基于SoC的一种新封装技术，将一个或多个裸芯片及可能的无源元件构成的高性能模块装载在一个封装外壳内，包括将这些芯片层叠在一起，且具备一个系统的功能。此外，SIP封装还将多个IC和无源元件封装在高性能基板上，方便地兼容不同制造技术的芯片，从而使封装由单芯片级进入系统集成级。在后摩尔时代，国际半导体技术路线图已经明确将封装作为重要的发展路线，以SIP为代表的多元化器件和功能集成的路线，成为拓展摩尔定律的主要趋势。SIP封装将发挥更大的作用，成为最具发展潜力的半导体技术之一。

第三章

2015 年中国集成电路产品市场发展情况

第一节 2015 年中国电子信息产品市场情况

一、2015 年中国电子信息产品市场概述

- 2015 年中国彩电产量为 1.45 亿台，同比增长 2.70%。其中，液晶电视产量为 1.44 亿台，同比增长 3.8%；智能电视产量为 0.84 亿台，同比增长 14.9%。
- 2015 年中国手机产量为 18.13 亿部，同比增长 7.80%。其中智能手机产量 13.99 亿部，同比增长 11.30%，4G 手机出货量为 4.4 亿部，同比增长 157%，占 31.5%。
- 2015 年中国微型计算机产量为 3.14 亿台，同比下降 10.4%。
- 2015 年中国新能源汽车产量为 34 万辆，同比增长 330%，其中纯电动汽车销量为 18 万辆，同比增长 300%。
- 2015 年中国手机上网用户超 9.05 亿户，再创新高，其中：互联网用户超 2.3 亿户，4G 用户突破 3.8 亿户。
- 2015 年中国空调机出货量持平，零售量为 4143 万台，同比下降 1.7%。
- 2015 年中国冰箱出货量下降 1.9%，零售量为 2613 万台，同比下降 6.6%。
- 2015 年中国洗衣机出货量同比增长 0.7%，智能洗衣机占比为 15%。

二、2015 年中国电子信息产品进出口情况

2015 年中国电子信息产品进出口情况如表 3.1.1 所示。

表3.1.1 2015年中国电子信息产品进出口情况

指标名称	出口		进口	
	金额（亿美元）	同比	金额（亿美元）	同比
合计	7811.0	-1.1%	5277.0	-1.2%
通信设备	2148.0	8.7%	505.0	9.8%
广播电视设备	76.0	-10.2%	41.0	-11.7%
计算机	1941.0	-14.4%	533.0	-12.6%
家用电器	1057.0	-0.6%	198.0	-5.0%
电子元件	808.0	3.0%	480.0	-7.3%
电子器件	1399.0	6.2%	2994.0	2.2%
电子材料	66.0	-6.1%	73.0	-9.6%
电子仪器设备	316.0	-4.9%	453.0	-6.8%

三、2015 年中国电子信息市场发展情况

2015 年中国 IT 市场总体规模达 14616.70 亿元，同比增长 12.00%（见表 3.1.2 和表 3.1.3）。

表3.1.2　2011—2017年中国IT市场规模及增长

单位：亿元

指标名称	2011 年	2012 年	2013 年	2014 年	2015 年	2016 年(E)	2017 年(E)	CAGR
计算机硬件	5866.1	6392.7	6819.0	7327.3	7884.1	8475.4	9024.0	6.54%
软件及设备	1377.3	1603.7	1903.2	2130.7	2480.2	2779.5	3011.1	11.98%
IT、信息服务	2050.7	2520.7	3041.3	3591.6	4252.4	5039.1	5904.6	16.24%
合计	9294.1	10517.1	11763.5	13049.6	14616.7	16294.0	17939.7	10.04%

资料来源：CCID（2016.3）。

表3.1.3　2011—2017年中国IT市场结构

年度	2011 年	2012 年	2013 年	2014 年	2015 年	2016 年(E)	2017 年(E)
计算机	63.1%	60.8%	58.0%	56.0%	53.9%	52.0%	50.3%
软件	14.8%	15.2%	16.2%	16.4%	17.0%	17.1%	16.8%
IT 信息	22.1%	24.0%	25.9%	27.6%	29.1%	30.9%	32.9%
合计	100.0%	100.0%	100.0%	100.0%	100.0%	100.0%	100.0%

第二节　2015 年中国集成电路市场发展情况

一、2015 年中国半导体市场需求情况

2015 年中国半导体市场需求为 13001.3 亿元，同比增长 7.9%（见表 3.2.1 和表 3.2.2）。

表3.2.1　2010—2017年中国半导体市场需求规模及增长情况

单位：亿元

年度	2010 年	2011 年	2012 年	2013 年	2014 年	2015 年	2016 年(E)	2017 年(E)	CAGR
市场需求规模	8477.0	9238.8	9826.2	10566.0	12044.3	13001.3	14535.5	16192.5	9.69%
同比增长率	29.2%	9.0%	6.4%	7.5%	14.0%	7.9%	11.8%	11.4%	—

表3.2.2　2010—2017年中国半导体市场占世界同业市场份额

年度	2010 年	2011 年	2012 年	2013 年	2014 年	2015 年	2016 年(E)	2017 年(E)
市场占有率	42.4%	47.7%	54.1%	55.8%	59.3%	62.3%	64.4%	65.5%
同比成长率	-0.1%	5.3%	6.4%	1.7%	3.5%	4.0%	2.1%	1.1%

二、2015 年中国集成电路市场规模

1. 2015 年中国集成电路市场发展情况

2015 年中国集成电路市场规模为 11024.3 亿元，同比增长 6.1%（见表 3.2.3 和表 3.2.4）。

表3.2.3　2010—2017年中国集成电路市场规模及增长情况

单位：亿元

年度	2010 年	2011 年	2012 年	2013 年	2014 年	2015 年	2016 年(E)	2017 年(E)	CAGR
市场销售额	7349.5	8065.6	8558.6	9166.3	10393.1	11024.3	11629.0	12350.1	6.70%
同比增长率	29.5%	9.7%	6.1%	7.1%	13.4%	6.1%	5.5%	6.2%	—

表3.2.4　2010—2017年中国集成电路市场占世界同业市场份额

单位：亿美元

年度	2010 年	2011 年	2012 年	2013 年	2014 年	2015 年	2016 年(E)	2017 年(E)	CAGR
世界半导体市场规模	3004.0	3000.0	2920.0	3060.0	3360.0	3351.7	3360.9	3464.5	1.80%
同比增长率	32.9%	-0.1%	-2.7%	4.8%	9.9%	-0.2%	0.3%	3.1%	—
中国集成电路市场规模	1086.0	1249.0	1356.0	1472.0	1698.0	1764.0	1789.5	1900.0	7.24%
同比增长率	30.1%	15.0%	8.6%	8.6%	15.4%	3.9%	1.4%	6.2%	—
中国市场占比	36.2%	41.6%	46.4%	48.1%	50.5%	52.6%	53.2%	54.8%	—

三、2015 年中国集成电路市场产品结构及增长情况

从表 3.2.5 可以看出：2015 年中国集成电路市场产品中，存储器占到 24%，同比增长 7.30%；专用标准 IC 占到市场的 20.70%，同比增长 10.30%；微周边器增长 18.10%，微控制器增长最快，达到 19.50%的份额。由于计算机产量的下滑，CPU 同比下降 8.20%。

表3.2.5　2015年中国集成电路市场产品结构及增长情况

序号	产品名称	2015 年			2014 年
		销售额（亿元）	同比	市场占比	销售额（亿元）
1	Logic IC（逻辑电路）	496.1	5.6%	4.5%	469.9
2	MCU（微控制器）	352.8	19.5%	3.2%	295.2
3	ASICs（专用电路）	308.7	10.5%	2.8%	279.4
4	Microperip herals（微周边器）	1124.5	18.1%	10.2%	951.7
5	Memory　（存储器）	2645.8	7.3%	24.0%	2465.5
6	ASSPS（专用标准产品）	2282.0	10.3%	20.7%	2067.6
7	Analog IC（模拟电路）	1885.2	12.1%	17.1%	1682.2
8	CPU（中央处理器）	1300.9	−8.2%	11.8%	1417.4
9	Embedded CPU（嵌入式 CPU）	628.4	9.1%	5.7%	575.9
10	Digital Microprocessor（数字微处理器）	—	—	—	188.3
合计		11024.3	6.1%	100.0%	10393.1

资料来源：CCID（2016.3）。

四、2015 年中国集成电路市场应用结构

从表 3.2.6 可以看出：2015 年我国实施“中国制造 2025”“两化融合”“物联网+”等工程，在集成电路应用中工业控制领域用集成电路增长最快，达到 33.90%；汽车电子是我国集成电路产品应用的新增长点，达到 32.50%；由于计算机市场的下滑，集成电路产品在计算机领域应用下降 2.0%（有的报道称下降 8.30%），但计算机领域仍是我国集成电路产品应用的第一大用户领地，其体量大、后劲足、仍是不可忽视的产品应用领域。

表3.2.6　2015年中国集成电路市场应用

序号	应用领域名称	2015 年			2014 年
		销售额（亿元）	同比	占比	销售额（亿元）
1	计算机	3274.2	−2.0%	29.7%	3340.3
2	网络通信	3219.1	8.7%	29.2%	2961.5
3	消费电子	2403.3	7.0%	21.8%	2246.1
4	工业控制	1267.8	33.9%	11.5%	946.8

续表

序号	应用领域名称	2015 年			2014 年
		销售额（亿元）	同比	占比	销售额（亿元）
5	汽车电子	341.8	32.5%	3.1%	258.0
6	其他	518.1	−19.1%	4.7%	640.4
合计		11024.3	6.1%	100.0%	10393.1

第三节 2015 年中国 IT、IC 主要产品市场发展情况

一、2015 年中国手机市场情况

（一）2015 年世界手机市场情况

2015 年世界手机出货量约为 20 亿部，同比增长 5.80%；2015 年世界智能手机出货量约为 14.3 亿部，同比增长 10.1%，如图 3.3.1、图 3.3.2 及表 3.3.1、表 3.3.2 所示。

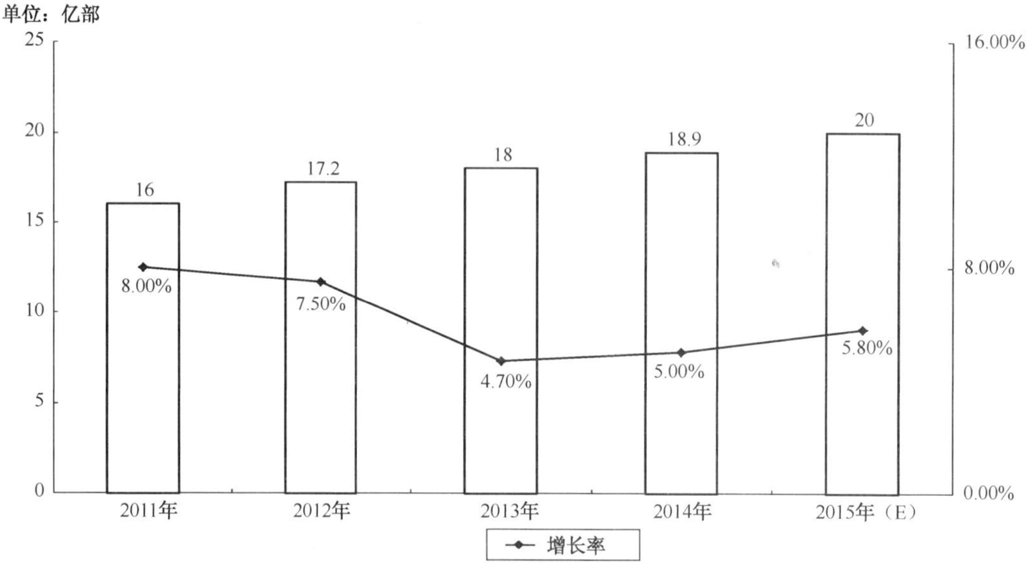

CAGR=4.56%（2011—2015 年）

资料来源：JSSIA 整理。

图 3.3.1 2011—2015 年世界手机出货量

表3.3.1 2015年世界智能手机前五名出货量

序号	厂商名称	2015 年		
		出货量（亿部）	市占率	年增长率
1	三星	324.8	22.7%	2.1%
2	苹果	231.5	16.2%	20.2%
3	华为	106.6	7.4%	44.3%
4	联想	74.0	5.2%	24.5%
5	小米	70.8	4.9%	22.8%
6	其他	625.2	43.6%	4.4%
合计		1432.9	100.0%	10.1%

资料来源：IDC（2016.01）。

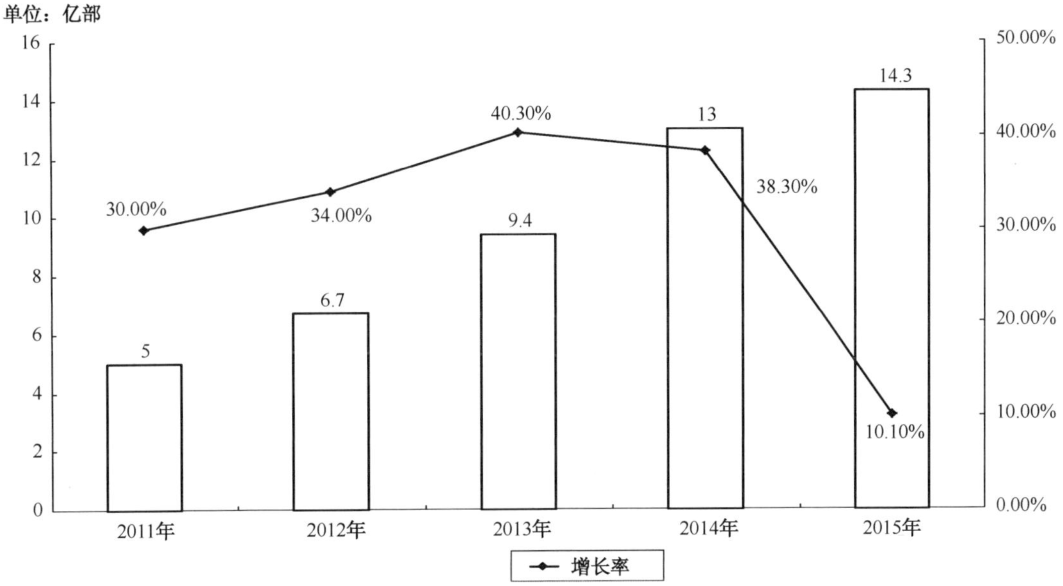

CAGR=23.39%（2011—2015 年）

资料来源：JSSIA 整理。

图 3.3.2 2011—2015 年世界智能手机出货量

表3.3.2 2014—2016年世界智能手机前十名出货量排名

序号	2014 年		2015 年		2016 年(E)	
	企业名称	市占率	企业名称	市占率	企业名称	市占率
1	三星	27.8%	三星	24.8%	三星	22.2%
2	苹果	16.4%	苹果	17.5%	苹果	16.8%
3	联想/摩托罗拉	7.9%	华为	8.4%	华为	9.3%
4	华为	6.2%	小米	5.6%	联想	6.1%
5	LG	5.4%	联想	5.4%	小米	5.8%
6	小米	5.2%	LG	5.3%	LG	5.0%
7	Coolpad	4.2%	TCL	4.0%	TCL	4.0%
8	索尼	3.9%	欧珀	3.8%	欧珀	3.9%
9	TCL	3.3%	步步高	3.3%	步步高	3.4%
10	中兴	3.1%	中兴	3.1%	中兴	3.1%
11	其他	16.6%	其他	18.8%	其他	20.3%
合计		100%		100%		100%
出货量合计		11.73 亿部		12.93 亿部		13.97 亿部
同比增长率		—		10.30%		8.1%

资料来源：Trend Force（2015.12）。

（二）2015 年中国手机市场简况

1. 2015 年中国手机产销量

据国家统计局公布，2015 年中国手机产量为 18.19 亿部，同比 7.8%（见表 3.3.3）。2015 年中国国内手机市场出货量为 5.18 亿部，同比增长 14.6%；占世界手机市场的 25.9%，上市新手机达 1496 款型，同比下降 28.1%（见图 3.3.3）。

表3.3.3 2010—2015年中国手机产量及增长情况

年度	2010 年	2011 年	2012 年	2013 年	2014 年	2015 年	CAGR
产量（亿部）	10.1	11.4	11.9	14.6	17.5	18.19	10.30%
增长率	17.6%	12.9%	4.7%	22.3%	19%	3.9%	—

资料来源：JSSIA 整理。

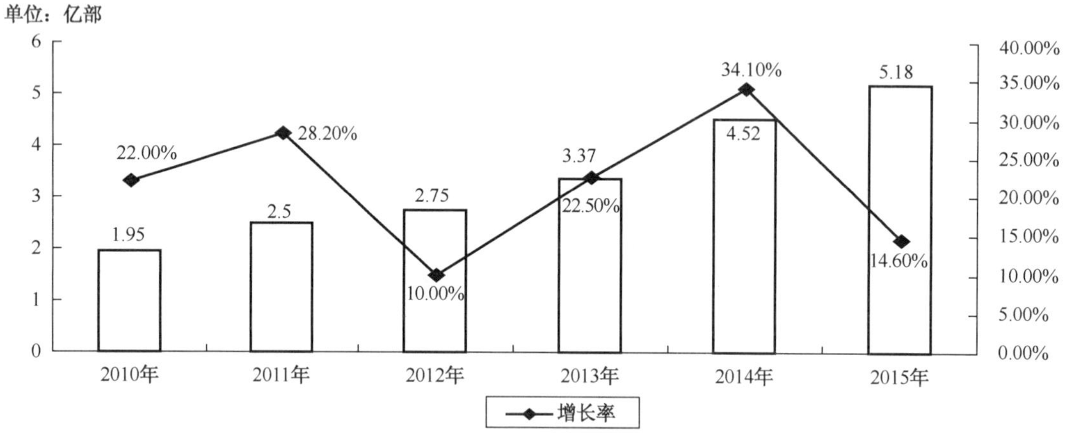

CAGR=5.47%（2010—2015 年）

图 3.3.3 2010—2015 年中国国内手机市场规模及增长情况

2015 年，中国智能手机国内出货量为 4.57 亿部，同比增长 17.5%，占比为 32.7%；占世界智能手机的 36.1%，同比提升 4 个百分点（见图 3.3.4）。

2015 年，中国 4G 手机国内出货量为 4.40 亿部，同比增长 157.00%，占比为 31.5%，上市新机型 1106 款，同比增长 39.6%，占比为 73.9%。

2015 年，华为手机出货量首破 1 亿部，同比增长 33.30%，其中高档手机占到其出货量的 33%，出口到欧美市场占其出货量的 60%以上；小米手机产量达到 7500 万部，同比增长 14.5%；联想手机压宝在 MOTO 上，在 2015 年二季度重组后效果较为明显提升（见图 3.3.5）。

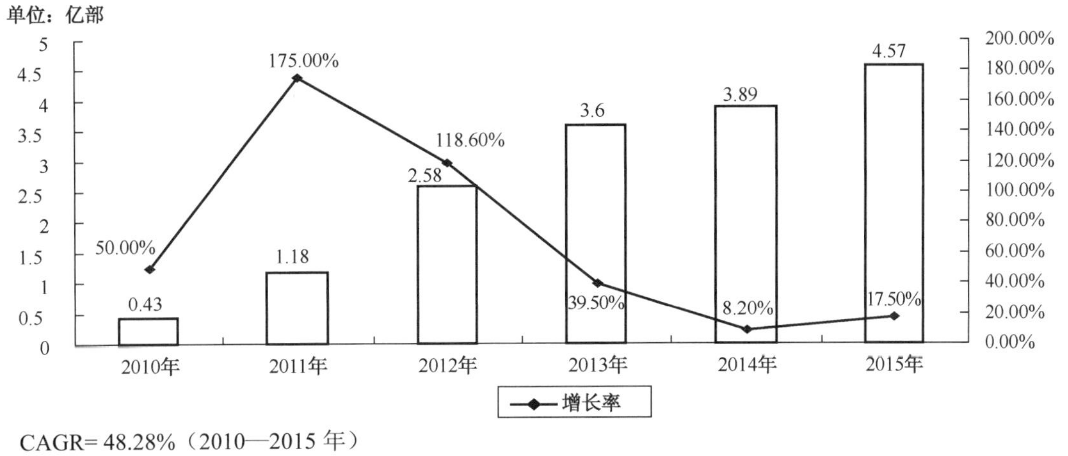

图 3.3.4　2010—2015 年中国智能手机市场规模及增长

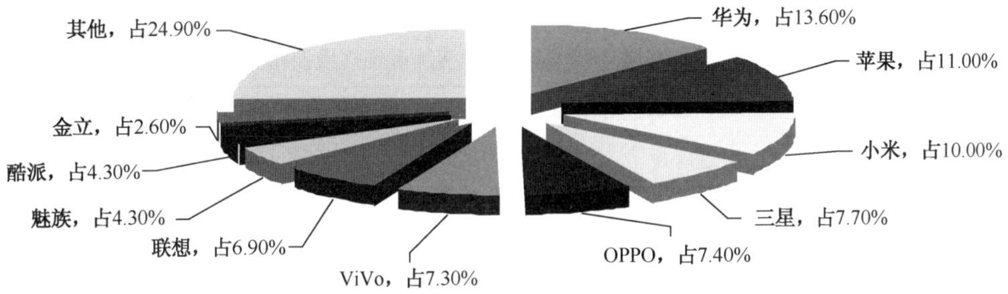

图 3.3.5　2015 年中国手机国内市场排行前十名

（三）2015 年中国手机芯片市场

1．2015 年世界手机芯片市场

据市场调研机构 Strategy Analytics 报道，2015 年世界基带芯片市场规模达 209 亿美元，同比增长 21.00%，其中：高通公司占 66%、联发科占 17%、展讯占 5%；应用处理器市场规模达 221 亿美元，同比增长 14.10%，其中：高通公司占 52%、苹果公司占 18%、联发科占 14%，华为和三星更多采用自产芯片（见表 3.3.4）。

2015 年世界手机芯片市场突破 400 亿美元，达到 430 亿美元。

表3.3.4　2015年与2014年安卓设备芯片品牌分布比例比照

序号	厂商名称	2015 年占比	2014 年占比	2015 年/2014 年
1	高通	30.62%	32.30%	下降 1.68 个百分点
2	联发科	29.35%	31.67%	下降 2.32 个百分点
3	三星	15.84%	22.10%	下降 6.26 个百分点
4	英特尔	9.34%	2.81%	上升 6.53 个百分点
5	海思	7.73%	2.90%	上升 4.83 个百分点

续表

序号	厂商名称	2015 年占比	2014 年占比	2015 年/2014 年
6	瑞芯微	4.58%	1.86%	上升 2.72 个百分点
7	联芯	0.52%	英伟达占 3.755	上升 0.52 个百分点
8	其他	2.02%	2.60%	下降 0.58 个百分点
合计		100.00%	100.00%	

2. 2015 年中国手机芯片市场

2015 年世界各大手机芯片厂商营业收入及利润均出现不同程度的下滑，但中国手机芯片市场受到的影响较小，全年手机芯片市场销售额达到 2491.3 亿元，同比增长 10.8%，手机芯片销量为 357.10 亿块，同比增长 11.30%。据预测，到 2018 年中国手机芯片销量可达 445.3 亿块，销售额可达 3182 亿元（见表 3.3.5～表 3.3.7）。

表3.3.5　2011—2018年中国手机芯片市场规模及增长情况

指标名称	2011 年	2012 年	2013 年	2014 年	2015 年	2016 年(E)	2017 年(E)	2018 年(E)	CAGR
销量（亿块）	218.9	223.1	278.0	320.8	357.1	386.7	415.7	445.3	9.28%
增长率	12.3%	1.9%	24.6%	15.4%	11.3%	8.3%	7.5%	7.1%	—
销售额（亿元）	1506.5	1582.2	1936.2	2248.5	2491.3	2718.0	2946.3	3182.0	9.80%
增长率	10.5%	5.0%	22.4%	16.1%	10.8%	9.1%	8.4%	8.0%	—

资料来源：CCID（2016.3）。

表3.3.6　2015年中国手机芯片市场应用结构

应用型别	销量（亿块）	占比	销售额（亿元）	占比
存储器	40.7	11.4%	590.4	23.7%
电源管理	113.2	31.7%	241.7	9.7%
多媒体应用	66.8	18.7%	383.7	15.4%
基带芯片	11.1	3.1%	244.1	9.8%
射频芯片	49.3	13.8%	239.2	9.6%
无线连接	26.1	7.3%	231.7	9.3%
应用处理	10.4	2.9%	520.7	20.9%
其他	39.6	11.1%	39.9	1.6%
合计	357.1	100.0%	2491.3	100.0%

表3.3.7 2016—2018年中国手机芯片市场应用预测

应用型别	2016年(E)			2017年(E)		2018年(E)	
	销售额（亿元）	同比	占比	销售额（亿元）	占比	销售额（亿元）	占比
存储器	644.2	9.1%	23.7%	698.3	23.7%	754.1	23.6%
电源管理	263.6	9.1%	9.7%	285.8	9.7%	308.7	9.7%
多媒体应用	428.5	11.7%	15.8%	473.7	16.1%	520.0	16.3%
基带芯片	256.4	5.0%	9.4%	268.7	9.1%	281.8	8.9%
射频芯片	260.9	9.1%	9.6%	272.8	9.3%	285.5	10.0%
无线连接	252.8	9.1%	9.3%	274.1	9.3%	295.9	9.3%
应用处理	568.1	9.1%	20.9%	625.8	21.2%	685.1	21.5%
其他	43.5	9.0%	1.6%	47.1	1.6%	50.9	1.6%
合计	2718.0	9.1%	100.0%	2946.3	100.0%	3182.0	100.0%

资料来源：CCID（2016.3）。

3．2015年中国智能手机芯片产品市场结构情况

从表3.3.5可以看出，高通公司在4G手机芯片中仍保持在中国第一的位置，占比达50.00%以上，联发科正在追赶，占到33.3%的份额；华为海思异军突起，产量扩大180%，占比达10.00%，以16纳米工艺制程站稳脚跟，是2015年最大的亮点；中国大陆的展讯和联芯的4G芯片已进入商用阶段；马威尔渐行渐远，有可能被淘汰出中国大陆的市场。

表3.3.8 2015年中国智能手机4G芯片市场情况

厂商名称	2015年出货量（百万颗）	2014年出货量（百万颗）	2015年/2014年	2015年占比
高通（QCOM）	210	110	90.9%	50.0%
联发科（Mediatek）	140	35	300.0%	33.3%
海思（Hislcon）	42	15	180.0%	10.0%
展讯（SPRD）	12	—	—	2.9%
联芯（Leadcore）	11	—	—	2.6%
马威尔（Marvell）	5	20	-75.0%	1.2%
合计	420	180	133.3%	100.0%

从表3.3.9可以看出，3G智能手机芯片同比下降30%。2015年联发科（MTK）仍占中国3G芯片市场的66.70%，但同比减少30.00%；展讯虽有增长，但幅度不大，仅有18.8%，其主要因素为应用于二三线运营商定制的低端手机中。

表3.3.9　2015年中国智能手机3G芯片市场情况

厂商名称	2015 年出货量（百万颗）	2014 年出货量（百万颗）	2015 年/2014 年	2015 年占比
联发科（Mediatek）	210	300	-30.0%	66.7%
展讯（SPRD）	95	80	18.8%	30.2%
高通（QCOM）	10	70	-85.7%	3.1%
合计	315	450	-30.0%	100.0%

2016 年智能手机更趋于多样化、个性化、定制化，竞争将会愈演愈烈。智能手机芯片将面临更大的价格和成本压力。

（四）2015 年手机芯片技术进步情况

1. 2014—2015 年中国市场主力手机芯片

2014—2015 年中国市场主力手机芯片如表 3.3.10 所示。

表3.3.10　2014—2015年中国市场主力手机芯片制造工艺

公司名称	芯片型号	制造工艺水平
高通	骁龙 820A 骁龙 820 骁龙 810 骁龙 808 骁龙 615 骁龙 610	14 纳米 16 纳米 20 纳米 20 纳米 28 纳米 28 纳米
英特尔	酷睿（Sky-LAKE）	14 纳米 16 纳米 20 纳米
三星	Galaxy/Exynos 8/ Galaxy A7/Exynos 5433	14 纳米 20 纳米
迈威尔	Maxvell PXA1908 Maxvell PXA1936 Maxvell AP806	28 纳米 28 纳米 20 纳米
联发科（中国台湾）	—	16 纳米 20 纳米 28 纳米
华为海思	麒麟系列	16 纳米 20 纳米 28 纳米
展讯	Spreadtrum	20 纳米 28 纳米
锐迪科	RDA	20 纳米 28 纳米

续表

公司名称	芯片型号	制造工艺水平
联芯科	Leadcore	20 纳米 28 纳米

2. 2015 年中国 4G 手机芯片取得重要进展

自 2014 年中国 4G“中国芯”有重大突破，在 2015 年最有代表性的是:

* 海思 16 纳米手机芯片的正式投产，装备华为手机；
* 展讯通信推出 28 纳米 4G SoC 单片芯片；
* 中兴通信开发出 28 纳米 4 模 18 款 4G 商用芯片；
* 大唐电信开发出基于 28 纳米 5 模芯片；

2015 年中国手机以从 3G 过渡到 4G，4G 手机出货量也达到 4.4 亿部，同比增长 157%，占到全国智能手机总量的 96.30%，占到国内市场总量的 85%。2015 年 4G 手机新款面市 1106 款，同比增长 39.6%，占比达到 73.9%。

2015 年中国 5G 标准已进入规划实施期，成立了推进协调工作组，参与制订 5G 标准，进入世界 5G 标准领域并取得话语权，计划在 2020 年前全面推广实施。

二、2015 年中国彩电市场情况

（一）2015 年世界电视机市场情况

1. 2015 年世界电视机产量

2015 年世界电视机产量约为 1.45 亿台，同比基本持平。2015 年世界 LCD 电视机产量约为 2.32 亿台，同比基本持平（见图 3.3.6）。

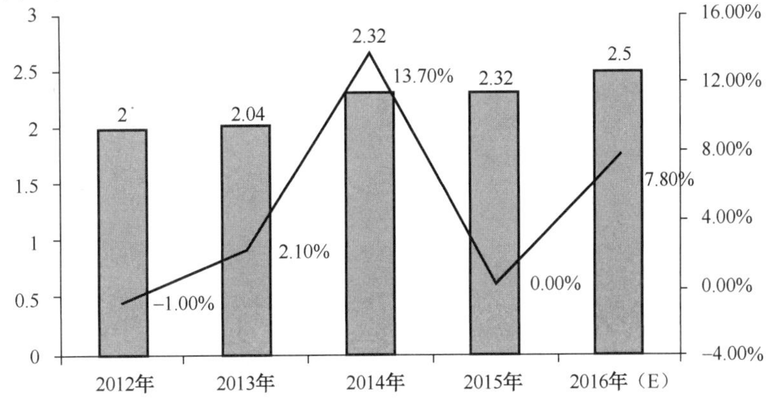

CAGR=4.56%（2012—2016 年）

资料来源：JSSIA 整理。

图 3.3.6　2012—2015 年世界 LCD 电视机出货量情况

2. 2015 年世界主要 LCD 厂商情况

2015 年世界 LCD 主要厂家主要集中在中国、韩国和日美等国。其中：中国占 5 家（TCL、海信、创维、康佳和长虹）、韩国 2 家（三星、LG）、日本 2 家（索尼、夏普）、美国 1 家（Vizio），占到世界 LCD 市场近 40%的份额。中国海信居第三位，三星居第一位，LG 居第二位，索尼居第四位。

（二）2015 年中国彩电市场情况

1. 2015 年中国彩电产量

2015 年中国彩电产量达 1.44 亿台，同比增长 2.1%，占世界电视机产量的 61.30%。2016 年中国彩电产量将达到 1.48 亿台，同比增长 3.1%，占世界电视机产量的 59.2%（见图 3.3.7）。

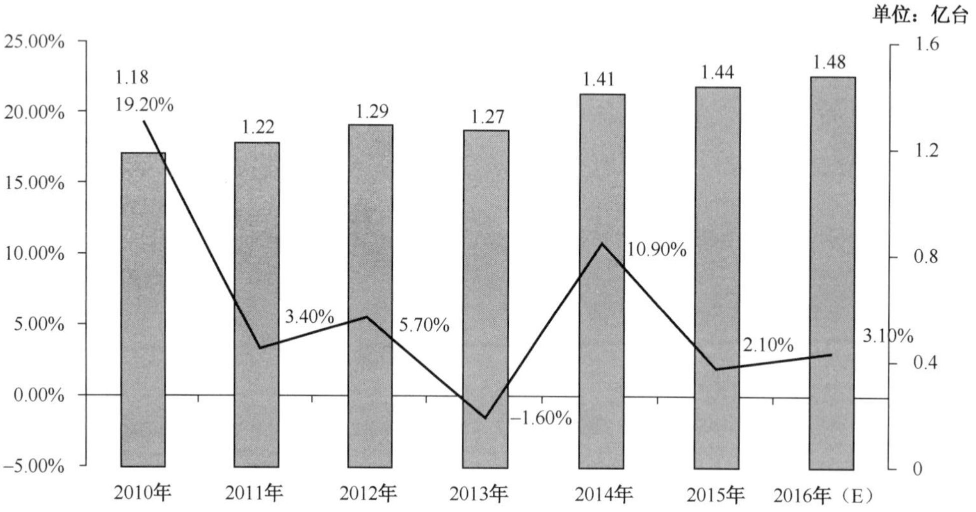

CAGR=3.29%（2010—2016 年）

资料来源：JSSIA 整理。

图 3.3.7　2010—2016 年中国彩电生产规模及增长

2. 2015 年中国智能彩电发展情况

2015 年中国智能彩电发展情况如图 3.3.8 所示。

3. 2015 年中国彩电出口情况

2015 年中国彩电出口量约为 9726 万台，同比增长 31.3%。其中，液晶彩电出口占总出口量的 94.50%左右。

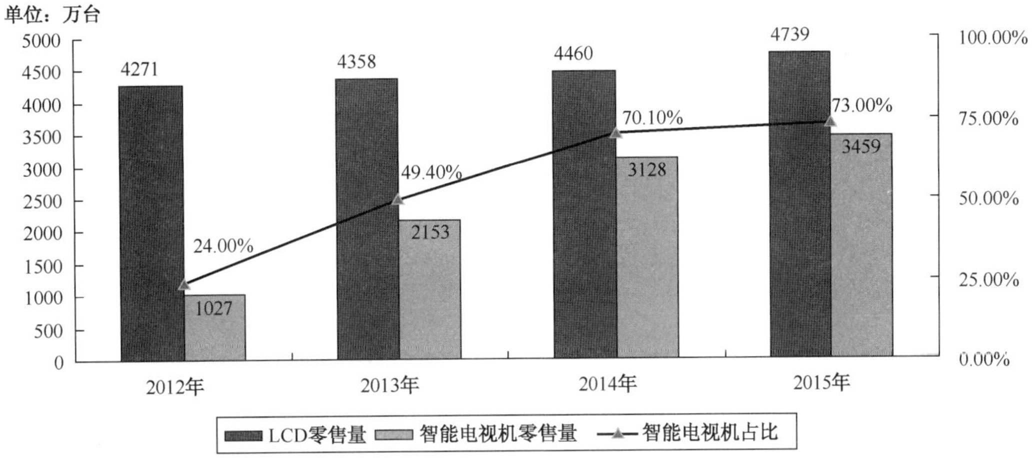

资料来源：JSSIA 整理。

图 3.3.8 2012—2015 年中国智能电视（零售量）发展规模及增长

4. 2015 年中国彩电国内市场情况

据奥维云网：2015 年中国彩电零售量规模为 4674 万台，同比增长 4.80%，零售额为 1572 亿元，同比增长 7.5%。平均价为 3363 元/台，同比增长 2.6%。据此，2015 年中国彩电业整体表现远超出业界预期。

2015 年中国彩电零售市场中，线上零售量为 1301 万台，同比增长 65.3%，渗透率高达 27.8%；线下零售量为 3373 万台，同比下降 8.20%。线上销售量增长速度远高于线下增长速度。这由于，一方面是全年进行 12 次大规模促销活动（比 2014 年增加 2 次），使消费者可以用低价格购买到更高性能的产品，促销拉动了彩电更新换代需求的释放，使彩电更新换代年限缩短了 1.5 年。另一方面是电商频繁发起的购物节（双 11 等）以及互联网企业高调的传播造势，在一定程度上激活了年轻一代网络用户群的消费观而带来市场新的增量。

2015 年智能电视线上渗透率达 75%，4K 智能电视占比接近 30%，代表高端电视的曲面、超薄电视在线上销售也在不断增加，从尺寸上来看，50～55 英寸平板电视市场占比近 40%。

2015 年平板电视市场零售量为 4825 万台，同比增长 5.2%；零售额为 1632 亿元，同比增长 2.1%。2015 年我国平板电视线上市场零售量为 1420 万台，同比增长 46.4%；零售额为 389 亿元，同比增长 31.4%。线上零售量和零售额分别占到市场的 29.4%和 23.8%。

5. 2015 年中国彩电业技术发展情况

2015 年彩电业发力大尺寸和高端产品结构调整成效显现。一方面，尺寸结构升级支撑了价格上升。2015 年我国彩电产品平均尺寸已达 44 英寸，比 2014 年增加 2.3 英寸，超出全球平均尺寸 3.5 英寸。另一方面，高端产品持续发展，是拉动了国内彩电市场的内生动力，2015 年 55 英寸以上大尺寸产品渗透率达到 22%，智能彩电产品渗透率已高达 73%，曲面电视、激光电视、4K 电视和 OLED 电视等创新产品不断涌现。

2016 年从彩电产品和技术来看，可成为“画质年”，在国际展会（CES）上，OLED、HDR、QD、8K 等技术成为主流产品。高端产品市求率更加突出，随着彩电智能化、高端化、精品化的深入发展，曲面电视在市场零售额占比已达到 12.3%，在 65 英寸电视中曲面电视渗透率更高达 33.3%，我国彩电业消费潜力将得到更充分的挖掘。

我国电视整机厂为在技术上领先其他同行一步或几步，都在组织成立自有的电视芯片研发部门，组织有关专家从事高端电视芯片的研发，减少因芯片受制于人的境遇，如海信、TCL 等。

三、2015 年中国计算机市场情况

（一）2015 年世界计算机市场情况

据调研公司 IDC 预测，2015 年世界微型计算机市场销量预计为 2.76 亿台，出现同比下滑 8.9%的严重局面，首破下跌 3 亿部的大关（Gartner 报道称，2015 年全球 PC 机出货量为 2.89 亿台，同比下降 8.0%）。究其原因：一是大屏 4G 手机的高速发展应用更广泛，大有取代 PC 机部分功能的可能；二是平板电脑的广泛流行，便于携带，也同样取代了 PC 机中娱乐、音视频、多媒体的功能，且受到中老年人的喜爱，但总出货量呈下降之势；三是移动笔记本电脑虽呈下降之势，但仍有发展余地；四是 PC 机换机更新周期长；五是目前可穿戴设备正在盛行之势，也会相应削弱 PC 的销售业绩。但业界仍认为，无论智能手机、平板电脑、笔记本电脑、可穿戴设备等，都无法全面替代桌面微型计算机（PC）的功能和作用。现在新旧 PC 更换在生活及办公用量的增大，PC 机仍有复苏的可能，同时也会进入低增长的常态化区间运作。

据美国市场调研公司 IDC 预测 2016 年世界 PC 机市场同比下降 3.0%（见表 3.3.11）。

表3.3.11　2010—2016年世界微型计算机出货量及增长

年度	2010 年	2011 年	2012 年	2013 年	2014 年	2015 年	2016 年(E)
PC 出货量（亿台）	3.92	3.75	3.51	3.16	3.09	2.76	2.68
同比增长率	3.9%	-4.3%	-0.5%	-10%	-2.1%	-8.9%	-3.0%

CAGR=-5.68%（2010—2015 年）

资料来源：JSSIA 整理。

2015 年第四季度世界 PC 机出货量同比下降 10.6%，降至 2008 年以来的最低点，其中联想下降 4.5%，惠普下降 10.1%，戴尔下降 5.7%；华硕增长 0.8%，苹果增长 2.8%。纵观 2015 年，仅有苹果 PC 机呈正增长，这也是苹果公司鲶鱼效应在起作用之故。

2015 年世界 PC 机产量业绩排名，前十名分别为联想、惠普、戴尔、苹果、宏碁、华

硕、东芝、三星、同方、富士通。中国大陆的联想位居第一，同方进入前十名之列。

2016年世界PC机市场预计下滑3.0%，销量为2.68亿台，下降的幅度正在收窄，有所回升。但整体来看自2011年以来世界个人电脑市场一路走低，今后几年里仍处于低增长和市场疲弱态势中徘徊。戴尔已放声出售PC机业务，将引发PC业界的兼并整合的前奏。

（二）2015年中国微型计算机产业情况

据国家统计局公布：2015年中国微型计算机产量为3.14亿台，同比下降10.4%，这是自2013年以来，连续下降三年，也是三年来下滑最为惨重之年（见表3.3.12）。

表3.3.12　2010—2015年中国微型计算机产量及增长

年度	2010年	2011年	2012年	2013年	2014年	2015年	2016年E
PC产量（亿台）	2.46	3.25	3.54	3.52	3.51	3.14	3.00
同比	—	32.4%	8.9%	-0.5%	-0.8%	-10.4%	-4.4%

CAGR= 4.15%（2010—2015年）

资料来源：JSSIA整理。

2015年联想PC机利润下降10%，仍不理想。

2016年中国PC机产销量预计为3亿台，同比下降4.4%左右，下跌幅度有所收窄。

2016年华为、小米进军PC市场，也绝非难事，华为于2015年申请过“MateBook”商标用于便携式计算机、平板电脑等；小米推出二合一的笔记本电脑，并运用Win10和MIUI双系统等，华为和小米加入PC机行列，对联想、惠普、戴尔、苹果等著名公司绝非好事。

四、2015年中国平板电脑市场情况

1. 2015年世界平板电脑产销情况

据IDC预测，2015年世界平板电脑出货量将为2.07亿台，同比下降10.1%。2016年预计下降7.0%，出货量预计为1.93亿台，如图3.3.9所示。

- 2015年日本富士通推出新款12.5英寸二合一平板电脑Stylistic R726；
- 2015年微软推出Win 10平板Surface Pro4；
- 2015年苹果推出新款12.9英寸iPad Pro
- 2015年英特尔推出Skylake处理器（可选配酷睿i7），存储空间512GB，支持4GLTE、NFC和英特尔Pro Wireless Display功能等。

另：2015年日商King jim推出Portabook Xmc10 8英寸超薄迷你笔记本电脑，内置12英寸键盘，比苹果12英寸MacBook全尺寸键盘还要小。

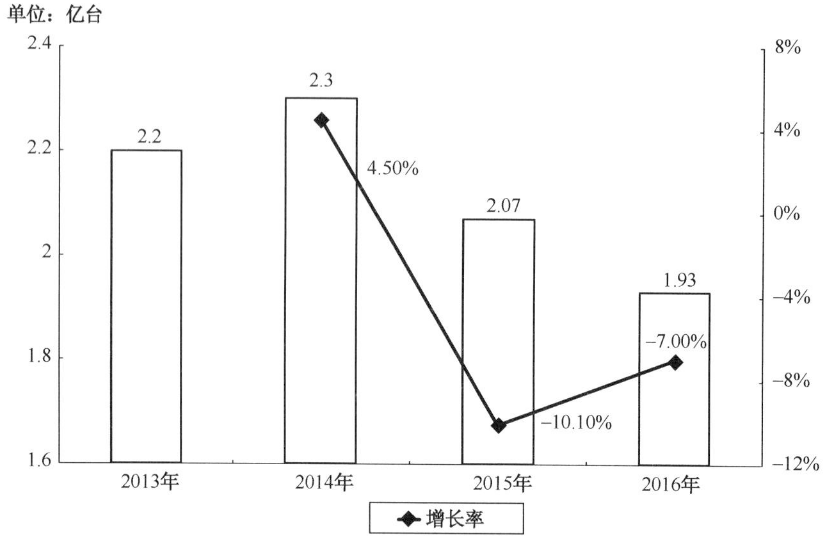

CAGR=-3.22%（2013—2016）

资料来源：JSSIA 整理。

图 3.3.9　2013—2015 年世界平板电脑出货量规模及增长

表 3.3.13 给出了 2015 年世界前五大平板电脑销售厂商出货量及排名。

表3.3.13　2015年世界前五大平板电脑销售厂商出货量及排名

序号	厂商名称	2015 年			2014 年	
		出货量（百万台）	同比	市占率	出货量（百万台）	市占率
1	苹果	49.5	-21.8%	24.0%	63.4	27.6%
2	三星	33.4	-16.1%	16.2%	39.8	17.3%
3	联想	11.2	0.0%	5.4%	11.2	4.9%
4	华硕	7.1	-39.8%	3.4%	11.8	5.1%
5	华为	6.5	116.6%	3.1%	3.0	1.3%
6	其他	99.1	-1.8%	47.9%	100.9	43.8%
合计		206.8	-10.1%	100.0%	230.1	100.0%

2．2015 年中国平板电脑产销量情况

2015 年中国平板电脑出货量为 1.94 亿台，同比上升 2.5%，占世界平板电脑出货量的 93.7%。2016 年预计出货量为 2.0 亿台，同比上升 3.1%左右的规模，如图 3.3.10 所示。

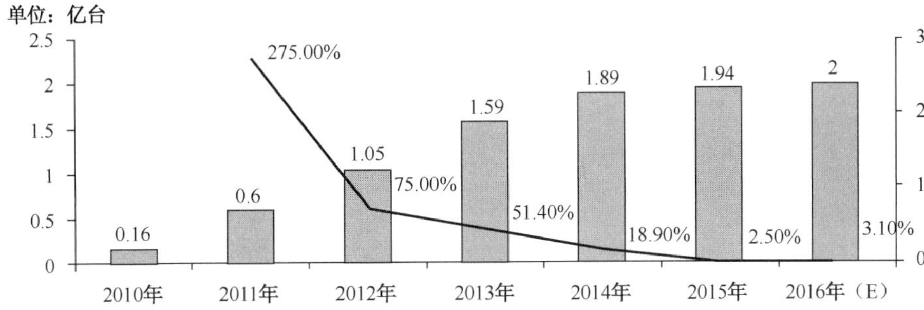

图 3.3.10　2010—2016 年中国平板电脑出货量规模及增长

表 3.3.14 给出了 2015 年中国平板电脑市场品牌占有情况。

表3.3.14　2015年中国平板电脑市场品牌市占率情况

序号	厂商品牌	市占率	序号	厂商品牌	市占率
1	苹果	36.21%	7	华硕	3.41%
2	三星	11.18%	8	小米	2.63%
3	台积电	9.74%	9	华为	2.28%
4	诺基亚	7.80%	10	酷比魔方	2.28%
5	联想	6.87%	11	其他	14.0%
6	七彩虹	3.55%	合计		100.0%

五、2015 年中国笔记本电脑市场情况

2015 年中国笔记本电脑产量约为 2.15 亿台，同比下降 5.3%，如图 3.3.11 所示。

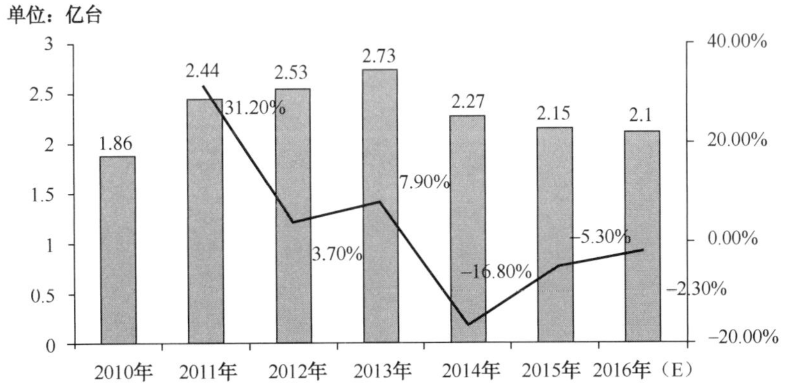

CAGR=1.46%（2010—2016 年）

资料来源：JSSIA 整理。

图 3.3.11　2010—2016 年中国笔记本电脑产量规模及增长

六、2015 年中国汽车电子市场情况

（一）2015 年世界汽车电子市场情况

据市场调研公司 IC Insights 报道：2015 年世界汽车电子市场整体销售额约为 2871 亿美元，其中车用 IC 占 7.30%，约为 209.6 亿美元；其中，模拟 IC 占 44%，微控制器占 30%。

2012—2016 年世界汽车每辆车半导体成本支出如表 3.3.15 所示。

表3.3.15　2012—2016年世界汽车每辆车半导体成本支出

单位：美元/辆

指标名称	2012 年	2013 年	2014 年	2015 年	2016 年	CAGR
半导体成本支出	440	460	490	520	565	4.78%
同比	—	4.5%	6.5%	6.1%	8.7%	—

（二）2015 年中国汽车电子市场规模

2015 年中国汽车电子产品销售额预计为 4572.0 亿元，同比增长 22.2%，如图 3.3.12 所示。汽车电子市场的具体情况见表 3.3.16、表 3.3.17 及图 3.3.13 和图 3.3.14。

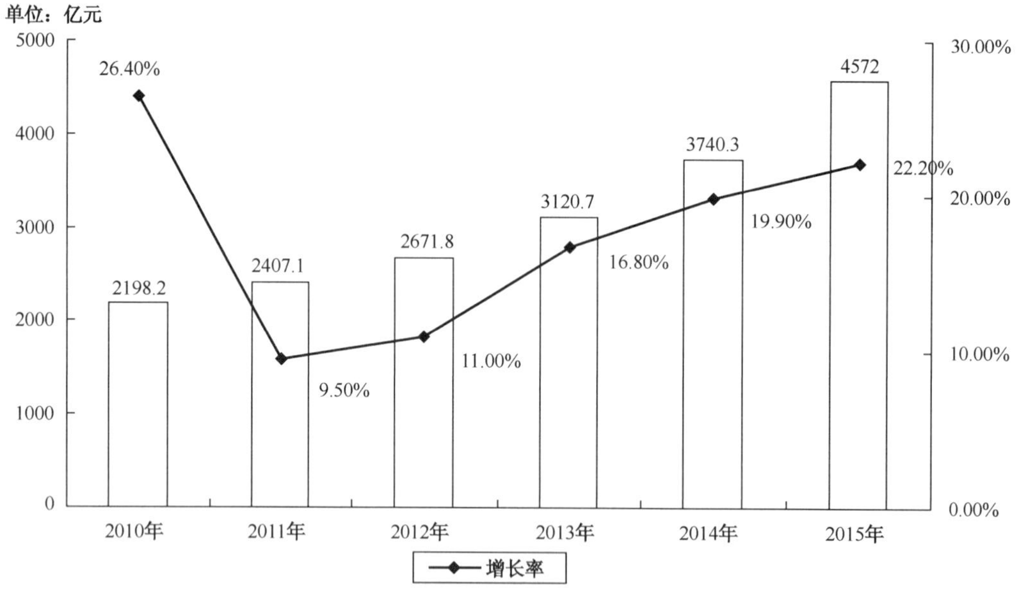

CAGR=12.98%（2010—2015 年）

资料来源：CCID。

图 3.3.12　2010—2015 年中国汽车电子市场规模及增长

表3.3.16　2013—2016年中国汽车电子IC市场规模及增长

单位：亿元

序号	指标名称	2013 年	2014 年	2015 年	2016 年(E)	CAGR
1	销售收入	199.7	260.2	344.8	461.0	23.26%
2	同比	—	30.2%	32.5%	33.7%	—

表3.3.17 2015年中国汽车电子市场主要产品应用结构

分类	主要产品
动力控制产品	动力管理系统（EMS，包括可变气门、排放控制、喷油控制、涡轮增压控制、高压共轨控制）、故障自诊断（OBD）等
底盘控制产品	防抱死系统（ABS）、电子稳定程序（ESP）、加速防滑系统（ASR）、牵引力控制系统（TCS）、转弯防滑系统（CBC）、动态稳定控制系统（DSC）、巡航控制（ACC）、电子自动控制变速箱（ETC）、电子悬架系统（ECS）、智能泊车等
安全控制产品	安全气囊控制、安全带检测系统等
车身电子产品	电动车窗、车门控制、雨刷器控制、座椅控制、电动后视镜、车灯控制、汽车仪表、无钥启动、中控锁、防盗器等
车载电子产品	车载音响、车载视频、北斗（GPS）导航系统、车载通信系统、倒车雷达、胎压检测系统（TPMS）、倒车影像等、辅助驾驶系统（ADAS）、互联网系统等
集成电路产品	CPU、GPU、MEMS、MCU、IGBT、SiP 封装产品等

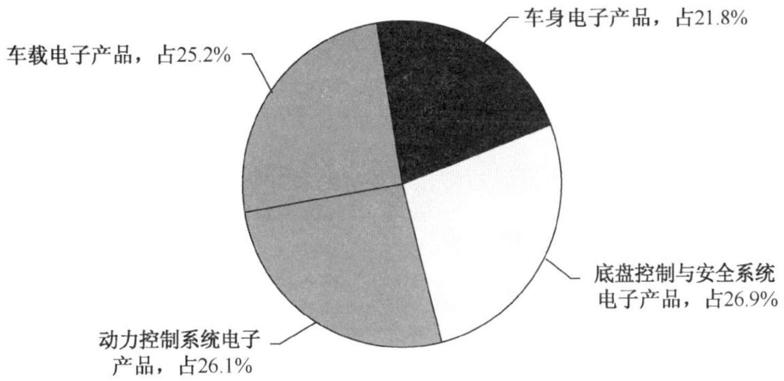

图 3.3.13 2015 年中国汽车电子市场主要产品市场分类应用结构

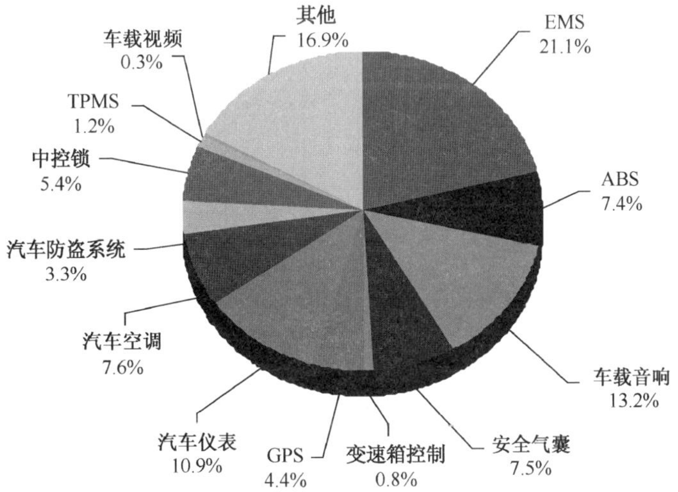

图 3.3.14 2015 年中国汽车电子市场产品结构

（三）2015年中国汽车电子芯片技术发展情况

1. 2015年国内汽车电子芯片技术发展情况

以前，面广量大的多模导航芯片（包括北斗、GPS）均出自高通、MTK、博通等国外芯片厂商。2014—2015年国内展讯通信、海思半导体、联芯科技等主要IC设计公司成功研发出北斗移动通信息一体化芯片，该北斗移动芯片均可安装在汽车北斗导航设备上，实现了国产芯片化。

- 上海先进生产的IGBT产品已应用到车载电子产品中；
- 南通大唐恩智浦公司正在研发车载电子产品。

七、2015年中国平板显示器件市场情况

（一）2015年世界平板显示器件产业发展情况

1. 2015年世界平板显示器件产业规模

2015年世界平板显示器件产业营收入为1143.7亿美元，同比增长4.1%，如图3.3.15所示。图3.3.16给出了2015年世界平板显示器细分产业规模及占比。

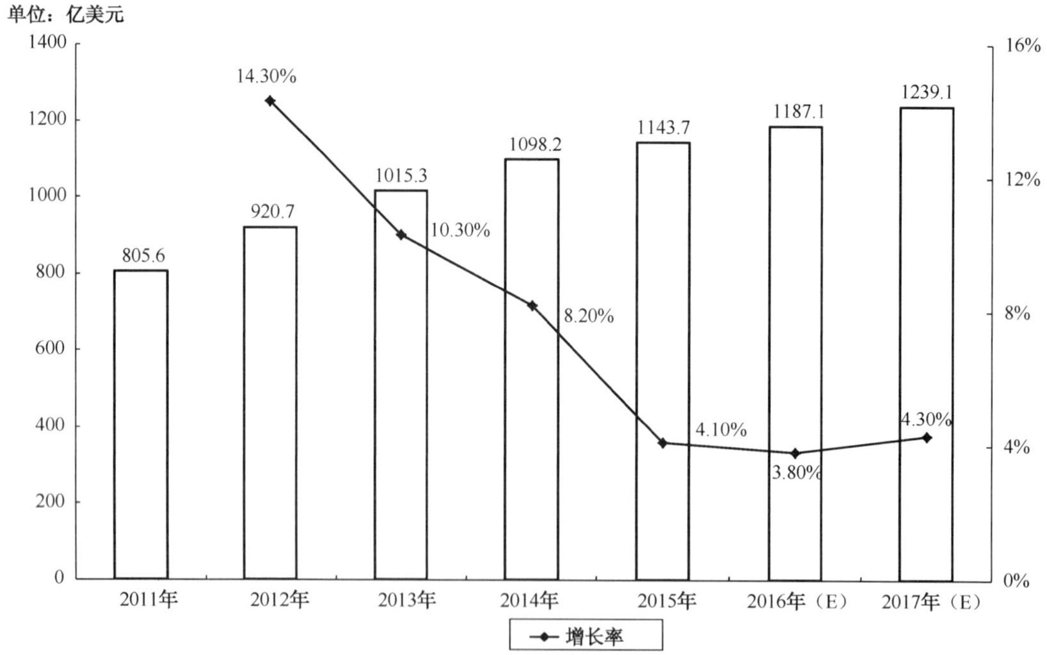

CAGR=6.34%（2011—2017年）

资料来源：CCID。

图3.3.15　2011—2017年世界平板显示器件产业规模及增长

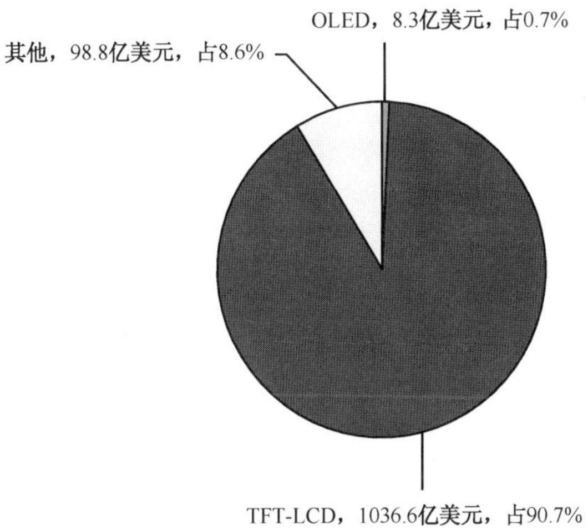

图 3.3.16　2015 年世界平板显示器件细分产业规模及占比

2. 2015 年世界平板显示器产地情况

世界 LCD 液晶面板主要集中在中国台湾地区、韩国和中国大陆。中国大陆已超过日本，居全球第三生产地。在以往的面板大厂商的日本夏普、索尼、松下等发展乏力，或意向退出，或如夏普已于 2016 年 3 月 30 日被中国台湾鸿海公司以出资 3888.1（2888.1+1000）亿日元收购（见表 3.3.18）。

表3.3.18　2015年世界平板显示器产地业绩

国别（地区）	韩国	中国台湾	中国大陆	日本	其他	合计
营业收入（亿美元）	473.4	280.4	198.7	180.8	10.4	1143.7
占比	41.4%	24.5%	17.4%	15.8%	0.9%	100%

3. 2015 年世界六大电视面板厂出货排名榜

据调研机构群智咨询（Wintell）统计，2015 年世界液晶电视面板出货量为 2.65 亿片，同比增长 6.9%（见表 3.3.19）。

表3.3.19　2015年世界LCD液晶面板主要企业出货量排名

序号	企业名称	国别（地区）	出货量	市占率	同比	生产线
1	乐金显示（LGD）	韩国	5463 万片	20.6%	−10.2%	G7.5/G8.5
2	三星显示器（SDC）	韩国	5067 万片	19.1%	−8.5%	G7/G8.5 代
3	群创（Lnnolux）	中国台湾	4921 万片	18.6%	−2.3%	23.6 英寸大增 18.5/32 英寸减少 43/55/65 英寸增产
4	京东方（BOE）	中国大陆	4200 万片	15.8%	141%	北京/合肥 8.5 代 43/49 英寸为主流
5	友达（AUD）	中国台湾	2695 万片	10.2%	−6.3%	55/65 英寸增量 43 替代 42 减少 32 英寸
6	华星光电	中国大陆	2520 万片	9.5%	2.3%	G8.5 代 T2

资料来源：中国电子报（2016.1.26）/JSSIA 整理。

调研机构 HIS 报道：车用面板 2015 年达到 8730 万台，同比增长 33%，销售额为 55 亿美元，同比增长 6.5 倍。到 2020 年将有一个新的爆发，产值将成长到 72 亿美元，比 2014 年的 8.48 亿美元增长 8.5 倍。车用面板将成为全球面板争夺的焦点之一。

OLED 自 2013 年上市以来，在 2014 年销售额为 1.45 亿美元，到 2015 年销售额近 10 亿美元（8.3 亿美元），到 2016 年将扩大 3 倍，达 30 亿美元，发展十分迅速。OLED 目前仍被韩国 SMD 和 LG 垄断，占全球市场的 90%以上。预计 OLED 正向智能手机、PC、电视及新兴的虚拟现实、可穿戴设备和车载显示等方面发展，成长空间十分巨大；AMOLED、HDR、LTPS 等技术会进一步渗透到市场相关领域中。

（二）2015 年中国平板显示器件产业情况

2015 年随着中国 LED 液晶面板上下游产业链厂商的紧密合作，同时在 LTPS、TFT-LCD、氧化物 TFT-LCD 和 AMOLED 等高技术方面有所突破，我国平板显示器件规模不断扩大，技术水平不断提高。

2015 年我国平板显示器件产业销售收入约为 1190.6 亿元，同比增长 23.7%，占世界同业 16.70%，如图 3.3.17 所示。图 3.3.18 给出了 2015 年中国平板显示器细分产业规模及占比。

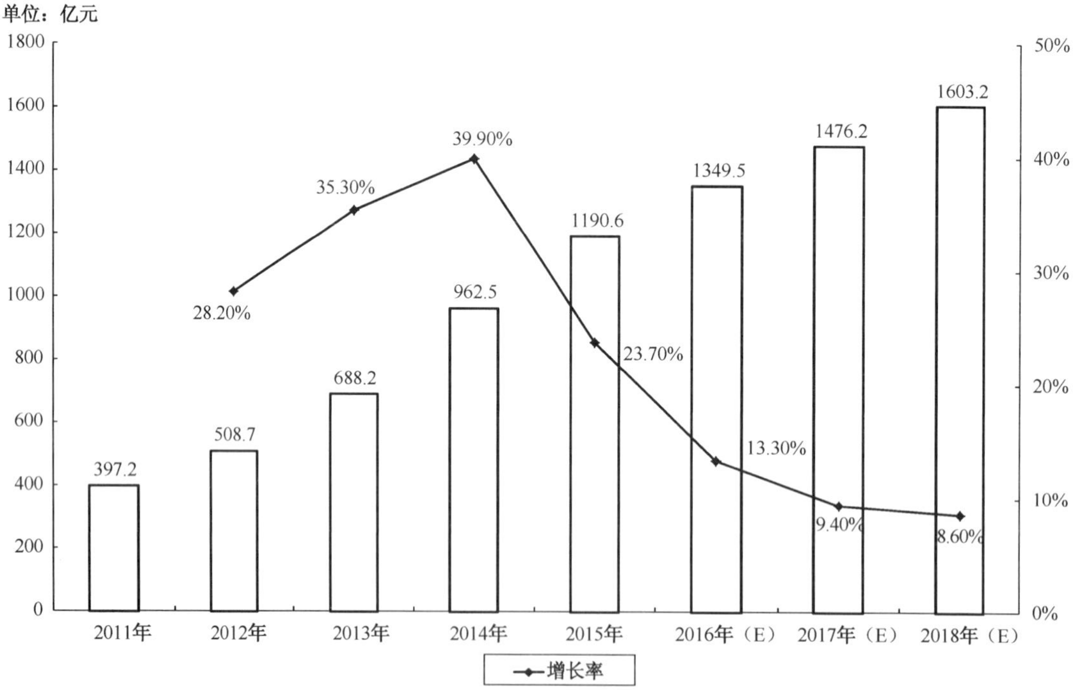

CAGR=19.05%（2011—2018 年）

资料来源：CCID。

图 3.3.17　2011—2018 年中国平板显示器件产业规模及增长情况

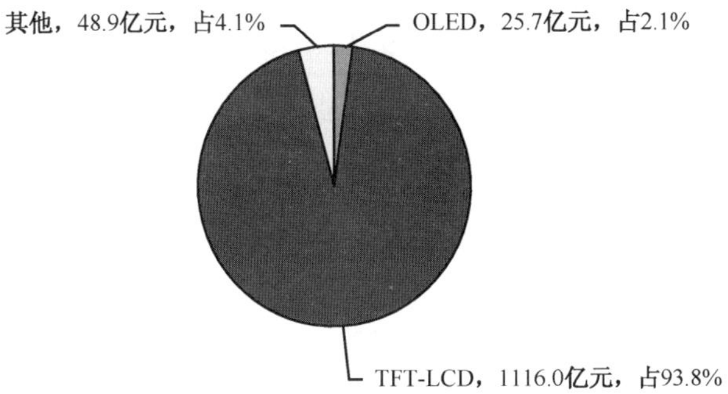

图 3.3.18 2015 年中国平板显示器件细分产业规模及占比

截止到 2015 年 12 月底，我国国内已有 34 条 TFT-LCD 生产线投入运行；有 10 条生产线投入建设，合肥 10.5 代线为最高水平；TFT-LCD 最大产能达到 550 万平方米/月；OLED 最大产能达到 120 万平方米/月。2015 年中国平板显示器件国内市场供应情况如图 3.3.19 所示。

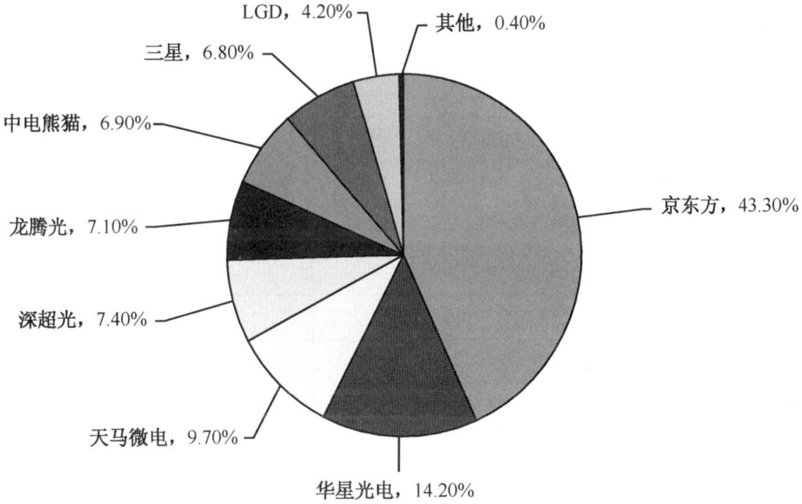

图 3.3.19 2015 年中国平板显示器件国内市场供应商情况

（三）2015 年中国 6 代及以上面板生产线情况

伴随中电熊猫南京 8.5 代线、京东方重庆 8.5 代线、华星光电深圳第二条 8.5 代线宣布投产，中国大陆已建成的 8.5 代生产线达到 8 条，将成为全球重要的面板生产基地。近年来，日本夏普、索尼、松下在大尺寸面板上发展乏力，是中国大陆发展 LCD 液晶面板的大好机遇（见表 3.3.20）。

表3.3.20　中国（大陆）6代及以上LCD面板生产线及产能情况

序号	公司	地点	世代	基板尺寸	产能（万片/月）	建设情况	技术规格	量产时间
1	京东方	合肥	6代线	1500×1850	8	量产	—	—
2		北京	8.5代线	2200×2500	12	量产	a-S1	2011-Q3
3		合肥	8.5代线	2200×2500	9.2	2014年量产	a-Si/Oxide	2014-Q1
4		重庆	8.5代线	2200×2500	9.0	2015年量产	a-Si/Oxide	2015-Q2
5		合肥	10.5代线	2850×3050	6.0	2015年开工建设	a-Si	2018-Q1
		福州	8.5代线	—	—	签约	—	2020-Q1
6	华星光电	深圳	8.5代线	2200×2500	14	量产	a-S1	2011-Q4
7		深圳	8.5代线	2200×2500	10.0	2015年量产	—	2015-Q4
8		武汉	6代线	1500×1850	3	2015年量产	a-Si/Oxide	2015-Q2
9	中电熊猫	南京	6代线	1500×1800	292	量产	—	—
10		南京	8.5代线	2200×2500	6	2015年量产	Oxide	2015-Q2
11		成都	8.5代线	2200×2500	—	筹建	Oxide	2018-Q1
12	天马	武汉	6代线	1500×1850	3	签约	—	—
13	三星	苏州	8.5代线	2200×2500	5.5	量产	a-S1	2013-Q4
14	LGD	广州	8.5代线	2200×2500	9.0	量产	a-Si/Oxide	2012-Q2
15	AUO	昆山	6代线	1500×1850	3	2016年量产	—	—
16	天亿	成都	6代线	1500×1850	—	筹建	—	—
17	LGD	广州	8.5代线	2200×2500	3	规划	a-Si	2016-Q2
18	三星	苏州	8.5代线	2200×2500	5.5	规划	a-Si	2016-Q1
19	惠科	重庆	8.5代线	2200×2500	6.0	规划	a-Si	未定

资料来源：JSSIA整理。

（四）2015中国液晶面板投资情况

- 12月1日，康宁10.5代液晶玻璃基板项目在合肥签约，总投资约13亿美元。
- 12月2日，京东方10.5代液晶面板在合肥开工建设，康宁10.5代为京东方核心配套企业，通过自动化运输带廊，就近为京东方供应玻璃基板。
- 中国电子信息产业集团（CEC）在咸阳高新区投资20亿元，建设西北地区首条8.6代TFT-LCD生产线，预计在2017年8月建成投产，年均可实现销售收入200亿元。
- 未来三年，中国大陆包括京东方在内四家液晶面板企业计划新建7处大型工厂，总投资近1500亿元，到2018年，中国将超过韩国成为世界第一大LCD液晶面板基地。

（五）2015 年中国触摸屏产业情况

2015 年世界触摸屏产量约 23 亿片，同比增长 17.8%；2015 年中国触摸屏产量约 18.5 亿片，同比增长 12.1%，占世界总量的 80.4%。

（六）2015 年中国 OLED 发展情况

2015 年中国 OLED 市场规模将达到 1.65 亿片，市场需求额达 413.7 亿元。国产 OLED 产量为 0.9 亿片，缺口 0.75 亿片（见表 3.3.21）。

表3.3.21　2008—2015年中国OLED行业出货量情况

指标名称	2008	2009	2010	2011	2012	2013	2014	2015	CAGR
出货量（万片）	55	407	1173	2010	2027	1855	3245	9000	89.12%
同比	—	640.0%	188.2%	71.4%	0.8%	-8.5%	74.9%	177.3%	—

2015 年中国 OLED 面板尺寸主要集中在中小尺寸，在 PMOLED 和 AMOLED 都有所进展；大尺寸面板还处于研发阶段（见表 3.3.22）。

表3.3.22　2011—2015年中国PMOLED和AMOLED的产值

指标名称	2011 年	2012 年	2013 年	2014 年	2015 年	CAGR
AMOLED	33.62	81.77	111.77	152.93	185.45	40.71%
PMOLED	3.42	3.79	4.00	3.99	3.91	2.71%

资料来源：前瞻产业研究院（2016.2）。

八、2015 年中国微控制器（MCU）产品市场情况

据 IC Insights 报道，2015 年世界 MCU 产品市场销售额达 166 亿美元，同比增长 4.40%；预计在 2016 年可达到 177 亿美元，同比增加 6.60%；到 2017 年可达到 185 亿美元，同比增长 4.5%左右的规模；2018 年预计可达到 200 亿美元，同比增长 8.1%的规模，如图 3.3.20 所示。2012—2018 年世界 MCU 产品出货量如图 3.3.21 所示。MCU 芯片出货价格如表 3.3.23 所示。

表3.3.23　2012—2018年世界MCU芯片出货价格情况

年度	2012 年	2013 年	2014 年	2015 年(E)	2016 年(E)	2017 年(E)	2018 年(E)
平均价（美元/只）	0.8329	0.9230	0.8325	0.6535	0.5601	0.5139	0.4761

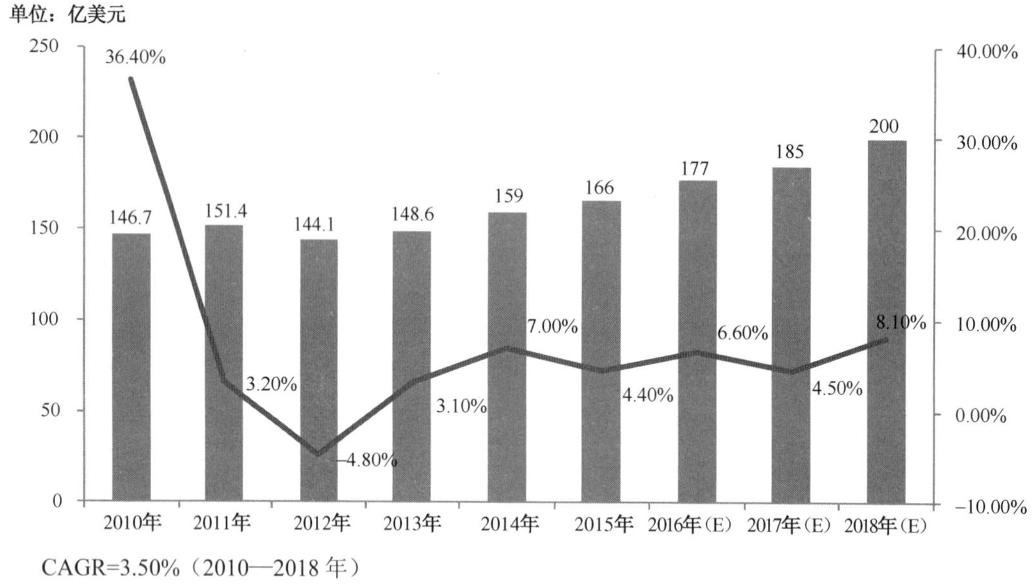

图 3.3.20　2010—2018 年世界 MCU 产品市场发展规模及增长情况

2015 年中国微控制器（MCU）产品市场销售额为 313.1 亿元，同比增长 5.1%，如图 3.3.22 所示。中国 MCU 应用市场结构如图 3.3.23 和图 3.3.24 所示。

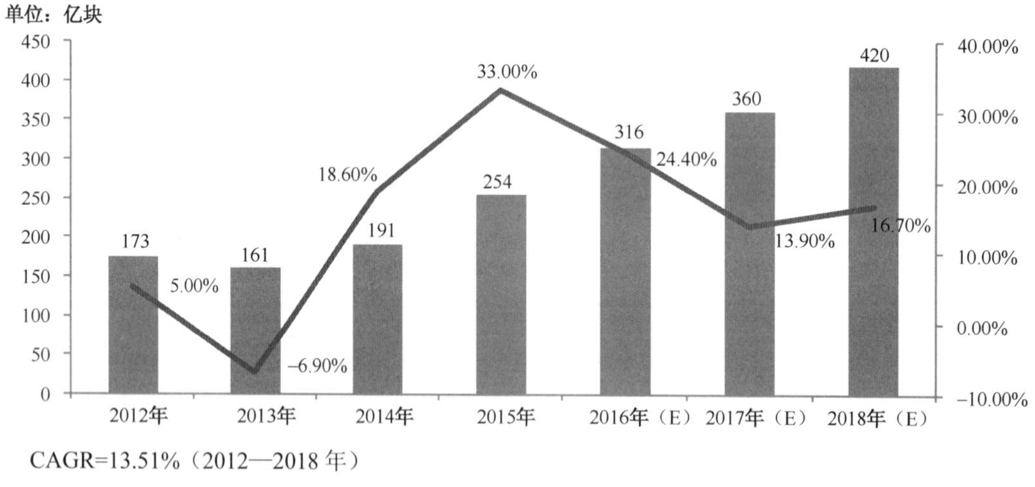

图 3.3.21　2012—2018 年世界 MCU 产品出货量规模及增长情况

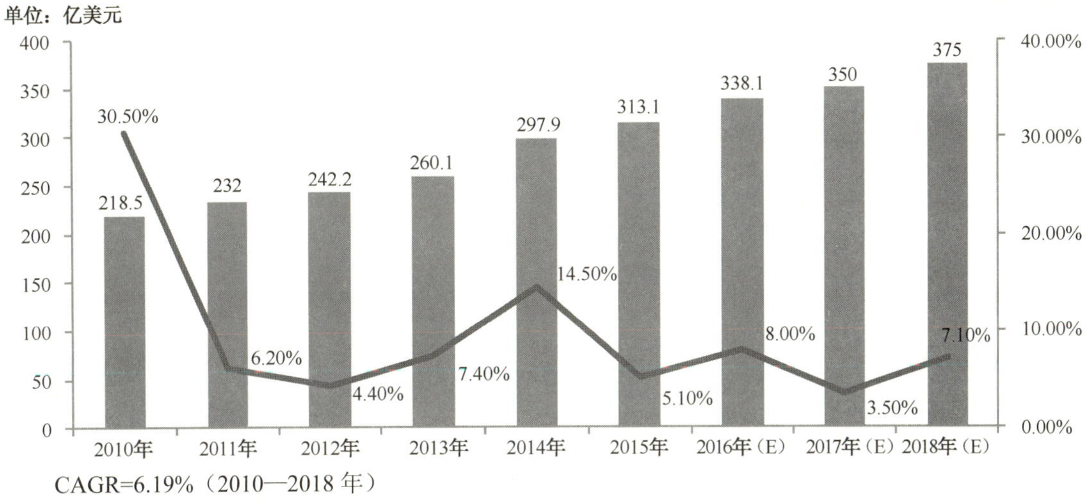

图 3.3.22　2010—2018 年中国微控制器（MCU）产品市场规模及增长情况

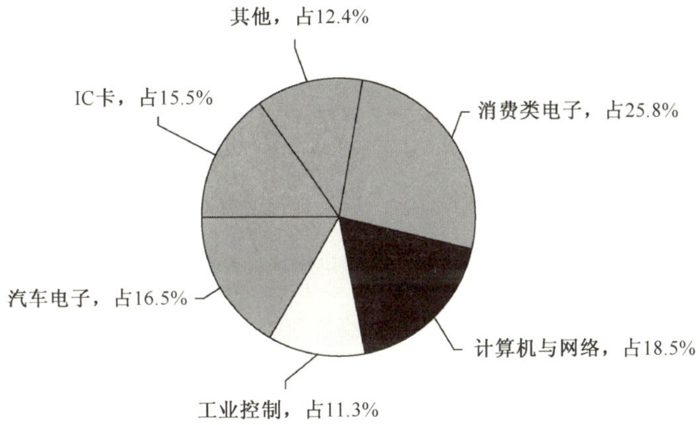

图 3.3.23　2015 年中国 MCU 应用市场结构

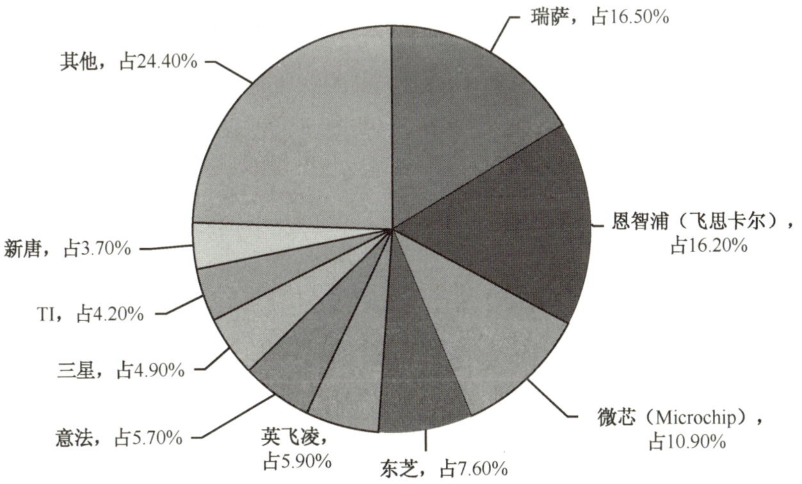

图 3.3.24　2015 年中国 MCU 市场品牌结构

九、2015 年中国模拟电路产品市场情况

2015 年世界模拟电路产品市场规模为 452.3 亿美元，同比增长 1.9%，占世界半导体市场的 13.5%，占到世界集成电路市场的 16.5%，如图 3.3.25 所示。

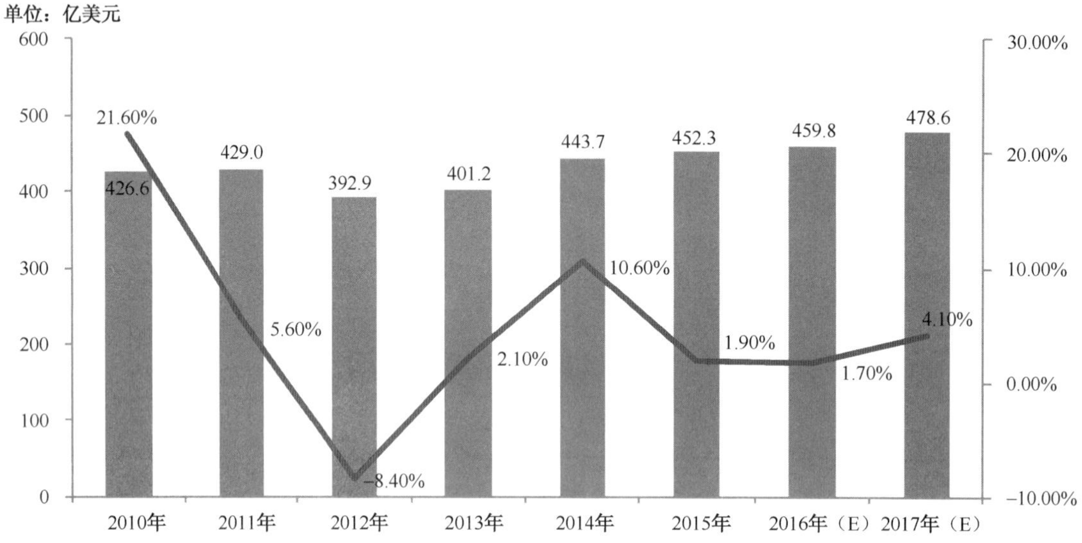

CAGR=1.45%（2010—2017 年）

资料来源：WSTS/JSSIA 整理。

图 3.3.25　2010—2017 年世界模拟电路产品市场发展规模及增长情况

中国模拟电路的设计企业有 164 家，同比增加 25 家，为我国 IC 设计业第一大户，占 22.20%，销售收入为 120.8 亿元，同比增长 36.50%；我国晶圆制造企业也因模拟电路和数字电路的兴起，由单一的模拟电路生产转为数字电路或数模混合加工。

2015 年，中国模拟电路产品市场规模为 1885.2 亿元（合 301.6 亿美元），较 2014 年 1682.2 亿元，增长 12.10%，占世界同业的 66.70%，成为第一市场。

我国部分 8 英寸生产线和基本全部 6 英寸生产线都用于数模混合或模拟电路生产，如上海华虹宏力公司、华润微电子公司、上海先进公司、江苏东晨、北京燕东、杭州士兰、宁波比亚迪、杭州立昂、西岳电子、福建福顺等公司，月投片量达 40 万片（折 6 英寸）的产能，成为我国集成电路产业的主力军，并在世界同业中拥有话语权的产品之一。

十、2015 年中国微处理器产品市场情况

据 WSTS 报道：2015 年世界微处理器（Microperip）市场由于受到个人电脑市场等小幅度下滑的拖累，其销售规模达 613.0 亿美元，同比下降 1.2%，占到同期世界半导体产业总值的 18.3%，如图 3.3.26 所示。

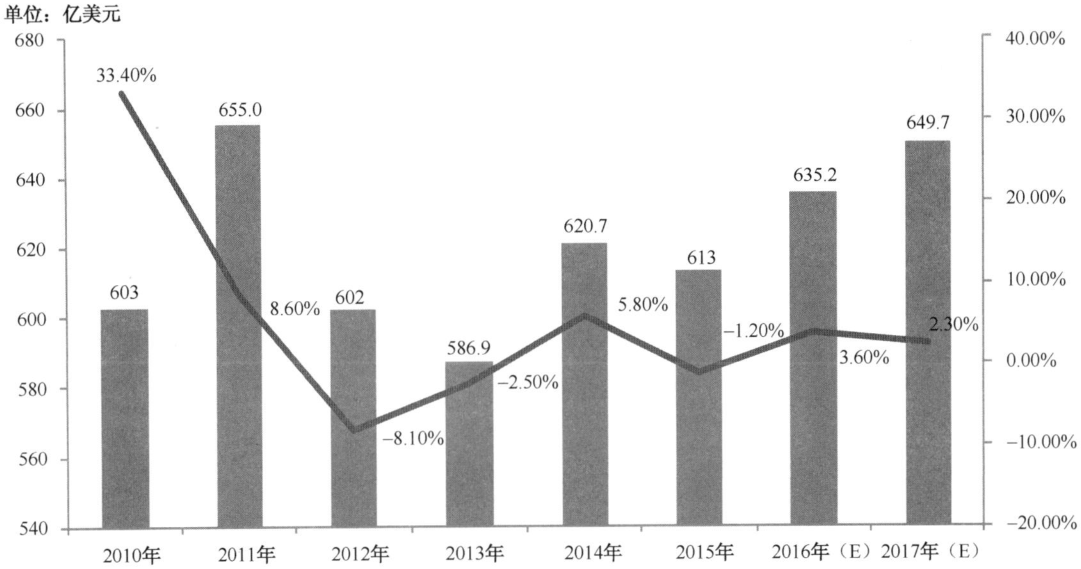

CAGR=0.94%（2010—2017 年）

资料来源：WSTS/JSSIA 整理。

图 3.3.26　2010—2017 年世界微处理器产品市场发展规模及增长情况

据 IC Insights 报道，由于智能手机和移动处理器保持较高增长，在手机中应用处理器的销售额 2015 年达到历史最好业绩，占到微处理器总值的 35%。

2016 年，个人电脑、服务器、大型计算机和嵌入式应用微处理器市场销售量依然非常巨大，占到微处理器总销量的 64%以上，预计市场销售额为 635.2 亿美元，同比增长 3.60%。

到 2017 年，预计世界微处理器市场规模将达到 649.7 亿美元，同比增长 2.30%，其中：手机应用占 33%，平板电脑应用占 9%，而电脑、服务器、大型计算机、嵌入式应用等领域将缩小市场占比，为 58%左右。

十一、2015 年中国逻辑电路产品市场情况

据 WSTS 报道，2015 年世界逻辑电路（Logic）市场规模达 907.5 亿美元，同比下降 1.0%，占同期世界半导体产业总值的 27.1%，成为世界半导体应用市场第一大门类产品。自 2011 年以来，基本呈现平稳发展的态势，如图 3.3.27 所示。

2015 年中国逻辑电路市场需求额达 496.10 亿元（合 79.4 亿美元），较 2014 年市场需求 469.9 亿元，增长 5.60%。我国逻辑电路在近两年得到快速发展。中芯国际在 2015 年实现 28 纳米量产面市，缩短了与世界先进水平的差距。

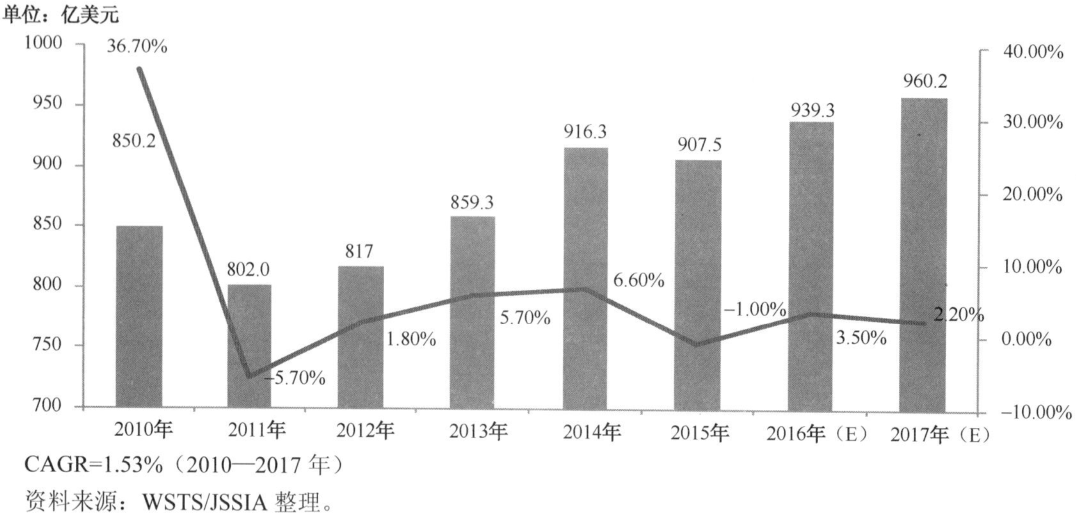

图 3.3.27　2010—2017 年世界逻辑电路产品市场发展规模及增长情况

十二、2015 年中国医疗电子产品市场情况

（一）2015 年世界医疗电子产品市场规模

世界医疗电子市场在移动医疗、智慧医疗、远程医疗、家居医护等新模式的带动下，正处于稳步增长的发展阶段。2015 年世界医疗电子市场销售预计为 2408 亿美元，同比增长 6.8%，如图 3.3.28 和图 3.3.29 所示。

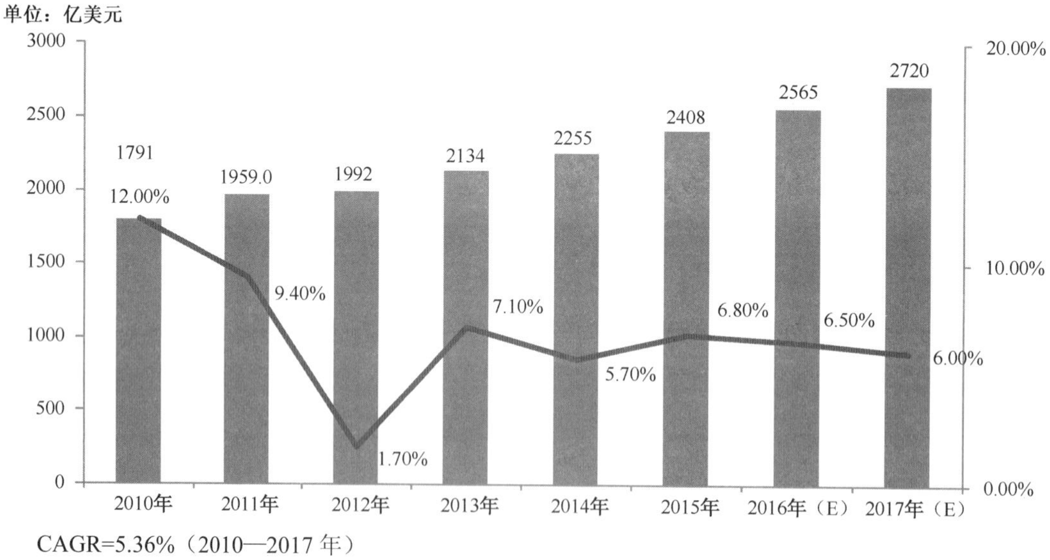

图 3.3.28　2010—2017 年世界医疗电子市场规模及增长情况

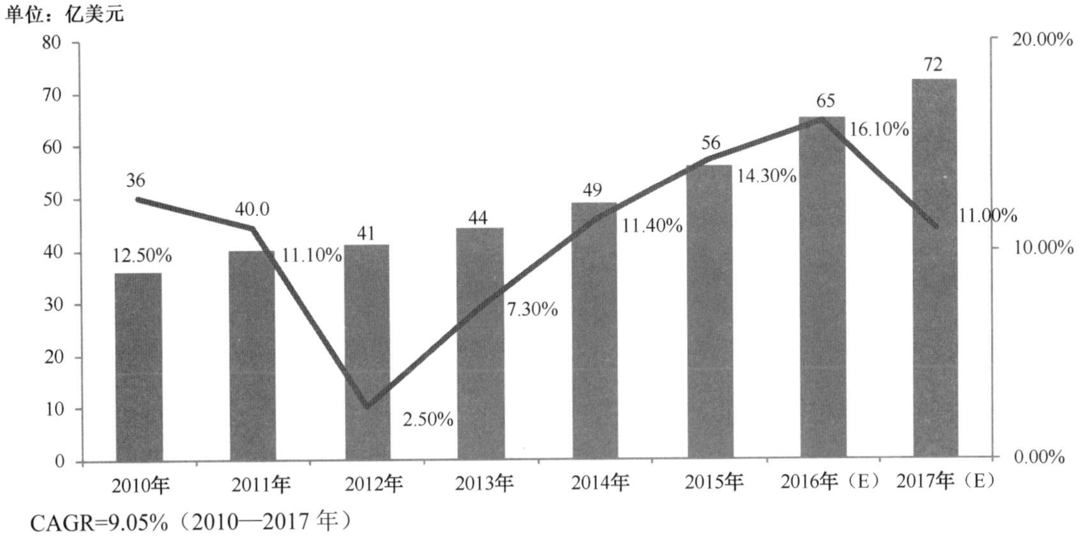

资料来源：IC Insights。

图 3.3.29 2010—2017 年世界医疗电子设备用半导体产品规模及增长情况

（二）2015 年中国医疗电子产品市场规模

2015 年中国医疗电子产品市场预计为 230 亿美元，同比增长 20.00%，占世界同业总值的 9.60%，如图 3.3.30 所示。

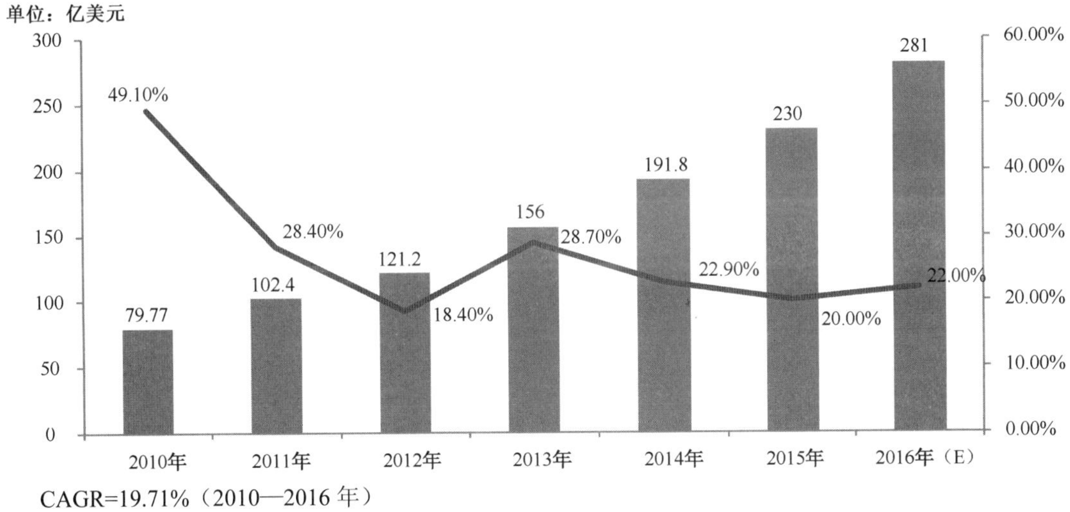

图 3.3.30 2010—2016 年中国医疗电子产品市场规模及增长情况

随着人们对身体健康的高度关注和家庭医院的兴起，及近期可穿戴式技术的崛起，智慧健康的软件和硬件相结合，给移动式医疗电子带来爆发式增长，据 Mesearch Research 报道，2011 年我国移动医疗（服务类）市场规模为 15.8 亿元，预计到 2017 年将达到 125.3 亿元的规模，六年来翻了近 8 倍，如图 3.3.31 所示。

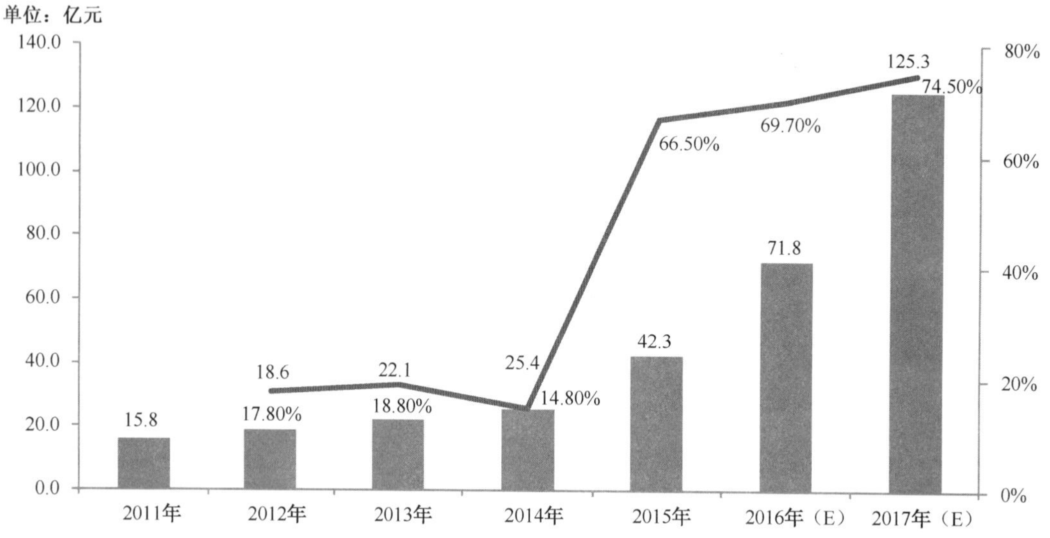

CARG=34.42%（2011—2017年）

资料来源：CCID（2016.3）。

图3.3.31　2011—2017年中国移动医疗电子市场规模及增长情况

十三、2015年中国IC卡产品市场情况

（一）2015年世界IC卡发行情况

IHS统计数字报道显示，2015年世界IC卡芯片产量约为104亿颗，同比增长8.33%（见表3.3.24）。

表3.3.24　2013—2019年世界IC卡芯片产量规模及增长趋势

单位：亿颗

指标名称	2013年	2014年	2015年	2016年(E)	2017年(E)	2018年(E)	2019年(E)	CAGR
IC卡芯片产量	88	96	104	111	118	122	127	5.38%
同比	—	9.1%	8.3%	6.7%	6.3%	3.4%	4.1%	—

（二）2015年中国IC卡发行情况

1. 中国金卡工程发展情况

据国家金卡工程协调领导小组办公室报道：中国智能卡发放总量超过100亿张，特别是在电信智能卡、第二代居民身份证（非接触IC卡）、社会保障卡、各种公用事业收费卡、智能交通卡、组织代码证卡、电子护照、医疗卫生等行业性IC卡应用及城市“一卡通”等工程建设中得到广泛应用。在物联网RFID应用试点与工程示范取得实质性进展，RFID高频产业链更加成熟、超高频芯片设计研发及产业化不断突破、微波产业链加快发展等（见图3.3.32）。

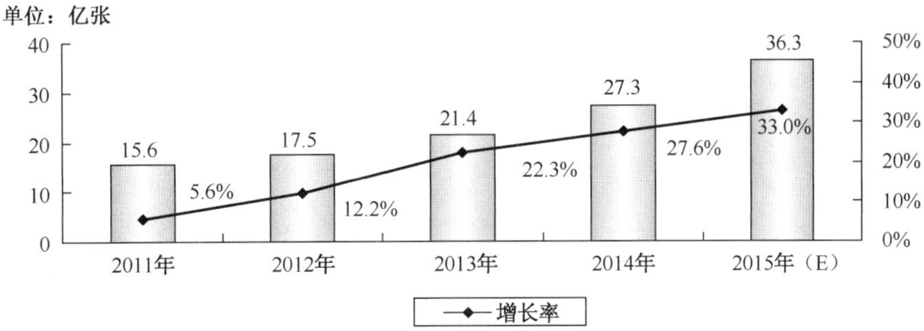

CAGR=23.51%（2011—2015 年）

资料来源：CCID。

图 3.3.32 2010—2015 年中国智能卡市场产量规模及增长情况

2. 2015 年中国金融 IC 卡及芯片产业情况

2015 年 12 月 18 日，北京同方微电子公司宣布，该公司自主研发的 THD88/M2064 芯片已获得挪威 SERTIT 认证机构颁发的国际 CCEAL4+安全认证证书，这不仅意味着北京同方微电子在金融支付领域取得重大突破，同时也证实了国产密码算法的金融 IC 卡芯片安全达到国际芯片卡标准化组织（EMVO）的规范，即 EMV 标准。

2015 年，中国金融 IC 卡行业最大的看点是移动支付。从 2014 年以来移动支付领域的高速发展已势不可挡，当前，我国 NFC 移动支付的基础环境已逐渐具备，中国移动支付芯片不再是“荷兰芯”一统天下了。

预计到 2015 年中国 IC 金融卡累计发行量达到 20 亿张，2016 年我国 NFC 移动支付应用有可能呈现爆发式增长，如图 3.3.33 和图 3.3.34 所示。

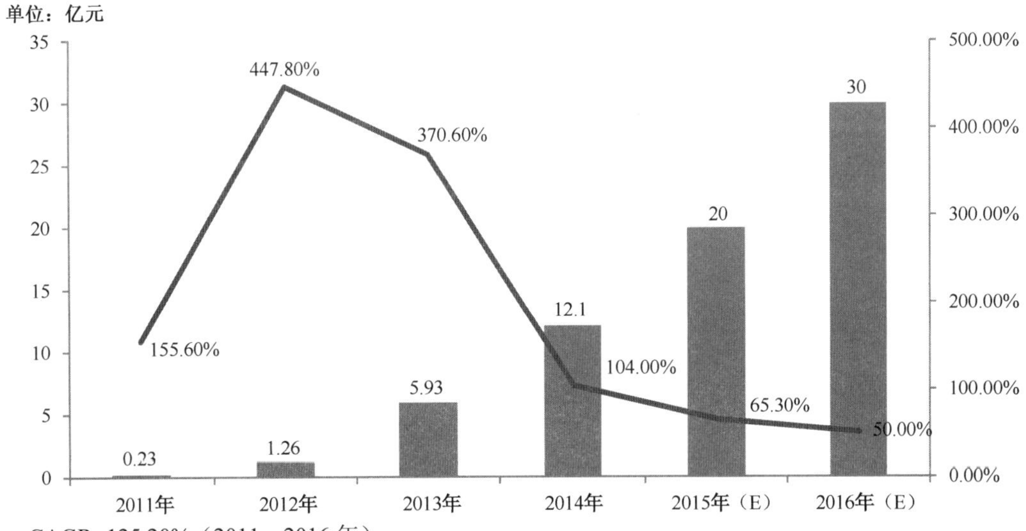

CAGR=125.20%（2011—2016 年）

资料来源：CCID。

图 3.3.33 2011—2016 年中国金融 IC 卡累计发卡量及增长情况

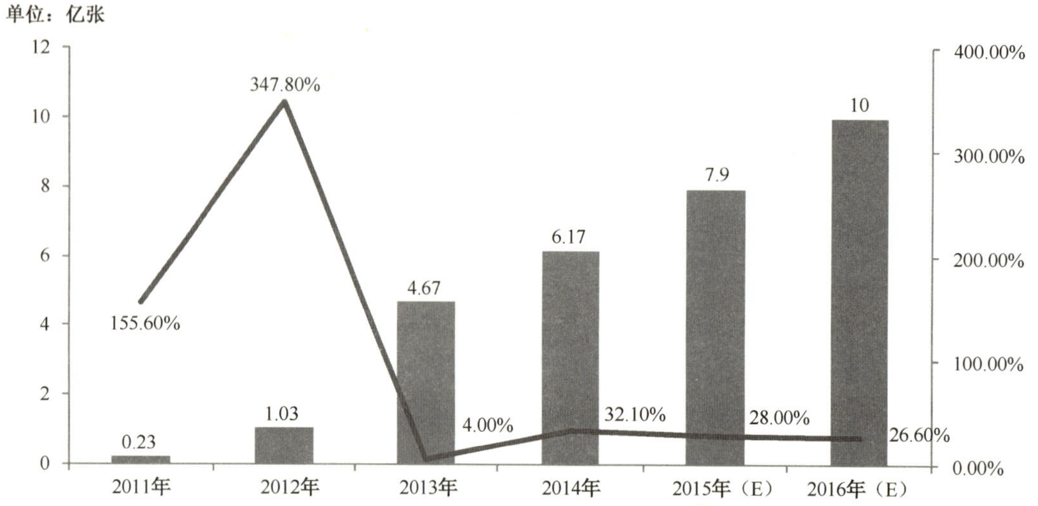

CAGR=87.52%（2011—2016 年）

资料来源：CCID。

图 3.3.34　2011—2016 年中国金融 IC 卡当年发卡规模及增长情况

3．2015 年中国智能卡市场应用结构

2015 年中国智能卡市场应用深入推广，其中移动通信卡和金融支付卡为重点，并占有近 75%的比例，如图 3.3.35 所示。

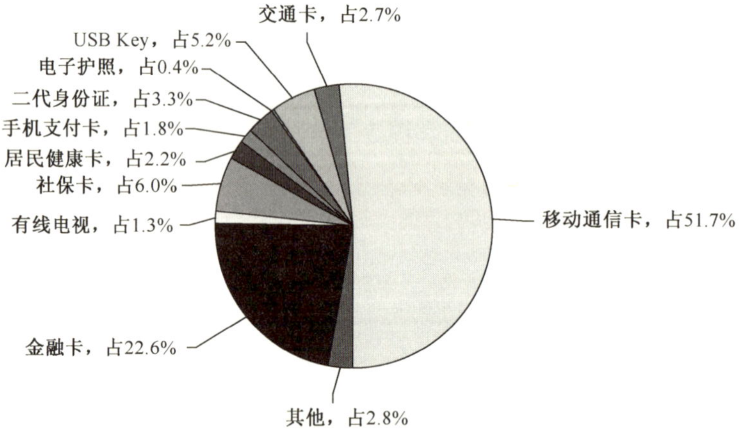

图 3.3.35　2015 年中国智能卡市场应用结构

十四、2015 年中国可穿戴设备市场情况

1．2015 年世界可穿戴设备产业情况

市场调研机构 Gartner 数据显示，2015 年世界可穿戴设备出货量为 2.32 亿部。2016 年世界可穿戴设备出货量预计可达 2.75 亿部，同比增长 18.5%。其中，苹果 APPLE Watch 及虚拟现实 VR/AR 设备增长率超过 20%。

2016 年可穿戴设备整体市场营收额预计可达 287 亿美元，其中 115 亿美元来自智能手表，占到 40%，到 2019 年将达到 175 亿美元，2015—2019 年平均增速为 48%。到 2020 年世界可穿戴设备整体产业规模将达到 617 亿美元，有望超过手机市场。

据市场调研机构 IHS 研究报道，用于可穿戴设备的显示面板，2015 年为 3400 亿片，2016 年预计为 3900 亿片，同比增长 8.30%，其中 60%采用主动矩阵有机发光二极管（AMOLED），且主要用于智能手表，到 2024 年将达到 1.18 亿片，年复合增长率达 22%。

据市场调研机构（MAM）报告，到 2020 年全球可穿戴设备市场规模可达 312.7 亿美元，2015—2020 年化复合增长率将达到 17.80%，而 2012 年仅为 27 亿美元。

2015 年世界可穿戴设备产品市场结构如图 3.3.36 所示。

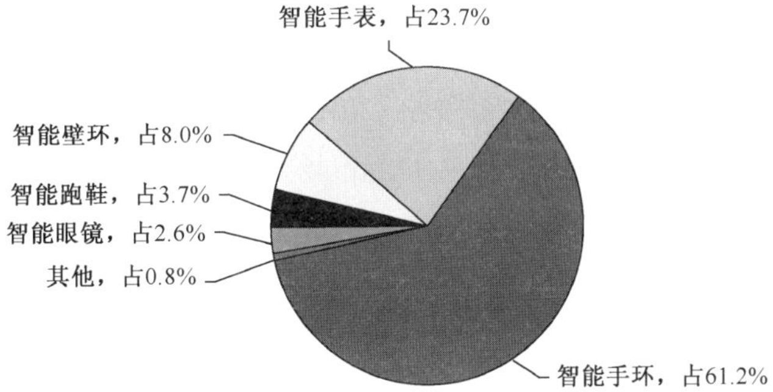

图 3.3.36　2015 年世界可穿戴设备产品市场结构

2. 2015 年中国可穿戴设备市场情况

中国可穿戴设备产品和市场引起业界的高度关注，在 2013 年前为关注观望期，发展缓慢，到 2014 年以来，发展迅速，到 2015 年可以说是爆发式增长，同比增长 416%（增长 5 倍多）。市场看好为智能手机，如苹果 APPLE Watch、智能手表、小米光感手环，华为的 HUA WEI WATCH ，同时也引发了“跨界”“细分”“专业化”智能穿戴的热门领域，如图 3.3.37 所示。

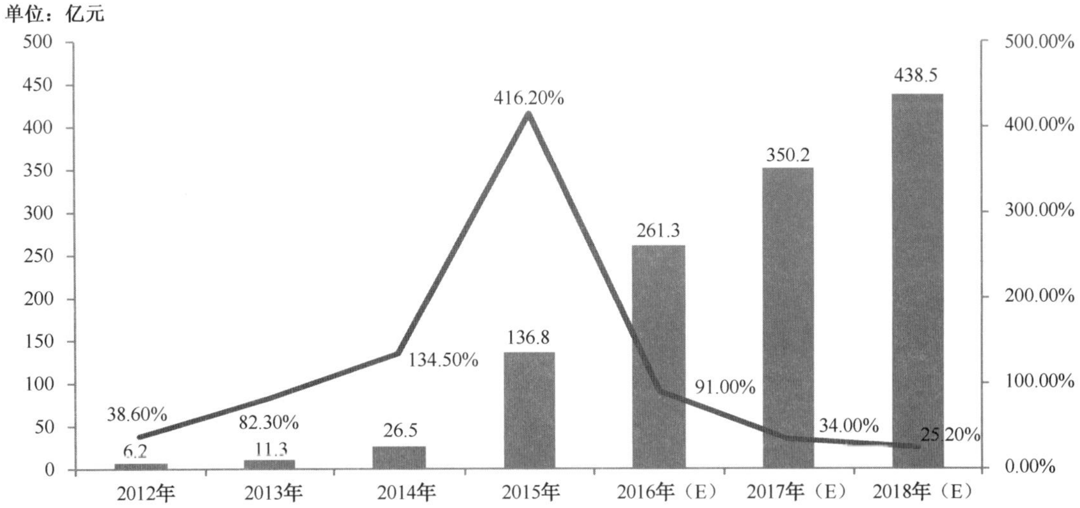

CAGR=83.75%（2012—2018 年）

资料来源：CCID。

图 3.3.37　2012—2018 年中国可穿戴设备市场规模及增长

十五、2015 年中国机器人市场情况

1．2015 年世界机器人市场情况

2015 年世界机器人市场约为 269 亿美元，到 2025 年世界机器人市场高达 669 亿美元，年递增率为 9.00%。以前机器人应用于制造业现场工厂自动化（机械化），现在广泛应用于医疗、物流、家庭服务等领域，且逐年大幅度提升，智能汽车技术将是主导地位。

2．2015 年中国机器人市场情况

据中国机器人产业联盟统计，2015 年中国工业机器人市场销量达 7.5 万台，同比增长 114.3%，预计到 2016 年达到 9.5 万台，同比增长 26.7%。2015 年中国国内生产机器人为 2.0 万台，同比增长 58.70%，占总量的 26.70%；2015 年中国国内销售的外资机器人高达 5.5 万台，占总量的 73.40%；2015 年中国人工智能市场规模为 12.6 亿元，到 2019 年有望达到 91 亿元，如图 3.3.38 和图 3.3.39 所示。

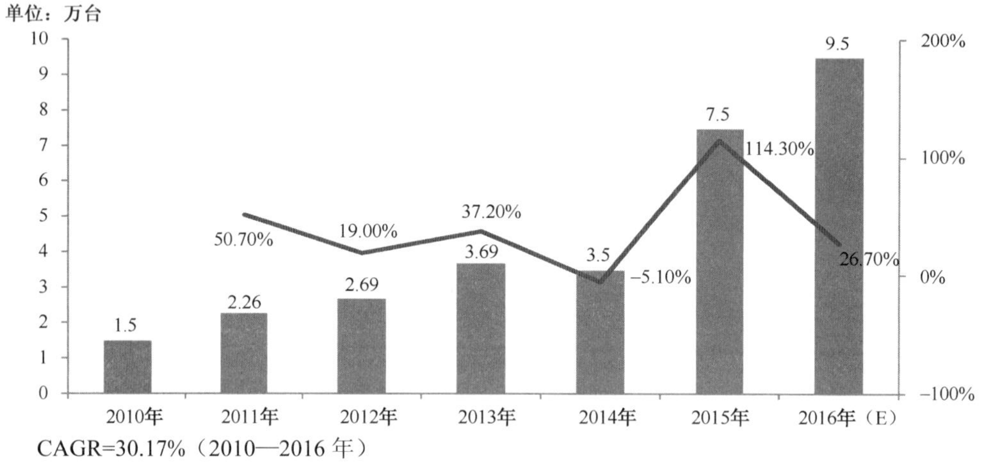

图 3.3.38　2010—2016 年中国机器人市场销售量规模及增长情况

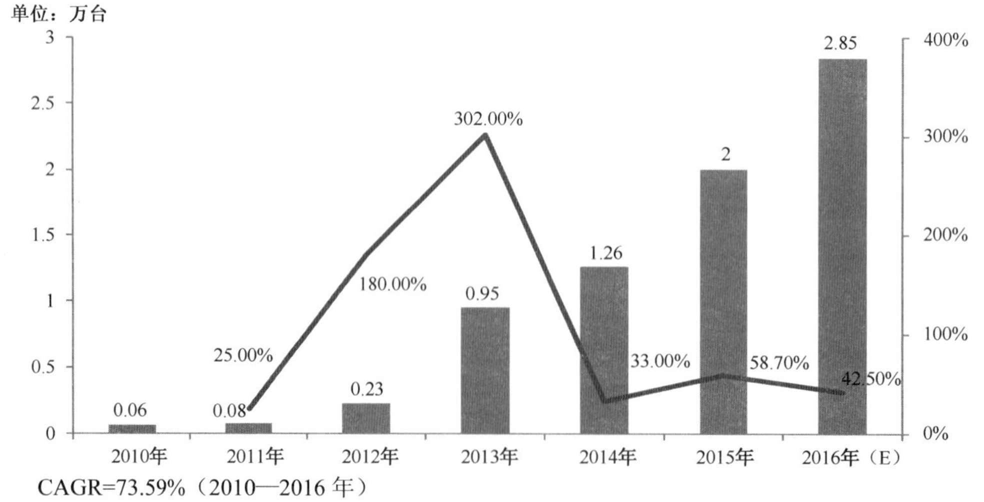

图 3.3.39　2010—2016 年中国国产机器人产销量规模及增长情况

3. 2015年中国机器人现状

2015年我国正在使用的机器人占全球总量的9%，每万名工人拥有的工业机器人仅为30台，仅为日本的1/10；与世界平均水平每万人60台相比，只是其中一半，差距甚大。

十六、2015年3D打印产业市场情况

（一）2015年世界3D打印产业市场情况

3D打印主要集中在美国和欧洲，分别占到71%和11%（见图3.3.40）；2015年世界3D打印营收额预计为110亿美元，同比增长37.50%（见表3.3.25）。

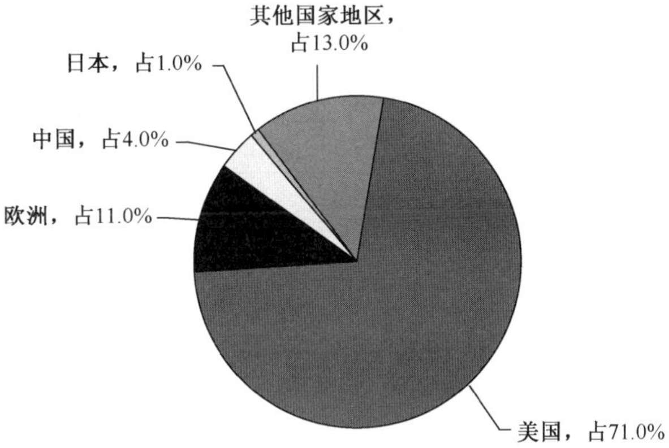

图3.3.40　2015年世界3D打印市场结构

表3.3.25　2014—2019年世界3D打印产业市场规模及增长

年度	2014年		2015年		2016年(E)		2017年(E)		2018年(E)		2019年(E)	
	实绩	同比	预计	同比	预计	同比	预计	同比	预计	同比	预计	同比
营收额（亿美元）	80.0	33.3%	110	37.5%	160	45.5%	200	25%	240	20.0%	270	12.5%

CAGR=22.47%（2014—2019年）

（二）2015年中国3D打印产业市场情况

2015年中国激光应用市场为350亿元的规模，同比增长11.80%。

2015年中国3D打印产业还主要集中在桌面级3D打印机上，工业版3D打印、金属材料研究以及3D打印生态发展依然是弱项。我国3D打印与欧美先进水平相比还有很大的差距，主要在：一是产业规模差距正在拉大，在2014年全国3D打印产值约4400万美元，占世界同业的4%，还没有一家企业产值过亿元；二是装备水平的落后；三是我国使用的金属粉末等主要材料基本依赖进口；四是投入不足，企业和科研单位很少有投资；五是欧美国家已完成国内市场布局，而我国有很多企业还在为生存而努力，无法考虑产业布局。

十七、2015年中国安防产品市场情况

2015年中国安防产品市场情况如表3.3.26～表3.3.28及图3.3.41所示。

表3.3.26　2011—2018年中国信息安全产业发展规模及增长情况

单位：亿元

指标名称	2011年	2012年	2013年	2014年	2015年	2016年(E)	2017年(E)	2018年(E)	CAGR
产业规模	179.0	216.4	265.5	321.3	405.1	528.3	697.8	920.4	22.71%
同比	—	20.9%	22.7%	21.0%	26.1%	30.4%	32.1%	31.9%	—

表3.3.27　2015年中国信息安全产品应用结构

指标名称	政府	电信	金融	教育	能源	家庭	交通	物流	其他
占比	24.3%	19.2%	17.4%	7.6%	5.0%	3.8%	3.5%	2.9%	16.3%
金额（亿元）	98.4	77.8	70.5	30.8	20.3	15.4	14.2	11.7	66.0

表3.3.28　2015年中国安防产品结构

单位：亿元

指标名称	视频监控	实体防护	出入口控制	防盗报警	防爆安检	其他
占比	50.0%	21.0%	13.0%	8.0%	5%	3%
产品规模	2450.0	1029.0	637.0	392.0	245.0	147.0

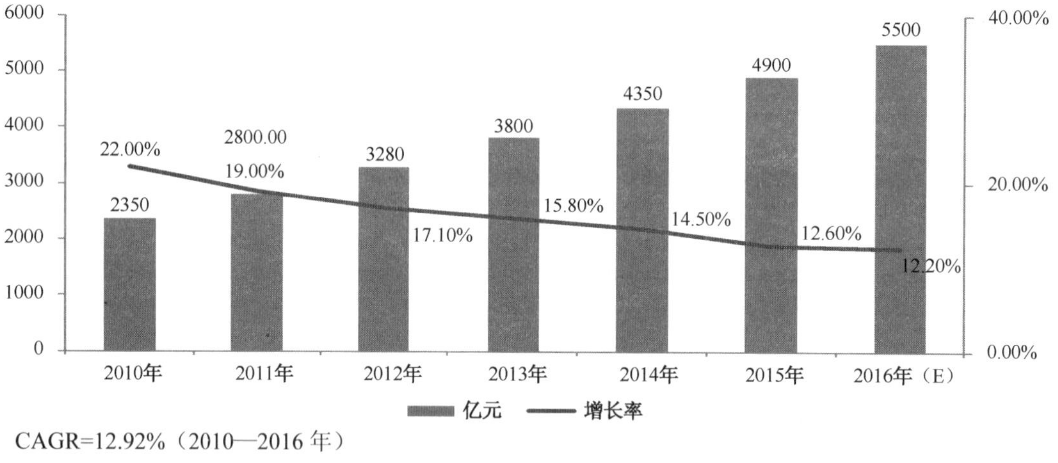

图3.3.41　2010—2016年中国安防产品规模及增长情况

十八、2015年中国云计算市场情况

（一）2015年世界云计算市场情况

Gartner研究报告显示，2015年世界云计算产业市场规模已达到1750亿美元，预计到2016年将达到2030亿美元，到2019年有望突破3000亿美元，达到3120亿美元，如图3.3.42所示。

公有云将由Iaas（基础设施服务）、Paas（平台服务）和Saas（软件服务）所组成，如图3.3.43所示。

2015年世界云计算市场前五名为：亚马逊AWS（占63%），Microsoft、IBM、Google和Salesforce。

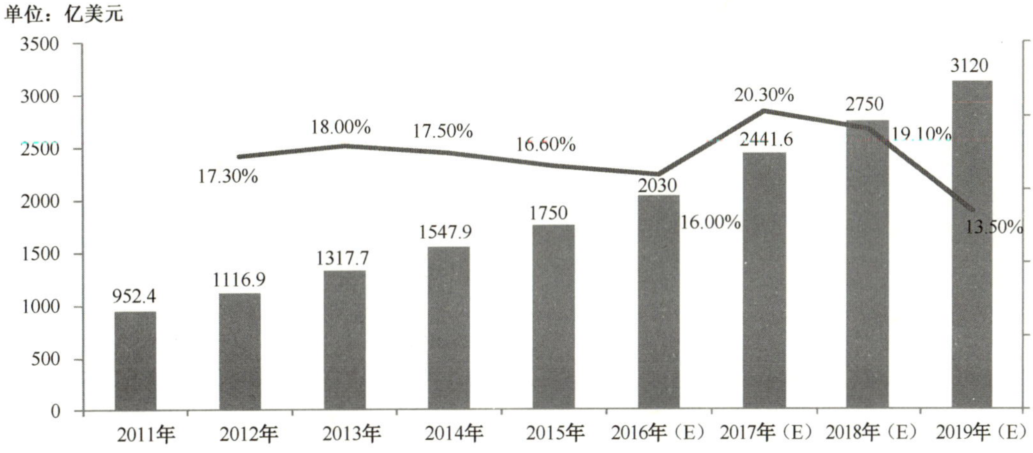

CAGR=14.09%（2011—2019年）

资料来源：Gartner。

图3.3.42 2011—2019年全球云服务市场规模及增长情况

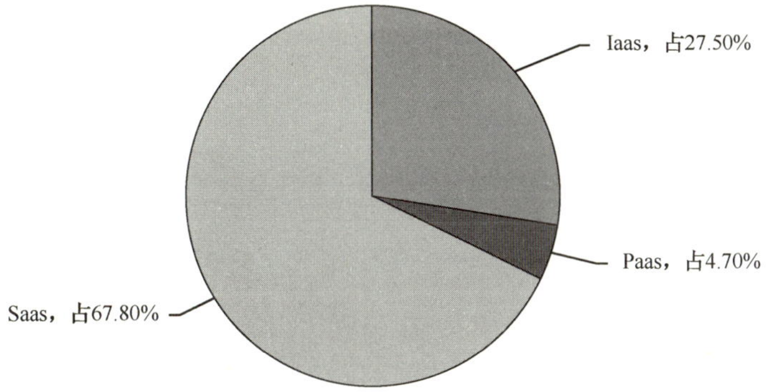

图3.3.43 2015年公有云服务结构图

（二）2015年中国云计算市场情况

在《国务院关于促进云计算创新发展培育信息产业新业态意见》、《关于积极推进“互联网+”行动的指导意见》和《云计算综合标准化体系建设指南》等一系列文件、政策的指引下，2015年我国云计算全面推开，遍地开花。2015年我国云计算整体市场规模可达2030亿元，同比增长54.30%，如图3.3.44所示。

面对如此诱人的市场，包括阿里、腾讯、百度、SAP、谷歌等国内外著名企业都纷纷布局中国云计算市场。如腾讯布局涵盖金融、安全、数据、电商、医疗、教育、O2O等十数个云计算服务领域，建立众多云计算中心。像12360、中石化、中石油、国家电网、海关总署、国家气象局等国家行政机关和大型企业都主动拥抱云计算这块大蛋糕。在未来五年里，我国云计算市场年复合增长率将以超过 50%的速度向前发展。

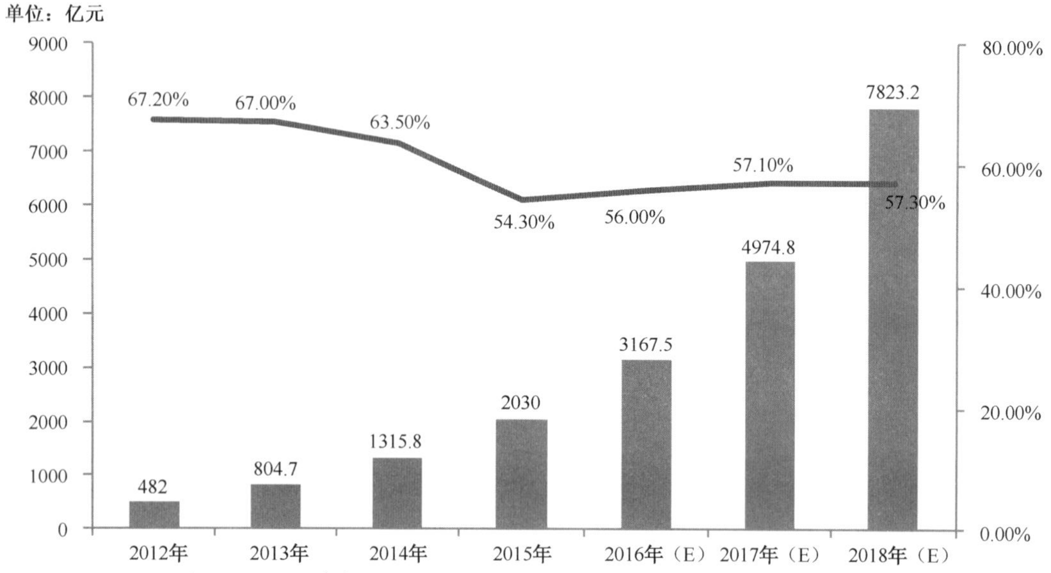

CAGR=48.90%（2012—2018 年）

资料来源：CCID（2016.2）。

图 3.3.44　2012—2018 年中国计算市场规模及增长情况

十九、2015 年中国大数据市场情况、

（一）2015 年世界大数据市场情况

据《2015 年中国大数据交易白皮书》报告显示，2015 年世界大数据市场为 421 亿美元，同比增长 47.7%; 2016 年预计为 663 亿美元，同比增长 57.50%，如图 3.3.45 和图 3.3.46 所示。

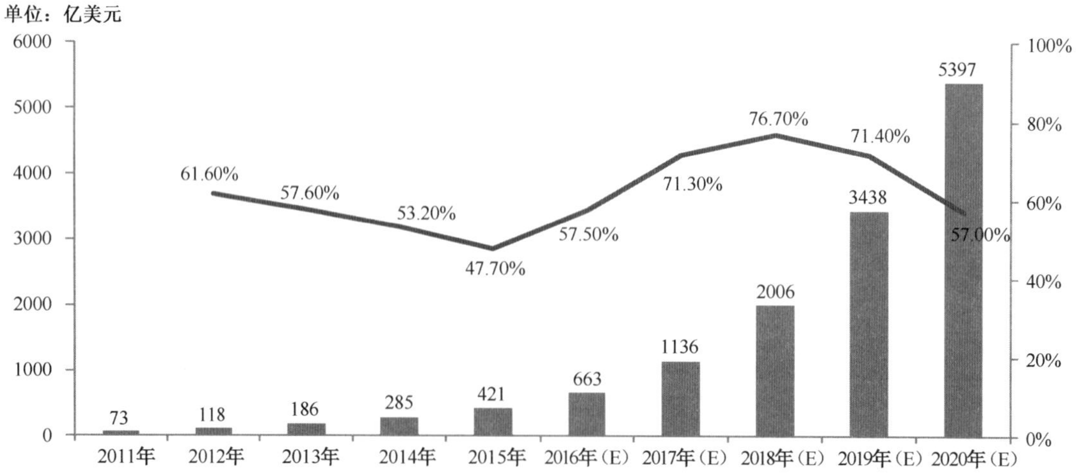

CAGR=53.77%（2011—2020 年）

图 3.3.45　2011—2020 年世界大数据市场规模及发展预测

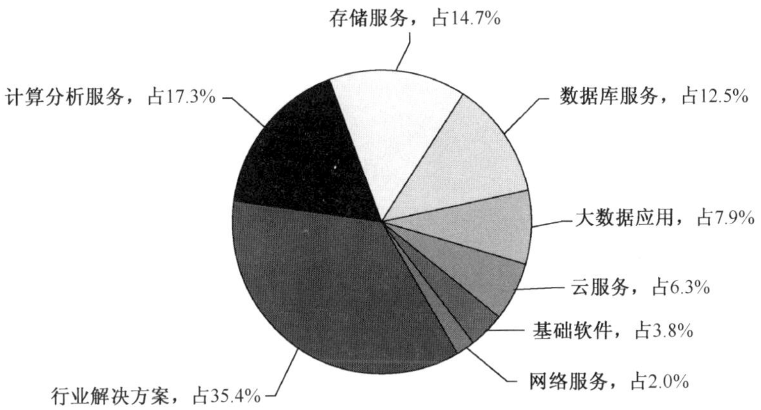

图 3.3.46 2015 年世界大数据市场应用结构

（二）**2015 年中国大数据市场发展情况**

2015 年中国大数据市场规模为 124.9 亿元，同比增长 34.20%；2016 年中国大数据市场规模预计为 168.9 亿元，同比增长 35.20%，如图 3.3.47 和图 3.3.48 所示。

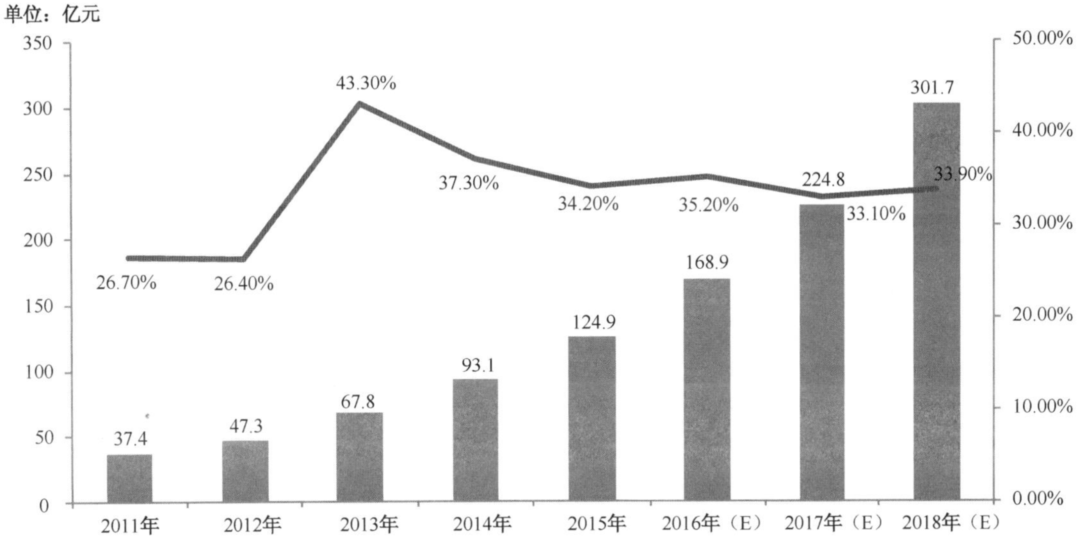

CAGR=29.82%（2011—2018 年）

资料来源：CCID（2016.01）。

图 3.3.47 2011—2018 年中国大数据市场规模及增长情况

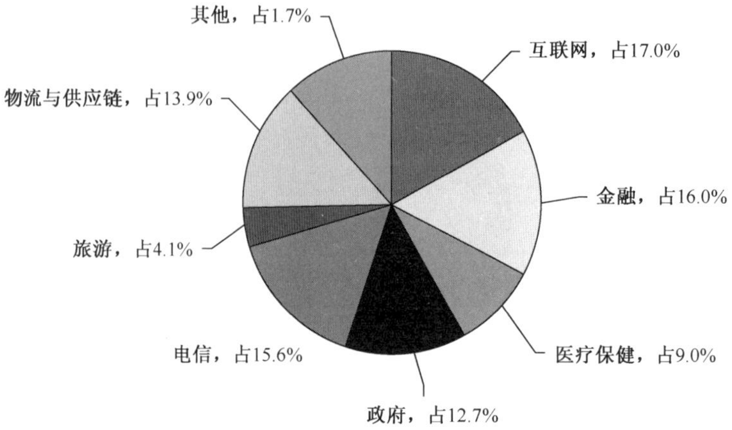

资料来源：CCID/JSSIA 整理。

图 3.3.48　2015 年中国大数据行业市场应用结构

二十、2015 年中国智能电表市场情况

（一）2015 年世界智能电表市场情况

据 IHS isuppli 预测，2015 年世界智能电表市场规模约 1.32 亿只，预计到 2019 年将达到 1.5 亿只，年复合增长率（CAGR）为 3.20%。

（二）2015 年中国智能电表产业情况

2015 年中国智能电表产业情况如表 3.3.29～表 3.3.31 所示。

表3.3.29　2011—2015年中国智能电表产量规模及增长

单位：万只

指标名称	2011 年	2012 年	2013 年	2014 年	2015 年(E)	CAGR
产量规模	9850	10920	24600	22200	23000	18.48%
同比	—	10.9%	125.3%	-9.7%	3.6%	—

注：我国智能电表产量自 2013 年以来已超过国家电网的招标数近 2 倍，产能已出现过剩。

表3.3.30　2010—2015年中国电力载波芯片市场规模及增长

单位：亿元

指标名称	2010 年	2011 年	2012 年	2013 年	2014 年	2015 年	CAGR
产量规模	2.5	4.3	6.2	10.0	12.2	14.4	33.89%
同比	108.3%	72.0%	44.0%	61.3%	22.0%	8.0%	—

表3.3.31　2010—2016年中国智能电表安装与出口情况

单位：万只

指标名称	2010 年	2011 年	2012 年	2013 年	2014 年	2015 年	2016 年(E)	CAGR
国内安装量	2182	2424	2667	3152	3636	4364	4606	11.26%
同比	28.6%	11.1%	10.0%	18.2%	15.4%	20.0%	5.5%	—
出口量	7394	7758	8000	8242	8727	9212	9697	3.95%
同比	1.7%	4.9%	3.1%	3.0%	5.9%	5.6%	5.3%	—

二十一、2015 年中国卫星导航产业发展情况

据 CCID 预测，2015 年中国卫星导航产业规模达 282.2 亿元，同比增长 37.10%，如图 3.3.49 所示。

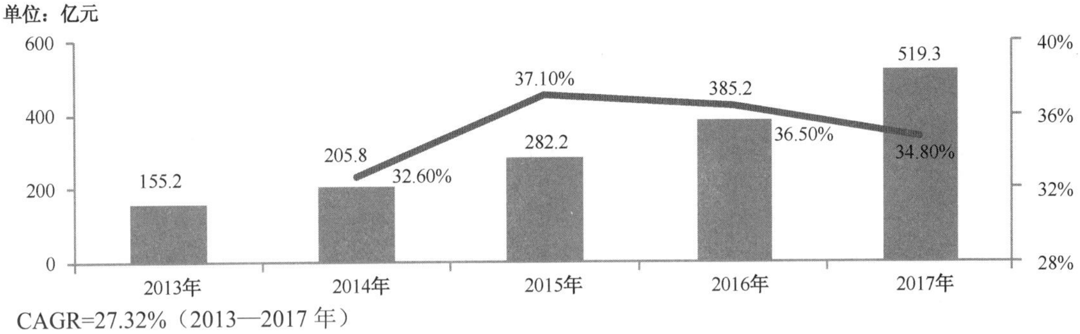

图 3.3.49　2013—2017 年中国卫星导航产业规模及增长

二十二、2015 年中国电源管理电路产品市场情况

（一）2015 年世界电源管理电路产品市场情况

2015 年世界电源管理电路产品市场情况如图 3.3.50 和图 3.3.51 所示。

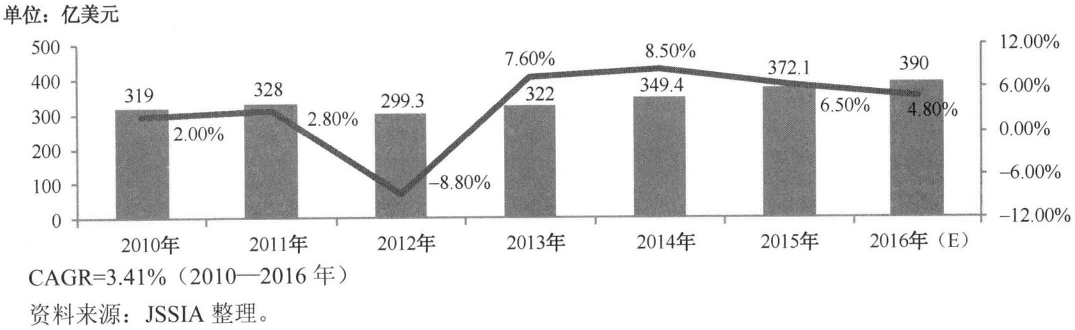

图 3.3.50　2010—2016 年世界电源管理电路产品市场发展规模及增长

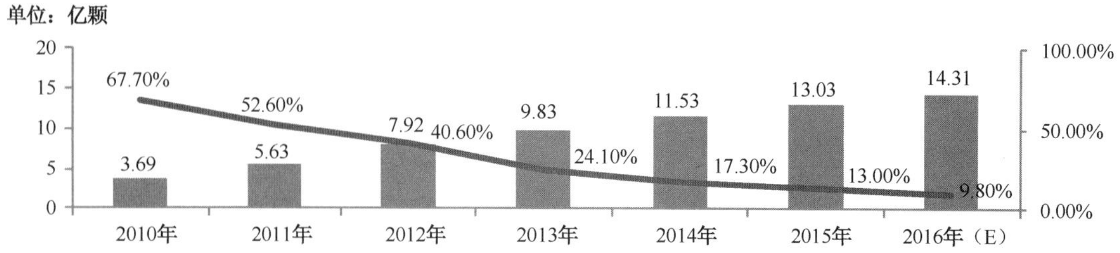

CAGR=25.34%（2010—2016 年）

资料来源：CCID/JSSIA 整理。

图 3.3.51　2010—2016 年世界智能电源管理芯片出货量发展规模及增长

（二）2015 年中国电源管理集成电路产品市场情况

2015 年中国电源管理电路市场规模预计达 634.0 亿元，同比增长 17.40%，如图 3.3.52、图 3.3.53 及表 3.3.32 所示。

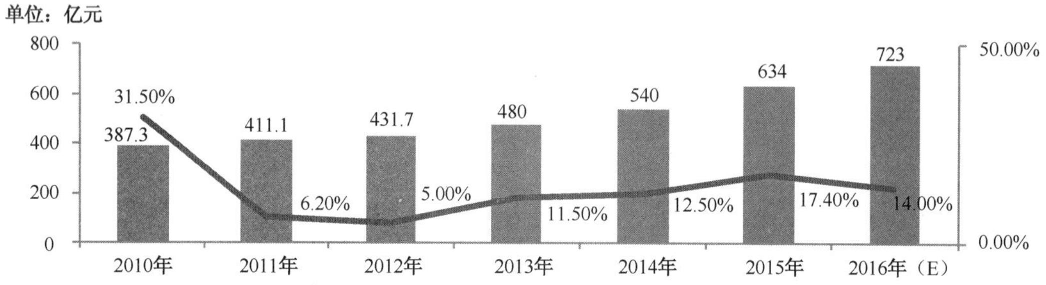

CAGR=9.33%（2008—2016 年）

资料来源：CCID/JSSIA 整理。

图 3.3.52　2010—2016 年中国电源管理电路市场规模及增长情况

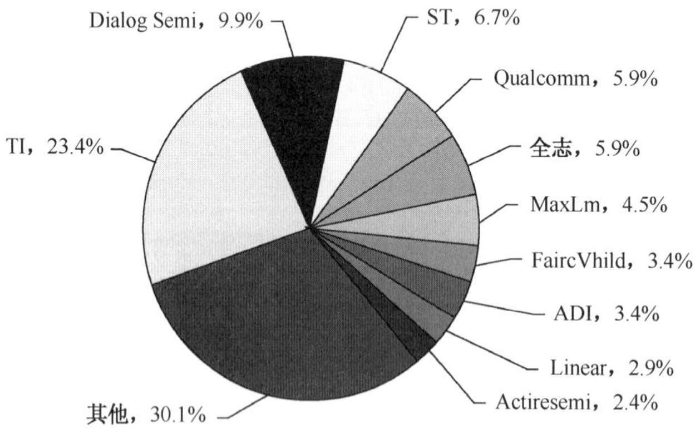

图 3.3.53　2015 年中国智能电源管理芯片市场品牌结构

表3.3.32 2010—2016年中国智能电源管理芯片出货量及增长情况

年度	2010 年	2011 年	2012 年	2013 年	2014 年	2015 年	2016 年(E)
智能电源管理芯片出货量（亿颗）	2.40	3.85	5.11	6.53	8.02	9.62	11.26
同比增长率	87.5%	60.4%	32.7%	27.8%	22.8%	20.0%	17.0%

CAGR=24.71%（2010—2016 年）

二十三、2015 年中国软件与服务行业市场情况

1. 2015 年中国软件与服务行业情况

2015 年中国软件与服务行业市场规模达 6732.6 亿元；2016 年中国软件与服务行业市场规模预计可达 7659.9 亿元，同比增长 13.80%，如表 3.3.33 和图 3.3.54 所示。

表3.3.33 2015—2018年中国软件与服务行业市场规模及增长情况

单位：亿元

指标名称	2015 年	2016 年(E)	2017 年(E)	2018 年(E)	CAGR
市场规模	6732.6	7659.9	8842.9	10195.8	10.92%
同比	—	13.8%	15.4%	15.3%	—

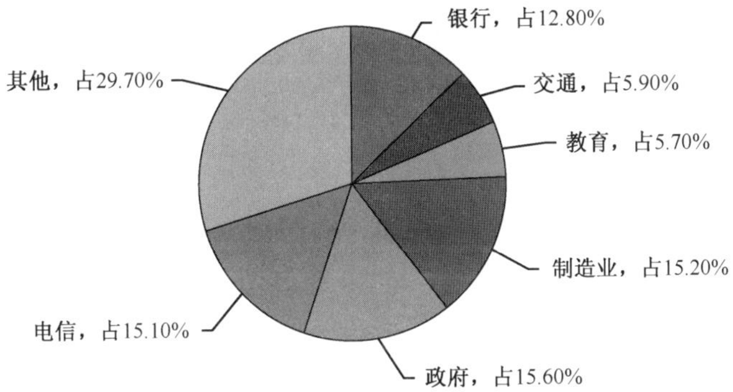

图 3.3.54 2015 年中国软件与服务行业市场应用结构

2. 2015 年中国工业软件行业情况

2015 年中国工业软件行业市场规模为 1080 亿元；2016 年中国工业软件行业市场规模预计为 1237 亿元，同比增长 14.50%，如表 3.3.34 和图 3.3.55 所示。

表3.3.34 2015—2018年中国工业软件市场规模及增长预测

单位：亿元

指标名称	2015 年	2016 年(E)	2017 年(E)	2018 年(E)	CAGR
市场规模	1080	1237	1413	1617	10.62%
同比	—	14.5%	14.2%	14.4%	—

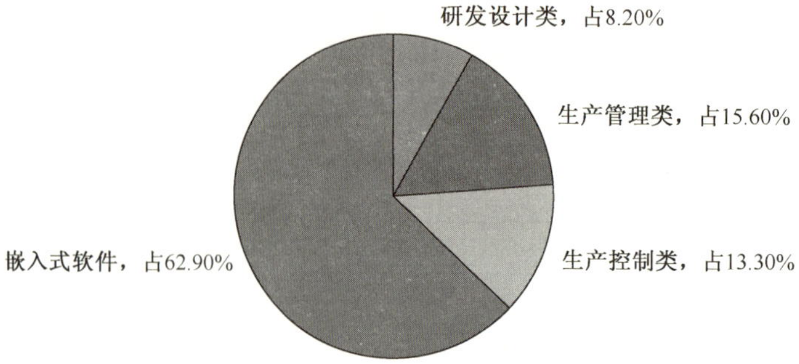

资料来源：CCID。

图 3.3.55　2015 年中国工业软件市场应用结构

二十四、2015 年中国国产服务器产业情况

2015 年中国国产服务器发展总的趋势是自主可控，国产品牌发展提速；首先实现国产品牌（占 55.30%）大于国外品牌占比；开放式相融共生产业生态体系加速构建；融合架构整机柜服务器市场开始壮大，如图 3.3.56 和表 3.3.35 所示。

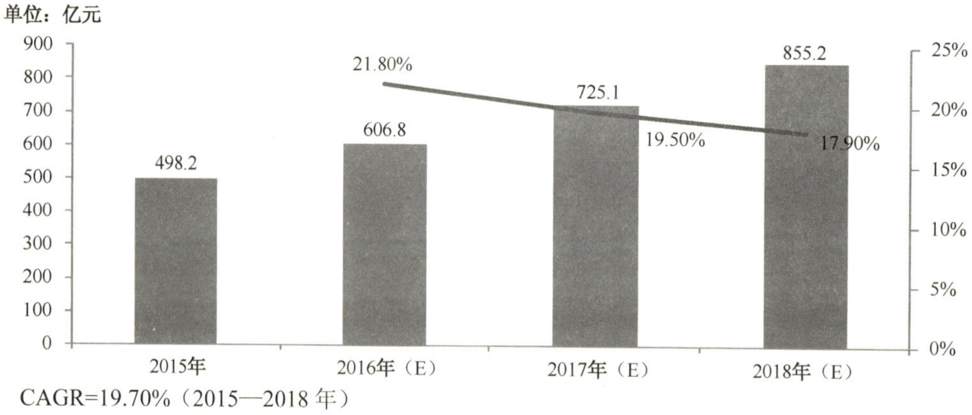

图 3.3.56　2015—2018 年中国服务器市场规模及发展预测

表3.3.35　2015—2018年中国服务器市场应用结构

指标名称	2015 年	2016 年(E)	2017 年(E)	2018 年(E)	CAGR
NON-X86 Server 市场规模	96.0	99.0	104.0	115.0	4.62%
占比	19.3%	16.3%	14.3%	13.4%	—
X86 Server 市场规模	402.2	507.8	621.1	740.2	16.47%
占比	80.7%	83.7%	85.7%	86.6%	—
合计	498.2	606.8	725.1	855.2	19.70%

二十五、2015 年功率器件产品市场情况

（一）2015 年世界功率器件产品市场情况

2015 年由于世界半导体产品市场整体下滑 0.20%，半导体功率器件市场规模预计为 400 亿美元，同比增长 1.00%。2015 年世界 IGBT 产品市场约为 48 亿美元，其中模块占 40 亿美元，分立型占 8 亿美元，如图 3.3.57 所示。

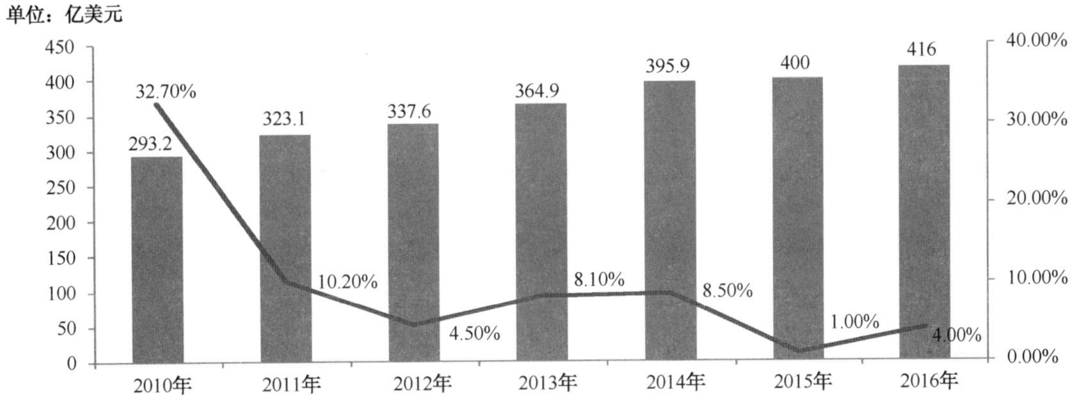

CAGR=5.12%（2010—2016 年）

资料来源：CCID/JSSIA 整理。

图 3.3.57 2010—2015 年世界功率器件产品市场规模及增长情况

（二）2015 年中国功率器件产品市场情况

1. 2015 年中国功率器件产品市场情况

2015 年中国功率器件产品市场为 1414.8 亿元，同比增长 5.5%，占世界同业市场的 56.60%。预计 2016 年中国功率器件产品市场为 1530.0 亿元，同比增长 8.1%，预计占世界同业市场 57.50%，如图 3.3.58 所示。

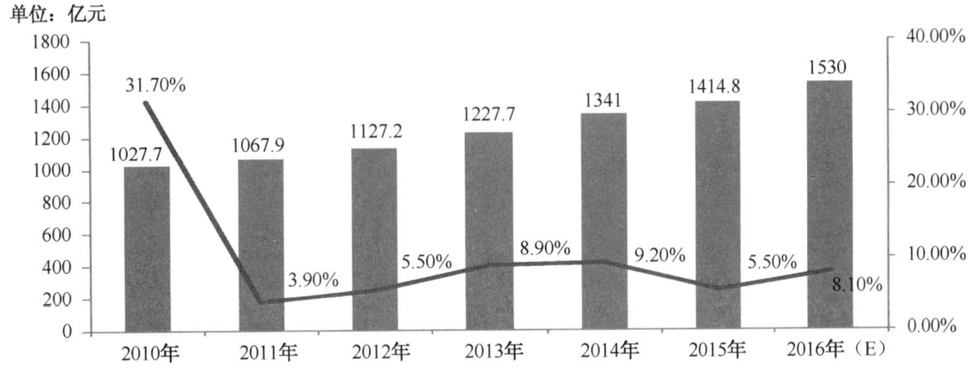

CAGR=5.85（2010—2016 年）

资料来源：CCID/JSSIA 整理。

图 3.3.58 2010—2016 年中国功率器件产品市场规模及增长情况

2. 2015 年中国功率器件 IGBT 产品市场和产品进步情况

2015 年无锡华润华晶微电子有限公司开发的 600V-1200VFS（Field-Stop）场截止 IGBT 制造产品与技术，获“第十届（2015 年度）中国半导体创新产品和技术”奖。该产品技术属于原始创新，其 FS 结构通过注入形式，具有和一般 FS 不同的浓度分布，使该产品有极强的参数稳定性和很高的产品应用可靠性优势。

杭州士兰集成电路有限公司开发的高压 IGBT 电力电子器件 20N60PD/40N60NPFD/20N120NPTFD 系列产品获“第十届（2015 年度）中国半导体创新产品和技术”奖。该产品是通过优化芯片结构和制造工艺等不同技术，提高器件耐压、导通电流、功率容量、降低饱和压降和通态损耗，提高开关速度和工作频率，提高产品的稳定性和可靠性。

上海先进半导体制造有限公司与上海北车永电电子科技公司联合开发的国内首个具有完全知识产权的 6500V 高铁机车用 IGBT 芯片，通过高铁系统上车实验，实现产品化应用，技术水平达到国际先进水平，标志着国内机车用高压、大电流 6500V IGBT 芯片设计、工艺开发制造技术的重大突破，特别是攻克了 6500V IGBT 关断安全工作区、短路工作区等关键技术瓶颈。该公司还与国家电网、比亚迪汽车等企业成立战略联盟，共同发展具有自主知识产权的智能电网和新能源汽车用功率器件。

3. 2015 年中国 MOSFET 产品市场情况

2015 年中国 MOSFET 产品市场规模预计达 435 亿元，同比增长 5.7%左右。

第四节　2015 年中国 LED 产品市场发展情况

一、2015 年世界 LED 照明产业发展情况

1．2015 年世界 LED 照明市场规模

2015 年全球 LED 照明市场规模为 257 亿美元，同比增长 44.00%，LED 照明市场渗透率达 31%，如图 3.4.1 所示。

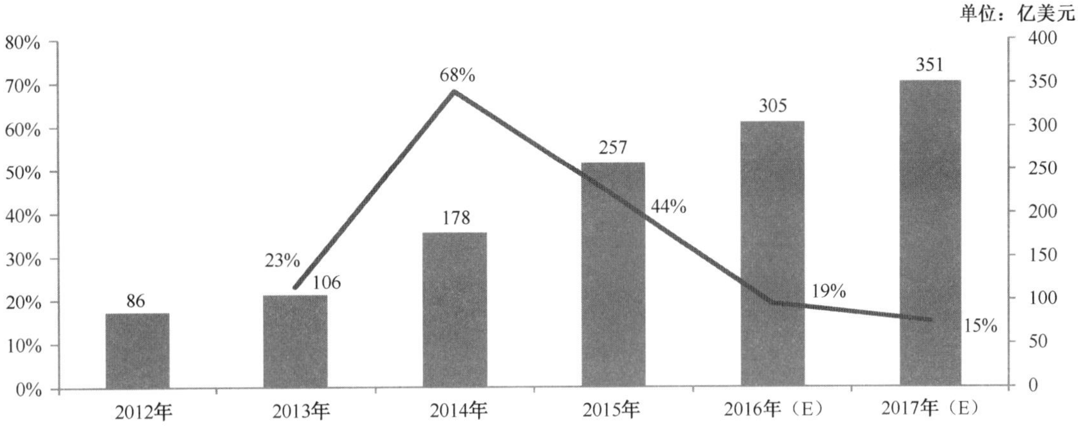

CAGR=25.60%

资料来源：CCID（中国电子报 2016.3）。

图 3.4.1　2012—2017 年世界 LED 照明市场规模及增长预测

从表 3.4.1 可以看出，自 2016 年起到 2017 年世界 LED 照明市场增长逐渐趋于稳定，部分替代性光源已经完成更替，市场增长率平均稳定在 20%左右；照明企业的重心将转移到专业照明领域，如商业照明、工程照明和建筑照明等。

表3.4.1　2007—2016年世界高亮度LED产业市场规模及增长

单位：亿美元

指标名称	2007年	2008年	2009年	2010年	2011年	2012年	2013年	2014年	2015年	2016年(E)	CAGR
市场规模	46	52	54	83	88	109	130	142	145	149	12.47%
同比	29%	13%	45%	53%	6%	24%	19%	9%	2%	3%	—

2．2015 年世界 LED 芯片产业

2015 年世界 LED 芯片市场为 129.5 亿美元，同比 2.50%左右；2016 年世界 LED 芯片预计为 136.0 亿美元，同比增长 5%。

3. 2015 年世界 LED 产业技术进步

2015 年世界 LED 产业技术进步情况见表 3.4.2 和表 3.4.3。

表3.4.2　LED不同衬底材料市占率发展预测

衬底材料名称	2012 年	2013 年	2014 年	2015 年	2016 年
蓝宝石	95.8%	97%	97.0%	97.0%	96.2%
碳化硅	4.2%	2.9%	2.8%	2.5%	2.8%
硅单晶	—	0.1%	0.2%	0.3%	0.7%
氮化镓	—	—	—	0.2%	0.3%

表3.4.3　2016年在法兰克福照明展览会上出现的新产品

公司名称	产品展示
欧司朗	有一款集成驻车、转向、倒车灯多项功能的 OLED 尾灯（O-RWG OLED Rear）
乐金显示（LG Display）	展出多款 OLED 产品：OLED 吊灯、OLED 平板灯、OLED 台灯、P-OLED 尾灯
住友化学	OLED 方块，由 OLED 照明面板组成，有各种颜色、形状和尺寸等。
OLED Works	推出具有两个白色色温的 LB_2 OLED 面板光源
三星电子	为苹果手机开发提供的柔性 OLED 显示屏幕

二、2015 年中国 LED 产业发展情况

1. 2015 年中国 LED 产业规模

中国照明电器协会数字显示，2015 年中国有 LED 企业 25000 余家，产业已呈过剩，据 CCID 报道，2015 年中国 LED 产业营销规模为 819.3 亿元，同比增长 19.20%，如图 3.4.2 所示。

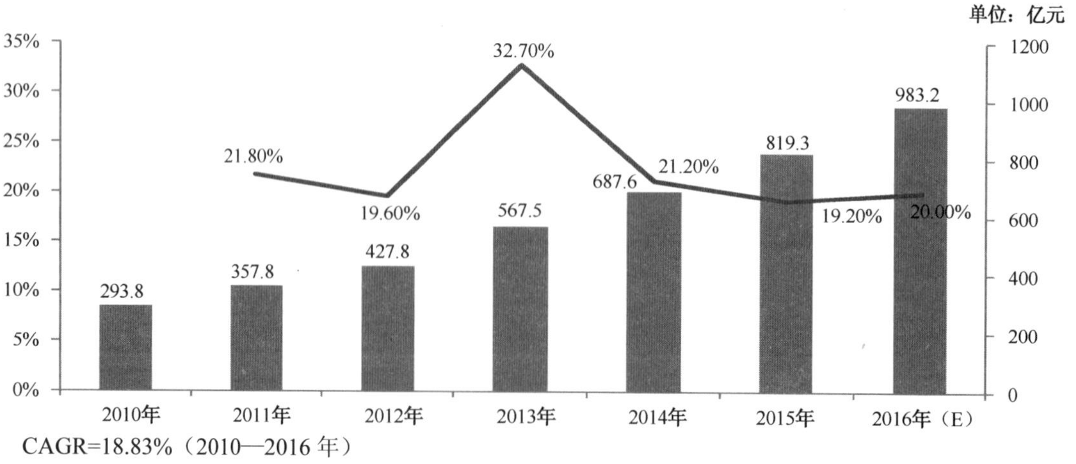

图 3.4.2　2010—2016 年中国 LED 产业营销规模及增长情况

2．2015 年中国 LED 芯片产业发展情况

2015 年中国 LED 芯片业销售收入为 127 亿元，同比下降 7%，封测业为 692.3 亿元，同比增长 25.5%（见表 3.4.4、表 3.4.5 和图 3.4.3）。

表3.4.4　2014—2015年中国LED产业结构情况

指标名称	2015 年			2014 年	
	业绩（亿元）	同比	占比	业绩（亿元）	占比
LED 合计	819.3	19.2%	100.0%	687.6	100.0%
衬底	5.7	1.8%	0.2%	5.6	0.8%
外延	36.2	−5.5%	4.4%	38.3	5.6%
芯片	85.1	−7.6%	10.4%	92.1	13.4%
芯片业合计	127.0	−7.0%	15.5%	136	19.8%
封装业合计	692.3	25.5%	84.5%	551.6	80.2%

表3.4.5　2010—2015年中国LED封装业产业销售额及增长情况

单位：亿元

指标名称	2010 年	2011 年	2012 年	2013 年	2014 年	2015 年	CAGR
全国 LED 产业规模	293.8	357.8	427.8	567.5	687.6	819.3	18.64%
全国 LED 封装业规模	243.8	295.8	353.8	471.5	551.6	692.3	19.00%
同比	—	21.3%	19.6%	57.8%	17.0%	25.5%	—
占比	83.0%	82.7%	82.8%	83.1%	80.2%	84.5%	—

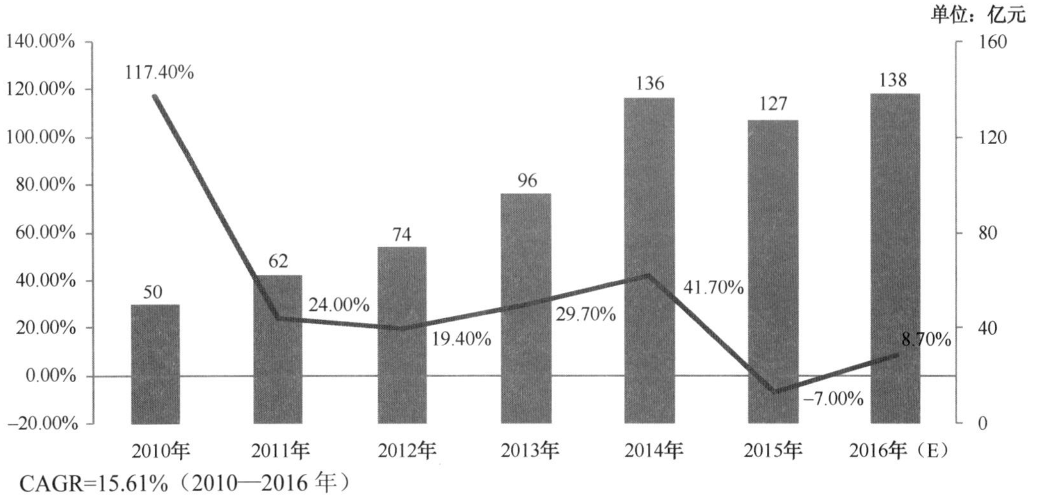

图 3.4.3　2010—2016 年中国 LED 芯片业营销规模及增长情况

3．2015 年中国 LED 产品产量

据大半导体产业网报道，2015 年全国 LED 产品产量达 3918.2 亿只，同比增长 24.3%，但增速同比降低 10.2 个百分点，如图 3.4.4 所示。

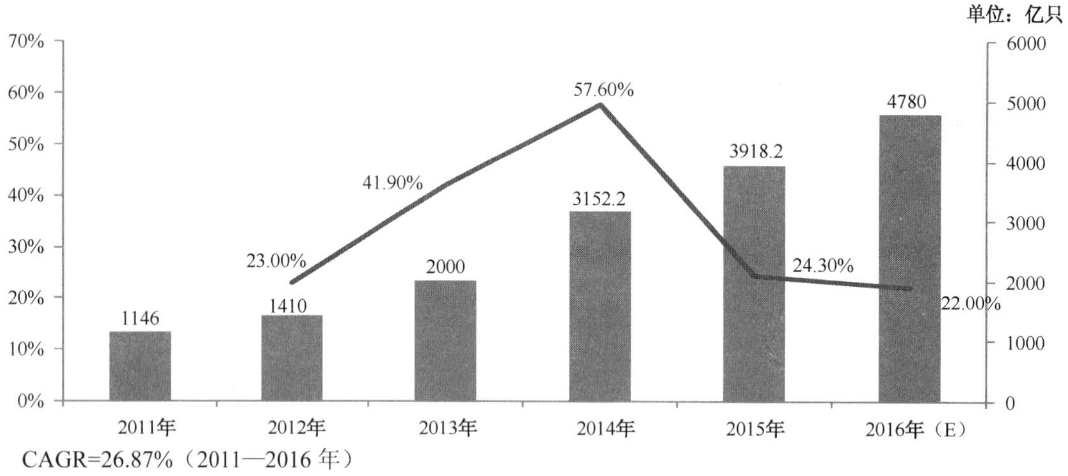

图 3.4.4　2011—2016 年中国 LED 产品产量与增长情况

4．2015 年中国 LED 电光源产品产量情况

据中国轻工网报道，2015 年全国 LED 电光源产品产量为 203.5 亿只，同比下降 5.7%，前五名省市产量合计占到全国总量的 70.29%，表 3.4.6 给出了 2015 年全国 LED 电光源产品产量前十名的省市。

表3.4.6　2015年全国LED电光源产品产量前十名省市

序号	省市名称	同比增长	序号	省市名称	同比增长
1	江苏省	22.67%	6	湖北省	8.18%
2	广东省	15.14%	7	福建省	6.64%
3	浙江省	13.94%	8	安徽省	6.08%
4	河南省	9.91%	9	四川省	2.15%
5	江西省	8.63%	10	河北省	1.95%
				全国合计	100.0%

5．2015 年中国 LED 照明整体产业发展情况

2015 年我国 LED 照明整体产业规模为 3967 亿元，同比增长 15%，与过去十年间增长率超过 30%，相比有明显的回落，如图 3.4.5 所示。

单位：亿元

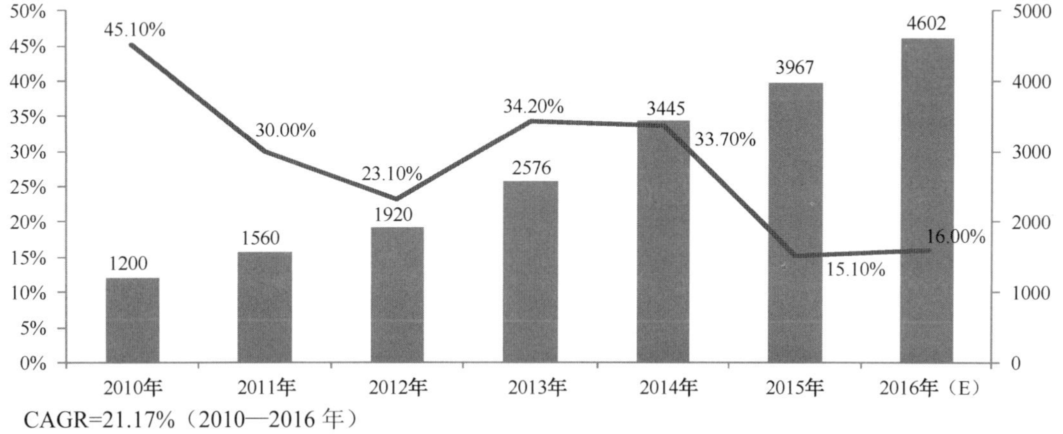

图 3.4.5 2010—2015 年中国 LED 照明市场规模及增长情况

6. 2015 年中国 LED 照明产品出口情况

"一带一路"国家政策发布以来给 LED 照明产品出口创造了有利条件和机会，缓解了我国 LED 照明产品过剩的问题，扩大了对印度、俄罗斯、巴基斯坦、非洲、东南亚等地区（国家）的出口。2015 年我国 LED 照明产品出口预计为 112 亿美元（三季度前为 84 亿美元），同比增长 24.40%左右（见表 3.4.7）。

表3.4.7 2010—2016年中国LED照明产品出口规模及增长情况

单位：亿美元

指标名称	2010 年	2011 年	2012 年	2013 年	2014 年	2015 年	2016 年(E)	CAGR
出口额	10	20	35	60	90	112	134	44.88%
同比	—	100%	75%	71%	50%	24%	20%	—

7. 2015 年中国 LED 产业技术进步情况

我国 LED 照明技术与国际先进水平差距正在缩小；功率型白光 LED 光效实现 150Lm/W 产业化生产；具有我国自主知识产权的功率型硅基 LED 芯片产业化光效超过 140Lm/W；GaN 同质衬底白光 LED 技术采用 GaN/AL203 复合衬底同质外延技术制备的高亮度 LED 光效超过 130 Lm/W；深紫外延 LED 发光波长 293 纳米、在 20mA 电流下输出功率为 4.8mW。此外，OLED 器件制备技术接近国际先进水平，在 1000cd/m^2 亮度下，效率为 99 Lm/W，显色指数为 85%，寿命达 10000 小时。

2016 年 1 月 8 日，南昌大学联合晶能光电的江风益团队"硅衬底高光效 GaN 基蓝色发光二极管"技术项目获得 2015 年度国家科学技术奖技术发明类唯一的一等奖。

第五节　2015 年中国物联网产品市场发展情况

一、2015 年世界物联网市场情况

1. 2015 年世界物联网产业发展情况

IC Insights 数据显示，2015 年世界物联网产值预计为 580 亿美元，同比增长 20%（见表 3.5.1）。

表3.5.1　2013—2018年世界物联网产值发展预测

单位：亿美元

指标名称	2013 年	2014 年	2015 年	2016 年(E)	2017 年(E)	2018 年(E)
产值	398	483	580	702	800	1050
同比增长	21%	21.4%	20%	21%	14%	31.3%

2. 2015 年世界物联网市场情况

据 ithome 报道，全球物联网（IOT）设备 2015 年将达到 49.2 亿个，到 2016 年将成长到 64 亿个，成长率为 30%，预计到 2020 年将达到 208 亿个，届时每天新增 550 万个设备联网。

据 Gartner 预测，到 2016 年与消费者物联网应用相关市场规模可达到 5460 亿美元，而在物联网领域的支出则可达到 8680 亿美元之巨，IOT 服务支出可达 2350 亿美元。

2015 年，全球物联网（IOT）芯片市场为 45.8 亿美元，到 2022 年将达到 107.8 亿美元，CAGR（年复合增长率）达到 11.50%。

据《中国电子报》2015 年 10 月 30 日报道，2015 年全球各类敏感元件与传感器市场将达到 1770 亿美元。未来五年，全球传感器市场年复合增长率将超过 10%，属于高增长行业。

二、2015 年中国物联网市场情况

1. 2015 年中国物联网产业情况

2015 年中国网络零售销售收入预计达 4 万亿元，位居全球第一。

2015 年中国网民达 6.88 亿人（江苏网名达 0.44 亿人，居第三位，落后于广东、山东），互联网普及率为 50.3%，手机上网率高达 90.10%，手机成为拉动网民增长的主要因素，4G 用户突破 3.8 亿户。

2．2015 年中国物联网产业市场规模情况

2015 年中国物联网整体市场规模达到 7507 亿元，同比增长 22.60%，如图 3.5.1～图 3.5.3 所示。

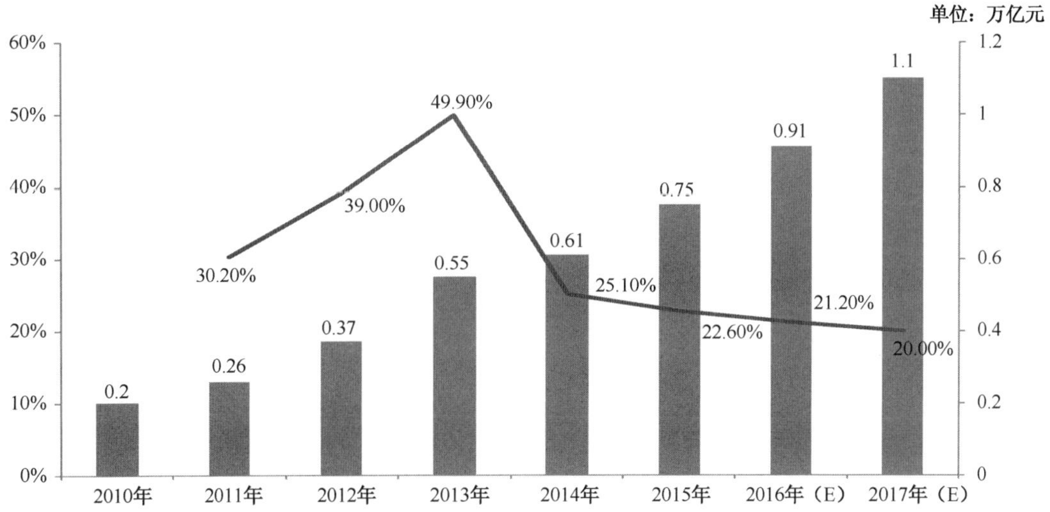

CAGR=22.72%（2010—2017 年）

资料来源：CCID（2015.10）。

图 3.5.1　2010—2017 年中国物联网产业链整体市场规模及增长预测

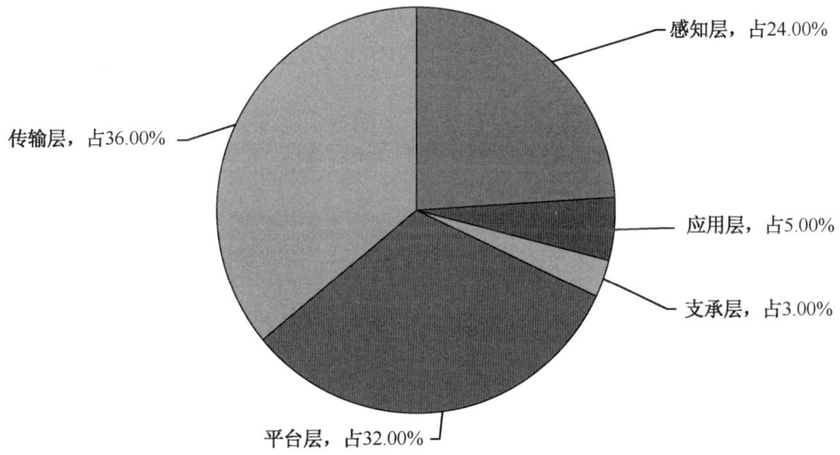

图 3.5.2　2015 年中国物联网产业链结构

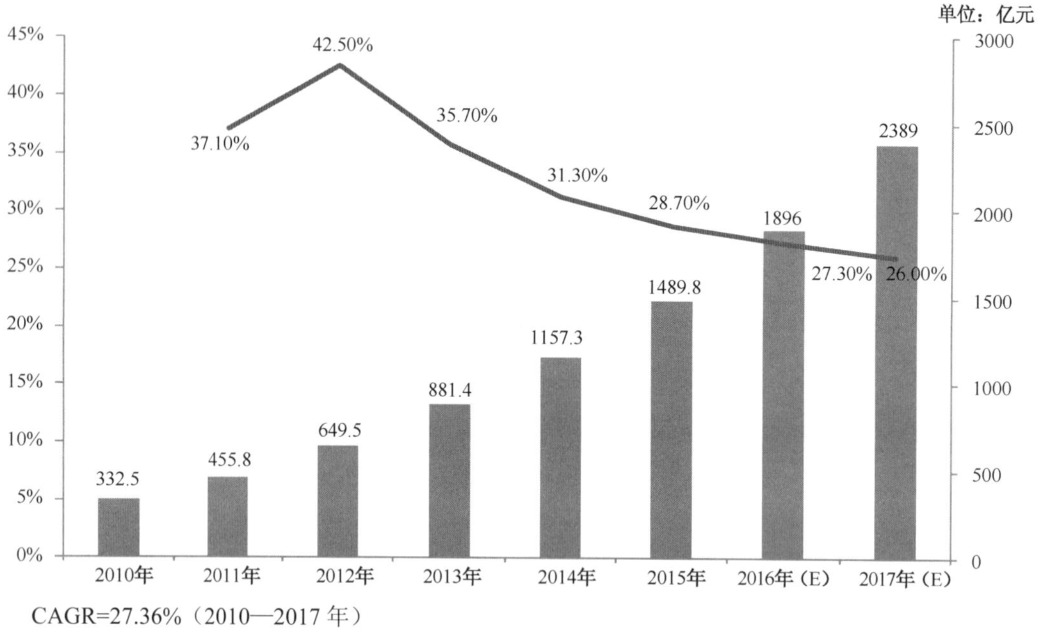

图 3.5.3　2010—2017 年中国工业物联网整体规模及增长预测

三、2015年中国物联网传感器产业情况

据《中国电子报》2015年10月30日报道，2015年我国敏感元件和传感器市场需求量将达到652.9亿只，同比增长18%；销售额将突破1300亿元，同比增长8.3%，占全球市场需求量的12%左右，其产业辐射和带动作用更大，范围更广。目前已有1700余家企事业单位从事传感器的研制、生产和应用，传感器产品达10个大类、42个小类、6000多个品种（见表3.5.2和图3.5.4）。

表3.5.2　2015年中国国内传感器市场需求量规模及占比情况

市场范围	冶金机械制造业	海洋能源	高铁、汽车业	手机家电业	医疗设备业	通信仪器业	农业环保业	轻纺食品业	重点工程	其他	合计
市场需求量（亿只）	24	28	118	112	78	50	18	13	15	197	652.9
占比	3.7%	4.3%	18.1%	17.2%	11.9%	7.7%	2.8%	2.0%	2.3%	30.0%	100.0%

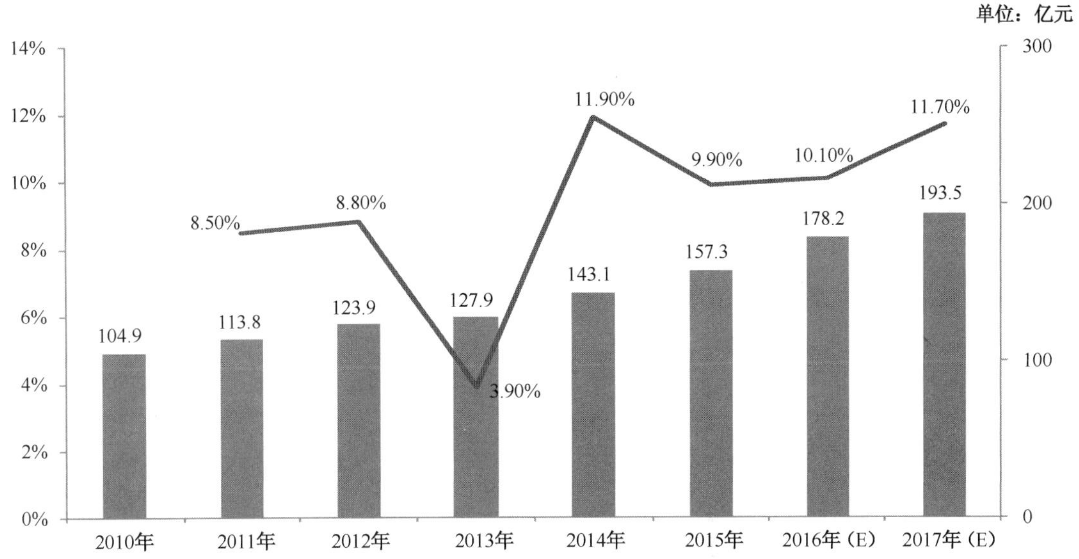

CAGR=8.70%（2010—2017 年）

资料来源：CCID（2015.10）。

图 3.5.4　2010—2017 年中国工业传感器市场及增长预测

第六节 2015 年中国 MEMS 产品市场发展情况

一、2015 年世界 MEMS 产品市场情况

1. 2015 年世界 MEMS 产品市场规模

2015 年，世界 MEMS 产品市场规模达 88.2 亿美元，同比增长 3.7%，占到同期集成电路产业总值的 2.6%份额。预计到 2016 年市场规模达 91.3 亿美元，同比增长 3.6%，如图 3.6.1 所示。

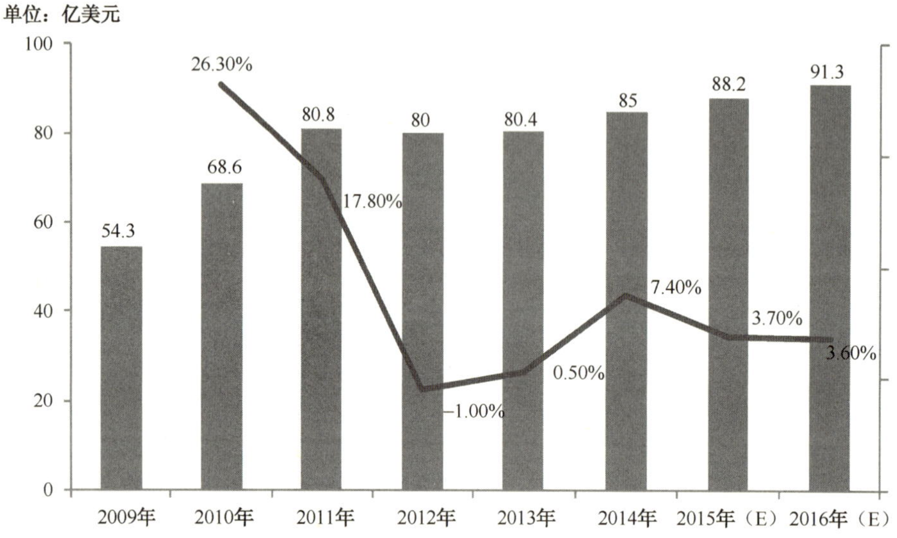

CAGR=6.71%（2009—2016 年）

资料来源：WSTS/JSSIA 整理。

图 3.6.1 2009—2016 年世界 MEMS 产品市场规模及增长率

2. 2015 年世界 MEMS 主要企业简况

2015 年对 MEMS 产业来说是不寻常的一年，排名前 30 位的 MEMS 企业在这一年里命运迥异。有 5 家 MEMS 企业在 2015 年的增长速度超过了 20%：安华高（Avago Technologies）为 41%；应美盛（InvenSense）为 33%；台积电（TSMC）为 29%；Qorvo 为 28%；瑞声科技（AAC）为 22%。

台积电首次进入世界 MEMS 前三十名，排名第 26 位，得益于纯代工。

射频前端模组的安华高和 Qorvo 业务增长快，得益于 4G 手机频段覆盖推动应用薄膜体声波谐振器（FBAR）技术的滤波器增长。

相比之下，另外一些公司正面临着营收下滑，包括佳能（Canon）、索尼（Sony）（主要受汇率影响）、意法半导体（STMicroelectronics）、德州仪器（Texas Instruments）、惠普

（Hewlett-Packard）、爱普生（Epson）以及松下（Panasonic）等。

二、2015 年中国 MEMS 产品市场情况

1. 2015 年中国 MEMS 市场情况

2015 年中国 MEMS 传感器市场规模为 313.1 亿元，同比增长 17.90%，如图 3.6.2、图 3.6.3 及表 3.6.1、表 3.6.2 所示。

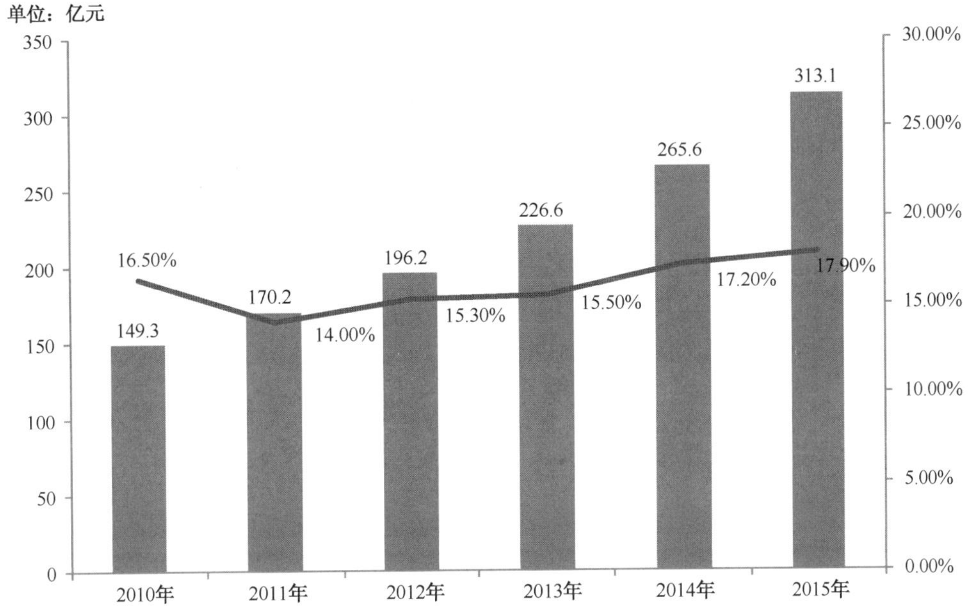

CAGR=13.14%（2010—2015 年）

资料来源：CCID。

图 3.6.2　2010—2015 年中国 MEMS 传感器市场规模及增长

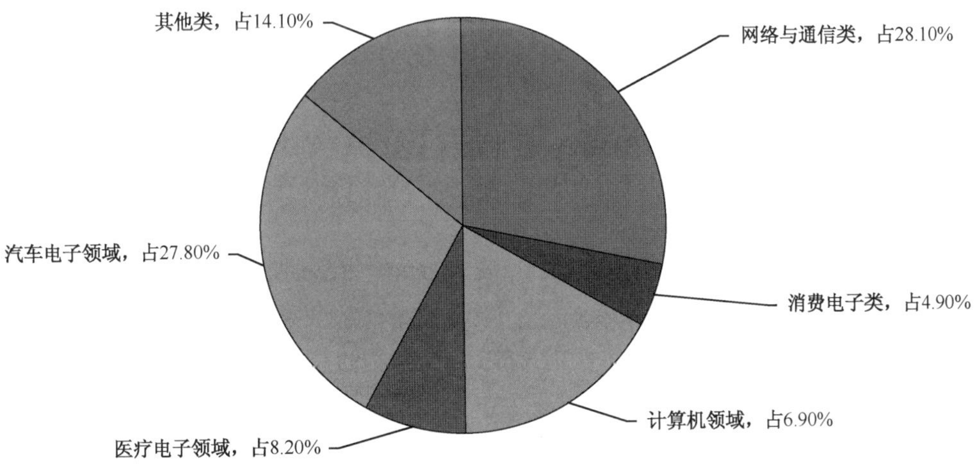

图 3.6.3　2015 年中国 MEMS 市场应用结构情况

表3.6.1　2015年中国MEMS市场应用结构同比增长率

序号	应用领域	增长率	序号	应用领域	增长率
1	医疗电子	23.5%	4	汽车电子	15.1%
2	网络与通信	22.3%	5	计算机	12.1%
3	消费类电子	19.8%	6	其他类	17.1%

表3.6.2　2015年中国MEMS市场产品结构情况

序号	产品名称	市占率	成长率	序号	产品名称	市占率	成长率
1	线加速传感器	23.1%	18.4%	8	生物微控制系统	5.5%	17.9%
2	压力传感器	19.2%	19.5%	9	DMD（微镜阵列）	3.4%	19.5%
3	微机械陀螺	9.5%	19.0%	10	磁传感器	2.4%	13.9%
4	其他微流控制系统	8.6%	15.0%	11	FBAR（双工器）	2.3%	12.5%
5	硅麦克风	7.0%	14.7%	12	其他 MEMS 器件	1.0%	24.8%
6	喷墨打印头	6.2%	17.6%	13	其他	6.1%	12.3%
7	射频 MEMS	5.7%	16.0%		合计	100.0%	—

2．2015 年中国 MEMS 产业分布

中国 MEMS 主要分布在环渤海、长三角地区，以北京、上海、石家庄、南京、无锡、苏州等城市为主（见表 3.6.3～表 3.6.6）。

表3.6.3　中国MEMS科研机构分布

城市名称	科研院校名称
北京市	中科院微电子研究所、电子学研究所；航天科技集团：701 所、702 所、704 所、772 所；中国电科第 11 所、13 所、45 所；北京大学、清华大学、北京航空航天大学、北京理工大
天津市	天津大学、南开大学、国家纳米技术与工程研究所
太原市	中北大学、中国电科第 2 所
沈阳市	沈阳仪器仪表工业研究所
长春市	中科院长春光机所
哈尔滨市	哈尔滨工业大学、中国电科第 49 所
石家庄市	中国电科第 13 所
大连市	大连理工大、中科院大连化学物理研究所
西安市	西安交大、西安工业大学；航天科技集团：11 所、618 所、771 所
绵阳市	中国工程物理研究院
武汉市	华中科技大学
重庆市	重庆大学；中国电科第 24 所、26 所、44 所
长沙市	国防科技大学

续表

城市名称	科研院校名称
昆明市	兵器工业集团211所
上海市	复旦大学、上海交大、上海大学、华东师范大学、中科院微系统与信息技术研究所
无锡市	中国电科第58所
苏州市	兵器集团214所
杭州市	浙江大学、浙江加州国际纳米技术研究院
厦门市	厦门大学
南京市	东南大学、南京理工大学、中国电科第55所
合肥市	中国科技大学、中国电科第38所、中科院合肥智能机械研究所

表3.6.4　中国MEMS设计企业分布

城市	MEMS 设计	IDM	城市	MEMS 设计	IDM
北京市	北京广微积电、Selko、Epson、GE、欧姆龙、Denso、Senslng、Meleslx、OKI、Murata、博奥生物	歌尔声学、青鸟元芯	上海市	Bosch、ST、TI、ADI、SONY、InvenSense、上海深迪、上海巨哥、GE、Dalsa、欧姆龙、上海芯敏、Muratu	Sensata
苏州市	苏州敏芯、苏州明皓、Sonlon MEMS A/S	Knowles	无锡市	美新电子、英飞凌、纳微电子、MEMSIC	无锡芯奥微
西安市	中星监控、西安维纳	—	武汉市	华中科技大学	高德红外、飞恩微电子
深圳市	ST、MSI	Intersema	杭州市	浙江大学	—
沈阳市	沈阳罕王集团	—	大连市	欧姆龙	—
天津市	飞思卡尔	—	广州市	X-Fab	—

表3.6.5　中国MEMS晶圆生产线

企业名称	项目性质	晶圆尺寸	产品类别
中国电科第55所	IDM+中试线	6英寸	射频器件
中国电科第13所	IDM+中试线	6英寸	MEMS 陀螺仪、加速度计、射频/微波开关、射频/微波滤波器
北京大学	中试线	4~6英寸	陀螺仪、加速度传感器、压力传感器
中科院微系统所	中试线	4英寸	陀螺仪、加速度传感器、压力传感器
中科院纳米所	中试线	6英寸	麦克风、压力传感器、陀螺仪、红外等
中芯国际	代工	8英寸	MEMS 振荡器、硅麦克风、陀螺仪、微流体传感器、惯性传感器等
华润上华科技	代工	6英寸	红外探测器
台积电（中国）	代工	8英寸	陀螺仪、加速度计、硅麦克风、压力传感器、微流体计等

续表

企业名称	项目性质	晶圆尺寸	产品类别
上海先进	代工	8英寸	三轴陀螺仪、加速度计、生物 MEMS 芯片、光学 MEMS、微流体开关等
上海华虹宏力	代工	8英寸	磁传感器
杭州士兰微	IDM+代工	6英寸	三轴加速度传感器、三轴磁传感器、压力传感器等
中航（重庆）	IDM+代工	8英寸	红外探测器、惯性传感器

表3.6.6 中国MEMS制造和封测企业

地区名称	MEMS 制造&封测企业
北京市	青鸟元芯：月产 MEMS/100 万只； OKI：建有制造和封测基地； 中国电科第 11 所：有一条 MEMS 红外器件加工生产线
石家庄	中国电科第 13 所为 MEMS 加工基地
大连市	欧姆龙有 MEMS 制造和封装生产线
天津市	飞思卡尔制造和封装工厂
西安市	中星测控：建有无尘测试和实验室； 宝鸡市素明传感生产线，可制造微型高频压力传感器
甘肃省	天水华天科技可进行 MEMS 的封测
武汉市	高德红外：设计—制造—封测线（8 英寸、0.35～0.18 微米）
深圳市	ST 做封测，有 8 英寸 MEMS 生产线； Mtersama 在深圳、成都生产 MEMS
无锡市	华润上华 6-8 英寸代工线，华润安盛做封测； 无锡芯奥微一期，月产 800 万颗； 英飞凌建有封测工厂； 江苏长电科技拥有全球最大的封测工厂
苏州市	苏州晶方半导体公司有国内第一条影像传感器晶圆级芯片封装线，其晶圆级芯片、封装技术在该领域市场份额占 40%以上； 楼氏在苏州工业园设有工厂，为全球最大的生产基地； 昆山双桥传感器制造各类压阻压力传感器； 苏州纳米工业园有 6 英寸中试线
南通市	南通富士通微电子公司拥有全国最大的封测厂
杭州市	浙江大立拥有 MEMS 制造生产线
上海市	森萨塔在上海有 MEMS 中心，在常州、宝应有两大制造厂； Dalsa 在上海有 150mm/200mm2 条 MEMS 生产线； 上海深迪有 MEMS 陀螺校验和测试基地； 上海微系统所有科研性质生产设备和超净环境的 MEMS 生产线，对外可代工； 中芯国际有 8 英寸 MEMS 代工线
潍坊市	楼氏、歌贝尔声学在该市设立 MEMS 电声器件生产线

第七节 2015年中国集成电路存储器产品市场发展情况

一、2015年世界集成电路存储器产品市场

据世界半导体贸易统计组织（WSTS）报道，2015年世界集成电路存储器（Memory）营收额为772.05亿美元，占世界半导体总值的23.0%，同比下降2.5%。（但据Gartner报道为782亿美元，同比增长3.1%；IC Insights报道为834亿美元，同比增长19.10%）。其中：DRAM营收额为486.4亿美元，同比下降5.6%；Flash（NAND闪存+NOR）营收额为285.7（270+15.7）亿美元，同比下降2.6%。

如图3.7.1所示，2016年世界存储器产业（市场）将进一步下滑7.9%，市场销售额仅为711.1亿美元，要到2017年才会有所好转，同比增长3.3%，市场销售额预计达734.7亿美元左右的水平。

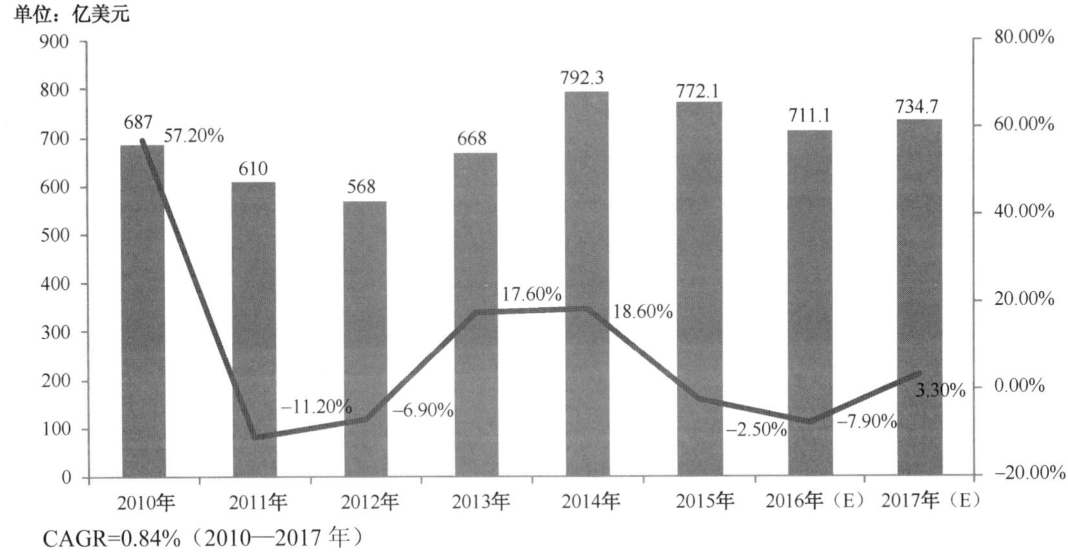

图3.7.1 2010—2015年世界集成电路存储器产品市场规模及增长情况

图3.7.2～图3.7.4分别给出了2015年世界存储器市场结构、市场分布及市场应用结构。

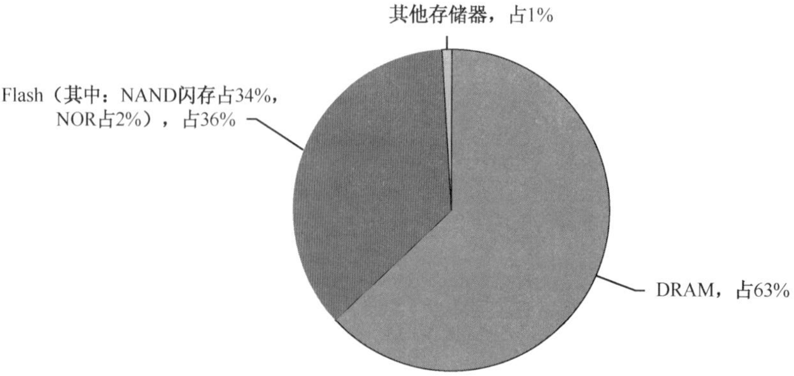

图 3.7.2　2015 年世界存储器市场结构

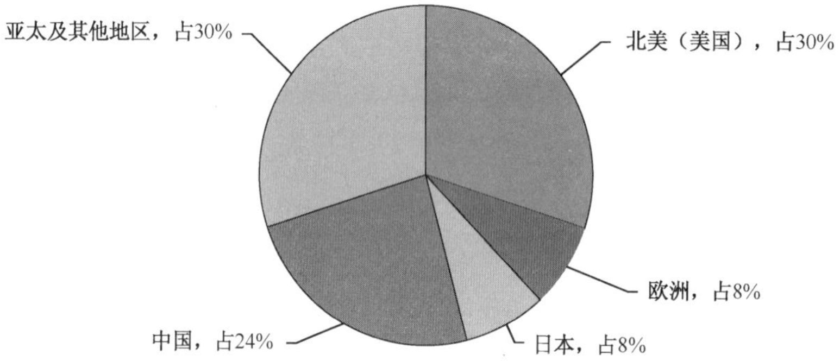

图 3.7.3　2015 年世界存储器市场分布

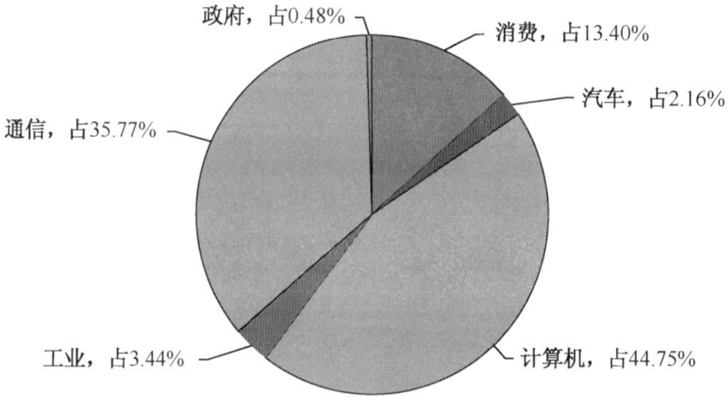

图 3.7.4　2015 年世界存储器市场应用结构

（一）2015 年世界 DRAM 产品市场情况

据 WSTS 预估，2015 年全球 DRAM 总产值将达到 486.4 亿美元的规模，相较 2014 年下滑 5.6%，增速较 2014 年回落 39.1 个百分点，如图 3.7.5 所示。

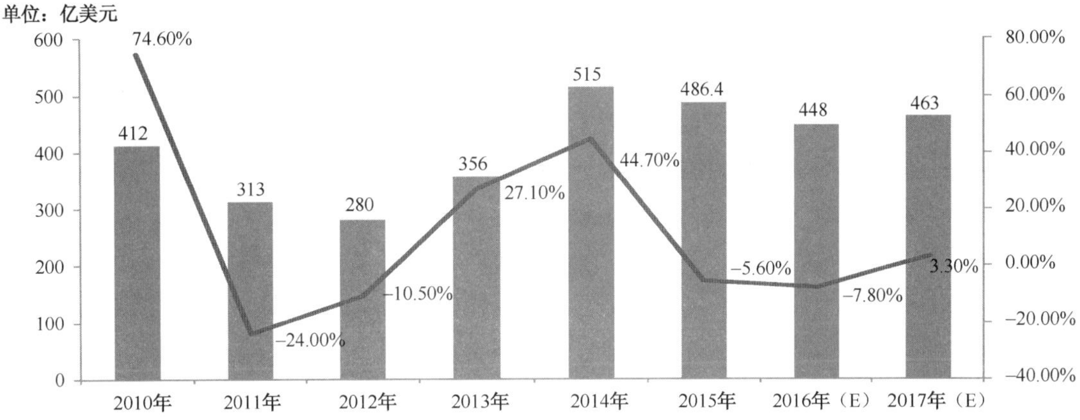

CAGR=1.47%（2010—2017 年）
资料来源：WSTS。

图 3.7.5　2010—2017 年世界 DRAM 产品市场规模及增长预测

表 3.7.1 给出了 2013—2015 年世界 DRAM 前十名企业的情况。图 3.7.6 和图 3.7.7 给出了 2015 年 DRAM 市场应用结构及品牌占有率。

表3.7.1　2013—2015年世界DRAM前十名企业情况

序号	公司名称	公司所在地	2013 年		2014 年			2015 年(E)		
			实绩（百万美元）	占比	实绩（百万美元）	同比	占比	实绩（百万美元）	同比	占比
1	三星电子（Samsung Electronics）	韩国	12598	36.1%	18684	48%	40.5%	21156	13.2%	41.0%
2	海力士（SK Hynix）	韩国	9514	27.3%	12592	32%	27.3%	13932	10.6%	27.0%
3	美光（Micron Technology）	美国	7609	21.8%	11460	51%	24.9%	12900	12.6%	25.0%
4	南亚科（Nanya Technology）	中国台湾	1497	4.3%	1621	8%	3.5%	2064	27.3%	4.0%
5	华邦电子（Winbond Electronics）	中国台湾	388	1.1%	559	44%	1.2%	567	1.4%	1.1%
6	力晶（Powerchip Technology）	中国台湾	192	0.5%	407	112%	0.9%	—	—	—
7	芯成（lniegrated Silicon Solution）	美国	190	0.5%	214	13%	0.5%	—	—	—

续表

序号	公司名称	公司所在地	2013 年		2014 年			2015 年(E)		
			实绩（百万美元）	占比	实绩（百万美元）	同比	占比	实绩（百万美元）	同比	占比
8	晶豪（E・S・M・T）	中国台湾	146	0.4%	214	47%	0.5%	—	—	—
9	钰创科技	中国台湾	159	0.5%	178	12%	0.4%	—	—	—
10	力积电子（Zentel Electronics）	中国台湾	54	0.2%	70	30%	0.2%	—	—	—
合计（Total Market）			34910	100%	46095	32.1%	100%	51600	11.9%	100%

资料来源：Gartner。

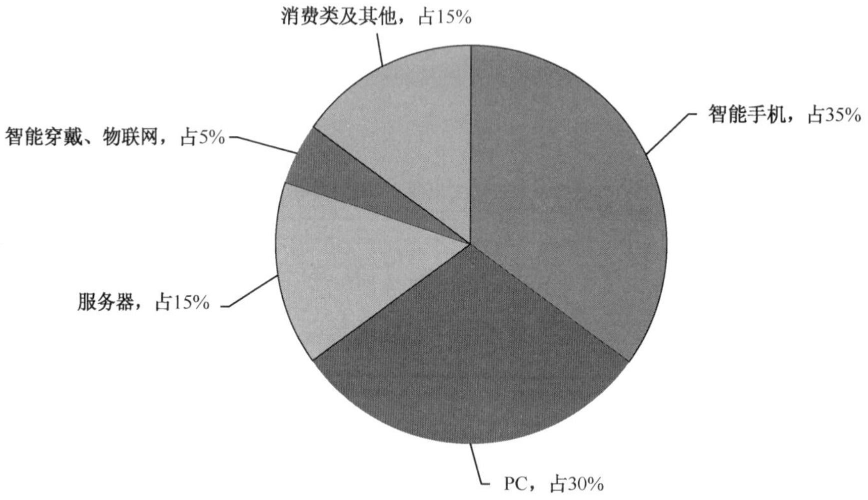

图 3.7.6　2015 年 DRAM 市场应用结构

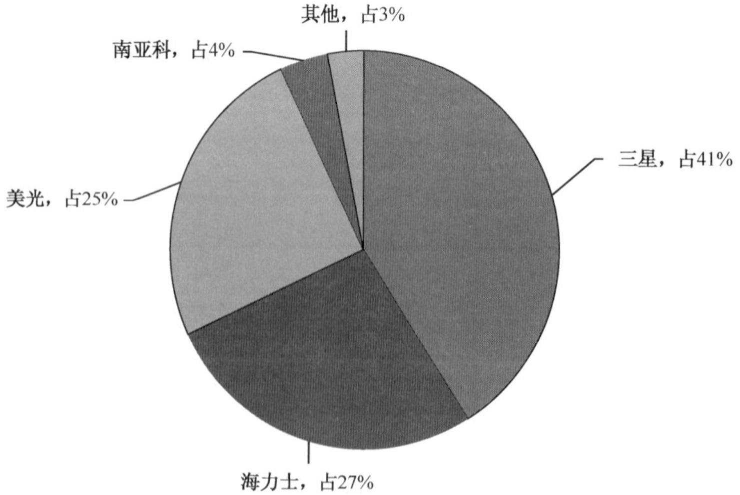

图 3.7.7　2015 年 DRAM 市场品牌占有率

2015 年 DRAM 价格明显下降，DDR 4GB 均价从 2014 年的 29 美元/块下跌到 2015 年的 17 美元/块，跌幅达 41%，其主要原因不外乎市场需求降低。另有 DRAM 技术更新不明显，未来 5 年 DDR 作为主流还将继续，更多只是在制程和频率等方面得到改进和加强。

（二）2015 年世界 NAND Flash 产品市场情况

WSTS 数据显示，2015 年世界 NAND Flash 市场规模为 270.2 亿美元，同比下降 2.6%，预测到 2017 年市场规模达到 271.7 亿美元，同比增长 3.3%；2010—2017 年复合增长率为 −0.15%，如图 3.7.8 所示。

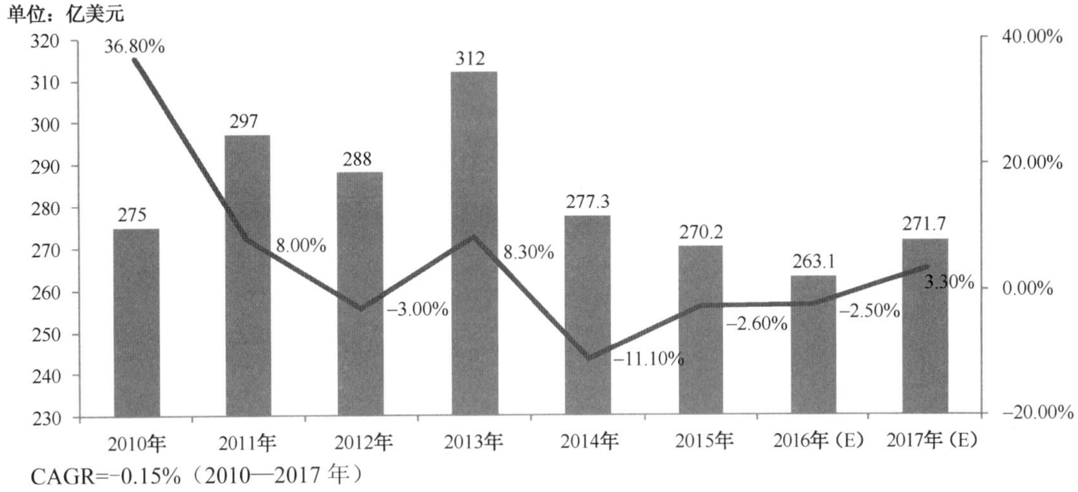

图 3.7.8　2010—2017 年世界 NAND Flash 产品市场规模及增长预测

据 HIS Isuppli 预测，以 1GB 为基准计算的 NAND Flash 出货量，2015 年为 766.7 亿颗，同比增长 45.3%（见表 3.7.2）。

表3.7.2　2013—2018年世界NAND Flash 产品出货量规模及增长预测

单位：亿颗

指标名称	2013 年	2014 年	2015 年	2016 年	2017 年	2018 年	CAGR
出货量	355.1	527.5	766.7	1116.7	1516.6	2036.2	33.79%
同比	—	48.5%	45.3%	45.7%	35.8%	34.3%	—

全球存储器芯片市场为高度垄断和高度商品化的市场，NAND Flash 则由三星、东芝、闪迪、美光和海力士主导，前五名厂商占到市场总需求的 95.80%，而三星和东芝二家则占到全球总市场的 55.1%。美国英特尔公司则一枝独秀，同比增长 88.5%（见表 3.7.3～表 3.7.5）。

表3.7.3 2013—2015年世界NAND Flash主要企业情况

序号	公司名称	公司所在地区	2013年		2014年			2015年(E)		
			实绩（百万美元）	占比	实绩（百万美元）	同比	占比	实绩（百万美元）	同比	占比
1	三星电子（Samsung Electronics）	韩国	9115	31.6%	9074	-0.4%	30.5%	8512	-6.2%	32.0%
2	东芝（Toshiba）	日本	7420	25.7%	7323	-1.3%	24.6%	5613	-23.4%	21.1%
3	闪迪（SanDisk）	美国	4716	16.3%	4484	5.2%	15.1%	3937	-12.2%	14.8%
4	美光（Micron Technology）	美国	3496	12.1%	4336	24.0%	14.6%	3618	-16.6%	13.6%
5	海力士（SK Hynix）	韩国	2897	10.0%	3179	9.7%	10.7%	2660	-16.3%	10.0%
6	英特尔（Intel）	美国	1067	3.7%	1129	5.8%	3.8%	2128	88.5%	8.0%
7	飞索半导体（Spansion）	美国	79	0.3%	150	89.9%	0.5%	106	-29.3%	0.4%
8	晶豪科技（ESMT）	中国台湾	42	0.1%	64	52.4%	0.2%	27	-57.8%	0.1%

注：2015年营收额按2015年四季度报道数据推算而来。

表3.7.4 NAND Flash产品技术发展节点

厂商名称	2011年	2012年	2013年	2014年	2015年	2016年
制程节点	2X纳米	2Y纳米	1X纳米	1Y纳米	1Z纳米	3D NAND
三星	27纳米	21纳米	19纳米	16纳米	14纳米	24纳米
东芝/闪迪	24纳米	19纳米	19纳米	16纳米	12纳米	28纳米
美光	25纳米	20纳米	20纳米	18纳米	15纳米	32纳米
SK海力士	26纳米	20纳米	20纳米	16纳米	13纳米	32纳米

表3.7.5 3D NAND Flash主要厂商产能和技术布局

厂商名称	产能和技术布局
三星	考虑扩大Line 17产能，投片量由每月4万片提升到5万片，技术转进18/14纳米，3D NAND 进入24纳米，拉大与竞争对手的距离
海力士	由保守改为积极，M14厂投片由每月1.5万片提升到7万片，在技术上2015年四季度进入21纳米，2016年产量占到50%以上，在2016年18～16纳米导入生产，着手32纳米3D NAND产业化
美光	公司布局较慢，进入20纳米后，产量还不见提升

二、2015年中国集成电路存储器市场情况

据Digital Times报道，2015年中国移动DRAM采购较2014年增长2倍，一跃成为全球最大的存储消费国，2015年我国采购DRAM（动态随机存储器）估计为120亿美元，占全球DRAM总值的21.60%；NAND Flash（闪存）为66.70亿美元，占全球NAND Flash总值的29.10%。

据赛迪顾问公司报道，2015年中国存储器市场规模为2843.6亿元（合455亿美元），同比增长15.30%，占世界存储总值的58.90%，如图3.7.9所示。

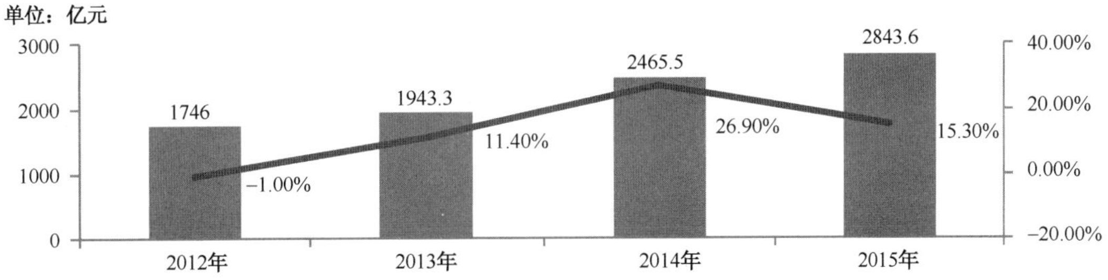

CAGR=12.97%（2012—2015年）

资料来源：CCID（2016.3）。

图3.7.9 2012—2015年中国集成电路存储器市场规模及增长情况

图3.7.10～图3.7.13分别给出了2015年中国存储器市场产品结构、应用结构，DRAM存储器市场应用结构、Flash存储器应用市场情况。

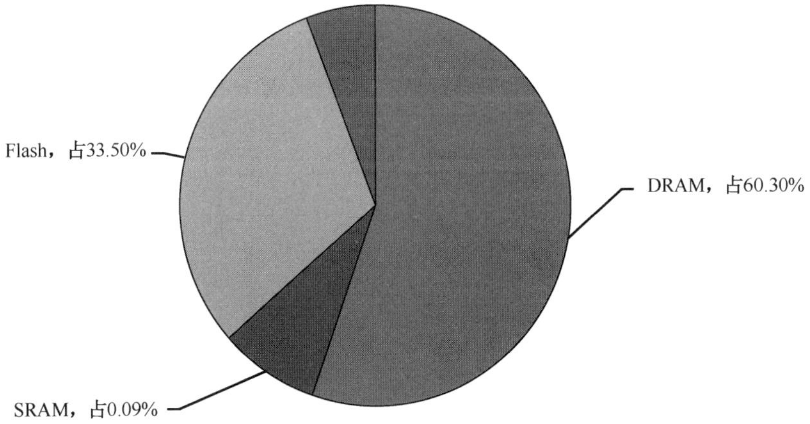

图3.7.10 2015年中国存储器市场产品结构

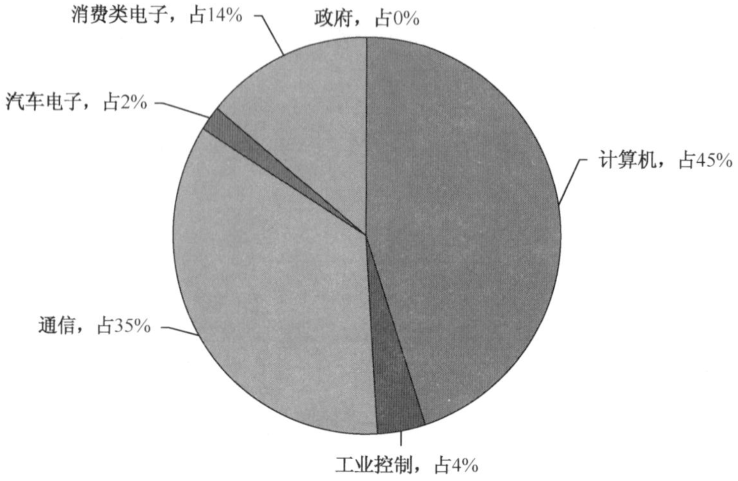

图 3.7.11　2015 年中国存储器市场应用结构

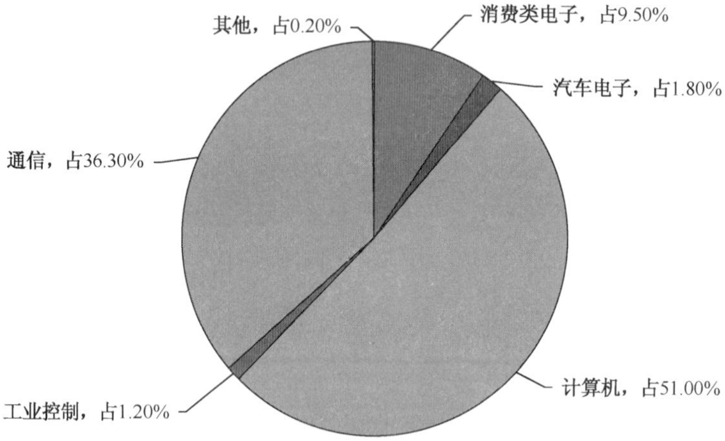

图 3.7.12　2015 年中国 DRAM 存储器市场应用结构情况

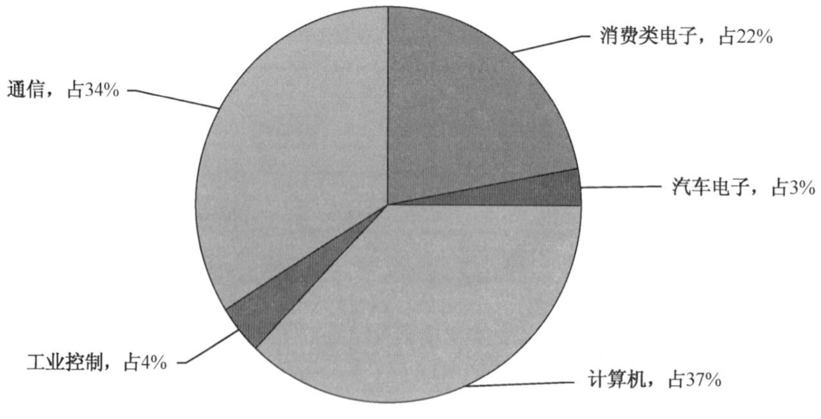

图 3.7.13　2015 年中国 Flash 存储器应用市场情况

第八节 2016年中国集成电路产品市场发展预测

一、2016年世界半导体产品市场经济发展情况预测

据 WSTS 预测报告，2016 年世界半导体产品市场规模预计为 3360.9 亿美元，同比增长 0.30%，到 2017 年达到 3464.5 亿美元，同比增长 3.10%左右的规模（见表 3.8.1）。

表3.8.1 2016年世界半导体产品市场结构预测

指标名称	2015年	2016年(E)		
	市场规模（亿美元）	市场规模（亿美元）	同比	占比
总计（Total）	3351.7	3360.9	0.3%	100.0%
分立器件小计（D-O-S）	606.9	615.5	1.4%	18.3%
分立器件（DS）	186.1	181.1	−2.7%	5.4%
光电子器件（Optoelec）	332.6	343.1	3.2%	10.2%
传感器（sensors）	88.2	91.3	3.6%	2.7%
集成电路小计（IC/Total）	2744.8	2745.4	0.0%	81.7%
模拟电路（Analog）	452.3	459.8	1.7%	13.7%
微处理（Micro）	613.0	635.2	3.6%	18.9%
逻辑电路（Logic）	907.5	939.3	3.5%	27.9%
存储器（Memory）	772.1	711.1	−7.9%	21.2%

二、2016年中国集成电路产品市场发展预测

（1）2015 年中国集成电路产业销售收入为 3609.8 亿元，同比增长 19.70%；到 2016 年预计达到 4400 亿元，同比增长 21.90%。

（2）2015 年中国半导体市场需求规模为 13001.3 亿元，同比增长 7.9%；2016 年中国半导体市场需求预计规模为 13859.4 亿元，同比增长 6.6%。

（3）2015 年中国集成电路市场为 11024.3 亿元，同比增长 6.10%；2016 年中国集成电路市场预计为 11652.4 亿元，同比增长 5.70%；2016 年中国集成电路产品市场占世界市场总值的 66.3%（见表 3.8.2 和表 3.8.3）。

表3.8.2　2016年中国集成电路产品市场结构（预测）

序号	产品名称	市场规模（亿元）	占比	序号	产品名称	市场规模（亿元）	占比
1	逻辑电路	523.3	4.5%	6	标准 IC	2407.2	20.7%
2	微控制器	372.1	3.2%	7	模拟 IC	1988.6	17.1%
3	专用 IC	325.6	2.8%	8	CPU	1372.2	11.8%
4	微周边器	1186.2	10.2%	9	嵌入式 CPU	662.9	5.7%
5	存储器	2791.0	24.0%	合计		11629	100.0%

表3.8.3　2016年中国集成电路产品应用市场结构（预测）

序号	应用领域	市场规模（亿元）	占比	序号	应用领域	市场规模（亿元）	占比
1	计算机	3453.8	29.7%	4	工业控制	1337.3	11.5%
2	网络通信	3395.7	29.2%	5	汽车电子	360.5	3.1%
3	消费电子	2535.1	21.8%	6	其他	546.6	4.7%
				合计		11629	100.0%

第四章

2015 年江苏省集成电路产业发展情况

第一节　2015年江苏省经济发展概况

1. 2015年江苏省经济发展简况

2015年江苏省生产总值达7.01万亿元，同比增长8.5%，占全国GDP的1/10，人均GDP为8.8万元；城乡居民人均收入同比增长8.3%。2015年实现高新技术产业产值6.1万亿元，比2014年增长7.6%；占规模以上工业总产值比重达40.1%，比2014年提高0.6个百分点。

2015年江苏省一般性公共预算收入8028.6亿元，同比增长11%，社会消费品零售总值为2.59万亿元，同比增长10.3%，居民消费物价指数（CPI）增长1.7%，工业生产者出厂价格指数（PPI）同比下降4.7%，工业生产者购进价格下跌7.9%。全省研发投入1788亿元，占全省生产总值2.55%；居民收入及可支配分别增长8.2%和8.7%；城镇新增就业139.8万人，失业登记率3.0%；投资4.59万亿元，同比增长10.5%。规模以上工业企业主营收入14.83万亿元，同比增长4.8%；利税1.59万亿元，同比增长9.3%；工业利润实现0.96万亿元，同比增长9.1%，占全国1/7，居全国第一位。主营业务收入利润率为6.5%，成本费用利润率为7.0%；企业亏损面13.8%，同比上升0.9%。

2015年江苏省企业竞争力显著增强，百亿元级工业企业达120家，44家企业进入中国500强，91家企业进入民营企业500强，24家企业列入国家技术创新示范，23家企业成为国家工业品牌培育示范；全省有8大主要工业行业规模总量均居全国前列，万亿元级行业达6个，全省中小规模企业数居全国首位。

2. “十二五”期间江苏省经济发展情况

“十二五”期间，江苏省经济总量先后突破5万亿元和6万亿元大关，到2015年突破7万亿元大关，一直保持稳定增长的势头，连续6年位居全国第一；江苏省规模以上工业企业主营业务收入比2010年增长66%；江苏省规模以上工业企业利税比2010年增长57%；江苏省规模以上工业企业利润比2010年增长55%；其中利税占全国近1/7，利润占全国1/7强。

“十二五”期间，江苏省一般性公共预算收入增长14.5%，消费促进贡献率达51.5%，科技贡献率达60%，高新产业收入破4.5万亿元，占比达40.1%；第三产业产值占48%，居民收入和可支出比“十一五”分别增长66.9%和79.4%，投资总规模超1.7万亿元，互联网服务业营收入增长61.9%等。

3. 2016年江苏省经济发展目标

省内生产总值（GDP）增长7.5%～8.0%，研发费占生产总值2.80%，一般性公共预算收入增长 8%，居民消费物价涨幅控制在 3%左右，固定资产投入增长 10.5%左右，社会消费零售总值增长 10%左右，新增就业 100 万人，失业登记率控制在 4.0%左右，城乡居民收入增长与经济增长同步，对外出口争取实现正增长。

第二节　2015 年江苏省集成电路产业发展情况分析

2015 年，江苏省半导体业界同仁在《国家集成电路产业发展推进纲要》和《省政府关于加快全省集成电路产业发展的意见》的一系列政策文件的激励和指导下，在江苏省委、省政府和省经信委、省科技厅、商务厅的领导、关心和支持下，抓住传统类消费电子、通信类产品市场好转的契机，奋力拼搏，取得了较好的业绩，保持了稳中求进、稳中向好的发展势头，在“十二五”收官之年结出丰硕成果，也为“十三五”规划的实施打下了坚实的基础。

2015 年，江苏省半导体产业销售收入达 1192.2 亿元，同比增长 6.94%。其中集成电路产业销售收入为 876.1 亿元，同比增长 8.20%；集成电路支撑业销售收入为 316.1 亿元，同比增长 3.7%。

在集成电路产业中，2015 年集成电路设计业销售收入为 153.7 亿元，同比增长 28.2%；集成电路晶圆业销售收入为 209.7 亿元，同比增长 7.6%；集成电路封测业销售收入 512.7 亿元，同比增长 3.5%。半导体分立器件销售收入为 137 亿元，同比下滑 1.1%。集成电路产品产量为 406.9 亿块，同比增长 11.2%，分立器件产量为 840.3 亿只，同比增长 0.6%。

2015 年江苏省半导体产业销售收入和集成电路产业销售收入仍位居全国同业第一。这是自 2007 年以来连续第九年保持全国总量之首。

一、2015 年江苏省半导体产业基本情况

1. 江苏省半导体产业企业数量

2015 年江苏省半导体产业企业约 450 家，其中：集成电路设计业企业 260 家，集成电路晶圆制造业企业 20 家，集成电路封测企业 65 家，半导体分立器件企业 40 家，半导体（IC）支撑业企业近 60 家。

2. 江苏省半导体产业从业人数

2015 年江苏省半导体产业从业人数约 11 万人。其中，本科学历人员占职工总数的 18.5%，硕士学历人员占职工总人数的 2.5%，博士学历人员占职工总人数的 0.3%，研发人员占职工总数的 13%，本科学历人员占研发人员的 81%。

3. 2015 年江苏省半导体产业发展规模（见表 4.2.1）

表4.2.1　2015年江苏省半导体产业发展规模

单位：亿元

序号	指标名称	2015 年实绩	2014 年实绩	同比	占比
1	半导体产业销售收入	1192.19	1114.86	6.94%	100%
2	集成电路产业	876.09	809.96	8.16%	73.48%
3	支撑业产业	316.10	304.90	3.67%	26.52%

4.“十二五”期间江苏省半导体产业销售收入发展情况（见图 4.2.1）

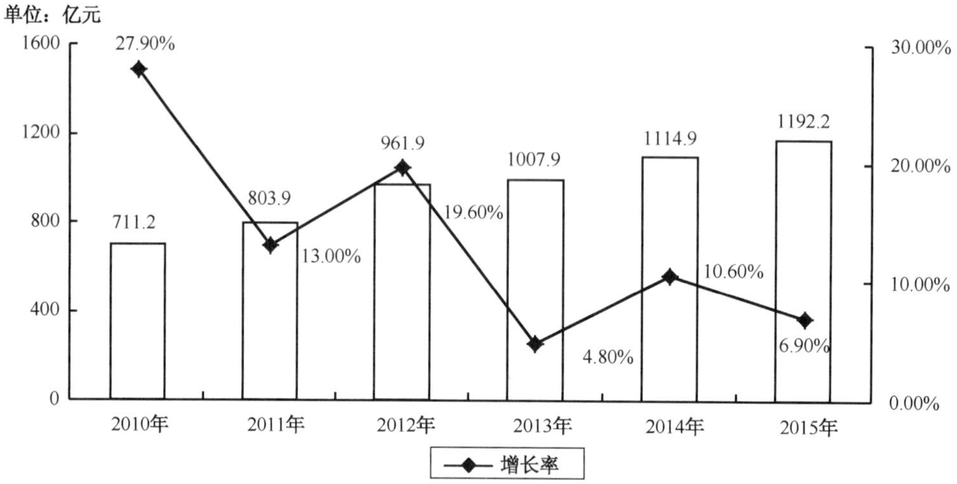

注：CAGR=10.88%（2010—2015 年）。

图 4.2.1　“十二五”期间江苏省半导体产业销售收入发展规模及增长率

二、2015 年江苏省集成电路产业运行情况

1. 2015 年江苏省集成电路产业发展情况（见表 4.2.2）

表4.2.2　2015年江苏省集成电路产业发展规模

单位：亿元

序号	指标名称	2015 年实绩	2014 年实绩	同比
1	集成电路销售收入	876.09	809.96	8.16%
2	IC 设计业	153.72	119.90	28.21%
3	IC 晶圆业	209.67	194.8	7.63%
4	IC 封测业	512.70	495.26	3.52%

注：南京地区有设计企业新纳入统计渠道，拉高了全省设计业销售收入，同比增长较快。

2．2015 年江苏省集成电路产业三业发展情况

2015 年江苏省集成电路三业仍以封测业为主，占比达到 58.52%，但与往年相比封测业的比重已有所下降，如图 4.2.2 所示。

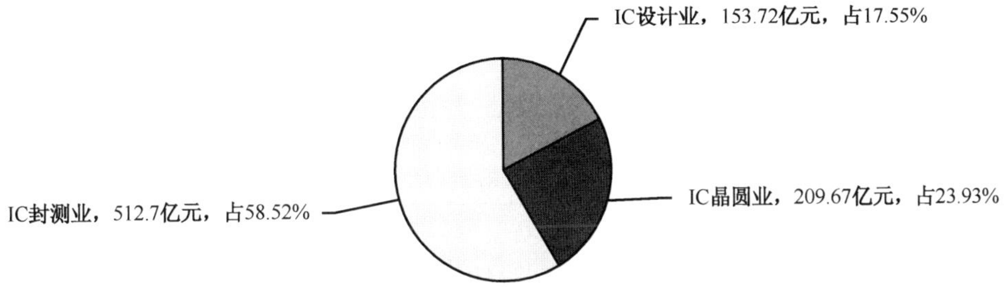

图 4.2.2　2015 年江苏省集成电路产业三业所占比重

3．“十二五”期间江苏省集成电路产业发展情况（见图 4.2.3）

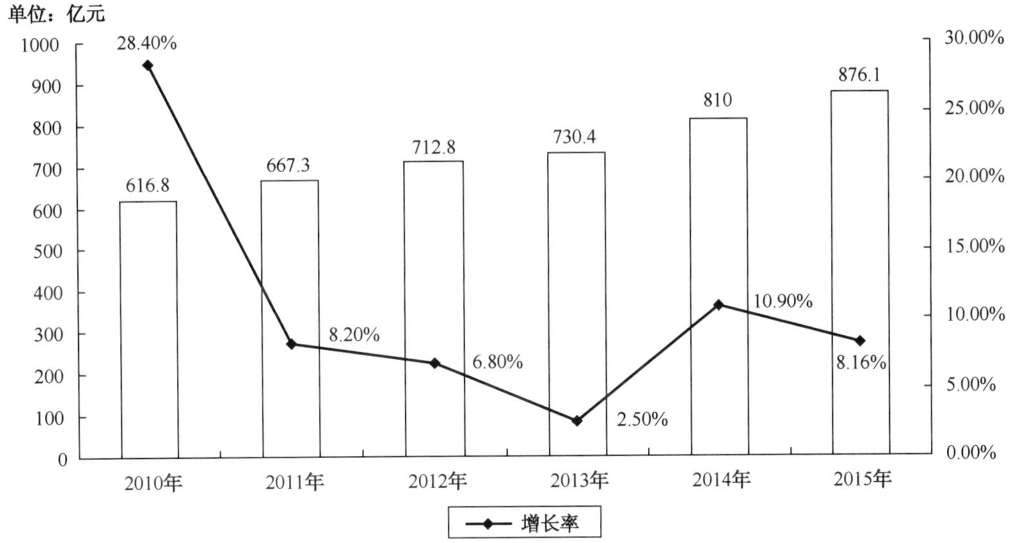

注：CAGR=7.27%（2010—2015 年）。

图 4.2.3　“十二五”期间江苏省集成电路产业销售收入规模及增长率

4．2015 年江苏省集成电路产业各季度情况（见表 4.2.3、表 4.2.4 和图 4.2.4）

表4.2.3　2015年江苏省集成电路产业各季度环比情况

指标名称	2015 年合计	第一季度		第二季度		第三季度		第四季度	
		实绩（亿元）	环比	实绩（亿元）	环比	实绩（亿元）	环比	实绩（亿元）	环比
集成电路产业销售收入	876.09	184.55	-26.9%	199.96	8.4%	220.23	10.1%	271.35	23.2%
IC 设计业	153.72	22.99	-45.9%	28.22	22.7%	42.86	51.9%	59.65	39.2%

续表

指标名称	2015 年合计	第一季度		第二季度		第三季度		第四季度	
		实绩（亿元）	环比	实绩（亿元）	环比	实绩（亿元）	环比	实绩（亿元）	环比
IC 晶圆业	209.67	42.31	-22.1%	49.08	16.0%	54.59	11.2%	63.69	16.7%
IC 封测业	512.70	119.25	-23.5%	122.66	2.9%	122.78	0.1%	148.01	20.5%

表4.2.4　2015年江苏省集成电路产业各季度同比情况

指标名称	2015 年合计	第一季度		第二季度		第三季度		第四季度	
		实绩（亿元）	同比	实绩（亿元）	同比	实绩（亿元）	同比	实绩（亿元）	同比
集成电路产业销售收入	876.09	184.55	6.0%	199.96	17.5%	220.23	3.3%	271.35	7.4%
IC 设计业	153.72	22.99	10.0%	28.22	35.7%	42.86	20.1%	59.65	40.4%
IC 晶圆业	209.67	42.31	-0.2%	49.08	9.8%	54.59	2.3%	63.69	17.3%
IC 封测业	512.70	119.25	7.6%	122.66	17.3%	122.78	-1.0%	148.01	-5.0%

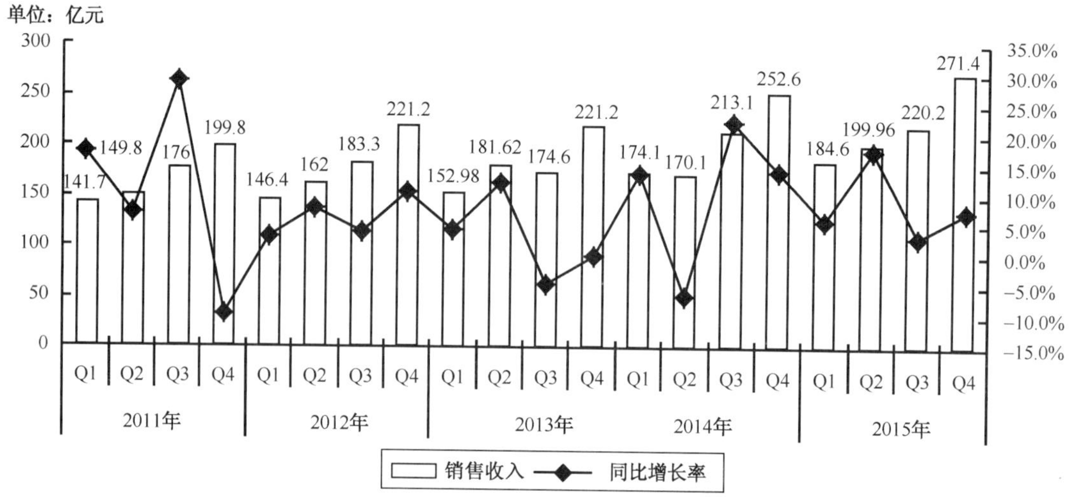

图 4.2.4　“十二五”期间江苏省集成电路产业各季度情况

三、2015 年江苏省集成电路产业在全国同业中的地位

2015 年江苏省集成电路销售收入为 876.09 亿元，占到全国集成电路产业销售收入 3609.8 亿元的 24.30%。其中：设计业销售收入为 153.72 亿元，占到全国集成电路设计业销售收入 1325 亿元的 11.60%；晶圆业销售收入 209.67 亿元，占到全国集成电路晶圆业销售收入 900.8 亿元的 23.30%；封测业销售收入为 512.70 亿元，占到全国集成电路封测业销售收入 1384 亿元的 37.0%，如图 4.2.5 和图 4.2.6 所示。

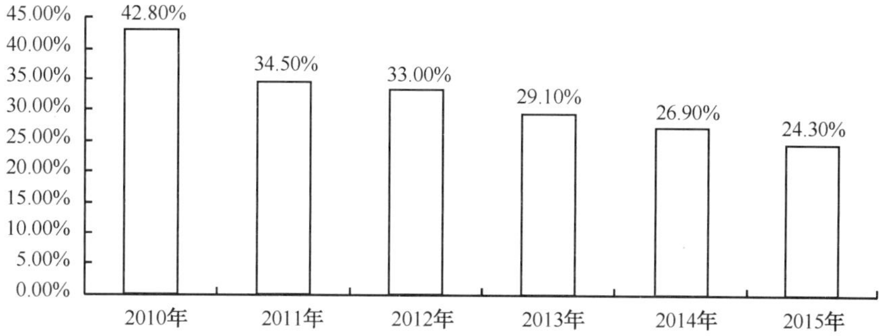

图 4.2.5　“十二五”期间江苏省集成电路产业销售收入占全国同业比重

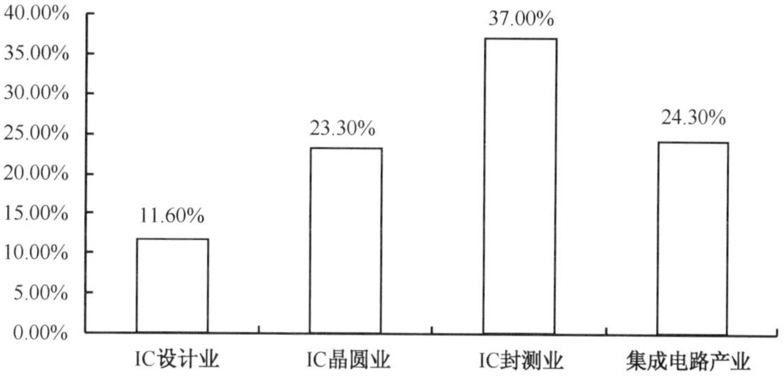

图 4.2.6　2015 年江苏省集成电路产业及三业占全国同业比重

“十二五”期间，全国集成电路产业发展迅速，遍地开花，作为老牌集成电路强省的江苏省因新的增长点不多，占全国集成电路总值的比重逐年下降。

从表 4.2.5 可以看出，2015 年江苏省半导体产业和集成电路产业销售收入位居全国第一。

表4.2.5　2015年江苏省集成电路产业与兄弟省市同业产业规模之比较

省市名称	IC 产业		设计业		晶圆业		封测业		支撑业		半导体产业	
	实绩（亿元）	同比	实绩（亿元）	同比	实绩（亿元）	同比	实绩（亿元）	同比	实绩（亿元）	同比	实绩（亿元）	同比
江苏省	876.1	8.2%	153.7	28.2%	209.7	7.6%	512.7	3.5%	316.1	3.7%	1192.2	6.94%
上海市	855.0	16.0%	305.0	26.6%	215.0	15.5%	335.0	8.0%	95.0	12.6%	950.0	15.6%
北京市	352.3	4.1%	207.0	9.9%	65.9	3.5%	79.4	-7.9%	22.6	—	374.9	—
浙江省	723.3	43.7%	77.7	11.0%	645.5	16.6%	—	—	63.91	-3.8%	787.1	32.1%
陕西省	279.3	69.0%	30.2	32.0%	148.7	149.0%	100.4	27.4%	127.5	46.0%	406.8	63.4%

续表

省市名称	IC产业		设计业		晶圆业		封测业		支撑业		半导体产业	
	实绩（亿元）	同比	实绩（亿元）	同比	实绩（亿元）	同比	实绩（亿元）	同比	实绩（亿元）	同比	实绩（亿元）	同比
天津市	117.5	-22.6%	12.2	-69.6%	22.5	—	82.8	—	19.8	—	137.3	—
深圳市	437.2	35.6%	380.0	43.3%	10.7	105.8%	46.5	-11.1%	—	—	—	—

注：陕西省分立器件计入IC封装中，以便口径一致相对比；浙江省晶圆业中含分立器件、LED业。

设计业位居全国第四位（前三位是深圳市、上海市、北京市）；晶圆业位居全国第二位（次于上海市）；封测业位居全国第一位。

第三节　2015 年江苏省集成电路产品产量情况

2015 年江苏省集成电路产品产量为 406.9 亿块，同比增长 11.15%，占全国同业产量的 37.43%；2015 年江苏省集成电路销售收入为 876.09 亿元，同比增长 8.16%，占全国同业销售收入的 24.30%。这说明，江苏省集成电路产品还处于中低档次，产业增产不增收的状态还没有得到有效的改善，如图 4.3.1、图 4.3.2 和表 4.3.1 和表 4.3.2 所示。

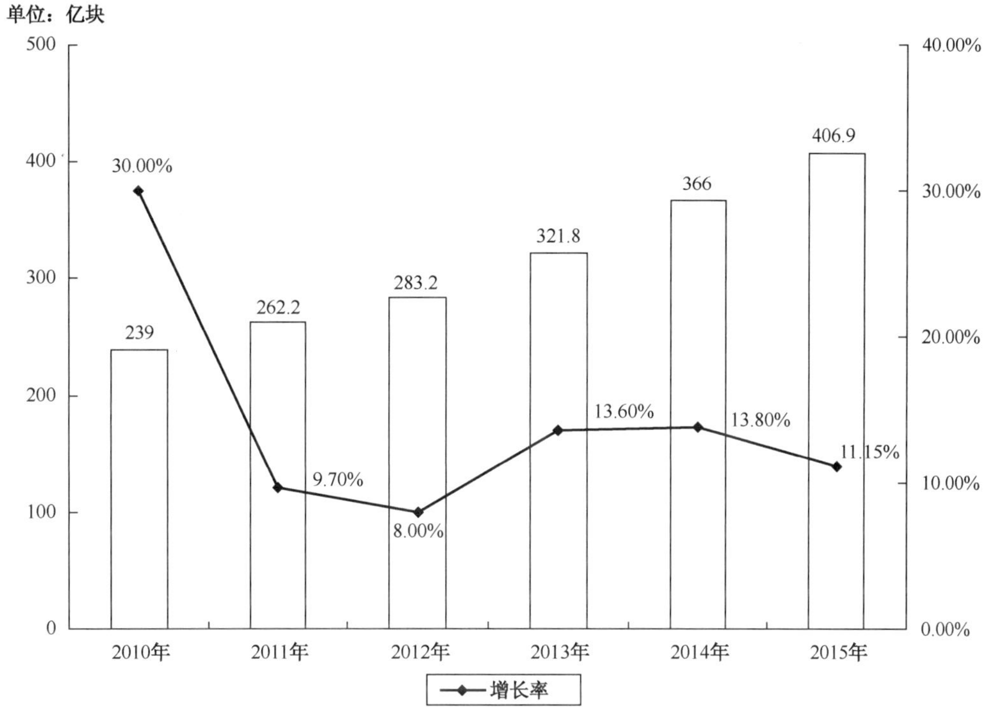

注：CAGR=11.23%（2010—2015 年）。

图 4.3.1　“十二五”期间江苏省集成电路产品产量发展规模及增长率

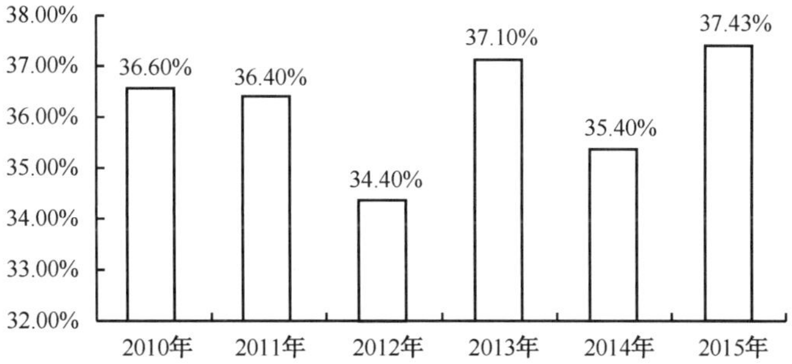

图 4.3.2　“十二五”期间江苏省集成电路产品产量占全国同业的比重

表4.3.1　2015年江苏省集成电路企业产品产量前十位

序号	企业名称	序号	企业名称
1	江苏新潮科技集团	6	无锡海太半导体
2	南通华达微电子集团	7	日月新半导体（苏州）
3	三星电子（苏州）	8	无锡红光微电子
4	无锡华润安盛科技	9	无锡力芯微电子
5	矽品半导体（苏州）	10	颀中科技（苏州）

表4.3.2　2015年江苏省集成电路企业产品产量增长率前十位

序号	企业名称	序号	企业名称
1	无锡力芯微电子	6	南通华达微电子集团
2	无锡晶源微电子	7	中国电科第55所
3	中国电科第58所	8	江苏新潮科技集团
4	苏州明皜	9	无锡华润安盛科技
5	力成科技（苏州）	10	无锡硅动力

第四节　2015 年江苏省集成电路产业分布情况分析

江苏省集成电路的产业布局形成了苏南的“硅谷”和沿江的“硅走廊带”。江苏省集成电路产业主要集中在苏南及沿江走廊带，集中在苏州、无锡、常州、南京、南通、扬州、泰州等城市，苏中和苏北地区有逐渐发展的趋势，如图 4.4.1 所示。

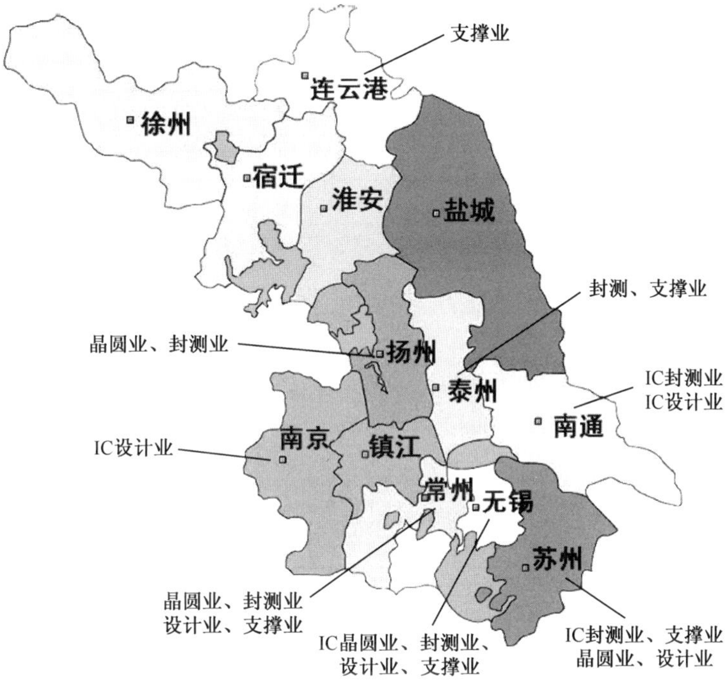

图 4.4.1　江苏省集成电路产业链分布态势

1. 2015 年江苏省半导体产业分布情况

苏南地区占到全省同业的 92.43%，其中：无锡市占到全省同业的 53.47%，苏州市占到全省同业的 31.67%，南京市占到全省同业的 5.2%，常州市占到全省同业的 1.88%，镇江市占到全省同业的 0.21%。

苏中地区占到全省同业的 6.87%，其中：南通市占到全省同业的 4.85%，扬州市占到全省同业的 1.41%，泰州市占到全省同业的 0.61%。

苏北地区占到全省同业的 0.7%，其中：连云港市占到 0.7%。

2. 2015 年江苏省集成电路产业分布情况

2015 年江苏省集成电路产业主要集中在苏南和苏中地区。

苏南地区占到全省同业的 91.41%，其中：无锡市、苏州市、南京市、常州市、镇江市分别占到全省同业的 52.2%、31.27%、6.27%、1.38%、0.29%。

苏中地区占到全省同业的 8.6%，其中：南通市、扬州市、泰州市分别占到全省同业的 6.6%、0.92%和 0.08%。

表 4.4.1～表 4.4.3 分别给出了 2015 年江苏省各地区半导业产业销售收入、集成电路产业三业销售收入情况及集成电路产业三业所占比重。

表4.4.1 2015年江苏省各地区半导体产业销售收入情况

单位：亿元

序号	城市名称	合计	同比	占比	其中：IC 业			支撑业		
					小计	同比	占比	小计	同比	占比
1	无锡市	637.50	6.18%	53.47%	457.3	7.15%	52.20%	180.20	3.80%	57.01%
2	苏州市	377.52	3.57%	31.67%	273.92	3.95%	31.27%	103.60	2.57%	32.77%
3	南京市	62.00	43.85%	5.20%	54.96	47.35%	6.27%	7.04	21.38%	2.23%
4	南通市	57.80	7.61%	4.85%	57.8	7.61%	6.60%	—	—	—
5	常州市	22.43	0.72%	1.88%	12.13	-1.14%	1.38%	10.30	3.00%	3.26%
6	扬州市	16.80	10.53%	1.41%	16.8	10.53%	1.92%	—	—	—
7	连云港市	8.40	9.09%	0.70%	—	—	—	8.40	9.09%	2.65%
8	泰州市	7.22	-9.52%	0.61%	0.66	-1.49%	0.08%	6.56	-3.53%	2.08%
9	镇江市	2.52	—	0.21%	2.52	76.22%	0.29%	—	—	100%
半导体产业销售收入		1192.19	6.94%	100%	876.09	8.16%	100%	316.10	3.67%	100%

表4.4.2 2015年江苏省各地区集成电路产业三业销售收入情况

单位：亿元

序号	城市名称	合计		其中					
		实绩	同比	设计业	同比	晶圆业	同比	封测业	同比
1	无锡市	457.3	7.15%	76.1	17.8%	184.55	7.4%	196.65	3.28%
2	苏州市	273.92	3.95%	29.7	24.8%	18.12	11.5%	226.1	1.2%
3	南通市	57.8	7.61%	—	—	—	—	57.8	7.61%
4	南京市	54.96	47.35%	47.32	52.60%	—	—	7.64	21.27%
5	扬州市	16.8	10.53%	—	—	7.0	2.94%	9.8	16.7%
6	常州市	12.13	-1.14%	0.6	20%	—	—	11.53	-2.04%
7	镇江市	2.52	76.22%	—	—	—	—	2.52	76.2%
8	泰州市	0.66	-1.49%	—	—	—	—	0.66	-1.49%
IC 合计		876.09	8.16%	153.72	28.21%	209.67	7.63%	512.7	3.52%

表4.4.3　2015年江苏省各地区集成电路产业三业所占比重

单位：亿元

序号	城市名称	合计		其中					
		实绩	占比	设计业	占比	晶圆业	占比	封测业	占比
1	无锡市	457.3	52.20%	76.1	49.51%	184.55	88.02%	196.65	38.36%
2	苏州市	273.92	31.27%	29.7	19.32%	18.12	8.64%	226.1	44.10%
3	南通市	57.8	6.60%	—	—	—	—	57.8	11.27%
4	南京市	54.96	6.27%	47.32	30.78%	—	—	7.64	1.49%
5	扬州市	16.8	1.92%	—	—	7.0	3.34%	9.8	1.91%
6	常州市	12.13	1.38%	0.6	0.39%	—	—	11.53	2.25%
7	镇江市	2.52	0.29%	—	—	—	—	2.52	0.49%
8	泰州市	0.66	0.08%	—	—	—	—	0.66	0.13%
IC 合计		876.09	100%	153.72	100%	209.67	100%	512.7	100%

3. 2015 年江苏省半导体支撑产业分布情况

苏南地区占到全省同业的 95.27%，其中：无锡市占 57.01%，苏州市占 32.77%，常州市占 3.26%，南京市占 2.23%。

苏中地区占到全省同业的 2.08%，其中：泰州市占 2.08%。

苏北地区占到全省同业的 2.65%，其中：连云港市占 2.65%。

第五节　2015 年江苏省集成电路产业经营情况分析

一、2015 年江苏省集成电路产业产销情况

1. 2015 年江苏省集成电路产业产销情况

2015 年江苏省集成电路产品产量达到约 406.86 亿块，同比增长 11.15%；销售收入为 876.09 亿元，同比增长 8.16%。相比较，销售收入较产量增长率慢了 3 个百分点。国内市场竞争激烈、竞相压价，导致利润空间缩小。

2. 2015 年江苏省半导体分立器件产业产销情况

2015 年江苏省半导体分立器件产品产量约为 840.3 亿只，同比增长 0.6%；分立器件销售收入为 137 亿元，同比下降 1.08%。增长基本停滞的主要原因：一是国内分立器件市场需求减少，订单减少；二是国外分立器件市场减少而引发分立器件出口减少；三是省外分立器件增加，使省内分立器件销售受阻；四是中低端分立器件价格竞争激烈，利润空间缩小；五是节能灯市场迅速下滑，节能灯分立器件剧减等。

二、2015 年江苏省集成电路企业经营情况分析

1. 2015 年江苏省集成电路设计企业销售收入情况分析

2015 年江苏省集成电路设计企业销售收入同比增长的企业占 65.22%，销售收入同比减少的企业占 17.39%，持平的占 17.39%。大部分企业处于增长状态，带动了全省设计业销售收入的增长。如无锡新洁能、南京矽力杰、无锡力芯、中国电科第 55 所、58 所、南京国博等公司。

2. 2015 年江苏省集成电路晶圆企业销售收入情况分析

2015 年江苏省集成电路晶圆企业销售收入同比增长的企业占 50%，同比减少的企业占 33.3%，持平的占 16.7%。主要增长企业有：中微晶园、SK • 海力士、和舰科技。其中 SK • 海力士销售收入占到全省集成电路晶圆企业销售收入的 60.57%。

3. 2015 年江苏省集成电路封测企业销售收入情况分析

2015 年江苏省集成电路封测企业销售收入同比增长的企业占 37.93%，同比下降的企业占 58.62%，持平的企业占 3.45%。数据表明，2015 年江苏省集成电路封测企业销售收入同比下降的企业比重较大，部分骨干企业也有所下滑。但以下企业仍有较大增长：华进半导体、江苏艾科半导体、嘉盛半导体、江苏新潮科技、常州银河、南通华达集团等。在江苏新潮科技、南通华达集团等大型骨干企业的拉动下，2015 年江苏省集成电路封测企业销售

收入仍保持了增长趋势。

4．2015 年江苏省半导体支撑业企业销售收入情况分析

2015 年江苏省半导体支撑业企业销售收入均无较大变动。相比而言，江阴润玛、华海诚科公司的销售收入增长较快；大部分支撑业企业销售收入与上年度基本持平，波动幅度较小。

第六节 2015 年江苏省集成电路产业出口情况

1. 2015 年江苏省集成电路产业出口情况

2015 年江苏省集成电路产业出口额为 313.39 亿元，同比增长 17.17%，占全国同期集成电路产品出口额 693.1 亿美元的 7.2%，出口额增长幅度与 2014 年度差不多。2015 年江苏省集成电路出口额增长的企业占 33.3%，出口额下降的企业占 66.7%。尽管出口额下降的企业较多，但由于骨干企业出口额增长幅度较大，因而全省集成电路出口额还是呈增长态势，如图 4.6.1 和图 4.6.2 所示。

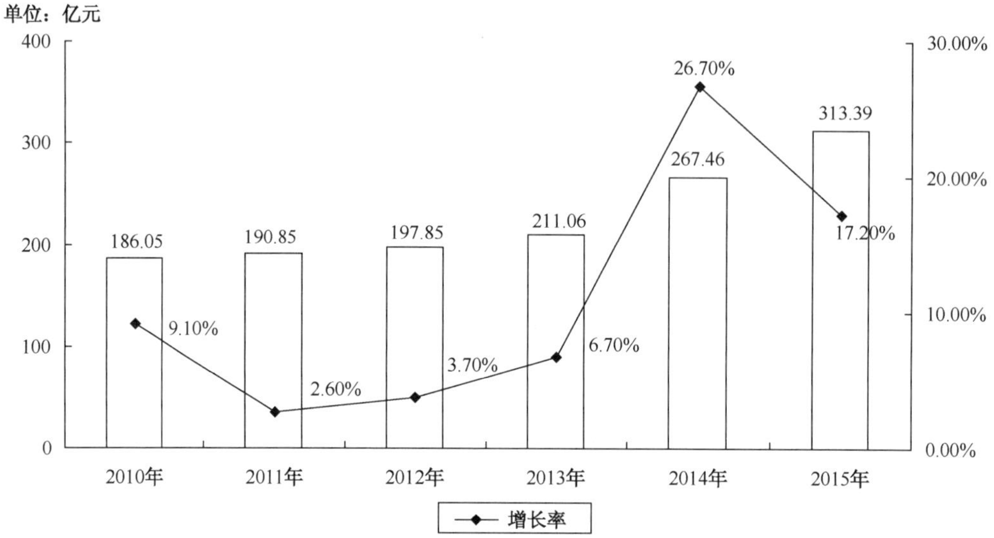

注：CAGR=9.08%（2010—2015 年）。

图 4.6.1 “十二五”期间江苏省集成电路产品出口额及增长率情况

2. 2015 年江苏省 IT 产品进出口情况

2015 年江苏省完成货物进出口总值 0.55 万亿美元，同比下降 3.2%，占全国进出口总值的 13.80%；其中出口 0.34 万亿美元，同比下降 0.9%；进口 0.21 万亿美元，同比下降 6.7%。

2015 年江苏省便携式电脑出口额 1204.6 亿元，同比增长 0.9%；

2015 年江苏省平板电脑出口额 365.2 亿元，同比增长 8.8%；

2015 年江苏省 IT 产品零部件和自动化数据处理设备出口额为 433 亿元，同比增长 5.1%；

2015 年江苏省太阳能电池出口额为 408 亿元，同比增长 1.3%；

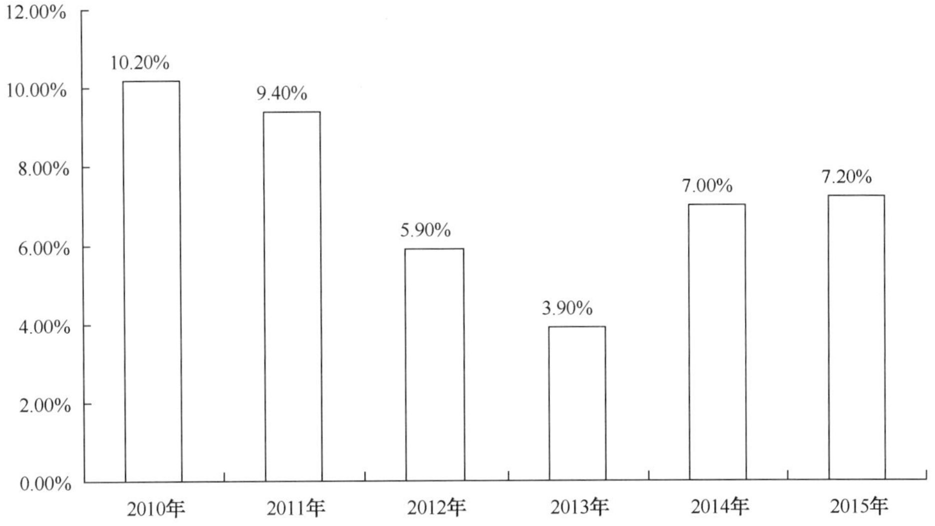

图 4.6.2　“十二五”期间江苏省集成电路产品出口额占全国同业的比重

2015 年江苏省高技术产品出口额 8142.9 亿元，同比增长 2.5%，其中，计算机与通信产品出口额增长 3.4%，电子产品出口额增长 3.0%，材料产品出口额增长 7.4%，航天航空产品出口额增长 4.2%。

第七节　2015年江苏省集成电路产业从业人员结构情况分析

2015年江苏省集成电路产业从业人员结构情况分析。

（1）2015年江苏省集成电路产业从业人员11.0万余人。

（2）2015年江苏省集成电路产业从业人员同比增长1.95%。

（3）2015年江苏省集成电路产业本科以上学历人员占职工总数18.5%，同比下降了3个百分点；其中硕士学历人员占职工总人数的2.5%，博士学历人员占职工总数的0.3%（见图4.7.1）。

（4）2015年江苏省集成电路产业研发人员占职工总人数的15.1%，同比提高了1个百分点，本科学历人数占研发人员的81%，同比增长15个百分点。

（5）2015年企业存在人工成本提高、高层次管理人缺少、招工难、人员流动性大、留住关键人才难等问题。面对这种情况，有关企业采取措施加强培养青年专业技术带头人，营造有利于人才成长的环境；完善人才培养与管理机制，建立有效的人才激励机制；积极引进高端人才。

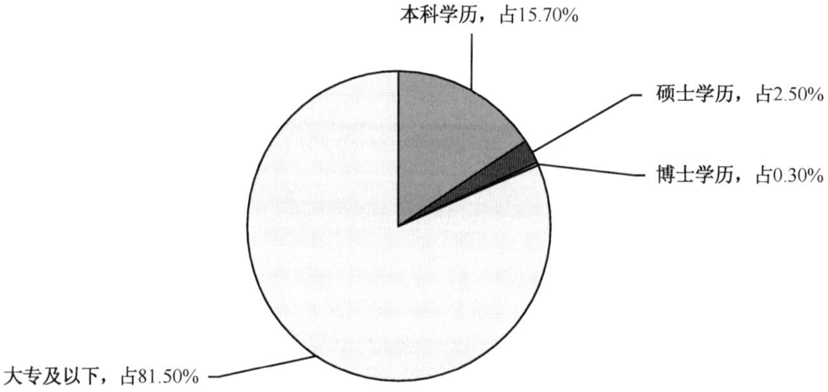

图4.7.1　2015年江苏省集成电路产业人员结构比重

第八节　2015 年江苏省集成电路产业发展环境分析

一、需求增长，加速了产业发展

纵观 2015 年，全球制造业格局出现了新的一轮调整：新一代信息技术与制造业深度融合，正在引发影响深远的产业变革，形成新的生产方式、产业形态、商业模式和经济增长点。2015 年 5 月 8 日，国务院颁布了《中国制造 2025》发展规划之后，一场中国的工业 4.0 变革也在酝酿启动，这将是一个巨大的市场需求。对提供底层技术的半导体产业来说，由于涉及自动机器人、物联网以及大数据分析技术等，所以，在工业的生产制造、仓储、物流，甚至产品设计流程进行改造时，就需要大量应用到处理器、存储器、传感器和微控制器等微电子产品。再加上国家在基础信息网络和重要信息系统的核心设备、技术和高端服务等方面从“自主、安全、可控”出发，将集成电路产业提升到国家战略地位，必然需要加大力度发展集成电路产业。

面对全新的市场需求，江苏集成电路产业界已经开始迈出新一轮发展的步伐。例如：作为国内封装龙头企业江苏长电科技和中芯国际合作，建立凸块加工及就近配套的具有倒装（Flip-Chip）等先进封装工艺的生产线，再结合中芯国际的晶圆制造 28 纳米先进工艺，将形成国内首条完整的 12 英寸本土半导体制造产业链。这将缩短芯片从前段到中段及后段工艺之间的运输周期，并有效地控制中间环节的成本，更重要的是贴近国内移动终端市场，极大地缩短市场反应时间，更好地为快速更新换代的移动芯片设计业服务。2015 年，江苏长电科技又收购了拥有最先进封测技术、市场、国际化管理经验和人才团队的新加坡星科金朋，很快就跨越式地发展到全球封测业前四名。不仅仅是江苏长电科技，还有不少设计、制造、封测企业，以及设备和材料企业也都有了明确的规划和实际行动，力争抓住这个难得的发展机遇，抢占集成电路产业新一轮竞争的制高点。

二、新政出台，助推着产业发展

2015 年，江苏省和全国主要集成电路产业集聚地一样，在《国家集成电路产业发展推进纲要》等一系列利好政策措施出台后，激发了地方政府和产业界发展集成电路的热情。

无论在哪个国家，政府扶持都是核心产业跨越化发展的必要手段。《国家集成电路产业发展推进纲要》的发布，为我国集成电路产业的发展制定了宏伟目标。政策细则逐步出台，产业发展环境在逐步完善。2015 年，国家集成电路产业发展基金支持的一个个投资项目落地，国家进一步扶持发展集成电路产业的政策真真切切地得到了落实。江苏地方政府也相继酝酿出台了扶持集成电路产业发展的相关政策，2015 年 6 月江苏省政府《关于加快全省集成电路产业发展的意见》明确指出：到 2020 年，全省集成电路产业销售收入超 3000

亿元，产业链主要环节达到国际先进水平，一批企业进入国际第一方阵，成为国内外知名的集成电路产业高地。为此部署了各项具体任务，安排了保障措施。与此同时，南京、无锡、苏州等地也积极安排集成电路产业发展规划和各项具体推进办法，包括酝酿出台地方产业基金，引导社会资金投向集成电路产业，起到了拓展本地集成电路企业发展资金瓶颈的作用。各项政策和扶持措施不但能够激活本地企业、激发本地产业界人士的热情，也吸引了境外企业家的眼球，包括台积电在内的集成电路设计、制造、封测和支撑业的企业家来纷纷到江苏考察洽谈、投资立项。江苏集成电路产业重振雄风指日可待。

三、技术提升，产业向高端发展

集成电路工艺技术随着摩尔定律已经走进 1Xnm 时代，无论是集成电路设计、制造和封装技术，还是集成电路设备、材料等产业，都展现出与以往不同的特征。回顾 2015 年全球集成电路工艺技术领域的发展，16/14 纳米制造工艺已经投产，10 纳米已出产品，7/5 纳米正在研发之中，5 纳米之后的技术发展还不明朗，这就给了我国集成电路产业界更多的追赶机会。

2015 年，江苏集成电路高端设计企业紧跟国际先进设计水平，已经有设计公司的主流产品设计采用 28 纳米工艺技术，经济技术收益显著；16 纳米工艺技术设计的产品已经在台积电批量产出；14 纳米工艺技术设计的产品进入开发之中，在三星做试片。尽管能够跟随国际先进设计水平向高端发展的企业为数不多，但也足以体现出江苏的设计企业在全球集成电路工艺技术提升的进程中实现跨越式发展是很有希望的。有理由相信，今后，江苏省将会有更多的集成电路设计企业，充分利用集成电路技术持续进步的特点，遵循专家学者基本认同的延续摩尔定律、拓展摩尔定律、后 CMOS 三个阶梯向前发展，把握机会，超越自我、赶超世界先进水平。

四、注重人才，产业可持续发展

集成电路产业能否实现跨越式发展最终取决于人才。在我国集成电路产业界系统级高端设计人才缺失、高端制造技术专家、管理人才匮乏，严重影响了我国集成电路产业的发展。集成电路专业技术人才培养难，引进的人才留不住等现象困扰着企业。

为逐步解决产业发展过程中亟待解决的人才难题，2015 年，各级地方政府出台的政策中都有支持和帮助企业培养和留用人才的政策措施。江苏省政府在《关于加快全省集成电路产业发展的意见》中提出“大力引进国内外一流的集成电路人才和团队来我省创新创业。支持各类教育培训机构采取多种形式，大力培养培训集成电路领域高层次、急需紧缺和骨干专业技术人才。完善鼓励创新创造的分配激励机制，落实科技人员科研成果转化的股权、期权激励和奖励等收益分配政策”的保障措施，有助于在贯彻落实的过程中细化为各项具体的实施办法，营造良好的用人环境。

2015 年，教育部等六部门共同研究决定，支持一批高校建设示范性微电子学院或筹备建设示范性微电子学院。东南大学、南京大学示范性微电子学院相继建立。示范性微电子学院的建立为加快培养集成电路设计、制造、封装测试及其装备、材料等方向的工程型人才方面创设了环境。同时，也为这两所示范性微电子学院与江苏省内集成电路领域骨干企业、产业化基地和地方政府等方面加强合作，共建高水平的学生专业实习实践基地提供了条件。与此同时，江苏省多所设立微电子专业的职业技术学院也在专业方向、课程设置、教学改革等方面加强与产业的对接，酝酿建立产教联盟，更有助于建立产学合作协同育人的长效机制。

为加速培养高端人才，行业协会作为校企合作的平台，为集成电路企业与院校牵线搭桥，将企业在职的具有一定条件的优秀员工选送到院校，接受院校的再培养（专业深造）。同时，也可与指导教授合作研发产品，在研发的过程中，增强学员的专业技术能力。这对院校、指导教授、学员和企业各方都有利，更有利于加快培养更多有实际技术能力，企业本土的高层次人才。对这种培养人才的途径，院校、企业和政府都应给予包括资金在内的各方面的支持。

第九节　2015 年江苏省集成电路产业创新产品和技术信息

1. 2015 年江苏省获“第十届（2015 年度）中国半导体创新产品和技术”项目

由中国半导体行业协会、中国电子材料行业协会、中国电子专用设备工业协会和中国电子报共同举办的“第十届（2015 年度）中国半导体创新产品和技术”项目于 2016 年 3 月 24～25 日在北京市召开的“2016 中国半导体市场年会暨第五届集成电路产业创新大会”上揭晓，江苏省半导体（集成电路）产业界入围的企业及其产品如表 4.9.1 所示。

表4.9.1　2015年江苏省获“第十届（2015年度）中国半导体创新产品和技术”项目

项目名称	企业名称	获奖产品和技术	创新特点
一、集成电路产品和技术	华润矽威科技（上海）有限公司	非隔离、降压型三端 LED 恒流驱动芯片 PT4501/C	该系列采用自有高压 700V 工艺，在单芯片上集成了 500V 功率 MOS、高压自供电电路以及专利的采样电路，无需启动电阻以及反馈电阻，稳定性高。此外，PT4501 采用高可靠性的恒流控制方式实现了优异的线性调整率、负载调整率及温度特性
	无锡中感微电子股份有限公司	低功耗蓝牙 SOC 芯片 WS9625	该产品采用了创新型的无静态功耗启动电流，有助于降低电路功耗，同时实现了低功耗振荡器的快速启动。PSUB 导环技术则很好地解决了数字与模拟模块相互干扰的难题
	盛科网络（苏州）有限公司	支持软件定义网络（SDN）的高性能以太网交换芯片 CTC5160	该产品突破了 45 纳米下低功耗设计技术、N-Flow™ 技术、NVGRE 等技术难点，填补了国内在千兆以太网路由交换芯片方面的空白
二、分立器件（半导体功率器件、光电器件）、MEMS	无锡华润华晶微电子有限公司	600～1200V FS（Field-Stop）场截止 IGBT 制造产品与技术	该项目属于原始创新，其 FS 结构通过注入形成，具有和一般 FS 不同的浓度分布，该分布使得产品具有极强的参数稳定性和很高的产品应用可靠性优势
三、集成电路封装与测试技术	华进半导体封装先导技术研发中心有限公司	2.5D TSV 硅转接板制造及系统集成技术	在 2.5D TSV 硅转接板制造过程中，该技术采用自主研发的高选择比刻蚀液，不仅显著提高刻蚀速度，使该技术具备充分的工艺窗口，进一步降低了整体制造成本
	华天科技（昆山）电子有限公司	焊盘通孔全填充的 12 英寸图像传感芯片 WLCSP 封装技术	与传统的不完全填充激光焊盘处开口电镀不同，该技术采用“焊盘通孔全填充”电镀的方式，降低焊盘处的接触电阻，提升芯片性能；同时铆钉式的结构，具有钉轧作用，不易分层

续表

项目名称	企业名称	获奖产品和技术	创新特点
三、集成电路封装与测试技术	苏州晶方半导体科技股份有限公司	12 英寸硅通孔晶圆级芯片尺寸封装技术	该技术是在晶圆级芯片尺寸封装技术的基础上进行的消化吸收再创新，这是首次将 TSV 技术引入影像传感芯片的 12 英寸晶圆级封装，封装后影像传感器的厚度约为 500 微米，可立即支持各种电子产品
	江苏长电科技股份有限公司	超小超薄芯片高可靠性 1006/0603 封装技术	该技术创新性地使用了特殊设计的导线架技术、大尺寸引脚 SMD 器件贴装技术、3D 模块结构化封装技术和特殊结构的包封技术，为电源系统提供了新的解决方案
	南通富士通微电子股份有限公司	12 英寸 28 纳米晶圆级先进封装测试制程技术	该项目采用先进的密节距凸点制造技术及 TCB-NCP/MUF 等 Flip Chip 封装技术，实现了移动智能终端应用处理器芯片的封装，满足了芯片的高集成度、电性能、小外形及低成本的要求
四、半导体专用材料	南京国盛电子有限公司	4～6 英寸低掺厚层碳化硅外延片	该项目技术采用 TCS 作为硅源，反应气体引入 Cl，生成稳定且高黏附系数的 SiHxCly，同时优化反应气体 C/Si 比，极大提高了外延层的生长速率

2. 2015 年江苏省集成电路企业获地方政府颁发的科学技术进步奖项

根据无锡市政府 2015 年 12 月 30 日印发的 2015 年度无锡市科学技术进步奖获奖项目的决定，宜兴市东晨电子科技公司的“高性能功率器件（VDMOS、IGBT）的技术开发及产业化”和中微高科电子公司与中国电科第 58 所的“大密度高可靠陶瓷封装技术研发及产业化”等两个项目获无锡市科技进步二等奖；江阴润玛电子材料公司的“新型酸性超净高纯 IT0 蚀刻液”，无锡德思普科技公司的“软件无线电基带处理芯片”，江阴苏阳电子公司与江南大学的“基于专用封装技术的高性能 LED 驱动芯片的研发及产业化”三个项目获得无锡市科技进步三等奖。

无锡市政府 2015 年 12 月 30 日印发的 2015 年度无锡市专利奖获奖项目决定，江苏长电科技公司的“有基岛预填塑封料先刻后镀引线框结构及其生产方法”，无锡新硅微电子公司的“低触发电压的双向 SCR ESD 保护电路”，无锡友达电子公司的“一种采用两次外延锑埋层技术的双极型器件制作工艺”三个项目获得第八届无锡市专利优秀奖。

3. 2015 年江苏省集成电路产业产品创新与技术发展信息

1）2015 年江苏省集成电路设计业产品创新与技术发展信息

- 江苏多维科技公司推出高敏度 TMR 1208/TMR 1308 磁开关传感器，开关点仅为 0.5Gauss（5mT），兼备 1.5 微安的超低功耗。

- 苏州中晟宏芯科技公司发布了国产第一款基于 POWER 的高性能服务器芯片 CP1。该芯片与 IBM 合作，自主设计。
- 无锡盛邦电子公司自主研发电子式机油压力传感芯片，市场占有率达 80%，已开发出十几大类近 200 种型号。
- 无锡新洁能公司推出 85～150V Super Trench MOSFET 系列产品，具有电荷平衡功能的屏蔽栅深沟技术，具有极低的特征导通电阻和栅极电荷 Qg，在大功率电动控制器、电动工具电源等行业具有可靠性表现。
- 江苏省有两个课题“新型半导体存储器关键技术研发与应用验证”、“高安全等级网络基础实施关键装备核心芯片及软件研发”已列入 2016 年国家科技重大专项“核高基”申报指南。
- 由中国大陆《电子工程专辑》和中国台湾地区（EETime-China/ EETimes-Taiwan）媒体联合评选 2016 年度大中华电子成就奖中，无锡芯朋微电子有限公司（Chipown）入围，该公司主要从事模拟及数模混合 IC 设计，专注开发绿色电源管理电路和驱动芯片。

2）2015 年江苏省集成电路封测业产品创新与技术发展信息

- 通富微电 12 英寸 28 纳米先进封装全制程（Bump+CP+FC+FT+SLT）于 2015 年 4 月实现量产。凸块之间的节距为 80 微米。
- 华润安盛科技公司与 EopLex 共同推出世界上第一款将 3D 打印技术运用到集成电路封装产品上，华润安盛已成功运用 EopLex CSI ™ 平台。
- 11 月 20 日，经江苏科技厅委托南通市科技局组织专家，对南通微电子股份有限公司承担的江苏省科技支撑项目“应用于 TSV 硅转接板微凸点制造技术”和国家火炬计划产业化项目“IGBT 封装开发及产业化”、“高密度 BVMP 技术产品”、“BGA 封装技术产品”通过验收。
- 长电科技作为封装测试行业的龙头企业，在技术上一直持续投入，拥有 Bumping、FC-BGA、WLCSP 等高端技术。公司收购星科金朋后，将成为全球第三大封测厂，也更多地参与全球化竞争。此项大手笔投资高阶 SiP 产品封装测试项目将使该公司紧跟 IC 封测最新潮流和顶尖技术。从应用范围而言，由于 SiP 封装属于高端封装，价格较一般封装形式高出许多，目前全球仅少数高端客户需要用到这一技术，一旦打入高端客户，将对公司产生明显的正面影响。星科金朋韩国工厂在 SiP 技术研发上有一定的积累，长电科技将以星科金朋韩国厂为发展 SiP 业务。从公司投入资金购置设备扩产到拿出产品，再到客户验证，良品率爬坡，最后贡献业绩，尚需一定的流程，期待公司的佳音。
- 无锡华润安盛科技有限公司与世界第一家将 3D 打印技术运用到 IC 封装的 Eoplex 共同宣布，华润安盛已成功运用 Eoplex CSITM 平台，将 3D 打印技术应用到集成电路封装业中，具有 IC 封装颠覆性技术的产生。

- 江苏长电科技抢下苹果一线手机芯片 LCD 驱动 IC 及系统级封装（SiP）模块 2016 年订单。苹果新一代 iPhone 所用最新 TDDI 芯片 SiP 模块，将由目前日月光旗下的环鸿（UST）和村田（Murata）转为江苏长电科技接单，订单比重占苹果该产品的 50%以上。2016 年将是 SiP 激烈的竞争战场。
- 江苏长电科技为抢下苹果新一代 TDDI 芯片 SiP 模块，决定投资 2 亿元，接单生产，扩大市场占有率。
- 中国大陆封测产业已形成一定的经济规模，但总体上企业体量规模还不大，技术创新能力还不强，中国三大 IC 封测厂商长电科技、通富微电、天水华天三家厂销售收入加起来还不到日月光的一半。这三家内资封测企业在 CSP、WLP、TSV 等高端技术的产品销售收入只占企业总体销售的近 20%，差距较为明显。

第十节　2015 年江苏省集成电路产业投资合作信息

1．2015 年江苏省集成电路设计业投资合作信息

- 总投资 1 亿元的曙光星云信息技术项目落户江阴市，为江阴市智慧城市提供服务。
- 北方千方科技公司投资 RFID 产品研发机构落户无锡（国家）智能交通产业园。
- 韩国三星无锡投资 3.4 亿美元建设 SDI 偏光板项目，已开工建设。
- 上海电气集团投资在无锡建设 3D 打印项目。
- 常州打造中国传感器谷，10 月 22 日“中国国际传感谷”正式开谷，该谷落户常州新区，占地 560 亩，力争到 2020 年基本形成布局和功能定位，产业规模达 500 亿元，2025 年达到 1000 亿元。
- 在 10 月 27 日举行的第二届全球锡商大会上，共有 17 个项目签约，总投资达 165 亿元，其中实体产业类项目有 11 个，涉及“互联网+”、机器人、液晶平板、环保设备、汽车制造、智慧能源等。
- 《新华日报》12 月 14 日讯，南京市“创业南京”2016 年将出台在“十三五”期间投入 18 亿元，全球招揽人才，吸引顶尖人才，享受丰厚的研发、创业政策，产业配套扶持资金等。
- 无锡市“关于推进现代产业发展的政策意见”已发布，在“十三五”期间，无锡市将重点支持产业智能化、绿色化、服务化和高端化发展，加大对龙头骨干企业、高成长性企业和小微化企业的财政支持，全市在“十三五”期间累计安排总额不低于 200 亿元的现代产业发展资金。
- 《无锡日报》12 月 16 日讯：无锡市政府设立政府股权母基金，规模为 100 亿元，由无锡市政府和浦发银行共同设立。成为旨在以资本助推实体经济转型发展，培育和扶持一批具有持续创新能的实体企业，充分利用资本市场的全新机遇，实现企业转型升级，提升区域产业竞争能力。
- WD（Western Digital）公司与紫光成立合资公司，紫光下属子公司紫光软件（无锡）集团拥有 51%的股权，WD 拥有 49%的股权。WD 以在存储解决方案领域里专业技术，共同销售 WD 现有的资料中心存储系统，并共同研发针对中国大陆市场的资料中心储存解决方案。
- 福特公司宣布在下个五年内在华投资 114 亿元，加强在华研发能力，尤其加强南京工程研发中心建设。

2. 2015 年江苏省集成电路晶圆业投资合作信息

- 南京正在建设 CIS 产业园，将引进以色列和中国台湾的多家著名半导体企业，成为亚洲最具实力的“IC 科技城”，将积聚近 30 万名高科技人才在此创业，形成包括手机、平板电脑、智慧城市、监控、汽车电子、相机、机器人、视觉等领域在内的 CIS 应用产业链。继台积电将入主南京后，CIS 产业的建设投资，将南京打造成我国集成电路产业的“重镇”，该工程已于 2015 年 12 月 8 日签约，建设期二年，目标定位于高端移动装置应用的影像市场。
- 江苏省淮安市政府与江苏澳洋顺昌技术有限公司签约，在淮安市清河区共建 8 英寸集成电路芯片生产线和集成电路产业园，制造硅基 IGBT、宽禁带半导体器件，建设期约 2～3 年，并逐步形成淮安半导体行业产业链。一期工程总投资 15 亿元。
- 在南京举行的“十三五”发展商机推介会上，南京市拿到 3000 亿元签约项目，其中江北新区拿下 2000 亿元，大多数是基础设施项目。作为全国第 13 个，江苏省首个国家级新区，江北新区的建设发展备受关注，商机无限。
- 2015 年 10 月 20 日，SK 集团在无锡的第二大项目落户，建设 SK 电讯、健康医疗作为未来的新动力之一。

3. 2015 年江苏省集成电路封测业投资合作信息

- 2015 年江阴经贸合作洽谈会 10 月 20 日隆重开幕，共有 55 个项目成功签约，总投资达 913.12 亿元，超亿美元以上项目有 12 个。引人注目的江苏长电科技与星科金朋、中芯国际等产业项目的签订，将大大增强江阴在世界集成电路产业的竞争力。
- 2015 年 6 月，江苏长电科技公司（联合国家大基金、芯电）出资 7.8 亿美元，收购新加坡星科金朋公司（在 2015 年 10 月已完成）。
- 2015 年，国家集成电路发展产业基金向江苏长电科技，南通富士通微电子公司投资。
- 江苏长电科技联合江苏新潮集团、芯智联共同投资成立芯智联公司，从事新型集成电路封测技术的研发、生产和销售。
- 江苏长电科技为抢下苹果新一代 TDDI 芯片 SiP 模块，决定投资 2 亿美元，接单生产，扩大市场占有率。
- 为加快中芯长电（江阴）投产进展，中芯国际与国家 IC 基金、高通合作斥资现金 2.8 亿美元，认购中芯长电（开曼）优先股，以扩充江阴合资公司 12 英寸凸块 28 纳米芯片晶圆产能，加快建设速度。中芯长电（江阴）是中芯长电（开曼）间接全资附属公司，由中芯国际和长电科技于 2014 年合资建立，首次形成国内 IC 设计公司在国内流片、中道封装和后段 FC 倒装的制造工艺。预计在 2016 年量产，同时开发 12 英寸 14 纳米制造工艺。本次交易完成后，中芯国际持有中芯长电（开曼）56.06% 股份，国家 IC 基金持股 29.41%，长电科技持股 8.65%，高通公司持股 5.88%。

- 南通富士通微电子有限公司(通富微电)10月16日宣布,与美国超微半导体(AMD)签署股权购买协议，通富微电以3.7亿美元收购AMD苏州工厂和马来西亚AMD槟城工厂各85%的股权，收购完成后，通富微电与AMD共同成立由通富微电控股的IC封测合资企业。产品主要涉及封装、测试、标记和打印等业务，拓宽通富微电在CPU、GPU、网关服务器、FPGA等产品的开发和量产上市，预计在2016年上半年可以完成。
- 南通华达微电子集团公司加大IC封测的投资建设力度。
- 南通通富微电子公司（苏通工厂），工厂于2015年9月16日封顶，工程投资约80亿元（一期投资为3.4亿元），定于2016年下半年正式投产。
- 合肥通富微电子公司（合肥工厂），工厂于2015年10月17日封顶，总投资约80亿元（一期投资为30亿元），定于2016年下半年正式投产。
- 华润微电子旗下华润赛美科（深圳）有限公司封测二期工程在深圳市龙岗区宝龙工业园开工建设，该项目预计在2016年8月完工投产，规模月产能1亿块。
- 2015年10月8日英飞凌无锡第2座工厂开工，投资近3亿美元，占地面积3.6万平方米，将于2016年年底竣工投产。产品主要面向汽车、工业控制、电源管理、安防、智能卡等市场的电子元器件和功率器件等。包括设计、研发、制造、组装等，以构建满足智能交通、能源效率、智能家居以及智慧城市等领域的发展。
- 江苏省淮安市政府与纳沛斯公司共同建设IC封测线签约实施。
- 日本村田制作会社在无锡投资1.5亿美元，上马新型元器件项目。

第十一节　2015 年江苏省集成电路设计业发展情况

集成电路设计业是集成电路产业发展的龙头，起到引领的作用，是代表一个国家和地区集成电路产业发展和技术水平高低的重要标志之一。

2015 年，江苏省集成电路设计业继续保持了较快的增长速度，取得了较好的成就，具体表现为："产业规模不断扩大，企业经营不断改善，产业环境不断优化，技术力量不断集聚"，体现着生机和活力。但也存在诸多矛盾和问题，主要表现在"技术进步不快，新产品亮点不多，企业规模不大，整合力度不强，经济效益不高"等弱点和软肋。在全国集成电路设计业同行中位居中游。

一、江苏省集成电路设计业现状

1. 江苏省集成电路设计业产业规模不断壮大

2015 年江苏省集成电路设计业销售收入为 153.72 亿元，同比增长 28.21%（其主要因素为南京市有一批设计企业进入南京市集成电路行业的统计渠道），增速较 2014 年同比提升了 2.8 个百分点；占到全省集成电路产业总收入的 17.55%，占比提升 2.8 个百分点。

江苏省集成电路设计业在"十二五"期间销售收入从 2010 年的 74.8 亿元，增长到 2015 年的 153.7 亿元，实现了翻番，复合年平均增长率（CAGR）为 15.5%，如表 4.11.1 所示。

表4.11.1　"十二五"期间（2010—2015年）江苏省集成电路设计业发展规模及增长

单位：亿元

指标名称	2010 年	2011 年	2012 年	2013 年	2014 年	2015 年	CAGR
销售收入	74.8	79.5	92.5	106.7	119.9	153.7	15.5%
同比	38.9%	6.4%	16.1%	14.6%	12.4%	28.2%	—

2. 江苏省集成电路设计业集聚度更为集中

江苏省集成电路设计业历经三十多年的发展和集聚，已形成"苏南硅谷"和沿江"走廊带"的"一谷一带"之势，成为江苏和全国集成电路设计业的重镇之一。

1）江苏省集成电路设计业分布

江苏省集成电路设计业企业有 260 余家，主要集聚在苏州（有 100 家）、无锡（有 80 余家）、南京市（约 45 家），占到全省集成电路设计企业的 86.5%，形成了"苏南硅谷"。在沿江两岸（包括苏南的常州、苏中的南通、扬州、泰州等城市），形成了"硅走廊带"。

2）江苏省集成电路设计业企业类型

在江苏省集成电路设计业中，民营和海归来苏创业的企业占到 60%左右，外资和合资的企业占到 40%左右，无锡、南京等地以民资（海归）企业为主，苏州市以外资（合资）企业为主。

3．江苏省集成电路设计业区域分布结构特点

1）南京

以高校、研究所为主，有东大国家 ASIC 工程中心，东大射频与广电集成电路研究所，南大微电子设计研究所等，研究相对前沿技术，承接政府项目，形成 IP 和论文，培育学生；研究所以中国电科第 55 所和 14 所为代表，前者以研究微波和光电子器件为主，后者以 ASIC 和系统解决方案为主。

2）无锡

以企业、研究所为主，企业有国有、民营企业、530 海归企业，以无锡华润矽科微电子有限公司等为代表的一批从事消费类电子集成电路研发的企业，面向市场，为境内外客户提供集成电路及配套解决方案，具有良性发展循环能力；还有一批海归创业企业，从事网络、音视频、RFID 电路等研发；研究所有中国电科第 58 所、总参 56 所，主要从事 ASIC 和系统解决方案设计。

3）苏州

以境内外研发机构为主，海归企业为辅。境外研发机构有飞思卡尔（苏州）设计中心，瑞萨集成电路设计（北京）有限公司苏州分公司等，以集团配套开发为主，主要从事微控制器等相关研发和解决方案提供；有一批海归创业企业，从事 RFID、WLAN、CMOS Sensor 等芯片开发。

4．江苏省集成电路设计业产学研结构情况

江苏省高校中有微电子学科（集成电路半导体物理等）的院校有：南京大学、东南大学、南京航空航天大学、南京理工大学、南京邮电大学、苏州大学、江南大学、扬州大学、南通大学、江苏省信息职业技术学院、南京三江学院等。

江苏省拥有中国电科第 14 所、55 所、58 所、江南计算机所、无锡微电子所等。

江苏省拥有国家微电子高技术产业基地（发改委）、国家集成电路设计无锡产业化基地（科技部）等产业化基地。

江苏省还拥有苏州中科集成电路设计中心有限公司，以及分布在无锡、苏州、南京、南通等城市经济开发区和大型企事业单位中的集成电路设计服务平台。

5．2015 年江苏省集成电路设计业销售收入在全国同行的比重

2015 年江苏省集成电路设计业在全国同业的地位。江苏省集成电路设计业位居全国第

四位，仅次于广东省、上海市和北京市。从产业发展看，虽自 2008 年以来江苏省集成电路设计业规模在逐年扩大、企业经营业绩不断改善，但因缺少亮点产品和大型骨干企业，在全国同业中的比重呈逐年下降趋势，如图 4.11.1 所示。

图 4.11.1　2010—2015 年江苏省集成电路设计业销售收入占全国同业的比重

二、2015 年江苏省集成电路设计业与省内外城市比较

2015 年江苏省集成电路设计业销售收入只有广东省集成电路设计业销售收入的 38.6%、上海市集成电路设计业销售收入的 50.4%、北京市集成电路设计业销售收入的 56.5% 且差距还有继续拉大的现象，如表 4.11.2 所示。

表4.11.2　2014—2015年江苏省集成电路设计业销售收入与国内其他省市同业的比较

序号	省市名称	2014 年			2015 年		
		实绩（亿元）	同比	占全国	实绩（亿元）	同比	占全国
1	广东省（深圳、珠海）	284.2	20.0%	27.1%	397.8	39.9%	30.0%
2	上海市	240.9	14.7%	23.0%	305.0	26.6%	23.0%
3	北京市	188.3	18.0%	18.0%	207.0	9.9%	15.6%
4	江苏省	119.9	12.4%	11.4%	153.7	28.2%	11.5%
5	浙江省	70.0	22.3%	6.7%	77.7	11.0%	5.9%
6	天津市	40.0	—	3.8%	12.0	-69.6%	0.9%
7	陕西省	22.8	33%	2.2%	30.2	32.0%	2.3%

资料来源：中半协 IC 设计分会（2015.12）/JSSIA 整理。

在全国集成电路设计业具有一定规模的城市名单中，江苏省有 3 个城市集成电路设计业销售收入位居全国集成电路设计业十大城市之列（无锡市居第二位、南京市居第三位、苏州市居第六位），如表 4.11.3 所示。

表4.11.3 2014—2015年江苏省集成电路设计业销售收入各城市同业比较

序号	城市名称	2014 年		2015 年		
		实绩（亿元）	占全国	实绩（亿元）	同比	占全国
1	深圳市	265.2	25.3%	380	43.3%	28.7%
2	无锡市	64.6	6.2%	76.1	17.8%	5.7%
3	南京市	31.0	3.0%	47.3	52.6%	3.6%
4	杭州市	35.8	3.4%	36.8	2.8%	2.8%
5	成都市	31.2	3.0%	31.0	−0.6%	2.3%
6	苏州市	23.8	2.3%	29.7	24.8%	2.2%
7	西安市	22.5	2.1%	28.6	27.1%	2.2%
8	厦门市	14.0	1.3%	18.0	28.6%	1.4%
9	珠海市	19.2	1.8%	17.8	−7.3%	1.3%
10	福州市	15.3	1.5%	14.9	−2.6%	1.1%

资料来源：中半协 IC 设计分会 2015 年 12 月统计数/JSSIA 整理。

从表 4.11.4 可以看出，江苏省集成电路设计业主要集中在苏南地区，其中无锡市占到全省近 50%的份额。

表4.11.4 2015年江苏省集成电路设计业城市地区发展规模

序号	城市名称	2014 年			2015 年		
		实绩（亿元）	同比	占比	实绩（亿元）	同比	占比
全省合计		119.90	12.37%	100%	153.72	28.21%	100%
1	无锡市	64.60	10.23%	53.88%	76.10	17.80%	49.51%
2	南京市	31.00	19.20%	25.85%	47.32	30.48%	30.78%
3	苏州市	23.80	9.70%	19.85%	29.70	24.80%	19.32%
4	常州市	0.50	25.0%	0.42%	0.60	20.00%	0.39%

三、2015 年江苏省集成电路设计业主要企业情况

1. 2015 年江苏省集成电路设计主要企业经营情况

2015 年江苏省集成电路设计业营收入超 30 亿元的有 1 家，超 5 亿元的有 5 家，超亿元的有 10 家。但是，江苏省没有 1 家集成电路设计企业进入全国前十大设计企业队列。

从表 4.11.5 可以看出，中国电科第 55 所仍位居江苏省 IC 设计业第一位；中国电科第 58 所在 2015 年发展较快，位居第二；南京东大集成和南京国博本年度进入协会统计视野，且销售收入较高，分别位列第四、第五。表 4.11.6 给出了 2015 年江苏省集成电路设计业主要企业销售收入增长排序。

表4.11.5 2015年江苏省集成电路设计业主要企业销售收入排序情况

序号	企业名称	序号	企业名称
1	中国电科第 55 所	9	无锡芯朋
2	中国电科第 58 所	10	无锡友达
3	无锡华润矽科	11	苏州国芯
4	南京东大集成	12	无锡德思普
5	南京国博	13	无锡硅动力
6	无锡新洁能	14	无锡晶源微
7	无锡力芯	15	瑞萨设计（苏州）
8	美新半导体（无锡）	16	南京矽力杰

表4.11.6 2015年江苏省集成电路设计业主要企业销售收入增长率排序情况

序号	企业名称	序号	企业名称
1	南京矽力杰	6	中国电科第 55 所
2	无锡力芯	7	无锡芯朋
3	苏州国芯	8	无锡澳利杰
4	中国电科第 58 所	9	无锡硅动力
5	无锡新洁能	10	瑞萨设计（苏州）

2. 2015 年江苏省集成电路设计企业经营情况分析

1）2015 年江苏省集成电路设计企业销售收入情况

2015 年江苏省集成电路设计业销售收入为 153.72 亿元，同比增长 28.1%；2015 年江苏省集成电路设计企业销售收入同比增长的企业占到 65.20%，销售收入同比减少的企业占到 17.4%，同比持平的占到 17.4%。

2）2015 年江苏省集成电路设计企业销售收入利润率情况

2015 年江苏省集成电路设计企业销售收入利润率为 9.14%，同比上升 0.2 个百分点，其中：销售收入利润率增长的企业占到 73%，利润率减少的企业占到 9%，持平的占到 18%，企业普遍情况良好。尤为突出的是：南京矽力杰、无锡硅动力、中科芯（58 所）、大唐恩智浦等单位。

3）2015 年江苏省集成电路设计业投入情况

2015 年江苏省集成电路设计业固定资产约为 47.9 亿元，同比增长 31.67%；2015 年江苏省集成电路设计业新增资金投入约为 3.3 亿元，同比增长 10.00%；2015 年江苏省集成电路设计业研发费投入约为 3.96 亿元，同比增长 6.50%。

四、2015年江苏省集成电路设计业技术进步情况

1. 2015年江苏省集成电路设计业技术具有个性化、差异化发展的特点

江苏省集成电路设计业极少部分企业的设计技术已进入到20/16纳米（外资企业），有少部分企业设计技术进入到90～65纳米级水平，部分企业进到0.11微米级水平，大部分企业还处在0.25～0.18～0.13微米级水准。江苏省集成电路设计目前正处在成长期爬坡阶段，处在全国同业中游水平。基于SoC设计平台的技术较为成熟，EDA设计工具应用普遍规范化，设计周期大幅缩短，正向设计产品日益增多。

2. 2015年江苏省集成电路设计业产品和技术

1）由中国半导体行业协会等组织评选“第十届（2015年度）中国半导体创新产品和技术”中江苏省集成电路设计企业获奖的产品和技术：

无锡中感微电子股份有限公司研发的“低功耗蓝牙SoC芯片WS9625”获奖，该产品采用了创新型的无静态功耗启动电流，有助于降低电路功耗，同时实现了低功耗振荡器的快速启动，PSUB导环技术则很好地解决了数字与模拟模块相互干扰的难题。

华润微电子有限公司旗下的华润矽威科技（上海）有限公司研发的“非隔离、降压型三端LED恒流驱动芯片PT4501/C”获奖。该系列产品采用自有高压700V工艺，在单片上集成了500V功率MOS、高压自供电电路以及专利的采样电路，无需启动电阻以及反馈电阻，稳定性高。此外，PT4501采用高可靠性的恒流控制方式实现了优异的线性调整率、负载调整率及温度特性。

盛科网络（苏州）有限公司开发的“支持软件定义网络（SDN）的高性能以太网交换芯片CTC5160”获奖。该产品突破45纳米以下低功耗设计技术、N-FlowTM技术、NVGRE等技术难点，填补了国内在千兆以太网路由交换芯片方面的空白。

南京国博电子有限公司生产的“智能手机用射频开关系列产品”获2015—2016年中国集成电路市场最佳产品称号。

2）2015年江苏省集成电路设计业技术进步有关信息

江苏省有两个课题“新型半导体存储器关键技术研发和应用验证”和“高安全等级网络基础实施关键装备核心芯片及软件研发”，已列入2016年国家科技重大专项“核高基”申报指南。

无锡芯朋电子公司的绿色电源管理电路和驱动芯片（PN836X系列）获入围《EETime-China/EETime-Taiwan》2016年度大中华电子成就奖。

无锡盛邦电子有限公司自主研发的电子式机油压力传感器在国内市场占有率达80%以上。

江苏多维科技有限公司推出超高灵敏度的TMR1208/TMR1308磁开关传感器，开关点仅为0.5Gauss，同时兼备高速工作状态下1.5微安的超低功耗及卓越的温度稳定性。

2015年6月10日，苏州中晟宏芯信息科技有限公司发布了国产第一款基于POWER

的高性能服务器芯片CP1。自从IBM宣布开放POWER芯片后，苏州中晟宏芯通过一年多的努力，自主研发高性能服务器芯片的承载体问世，为国产化高端计算系统在关键路径、关键节点上实现重大突破。

华润微电子有限公司自主研发的“跑道形NLDMOS晶体管及其制作方法”专利技术，获无锡市专利金奖，填补了国内空白，开创了国内首个可应用于单片智能开关电源集成电路工艺技术，达到国际领先水平。

中国电科第55所的砷化镓射频电路获国家信息产业重大技术发明。

无锡德思普科技公司“软件无线基带处理芯片”、江阴苏阳电子公司的“高性能LED驱动芯片获无锡市科技进步三等奖”。

五、江苏省集成电路设计业发展环境得到改善

江苏省政府十分重视集成电路产业的发展，将集成电路产业作为江苏省新兴产业和战略性产业予以大力支持，国务院先后在2000年发布国发〔2000〕18号和2011年发布国发〔2011〕4号文件后，江苏省先后发布苏政发〔2001〕59号省政府印发《江苏省鼓励软件产业和集成电路产业发展的若干政策》的通知，苏财建〔2001〕64号《江苏省软件和集成电路产业专项经费使用管理办法（试行）的通知》，苏政发〔2008〕134号《江苏省产学研联合创新资金管理办法（试行)》，苏政发〔2009〕76号《关于印发江苏省电子信息产业调整和振兴规划纲要的通知》等。2015年6月《省政府关于加快全省集成电路产业发展的意见》（苏政发〔2015〕71号）公布，重点任务为大力发展集成电路设计业作为突破口，做大做强集成电路制造业、封测业和设备材料业等，使江苏省集成电路产业得到快速发展，再添一股强劲的动力。同时也明确突出集成电路设计业在集成电路产业中的龙头引领地位。

江苏省集成电路产业（设计业）现拥有2个国家级集成电路（设计）产业基地，4个国家级电子信息产业园，12个省级电子信息产业基地，15个省级电子信息产业园；拥有集成电路设计（EDA）、测试、可靠性试验、FPGA验证、快速封装等一系列公共服务平台；建有高密度封装国家工程实验室、国家级ASIC工程中心、省级VLSI工程中心、半导体封装先导技术研发中心等工程研究机构，以及众多企事业内部自有研发测试中心等产业集群的设计保障机构。

中科芯打造智慧园区，以大系统、大项目、大产业的思维谋发展，依托军民融合、IC设计平台、特色制造平台、自主研发、实现中科芯“一总部二基地和N中心”的协调工作模式。

随着国家物联网研究发展中心落户无锡和江苏省物联网应用已登上一个新台阶。以物联网、汽车电子、消费电子、生物医疗、交通轨道等为代表的战略性新兴产业，在江苏省的兴起，已为江苏省集成电路设计业发展创造了重大机遇，步入新一波的增长周期。

六、江苏省集成电路设计业存在的问题简析

1. 江苏省集成电路设计企业反映的有关问题

1）在人力资源方面

缺少高层次管理人才、技术人才和营销人才；招工难、吸引人才难、留住高端人才更难；人才使用平台建设缓慢；用工成本大幅上升尤为剧烈。

2）在资金方面

设计企业以中小企业为主，为此中小企业融资困难、门槛高、规费多、融资成本高；新品研发投入大，使小型设计企业难以承担；新品研发周期长，同类产品相互压价竞争激烈，利润空间越来越小；账期控制困难，随着规模扩大，流动资金需求量增大，企业压力增大；虽有部分减免税，但对小型设计企业仍感企业税负压力不小。在订单减少之时，企业越发难以为继。

3）在产品试制方面

集成电路设计业新品试制费用很高，开发新品开发周期较长；用户对新品有一个认知度，新老产品切换慢，用户从了解到使用有一个较长的过程。

2. 江苏省集成电路设计业存在的差距及主要因素分析

1）设计业发展迟缓，产业结构不尽合理

江苏省集成电路设计业内资企业的技术创新能力不强，技术水平落后3～4代（节点）。省内集成电路设计业现只有很少部分企业进入90～65纳米级，大部分企业还处于0.25～0.18～0.11微米级，与海思的16纳米及展讯、华大等公司相比仍有很大的差距。激流勇进、不进则退，尤显得江苏集成电路设计业在技术上发展迟缓。

在产业规模上，江苏集成电路设计业连续多年处于全国第四位，落后于深圳、上海和北京。

2015年世界半导体产业结构是：设计业、晶圆业、封测业之比是3∶5∶2（29.81%∶52.4%∶18.5%）；中国集成电路产业三业之比是4∶2∶4（36.7%∶24.9%∶38.4%）；江苏省集成电路产业三业之比是2∶2∶6（17.6%∶23.9%∶58.5%），其中江苏省集成电路设计业不足20%，显得尤为弱小。

2）缺少龙头型企业，产业引领作用较弱

江苏省集成电路设计企业有近260家，占全国设计企业的32.5%左右，居全国第一位。但企业规模体量不大，弱小分散。自2010年无锡华润矽科微电子有限公司位居全国十大集成电路设计企业第10位后，从2011年起，至今再无一家企业进入全国前十位之列。

江苏省集成电路设计企业数量众多，以中小型企业居多；大多数企业是民营企业为主，有部分为海归和中外合资企业；人数以小于50人的企业居多；除有为数不多的超亿元的设计企业和部分设计企业营收入在千万元左右以外，年销售收入在千万元以下的企业居多，

缺乏像深圳海思、深圳中兴微、上海展讯、上海锐迪科、上海格科微、北京华大、大唐半导体、北京南瑞智芯、杭州士兰微等这样重量级的设计企业来引领江苏省集成电路产业的发展。

3）缺乏设计领军型人才，产品技术处于中低端水平

集成电路设计业的发展高度依赖高水平的创新性人才，特别是创新型领军人才，这其中包含创新型企业高管人才、高级技术型人才、高级市场人才，以及“大国工匠”式的具有软硬件兼备的工程技术人员和较高水平的操作技能的职工队伍。江苏省已有南大、东南大学等一批专业培养 IC 人才的重点院校；也有中国电科第 55 所、58 所等研究机构，有华润微电子公司等一批重点企业为全国集成电路产业输送了大量的技术、工程、管理的高端人才。江苏省也组织实施了“千人计划”、“530 计划”等，引进了一批海归高端人才，为江苏省集成电路设计业的发展做出了成绩。但由于集成电路产业高端人才交流和流动性很强，全国各省市都在发展集成电路产业，都在需要各类集成电路人才，为集成电路专业人才流动创造了基本条件。另一方面是集成电路产业发展得很快，产业的制高点在上海、北京、深圳等经济发达地区，使集成电路设计业高端人才向上述地区汇集。人往高处走，水往低处流。由于各方面的综合因素，江苏省集成电路产业引进人才和留住人才确有一定困难，反而是本省的一些高端人才流到其他地方。

由于高端人才团队缺乏，特别是集成电路设计和制造领域的工艺技术研发人才和软硬件兼备的高端人才缺乏，使得江苏省设计企业主流产品多数集中在电源、驱动、音视频等消费类周边配套电路，且以中低档产品为主，同质化竞争状况严重。

4）产业链协同创新格局未形成，产业链整合能力不足

纵观 2015 年江苏省集成电路设计业经营动态，设计业上下游产业链协同创新的动作不大，大多数企业处在单打独斗的态势，与整机厂商联动机制尚未形成；没有构成芯片设计企业与芯片制造企业协作发展的模式，不少设计企业依靠境外企业流片，或在国内制造厂商中排队等候，延误上市周期。

5）投资环境有待改善

集成电路产业是一个高投入、高风险的产业，集成电路设计业更是如此。投资成功一只新品，往往需要数百万元、上千万元、成亿元的大量连续的投入。成功的企业有，受到挫折的企业也常见。这其中缺乏强有力的资金支持也是一个重要因素。投资的瓶颈在于江苏省的集成电路设计企业以中小型居多，自身发展资金有限，且融资成本高，难以融资；银行也不敢向这些小微企业放贷；抵押贷款的门路也较为狭窄。

七、江苏省集成电路设计业发展对策

（1）江苏省集成电路设计业企业要抛弃“宁当鸡头，不当凤尾”的观念，可以适度进行兼并，优势互补，提高企业竞争力。

（2）在产品设计和制造领域，继续保持“有所为、有所不为”的原则，做自己熟悉的行当，在某一行业、某一细分类中做大、做强、做精、做专、做特，发扬“大国工匠”的精神，立足于行业精英之列。

（3）抓住新兴领域今后几年或十几年将爆发式增长的机遇，扩大产业发展所需高附加值产品的设计能力，向集成电路应用新的空间延伸。要把传感网芯片、嵌入式 CPU、显示驱动 IC、移动终端 TFT 驱动器、模拟 IC、数模混合 IC、LED 驱动 IC、RFID 芯片、通信类 IC、MEMS 系统 IC、化合物 IC、射频 IC、智能电网芯片以及水表气表远程控制 IC、安监芯片、IC 卡芯片及高压 IGBT 等作为重点产品发展方向。

第十二节　2015 年江苏省集成电路晶圆业发展情况

一、江苏省集成电路晶圆制造业现状

1. 2015 年江苏省集成电路晶圆制造业现状

江苏省集成电路产业是我国集成电路产业化大生产的发祥地之一，也是我国重要的集成电路生产基地。2015 年江苏省集成电路晶圆制造业销售收入为 209.7 亿元，同比增长 7.63%，占全国集成电路晶圆产业销售收入 900.8 亿元的 23.3%，位居全国同业第二位（仅次于上海市），如图 4.12.1 所示。

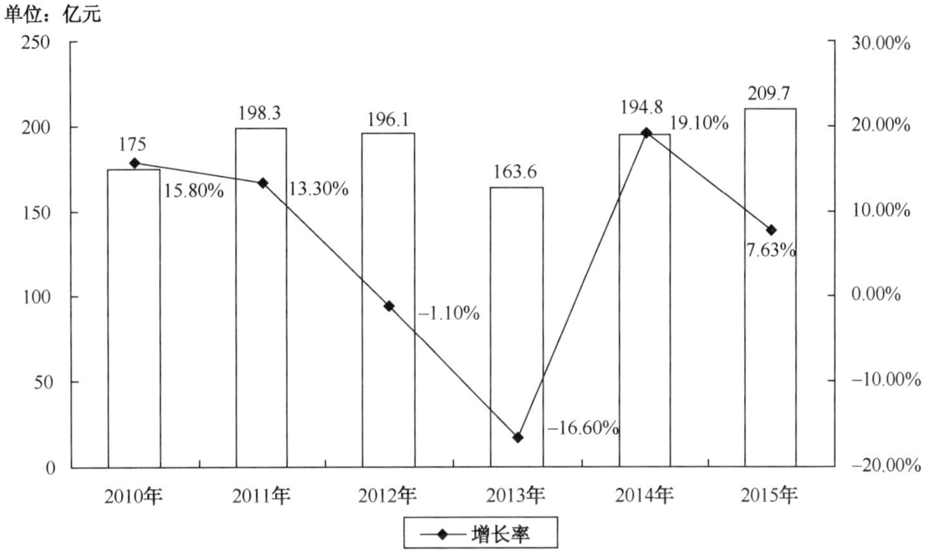

注：CAGR=3.06%（2010—2015 年）。

图 4.12.1　2010—2015 年江苏省集成电路晶圆业销售收入增长情况

江苏省集成电路晶圆制造企业有 20 余家。主要集中在无锡市和苏州市，分别占到全省同业总值的 88.02%和 8.64%。

从图 4.12.2 中可以看出，江苏省集成电路晶圆业在全国的比重，由 2011 年的 45.9%逐年下降，到 2015 年仅占全国同业的 23.30%。这是由于江苏省集成电路晶圆业近 10 年来没有较大投入，而其他省市在这方面的投入加大的缘故。

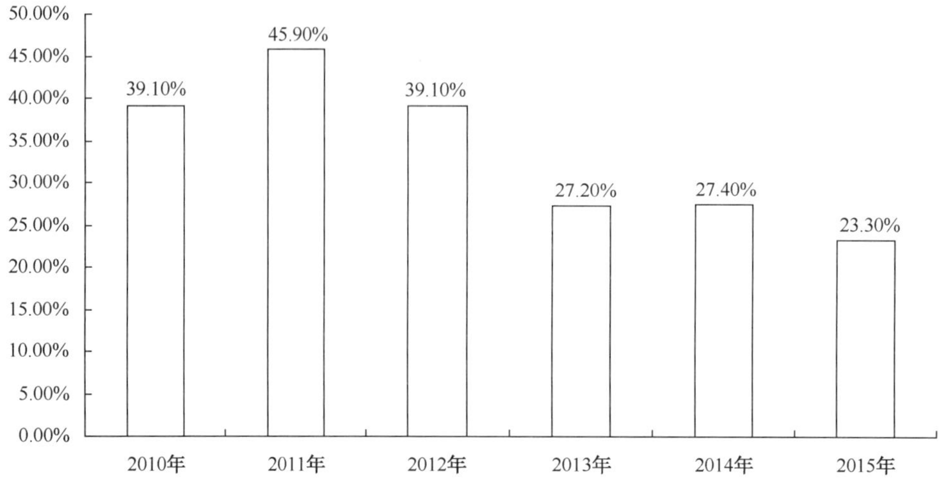

图 4.12.2　2010—2015 年江苏省集成电路晶圆业销售收入占全国同业比重

2015 年江苏省集成电路晶圆业企业在竞争激烈、市场需求疲软、企业费用开支增大等不利因素的情况下，仍取得了不俗的成绩，销售收入同比增长 14.9 亿元。其中：SK 海力士公司同比增长 13.40%。

江苏省集成电路晶圆业 2005 年销售收入仅为 45 亿元，到 2015 年销售收入达 209.7 亿元，十年间增长 4.7 倍，年平均增长递速达 15.02 %。

2. 江苏省集成电路晶圆生产线情况

江苏省有集成电路晶圆生产线 42 条（不含在建的生产线），12 英寸生产线 2 条，8 英寸生产线 3 条，6 英寸生产线 8 条，5 英寸生产线 8 条，4 英寸生产线 13 条，3 英寸生产线 8 条，如表 4.12.1 所示。

表4.12.1　江苏省集成电路晶圆生产线分布情况

单位：条

线直径	形态	合计	苏州	无锡	南通	扬州	常州	南京
12 英寸线	生产	2	—	2	—	—	—	—
8 英寸线	生产	3	2	1	—	—	—	—
6 英寸线	生产	8	2	4	—	1	—	1
5 英寸线	生产	8	—	5	—	3	—	—
4 英寸线	生产	13	—	8	3	1	—	1
3 英寸线	生产	8	1	4	1	1	1	—
合计	—	42	5	24	4	6	1	2

3. 江苏省集成电路晶圆生产线结构

从生产结构上来看 12 英寸、8 英寸、6 英寸、5 英寸（部分）生产线为集成电路生产线，2 条 6 英寸线及部分 5 英寸线及 4 英寸线主要是分立器件晶圆生产线。

6英寸以上的集成电路晶圆生产线以CMOS工艺技术为主；5英寸及以下的晶圆生产线以双极、VDMOS、FRD、IGBT、可控硅等工艺技术为主。

4. 江苏省集成电路晶圆生产线技术和产能情况（见表4.12.2）

表4.12.2 江苏省集成电路晶圆生产线技术和产能情况

<table>
<tr><th>序号</th><th>晶圆尺寸（英寸）</th><th>状况</th><th>企业名称</th><th>工艺</th><th>技术水平（μm）</th><th>产能（万片/月）</th></tr>
<tr><td>1</td><td rowspan="2">12</td><td>生产</td><td>海力士半导体（中国）有限公司</td><td>DRAM</td><td>0.090～0.040</td><td>10</td></tr>
<tr><td>2</td><td>生产</td><td>海力士半导体（中国）有限公司</td><td>CMOS</td><td>0.045～0.025</td><td>6.8</td></tr>
<tr><td>3</td><td rowspan="3">8</td><td>生产</td><td>和舰科技（苏州）有限公司</td><td>CMOS</td><td>0.35～0.15</td><td rowspan="2">10</td></tr>
<tr><td>4</td><td>生产</td><td>和舰科技（苏州）有限公司</td><td>CMOS</td><td>0.13～0.11</td></tr>
<tr><td>5</td><td>生产</td><td>华润微电子（无锡）（华润上华2厂）</td><td>CMOS（数模）、逻辑BCD、IGBT</td><td>0.35～0.11</td><td>6.0</td></tr>
<tr><td>6</td><td rowspan="8">6</td><td>生产</td><td>无锡华润上华1厂</td><td>CMOS、BCD、SOI、FRD</td><td>1.0～0.35</td><td>11.0</td></tr>
<tr><td>7</td><td>生产</td><td>无锡华润上华5厂</td><td>IGBT、MEMS、Bipolar、BCD、MOSFET</td><td>0.5～0.35</td><td>5</td></tr>
<tr><td>8</td><td>生产</td><td>无锡华润华晶</td><td>IGBT、FRD、Bipolar、MOSFET</td><td>1.2～0.8</td><td>12.5</td></tr>
<tr><td>9</td><td>生产</td><td>江苏东晨（宜兴）</td><td>IGBT、VDMOS</td><td>0.8～0.35</td><td>3</td></tr>
<tr><td>10</td><td>生产</td><td>苏州纳科</td><td>MEMS</td><td>中试线</td><td></td></tr>
<tr><td>11</td><td>生产</td><td>扬州晶新</td><td>CMOS</td><td>0.35～0.18</td><td>3</td></tr>
<tr><td>12</td><td>生产</td><td>南京英特神思</td><td>MEMS</td><td>0.35</td><td>0.5</td></tr>
<tr><td>13</td><td>生产</td><td>苏州同冠微电子</td><td>IGBT</td><td>0.5</td><td>3.0</td></tr>
<tr><td>14</td><td rowspan="4">5</td><td>生产</td><td>华润华晶（无锡）</td><td>VDMOS</td><td>>3.6</td><td>>10</td></tr>
<tr><td>15</td><td>生产</td><td>华润华晶（无锡）</td><td>TR</td><td>1.6～0.8</td><td>>10</td></tr>
<tr><td>16</td><td>生产</td><td>中国电科第58所（无锡）</td><td>CMOS</td><td>0.6</td><td>0.6</td></tr>
<tr><td>17</td><td>生产</td><td>江阴新顺公司</td><td>TR</td><td>2.0～1.6</td><td>7</td></tr>
<tr><td>18</td><td rowspan="4">5</td><td>生产</td><td>扬州国宇</td><td>VDMOS</td><td>0.6</td><td>2</td></tr>
<tr><td>19</td><td>生产</td><td>扬州晶新</td><td>双极&TR</td><td>1</td><td>5</td></tr>
<tr><td>20</td><td>生产</td><td>力特半导体（无锡）</td><td>TR</td><td>1.6</td><td></td></tr>
<tr><td>21</td><td>生产</td><td>扬州中芯晶来</td><td>TR</td><td>1.6</td><td>3</td></tr>
</table>

续表

序号	晶圆尺寸（英寸）	状况	企业名称	工艺	技术水平（μm）	产能（万片/月）
22	4	生产	中国电科第 58 所（无锡）	声表	2	0.6
23		生产	江苏东晨微电子（宜兴）（3 条）	TR、IGBT、可控硅	5.0～2.0	5
24		生产	敦南微电子（无锡）（3 条）	TR	2.0～1.6	18
25		生产	江苏捷捷微电子（启东）（3 条）	TR、可控硅、二极管	5.0～2.0	6
26		生产	宜兴环洲	TR	5.0～2.0	3
27		生产	扬州中芯晶来	TR、晶闸管等	5.0～2.0	3
28		生产	中国电科第 55 所	GaAs 射频	0.35～0.15	2
3 英寸生产线有：华诚常半、扬晶、宜兴环洲、苏半总厂、南通皋鑫等公司						

资料来源：JSSIA 整理。

5. 2015 年江苏省集成电路晶圆业销售收入地区分布

2015 年江苏省集成电路晶圆业销售收入为 209.7 亿元，其中：无锡市集成电路晶圆业销售收入为 191.6 亿元，占到 91.40%；苏州市为 18.1 亿元，占 8.6%。江苏省集成电路晶圆业内资企业的销售收入占 30.8%，外资（台资）企业占 69.20%。

二、江苏省集成电路晶圆制造技术进步情况

1. 2015 年江苏省集成电路晶圆业技术状况

江苏省集成电路晶圆制造技术以 SK 海力士 12 英寸生产线和华润微电子、和舰科技（苏州）8 英寸生产线为代表。

SK 海力士半导体（中国）有限公司现有 2 条 12 英寸生产线，该公司分五次增资，在一期工程时以 90 纳米技术为主，二期工程达到 65 纳米，三期工程已达 45 纳米，月投片 16.8 万片。2012 年 4 月 24 日经韩国政府批准，在不增用地、不增已批产能的情况下，全部利用企业自有折旧资金，再投资 20 亿美元进行 12 英寸技术升级。生产技术从 45 纳米提升到 29 纳米，2013 年 11 月进行五期工程，再投资 25 亿美元，2015 年已达到 25 纳米水平，并全力提升至 20～10 纳米级水平。该公司累计投资达 106.6 亿美元，主要从事 DRAM、Flash 生产，成为我国、我省单体投资规模最大的外资项目。2014 年因经营发展需要增加公司注册资金 1 亿美元，以加强在市场领先地位。预计到 2016 年完成该项目技术升级，处于世界和全国集成电路晶圆制造的领先水平。

作为我国民族微电子旗舰的华润微电子有限公司的 8 英寸晶圆生产线，达到 0.25～

0.18～0.13～0.11 微米的水平，是内资集成电路制造业 8 英寸线的较好水平，月投片达 5 万片，2016 年可达到月投 6 万片。

由中国台湾联华电子投资的和舰科技（苏州）有限公司拥有 2 条 8 英寸生产线，技术水平为 0.25～0.18～0.13～0.11 微米。联华电子对和舰科技（苏州）有限公司 8 英寸生产线进行扩产性投资，新增产能 1.1 万片/月，月投片量扩大到 10 万片以上。

2．江苏省集成电路晶圆制造工艺技术简述

江苏省集成电路晶圆制造工艺技术呈现多样性和专业性，晶圆工艺技术已涵盖了 0.8 微米～25 纳米的数代技术节点。代表性制程有：DRAM 工艺制程、标准 CMOS 工艺制程、逻辑制程（Logic）、混合模式制程（Mixed Mode）、高压制程（High Voltage）、非挥发性记忆体制程（Non-Volatile Memory）、e-EEPROM 及 e-Flash 等嵌入式工艺制程、CMOS 图像传感器制程（CMOS image sensor）、e-NVM 工艺制程、Flash 工艺制程、SONOS e-Flash 工艺制程、SONOS EEPROM 工艺制程、高压 MOSFET 工艺制程、MEMS 工艺制程、SOI 工艺制程、高压 BCD 技术、功率器件 IGBT 技术、浮动闸嵌入式闪存技术、射频技术以及双极型线性技术，较好地满足了集成电路设计对制造工艺的多样化需求。

3．江苏省集成电路晶圆制造业技术发展动态

1）SK 海力士（中国）公司

SK 海力士（中国）公司 12 英寸晶圆制造生产线目前已达到 25 纳米（提升到 2X 纳米级和 2Y 纳米级），正向 20 纳米级发展。

SK 海力士（中国）公司采用 45 纳米制程技术，在全球率先开发出 1Gb DDR3 DRAM。

SK 海力士（中国）公司生产的 DRAM 占公司总部产量的 50%，占全球 DRAM 总产量的 14%。

SK 海力士（中国）公司产品广泛应用于个人电脑、服务器、移动存储等领域。

SK 海力士（中国）公司技术优势主要来源于韩国 SK 海力士多年积累的技术，具有世界一流的存储器生产技术，其技术引领着世界存储器行业的发展。

2）华润微电子

2015 年 1 月，华润上华项目“应用于高压单片智能 LED 照明驱动芯片的 700V BCD 工艺技术”荣获江苏省科学技术奖三等奖。

2015 年 1 月，华润华晶项目“适用于节能电源的大直径薄片晶圆制造技术”荣获无锡市科技进步奖二等奖。

2015 年 5 月华润华晶被认定为江苏省两化融合转型升级示范企业。

2015 年 5 月华润华晶、华润安盛被认定为无锡市两化融合示范企业。

2015 年华润微电子正式启动在宽禁带半导体领域的研发工作，经过多方调研和考察，

最终选择了浙江大学为合作伙伴，于 2015 年 10 月与浙江大学签订了共建“宽禁带功率半导体器件联合实验室”的协议。未来拟将通过 2～3 年的合作建设，使公司能自主掌握宽禁带功率半导体器件技术，为公司建设宽禁带功率半导体器件规模生产线奠定基础。

三、2015 年江苏省集成电路晶圆制造业投资情况

江苏省集成电路晶圆制造业投资在近几年内没有大项目落户江苏境内，在内资企业投资中也没有大的投入。而兄弟省市在集成电路晶圆制造业投资中掀起一股又一股的高潮。如 2015 年 3 月，厦门联芯投资 62 亿美元建 12 英寸生产线，技术水平达 55～28 纳米，月投 5 万片；2015 年 10 月，合肥晶合投 135 亿元建 12 英寸生产线，技术水平为 0.15～0.090 微米 LCD 驱动 IC，月投 4 万片；2015 年 10 月，中芯国际（北方）投资 35 亿美元建 12 英寸生产线，技术水平为 28 纳米，月投片能力 11 万片；2016 年 3 月武汉新芯投资 240 亿美元建 12 英寸生产线，主产 3D NAND/DRAM 技术为 FinFET，月投片能力 30 万～100 万片；2016 年 4 月福建省泉州市联合联电建 12 英寸生产线。杭州士兰公司在四川成都金堂投资 10 亿元，建功率器件芯片 8 英寸晶圆生产线。

相随而行，兄弟省市为推动集成电路产业的发展设立了集成电路发展基金和专项基金，如：上海市设立了 IC 基金规模 500 亿元，北京市设立 IC 基金 300 亿元及 IC 发展股权投资基金，安徽省设立 IC 基金 300 亿元，湖北省设立 IC 专属基金 500 亿元、深圳市设立 IC 投资基金 300 亿元，以及四川省、山东省都设立有 100 亿元的 IC 发展基金。

江苏省在沉寂了近十年后，集成电路晶圆业有了新的投资信息。

- 由江苏骏马集团、上海贝岭股份有限公司与张家港市金茂、金科创业投资公司合资成立的苏州同冠微电子有限公司 6 英寸晶圆代工生产线于 2015 年通线投产，月产能达 3 万片。
- 2016 年 1 月 1 日，淮安市政府与江苏澳洋顺昌签约，在淮安市清河区共建 8 英寸晶圆生产线及工业园区，一期工程投资 15 亿元。主产硅基 IGBT 和 SJ 器件，同时研发碳化硅材料的宽禁带半导体器件。
- 2016 年 3 月 28 日，南京市政府与台积电签约，在南京市浦口区投资 30 亿美元建 12 英寸晶圆生产线，月投 2 万片（后继为 4 万片），技术水平为 16 纳米 FinFET，预计在 2018 年下半年开始生产。

四、2015 年江苏省集成电路晶圆业代工能力分析

江苏省集成电路晶圆代工始于 20 世纪 90 年代末，由原中国华晶电子集团公司与香港上华公司合作，开启了中国集成电路晶圆业代工的先河，使中国集成电路晶圆制造业由原先的 IDM 型走向晶圆代工业（Foundry），起到了领头羊的作用。

1. 江苏省集成电路晶圆代工业现状

2015 年中国集成电路晶圆业代工（Foundry）产能发生了很大的变化，首先是 12 英寸生产线产能首次超过 8 英寸生产线产能，占到 43.60%（折合 8 英寸），占比提升 9.6 个百分点；8 英寸生产线产能占 29.8%，同比下降 9.2%；6 英寸生产线占比为 26.6%，同比提升 3.6 个百分点（其中：因有一些企业进入到统计数列之中，有不可比因素存在）。由此可见，8 英寸和 12 英寸已成为我国集成电路晶圆生产的主力军，比重达到 73.4%，同时也宣告我国已进入 12 英寸集成电路晶圆生产时代。

江苏省集成电路晶圆代工业主要分为三种型式，一是内资企业的 IDM 式；二是外资式的，为其母公司纯代工；三是混合式的企业。IDM 式的代表企业为华润微电子公司、江阴新顺微电子、江苏东晨微电子公司等；纯代工式的代表为 SK 海力士（中国）公司；混合式的代表为和舰科技（苏州）公司，一方面要完成其母公司台湾联电的生产任务，另一方面要在大陆上自寻代工业务，以求发展。现 IDM 与纯代工的界限日益模糊，正在相互融合，如华润微电子既是自成体系的标准式 IDM 企业，但又是走向代工的主要企业。

2. 江苏省集成电路晶圆制造代工产能分析

江苏省有 2 条 12 英寸晶圆代工生产线，都为 SK 海力士（中国）公司（韩资企业）所有，技术水平达 90～65～45～29～25 纳米水平，月产能达 16.8 万片，主产品为 DRAM，处于世界和中国集成电路晶圆生产线的第一梯队。

我国现有 8 英寸生产线有 20 条，生产能力为月投 80.2 万片，其中内资企业有 16 条，占 80%；外资（台资）企业有 4 条，占 20%。内资企业 8 英寸生产线生产能力月投 53.2 万片，占 66.3%，外资（台资）企业生产能力月投 27 万片，占 33.7%。

江苏省集成电路生产企业有 3 条 8 英寸生产线，生产能力月投 16 万片，占全国 8 英寸生产能力的 20%。其中内资企业华润微电子为 1 条，占 33.3%，台资企业和舰科技（苏州）公司有 2 条，占 66.7%，其中华润微电子月投能力 5 万片（设计能力为 6 万片），占全国 8 英寸晶圆线生产能力的 6.2%（7.5%）；和舰科技（苏州）公司月投能力为 10 万片（为其母公司台湾联电代工为主）。

从表 4.12.3 中可以看出，华润微电子 8 英寸晶圆线只有 1 条，而上海市有 6 条，重庆市有两条；从产能看，华润微电子最高产能为 6 万片/月（现还达不到满产，约 5 万片/月），而上海市有 30.0 万片/月。同时，中芯国际在天津和深圳各有 1 条 8 英寸生产线，月投能力分别达 3.0 万片和 4.2 万片。上海市 8 英寸月投 31 万片，是华润微电子公司的 6 倍多，如加上中芯国际在天津（4.2 万片）和深圳（3 万片），则是华润微电子公司的 7.6 倍之多。

表4.12.3　2015年我国部分省市内资集成电路晶圆8英寸代工生产线对比

序号	省市名称	公司名称	型别	数量（条）	产能（万片/月）	技术水平（微米）
1	江苏省	华润微电子	内资	1	5～6	0.35～0.13 CMOS 数模混合
2	上海市	中芯国际（上海）	内资	2	12.0	0.35～0.11 CMOS 0.13～0.09 CMOS
				1	3.0	0.13～0.11（Cu 制程）
		华虹宏力	内资	2	11.0	0.35～0.11 CMOS
				1	5.0	0.35～0.09 CMOS
3	广东省	中芯国际（深圳）	内资	1	3.0	0.35～0.11 CMOS
4	湖南省	株洲南车	内资	1	年产 1 万片	功率器件（IGBT）
5	重庆市	中航（重庆渝芯）	内资	2	3.0	0.35～0.18 CMOS
6	天津市	中芯国际（天津）	内资	1	4.2	0.35～0.18 CMOS

从技术水平看，中芯国际和华虹宏力已达到 90 纳米的水平，华润微电子目前是 0.15 微米的大量生产，0.13 微米为最好水平。目标是 2016 年达到 0.11 微米水平。

综上所述，江苏省集成电路晶圆 8 英寸生产线产能与上海市同业相比，已不在一个数量级上，也说明江苏省集成电路内资晶圆线显得势单力薄。

从表 4.12.4 可以看出，江苏省台资集成电路晶圆 8 英寸代工企业产能和技术水平与上海市、成都市同类企业处于旗鼓相当的水平。

表4.12.4　2015年我国部分省市外资集成电路晶圆8英寸代工生产线情况

序号	省市名称	公司名称	型别	数量（条）	产能（万片/月）	技术水平（微米）
1	江苏省	和舰科技(苏州)	台资	2	10	0.35～0.15 CMOS
						0.13～0.11 CMOS
2	上海市	上海先进	台资	1	3.0	0.35～0.25 CMOS 数模混合
		台积电（中国）	台资	1	12.0	0.25～0.13 CMOS
3	四川省	成都德仪(成芯)	美资	1	5.0	0.35～0.18 CMOS 数模混合

3. 2015 年江苏省集成电路晶圆制造代工企业销售收入情况（见表 4.12.5～表 4.12.7）

表4.12.5　2009—2015年SK海力士（中国）公司销售收入情况

指标名称	2009 年	2010 年	2011 年	2012 年	2013 年	2014 年	2015 年	CAGR
销售收入（亿元）	106.4	121.1	129.5	137.8	96.8	112.3	127.0	2.56%
增长	−12.9%	13.8%	6.9%	6.4%	−29.8%	16.0%	13.1%	—

资料来源：JSSIA 整理。

表4.12.6　2009—2015年华润微电子公司销售收入情况

指标名称	2009 年	2010 年	2011 年	2012 年	2013 年	2014 年	2015 年	CAGR
销售收入（亿元）	36.9	45.3	40.8	35.2	39.2	50.4	47.8	3.77%
增长	-19.0%	22.8%	-9.9%	-13.7%	11.4%	28.6%	-5.2%	—

资料来源：JSSIA 整理。

表4.12.7　2009—2015年和舰科技（苏州）公司销售收入情况

指标名称	2008 年	2009 年	2010 年	2011 年	2012 年	2013 年	2014 年	2015 年	CAGR
销售收入（亿元）	11.0	12.2	15.1	13.4	13.6	13.7	16.2	18.1	5.80%
增长	-32.6%	10.9%	23.8%	-11.3%	1.5%	0.7%	18.2%	11.7%	—

资料来源：JSSIA 整理。

4．江苏省集成电路晶圆代工技术

- 和舰科技（苏州）有限公司的两条 8 英寸生产线，有多项目晶圆代工服务、IP 服务、BOAC.Mini-Library、Chip Shuttle、NMOS/PMOS 混合信号/射频电路、逻辑电路等标准工艺和服务平台。技术水平达到 0.25～0.13～0.11 微米的水平。
- 华润上华公司拥有 e-NVM 工艺平台（0.18 微米 OTP 技术、0.18～0.13 微米 e-Flash 工艺、0.13 微米 SONOS e-Flash 工艺、0.18～0.13 微米 SONOS EEPROM 工艺），高压 MOSFET 从传统工艺升级到超结工艺模块，还拥有功率器件（IGBT）工艺平台、MEMS 工艺平台、模拟 SOI 工艺平台等。
- 华润华晶公司主攻 VDMOS、TR、IGBT、LED 等，并建有相应的工艺平台。
- 江苏集成电路晶圆代工（Foundry）企业拥有 CMOS、PMOS、NMOS、DMOS、MIXED、FRD、BipoLar、HVCMOS、MG、NVM（be/OTP）、EEPROM/Flash、BICMOS、BIPOLAR、BCD、MEMS、MOSFET、IGBT 等标准工艺技术平台。

五、江苏省集成电路晶圆制造业竞争力分析

江苏省集成电路晶圆业自 2007 年以来一直居全国同业首位，最高时占到全国同业的 45.9%，几近一半。但近几年来，由于兄弟省市集成电路晶圆发展迅速，如上海中芯国际、上海华力、上海华虹宏力、上海台积电、上海先进、三星西安、英特尔（大连）、武汉新芯等公司发力增长和建成投产，使江苏省集成电路晶圆业在全国同业中所占的比重有所下滑，2015 年仅占到全国同业的 23.30%，首次位居第二位，如图 4.12.3 所示。

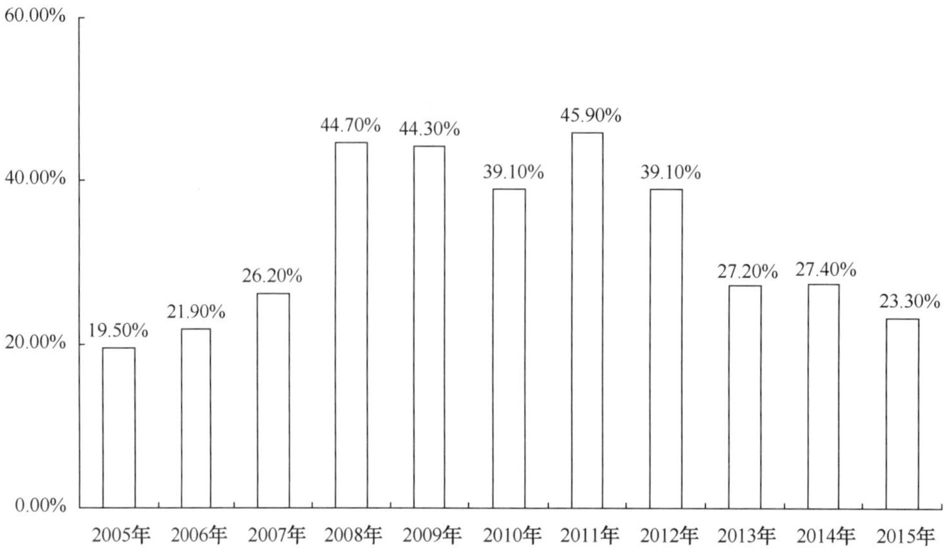

图 4.12.3　2005—2015 年江苏省集成电路晶圆业在全国同业中的比重

2015 年江苏省集成电路晶圆制造业销售收入被上海市超越，如表 4.12.8 所示。

表4.12.8　2015年江苏省集成电路晶圆业与兄弟省市同业比较

序号	省市名称	2015 年收入（亿元）	2014 年收入（亿元）	同比（%）	序号	省市名称	2015 年收入（亿元）	2014 年收入（亿元）	同比（%）
1	江苏省	209.7	194.8	7.6%	5	辽宁省	22.1	33.8	-34.6%
2	上海市	215.0	186.2	15.5%	6	天津市	22.5	—	—
3	北京市	65.9	63.7	3.5%	7	浙江省	645.5	553.6	16.6%
4	陕西省	148.7	59.8	149.0%					

1. 江苏省集成电路晶圆制造业在全国同业中的地位

2015 年中国集成电路晶圆制造业十大企业排序。由中国半导体行业协会根据协会季度统计报表及地方协会统计数据评选出 2015 年中国集成电路晶圆制造业十大企业（见表 4.12.9）。

表4.12.9　2015年中国集成电路晶圆制造业十大企业排序

序号	企业名称	2015 年销售收入			2014 年销售收入		
		实绩（亿元）	同比	占比	实绩（亿元）	同比	排序
1	中芯国际集成电路制造有限公司	145.2	20.8%	22.9%	120.2	24.3%	1
2	三星（中国）半导体有限公司	144.7	186.5%	22.9%	50.5	10.2%	3

续表

序号	企业名称	2015年销售收入			2014年销售收入		
		实绩（亿元）	同比	占比	实绩（亿元）	同比	排序
3	SK海力士半导体（中国）有限公司	127	13.0%	20.1%	112.3	22.7%	2
4	华润微电子有限公司	47.8	−5.2%	7.5%	50.4	10.2%	4
5	台积电（中国）有限公司	43.6	10.9%	6.9%	39.3	8.0%	6
6	上海华虹宏力半导体制造有限公司	42.7	6.0%	6.7%	40.3	8.1%	5
7	英特尔半导体（大连）有限公司	22.1	−34.6%	3.5%	33.8	6.8%	7
8	西安微电子技术研究所	22	15.8%	3.5%	19.0	3.8%	8
9	上海华力微电子有限公司	20	（11.1）%	3.2%	（18.0）	—	—
10	和舰科技（苏州）有限公司	18.1	11.7%	2.9%	16.2	3.3%	9
前十大企业合计		633.2	28.0%	100%	494.6	100%	—
前十大企业占晶圆总收入		900.8	26.5%	70.3%	712.1	69.5%	—

- 2015年江苏省集成电路晶圆制造业在全国同业前十大企业中占到3席，占比为30%；与2014年相比持平。
- 2015年江苏省集成电路晶圆制造业在全国同业前十大企业中销售收入为192.9亿元，同比增长7.80%。
- 2015年江苏省集成电路晶圆制造业在全国同业前十大企业中排序也发生了一些变化，首先是因为三星（西安）公司在2015年实现翻番增长，所以，SK海力士公司排名后退1位，位居全国第三位；华润微电子居第四位，地位不变；因上海华力微电子公司生产线上市上量，所以和舰科技（苏州）公司在排序上后退1位，位居第十名。
- 2015年江苏省集成电路晶圆制造业三家企业销售收入占到前十名合计收入的30.5%，位居第二位（仅次于上海市251.5亿元）；占到全国集成电路晶圆业总收入的21.4%。
- 2015年集成电路晶圆制造业前十大企业中，外资企业销售收入为293.8亿元，占比为46.4%；其中江苏省同业收入为127.0亿元，占比43.2%。
- 2015年集成电路晶圆制造业前十大企业中，台资企业销售收入为61.7亿元，占比为9.7%；其中江苏省同业收入为18.1亿元，占到29.3%。
- 2015年集成电路晶圆制造业前十大企业中，内资企业销售收入为277.7亿元，占比为43.90%；其中，江苏省同业收入为47.80亿元，占到17.2%。
- 在产品销售收入超100亿元的3家企业中，江苏省占到1家（SK海力士公司）。
- 在产品销售收入40亿元的有3家，江苏省占到1家（华润微电子公司）。

2. 华润微电有限公司在同业中竞争力分析

华润微电子以特色模拟工艺技术为优势，主要有高精度模拟、高压功率模拟、SOI、MEMS、e-NVM/RF、功率器件等特色模拟工艺，以满足市场热点需求。

华润上华拥有 1 条 8 英寸生产线，主攻模拟、模数混合、RF 工艺；工艺水平为 0.25～0.18～0.15～0.11 微米数模混合 CMOS 工艺，月投片量为 5 万片，到 2016 年年底可达到月投 6 万片的能力。

华润微电子拥有 3 条 6 英寸生产线，其中华润上华有 2 条 6 英寸线，主攻 FRD、IGBT、Bipolar、MOSFET、BCD、SOI、CMOS-MEMS 工艺，工艺技术水平为 0.1～0.35 微米，月投片量为 14.2 万片（15 万片生产能力）。华润华晶有 1 条 6 英寸线，工艺技术水平为 1.2～0.8 微米，主攻 IGBT、FRD、Bipolar、MOSFET，月投片量为 12.5 万片。

华润微电子拥有两条 5 英寸生产线，工艺技术水平为 3.6～1.6～0.8 微米，主攻 VDMOS 和 TR，月投片量约为 20 万片。

华润微电子在整体竞争力方面具备全产链形态的优势，包括分立器件、晶圆制造等。代工占业务的 1/3，设计、封装、测试业务各占 20%。在 MEMS 量产、高中低 IGBT 工艺技术平台方面均已实现突破，模拟工艺平台在国内处于领先地位。

华润微电子建立的 6 英寸 MEMS 晶圆生产线月产能已达到 2000 片，成为国内规模最大的 CMOS 与 MEMS 集成的产业化基地。主要产品有 MEMS 麦克风、MEMS 压力传感器、MEMS 红外传感器、加速度计和陀螺仪等。

借助华润微电子全产业链优势，华润微电子已相继推出特色模拟工艺的整体解决方案。有全面的电源管理 IC 解决方案，如最具代表性的 LED 驱动 IC 解决方案，可提供大、中、小全尺寸系列的面板 LED 背光驱动 IC，以及 LED 室外显示驱动器和 LED 照明驱动器；有用于智能家电的电源管理、显示驱动、整合功率模块、马达监控传感器等整体解决方案；用于智能电视的电源管理、音频放大、影像前端数模转换、影像解码、面板驱动等整体解决方案。

华润矽威开发的“非隔离、降压型三端 LED 恒流驱动芯片 PT4501/C”主要覆盖 3～18W 功率范围内非隔离商用和家用照明产品，在保证驱动性能的同时，极大地优化了系统成本和产品空间的双重要求。上市以来，先后进入佛山照明、立达信等 LED 照明客户，累计销售超过百万颗，获得市场一致好评。

华润华晶开发的“600～1200V FS（Field-Stop）场截止 IGBT 制造技术”所生产的 1200V 及以下 FS IGBT 产品可广泛应用于小体积、高效率的变频电源、电机调速、UPS 以及逆变焊机，具有非常广阔的应用空间。随着公司未来几年 600～1200V 系列 FS-IGBT 产品的不断推出，客户对国产 IGBT 品质的认同，FS-IGBT 产品必将打破国外品牌公司在 IGBT 领域的统治地位，实现真正意义上的国产化。

六、江苏省集成电路晶圆业享受所得税优惠政策的生产企业名单

国家发改委、工信部、国家税务总局于 2015 年 4 月 30 日联合发文《关于印发 2015 年度享受所得税优惠政策的集成电路生产企业名单的通知》（发改高技〔2015〕893 号），该文件是为贯彻落实《国务院关于印发进一步鼓励软件产业和集成电路产业发展若干政策的通知》（国发〔2014〕4 号）文，对集成电路产业投资超过 80 亿元人民币、线宽小于 0.25 微米、小于 0.8 微米的企业，可享受国家财政部、国家税务总局（财税〔2012〕27 号）文件有关企业所得税优惠政策。江苏省有 9 家晶圆企业列入名单（见表 4.12.10）。

表4.12.10 列入享受所得税优惠政策的江苏省集成电路生产企业名单

序号	企业名称	企业类型	备注
1	和舰科技（苏州）有限公司	芯片制造	线宽小于 0.25 微米
2	无锡华润上华科技有限公司	芯片制造	线宽小于 0.25 微米
3	SK 海力士半导体（中国）有限公司	芯片制造	线宽小于 0.25 微米
4	中芯长电半导体（江阴）有限公司	芯片制造	线宽小于 0.25 微米
5	无锡华润微电子有限公司	芯片制造	线宽小于 0.25 微米
6	江苏东晨电子科技有限公司	芯片制造	线宽小于 0.8 微米（含）
7	无锡华润华晶微电子有限公司	芯片制造	线宽小于 0.8 微米（含）
8	无锡华润上华半导体有限公司	芯片制造	线宽小于 0.8 微米（含）
9	苏州能讯高能半导体有限公司	芯片制造	线宽小于 0.8 微米（含）

按照《国务院关于取消和调整一批行政审批项目等事项的决定》（国发〔2015〕11 号）和《国务院关于取消非行政许可审批事项的决定》（国发〔2015〕27 号）规定，集成电路生产企业、集成电路设计企业、软件企业、国家规划布局内的重点软件企业和集成电路设计企业（以下统称软件、集成电路企业）的税收优惠资格认定等非行政许可审批已经取消。为做好《财政部 国家税务总局关于进一步鼓励软件产业和集成电路产业发展企业所得税政策的通知》（财税〔2012〕27 号）规定的企业所得税优惠政策落实工作，国家有关部门将颁布相关文件。企业所在的地方税务部门将按新的文件规定执行。

第十三节 2015 年江苏省集成电路封测业发展情况

2015 年江苏省集成电路封测业销售收入为 512.7 亿元，同比增长 3.5%（见图 4.13.1），占全省集成电路产业总收入的 58.50%，占全国同业的 37.00%，位居全国同行之首。

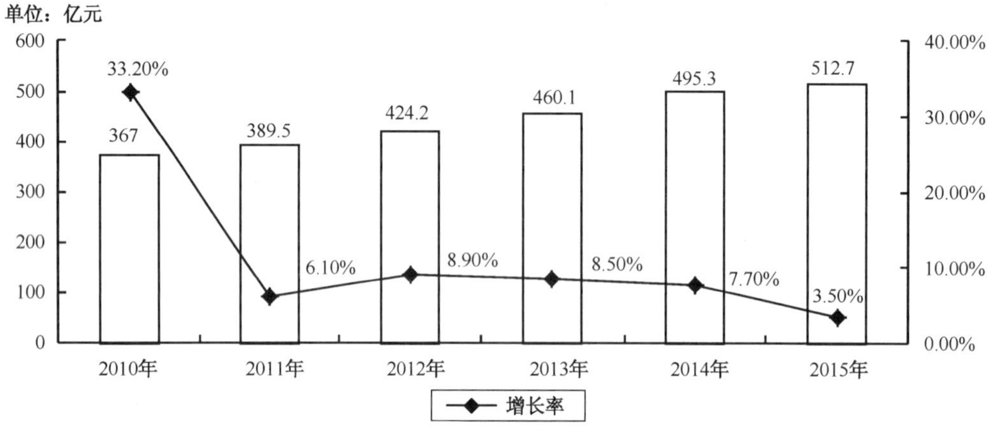

图 4.13.1 2010—2015 年江苏省集成电路封测产业销售收入及增长情况

一、2015 年江苏省集成电路封测产业发展概况

2015 年江苏省集成电路封装企业有 65 家。江苏省集成电路封测企业主要集中在苏南和苏中地区，呈集群分布，分别占到全省集成电路封测业的 86.70%和 13.30%。

江苏省集成电路封测业由小到大、发展迅速，已从传统封装形式（如 DIP、SOP、PLCC）、中档封装（如 QFP、QFN…）向先进封装（如 BGA、MCM、SiP、CSP、WLP、FC、TSV、2.5/3D 叠片等）形式发展，在先进封装技术领域取得突破性进展和创新产品，部分拥有自主知识产权的封装技术已达到国际先进水平。

2015 年江苏省集成电路封测产业完成产量 406.90 亿块，同比增长 11.50%，占全国产量 1087 亿块的 37.4%。

2015 年江苏省集成电路封测产业实现销售收入 512.7 亿元，同比增长 3.5%。

2015 年江苏省集成电路封测产业的销售收入占全国集成电路封测产业销售收入 1384.0 亿元的 37.00%，持续保持全国第一的位置（见表 4.13.1）。

表4.13.1 2010—2015年江苏省集成电路封测业销售收入占全国同业的比重

年　度	2010 年	2011 年	2012 年	2013 年	2014 年	2015 年
占全国同业比重	58.3%	40.0%	41.0%	41.9%	40.4%	37.0%

2015 年江苏省集成电路封测产业销售收入占全省集成电路产业销售收入的 58.5%，同比回落 2.6 个百分点；在全省集成电路设计、制造和封测三业中位居首位（见表 4.13.2）。

表4.13.2　2010—2015年江苏省集成电路封测业销售收入占全省集成电路销售收入的比重

年　度	2010 年	2011 年	2012 年	2013 年	2014 年	2015 年
占全省比重	59.5%	58.4%	59.5%	63%	61.1%	58.5%

表 4.13.3 给出了江苏省集成电路封测销售收入与兄弟省市的比较。

表4.13.3　2013—2015年江苏省集成电路封测业销售收入与兄弟省市同业对比

省市名称	2015 年			2014 年		2013 年
	销售收入（亿元）	同比	占全国同业	销售收入（亿元）	同比	销售收入（亿元）
江苏省	512.7	3.5%	37.0%	495.3	7.7%	460.1
上海市	335.0	8.0%	24.2%	310.1	5.0%	295.3
北京市	79.4	-7.9%	5.7%	86.2	11.4%	77.4
陕西省	100.4	27.4%	7.3%	78.8	14.0%	69.1
深圳市	46.5	-11.1%	3.4%	52.0	—	—
天津市	82.8	—	6.0%	—	—	—

注：浙江省 IC 封装业已含在 IC 晶圆制造业中。

二、2015 年江苏省集成电路封测产业区域分布

2015 年江苏省集成电路封测企业近 65 家，规模以上封测企业超 40 家，主要集中在苏南和苏中地区（见表 4.13.4）。

表4.13.4　2015年江苏省各地主要集成电路封测企业数统计表

城市名称	苏州市	无锡市	南通市	常州市	扬州市	泰州市	合计
企业数（家）	16	15	3	3	3	1	41

1. 2015 年江苏省各地区集成电路封测产业规模以上主要企业情况

从封测企业所在地区和企业性质来看，苏州市企业数量最多，且大多以外商或合资企业为主；无锡市企业数量次之，大多以民营企业为主。

从封测企业生产形式来看，都以代工为主。其中外商和合资企业以为其母公司制造为主。

从封测企业制造技术水平来看，大型骨干企业（长电科技、通富微电）封装水平领先，部分接近世界先进水平；外资和部分企业以中档水平为主；大部分民营中小型企业以传统的封装为主。

2．江苏省集成电路封测业主要企业

苏州市：快捷半导体（苏州）、矽品科技（苏州）、京隆科技（苏州）、日月新（苏州）、瑞萨半导体（苏州）、三星电子（苏州）、智瑞达（苏州）、超威（苏州）、苏州晶方科技、颀中科技（苏州）、嘉盛（苏州）、苏州固锝、力成科技（苏州）、震坤科技（苏州）。

无锡市：江苏长电、华润安盛、矽格微（无锡）、无锡固电、力特科技（无锡）、无锡红光、无锡海太、英飞凌科技（无锡）、罗姆半导体（无锡）、东芝半导体（无锡）、华润华晶、强茂电子（无锡）、中微高科（无锡）。

南通市：通富微电、启东吉莱、南通皋鑫。

常州市：常州银河、常州星海、华盛常半。

扬州市：扬州扬杰、扬州晶来、扬州晶新。

泰州市：泰州海天。

表4.13.5给出了2015年江苏省各地区集成电路封测业规模。

表4.13.5　2015年江苏省各地区集成电路封测业规模

序号	城市名称	2015年			2014年		2013年
		销售收入（亿元）	同比	占比	销售收入（亿元）	同比	销售收入（亿元）
1	苏州市	226.1	1.2%	44.1%	223.5	3.0%	217.0
2	无锡市	196.7	3.3%	38.4%	190.4	10.0%	173.1
3	南通市	57.8	7.6%	11.3%	53.7	7.4%	50.0
4	常州市	11.5	−2.5%	2.3%	11.8	−1.7%	12.0
5	扬州市	9.8	16.7%	1.9%	8.4	20.0%	7.0
6	南京市	7.6	20.6%	1.5%	6.3	—	—
7	镇江市	2.5	—	0.5%	—	—	—
8	泰州市	0.7	−41.7%	0.1%	1.2	20.0%	1.0
全省合计		512.7	3.5%	100%	495.3	7.7%	460.1

三、2015年江苏省集成电路封测业骨干企业情况

据中国半导体行业协会封测分会统计报道，江苏省集成电路封测业有14家企业进入全国三十大企业之列（含前十大企业），占到总数的46.70%，如表4.13.6～表4.13.9所示。

表4.13.6　2015年全国十大集成电路封测企业中的排名情况

2014年排序	2015年排序	公司名称	2015年				2014年
			销售收入（亿元）	同比	十大企业占比	全国同业占比	销售收入（亿元）
1	1	江苏新潮科技集团有限公司	92.2	33.4%	19.3%	6.7%	69.1
2	2	威讯联合半导体（北京）有限公司	62	−1.6%	13.0%	4.5%	63.0
4	3	南通华达微电子集团有限公司	56.4	8.3%	11.8%	4.1%	52.1
3	4	恩智浦（中国）有限公司	54.2	5.6%	11.4%	3.9%	53.9
6	5	天水华天电子集团	47.8	18.6%	10.0%	3.5%	40.3
5	6	英特尔产品（成都）有限公司	40.5	−4.9%	8.5%	2.9%	42.6
7	7	海太半导体（无锡）有限公司	37.2	4.8%	7.8%	2.7%	35.5
—	8	上海凯虹科技有限公司*	30.1	2.7%	6.3%	2.2%	(29.3)
—	9	安靠封装测试（上海）有限公司*	29.5	−9.5%	6.2%	2.1%	(32.6)
—	10	晟碟半导体（上海）有限公司*	27.6	2.2%	5.8%	2.0%	(27.0)
十大企业合计			477.5	7.2%	100.0%	34.5%	445.4
全国IC封测业收入			1384.0	10.2%	34.5%	—	1255.9

注：有*者为2015年新进入前十大企业。

从表4.13.6可以看出：江苏省集成电路封测企业销售规模在国内名列榜首。

在2015年中国十大封测企业评比中，江苏省分别有江苏新潮科技集团有限公司（位居全国第一位）、南通华达微电子集团有限公司（位居全国第三位）、海太半导体（无锡）有限公司（位居全国第七位）三家企业入围。这三家封测企业的年销售额185.8亿元，占前十大企业总销售额的38.9%，下滑3.4个百分点（因三星电子（苏州）公司退出十大企业）。

江苏新潮科技集团有限公司2015年销售收入位居全国集成电路封测业首位，同时位居世界封测业的第四位。

表4.13.7　2015年江苏省集成电路封测企业进入全国第11～30位的企业名单

前三十名排序	序号	企业名称	2015年销售收入（亿元）	前三十名排序	序号	企业名称	2015年销售收入（亿元）
11	1	三星电子（苏州）	26.3	26	7	超威半导体（苏州）	7.0
12	2	瑞萨半导体（苏州/北京）	23.5	27	8	嘉盛半导体（苏州）	6.3
14	3	英飞凌科技（无锡）	20.1	28	9	无锡华润安盛	6.0
16	4	矽品科技（苏州）	20.1	29	10	苏州晶方半导体	5.8
24	5	日月新半导体(苏州)	9.0	30	11	力特半导体（无锡）	5.7
25	6	快捷半导体（苏州）	8.9				

表4.13.8　2015年江苏省集成电路封测业按销售收入规模排序

序号	企业名称	序号	企业名称
1	江苏新潮科技集团	11	颀中科技（苏州）
2	南通华达微电子集团	12	瑞萨半导体（苏州）
3	无锡海太半导体	13	嘉盛半导体（苏州）
4	三星电子（苏州）	14	无锡华润安盛
5	英飞凌科技（无锡）	15	苏州晶方科技
6	矽品科技（苏州）	16	力特半导体（无锡）
7	日月新半导体（苏州）	17	常州银河世纪
8	快捷半导体（苏州）	18	常州星海电子
9	苏州固锝电子	19	江苏艾科半导体
10	超威半导体（苏州）	20	京隆科技（苏州）

表4.13.9　按销售收入增长率排序

序号	企业名称	序号	企业名称
1	华进半导体	6	常州银河世纪
2	江苏艾科半导体	7	南通华达微电子集团
3	矽品科技（苏州）	8	无锡太极半导体
4	嘉盛半导体（苏州）	9	苏州力成科技
5	江苏新潮科技集团	10	无锡海太半导体

四、2015 年江苏省集成电路封测业技术进步情况

1. 2015 年度中国集成电路封装与测试技术获奖项目

由中国半导体行业协会、中国电子材料行业协会、中国电子专用设备工业协会和中国电子报社共同举办的“第十届（2015 年度）中国半导体创新产品和技术”项目业已公布。2015 年度中国集成电路封装与测试的 5 个产品和技术评选获奖项目全部为江苏省企业所有，属于破纪录的历史首创（见表 4.13.10）。

表4.13.10　江苏省集成电路封测企业在2015年度中国集成电路封装与测试技术评选获奖项目

项目名称	企业名称	获奖产品和技术	创新特点
1	华进半导体封装先导技术研发中心有限公司	2.5D TSV 硅转接板制造及系统集成技术	在 2.5D TSV 硅转接板制造过程中，该技术采用自主研发的高选择比刻蚀液，不仅显著提高刻蚀速度，使该技术具备充分的工艺窗口，进一步降低了整体制造成本
2	华天科技（昆山）电子有限公司	焊盘通孔全填充的 12 英寸图像传感芯片 WLCSP 封装技术	与传统的不完全填充激光焊盘处开口电镀不同，该技术采用“焊盘通孔全填充”电镀的方式，降低焊盘处的接触电阻，提升芯片性能；同时铆钉式的结构，具有钉轧作用，不易分层

续表

项目名称	企业名称	获奖产品和技术	创新特点
3	苏州晶方半导体科技股份有限公司	12英寸硅通孔晶圆级芯片尺寸封装技术	该技术是在晶圆级芯片尺寸封装技术的基础上进行的消化吸收再创新，这是首次将TSV技术引入影像传感芯片的12英寸晶圆级封装，封装后影像传感器的厚度约为500微米，可立即支持各种电子产品
4	江苏长电科技股份有限公司	超小超薄芯片高可靠性1006/0603封装技术	该技术创新性地使用了特殊设计的导线架技术、大尺寸引脚SMD器件贴装技术、3D模块结构化封装技术和特殊结构的包封技术，为电源系统提供了新的解决方案
5	南通富士通微电子股份有限公司	12英寸28纳米晶圆级先进封装测试制程技术	该项目采用先进的密节距凸点制造技术及TCB-NCP/MUF等Flip Chip封装技术，实现了移动智能终端应用处理器芯片的封装，满足了芯片的高集成度、电性能、小外形及低成本的要求

2．2015年江苏省集成电路封测业技术进步信息

江苏省集成电路封装技术正由低端（也有较大市场）向中端技术发展（QFP、QFN），向多层多圈BGA、WLP、CSP、WL-CSP、FC、SiP、SOC、2.5/3D（TSV）等高端先进方向发展。

高端封装产品收入占到20%～25%，有望在2016年达到30%。

1）江苏长电科技公司

- * 超小超薄芯片可靠性1006/0603封装技术获2015年第十届中国半导体创新产品和技术。
- * 基于Cu Pillar的低成本高密度先进倒装封装技术—fccuBE®，能显著降低了倒装封装中由于空间距离和高I/O带来的高成本。
- * 首次在框架封装产品上实现扇入（Fan-in）和扇出（Fan-out）设计，极大地提高了封装设计的灵活性。
- * 细微尺寸带来超小超薄的封装，能兼容芯片倒装（FC）、COL、芯片堆叠及POP等各种封装技术。
- * 目前，长电科技在细线、超细线和多层研发已取得重大进展，
- * 江苏长电科技公司在指纹识别模块的双面系统封装技术方面获得新进展，具有SiP模块，集成了指纹感应芯片、MCU、Flash、ESD、电阻电容，集成了SiP技术、双面封装、芯片trench、点胶、装片、焊线、SMT等封装技术，从而实现高度集中。
- * 江苏长电科技的3D-MIS封装技术（被动元器件叠装于FC芯片MIS封装技术）

取得成果。

* 江苏长电科技拥有 Bumping、FC-BGA、WLCSP 等高端封装技术，现成功收购新加坡星科金朋公司后，以大手笔投资高阶 SiP 产品封装测试项目，使其有 SiP 封测技术去市场竞争。
* 江苏长电科技公司获得了苹果一线手机芯片 LCD 驱动 IC 及系统级封装 SiP 模块 2016 年订单。
* 江苏长电科技与中芯国际强强联手，在晶圆 12 英寸 40～28 纳米技术上，开发成功三维晶圆凸块封装技术。
* 江阴长电先进公司主攻手机芯片封装的 FBGA、RF-LGA、MSDSIM、TSV/CIS、QFN、WLCSP、DICS、MEMS，取得了技术进展和业绩。
* 江苏长电科技公司 LED TSV 封装技术比传统的 SMT 封装成本下降 50%。
* 江苏长电科技公司 TSV、RF、SiP、3D、wafer-level RDL、铜柱凸块封装、高密度铜线 WB 及 FC BGA、3D 芯片堆叠封装、超薄片减薄及堆叠（50 微米）、MEMS 多芯片先进封装技术取得巨大进展。
* 江苏长电科技公司拥有专利的微小型集成系统基板工艺技术（MIS），可用于多芯片和 SiP 集成的 QFN、LGA、BGA 封装，其关键技术是在引线框架上实现扇入（Fan-in）和扇出（Fan-out）的设计能力。
* 江苏长电科技公司筹建 0.3～0.25 微米的薄型 QFN 封测线，技术处于领先地位。
* 江苏长电科技公司 FBGA、TSV/CIS、WLCSP、MEMS 等先进封装产品已被苹果公司应用到 iPhone 5s 中，7 颗芯片由长电科技封装。
* 江苏长电科技公司智能手机芯片 fc CSP 封装取得突破，采用 12 英寸 40 纳米节点低价电常数工艺技术进行芯片晶圆加工制造。
* 江苏长电科技承担的国家科技重大专项“重布线/嵌入式圆片级封装技术及高密度凸点技术研发及产业化”已通过专项办组织的正式验收，取得重要成果。
* 江苏长电科技承担的“高端封装工艺及高容量闪存集成电路封装技术开发与产业化”项目已全部完成。
* 江苏长电科技承担的“国产集成电路封测关键设备与材料量产应用工程”正按计划进行。

2）通富微电子公司

* 2015 年 4 月，通富微电作为国内第一条 12 英寸 28 纳米先进封测全制成生产线（BumP+CP+FC+FT+SLT）成功量产。该生产线凸块之间节距只有 80 微米，优良率达 99.90%，达到世界一流封装水平。
* 通富微电通过省科技厅对其承担的省科技支撑项目“应用于 TSV 硅转接板微凸

点制造技术”、“IGBT 封装开发及产业化”、“高密度 BVMP 技术产品”、“BGA 封装技术产品”通过验收。

* 通富微电在 Copper Clip 产品 DFN 上实现多芯片封装，单颗产品最多包含 4 片 Clip，无键合打线，并通过客户认证和实现量产。
* 通富微电子的晶圆级封装 WLP、IGBT 封测技术获南通市科技进步一、三等奖。
* 通富微电子与上海华虹宏力、上海华力签署合作协议，为其提供 8/12 英寸凸点封装、微凸点测试等中段工艺技术，在 FC/TSV/SiP 等先进封装测试技术进行战略性合作，合作开发相关技术，实现产业链畅通，优势互补、资源共享的深层次合作。
* 通富微电子的 LQFP、TQFP、CSP、MCM、MEMS、无铅电镀及 Strip Test 等多项封装技术处于国内领先、国际领先的水平。
* 通富微电子在国内首先实现 28 纳米、12 英寸晶圆 Cu Pillar 量产，以及 Flin Chip（倒装）产品线顺利建成投产。
* 通富微电公司 SIP、BGA、BUMP、WLP、IGBT、FC、FC-CSP、WLCSP 汽车电子等先进封装技术产品具备了规模化大生产的能力。
* 通富微电承担的国家科技重大专项“高集成度多功能芯片系统封装技术研发及产业化”已通过专项办组织的正式验收，并取得重要成果。
* 通富微电承担的“先进封装工艺开发及产业化”项目已完成。
* 通富微电公司 12 英寸 28 纳米 Copper Pillar 顺利投产。

3）华进半导体

* 华进半导体封装先导研发中心承担开发的 3D TSV 技术为核心的“高密度三维系统级封装技术开发与产业化”项目，正按计划进行并取得了进展，并形成了自主知识产权和建立了新的标准，实现了 TSV 的高端封装量产与推广。
* 华进半导体封装先导研发中心成立了研究 2.5D 转接板制造技术、Low-K 芯片封装 CPI、Low Cost PoP 封装等技术的联合研发团队，在 2014 年形成多项研究成果，并解决了许多关键技术问题。
* 华进半导体封装先导技术研发中心与灿芯半导体（上海）公司签署 SoC、及 SiP 技术合作协议，在高性能倒装芯片球栅格阵列（FLiP ChiP Ball Crid Array，FCBGA）和高密度三维系统级封装（3D SiP，TSV）进行全面合作。
* 华进半导体封装先导技术研发中心承担的“三维系统封装/集成先导技术研究”正按计划进行和取得重大成果。

4）苏州晶方

* 苏州晶方持续加强技术研发创新投入：12 英寸晶圆级芯片尺寸封装技术、生物身份识别芯片封装技术、三维晶圆级芯片尺寸封装技术等开发成功。

* 苏州晶方封装技术持续自主创新：除引进光学型晶圆级芯片尺寸封装技术、空腔型晶圆级芯片封装技术外，还自主开发了超薄晶圆芯片封装、硅通孔晶圆芯片封装、发光电子器件晶圆芯片封装等技术，可广泛应用于 MEMS、影像传感芯片、医疗电子、射频识别芯片等封装领域。
* 苏州晶方以市场需求为动力，开发封装产品满足用户需求，拓展了客户群，以 12 英寸晶圆级封装产品、TSV 封装技术，为客户进行封装设计服务，推广和统一产业链工艺标准等。
* 苏州晶方完成“先进晶圆级芯片尺寸封装（WLCSP）技术项目”，有效地释放该项目的产能，保证了公司封装能力与技术工艺能力的持续提升，使公司的技术能力更领先、创新和全面。
* 苏州晶方科技的 WLCSP 开发成功，该产品可将芯片封装与晶圆封装融合在一起，与传统的 BGA 相比，尺寸小 5%，重量轻 40%。

5）华润安盛

* 无锡华润安盛科技公司承担的“高压大功率 IGBT 模块封装技术开发和产业化”正在进行之中。
* 华润安盛科技公司与 EOPLEX 共同宣布，华润安盛成功运用 EOPLEX CSI™ 平台，用 3D 打印技术为客户提供优质电热性能的封装方案，具有颠覆性技术。

6）其他企业

* 海太半导体（无锡）公司开发成功 DDR4 并投入生产。
* 由深南电路在无锡投资的研发和生产基地已进入试生产，其最大特点是智能化制造，该工程总投资 30 亿元，达产后年产值达 30 亿元。
* 英飞凌安全芯片后道智能制造项目自 2014 年 9 月后一年来，生产周期缩减 50%，生产排单效率提高 25%，良品率提升到 97%。
* 华天科技（昆山）公司的阵列式镜头智能成像 TSV-CIS 封装技术项目进展顺利。
* 苏州固锝公司开发出 MEMS 传感器、新型表面贴装器件、功率器件等新技术和新产品。
* 安捷利电子科技（苏州）有限公司承担的“卷带式高密度薄柔性封装基板工艺研发与产业化”项目正按计划进行之中。
* 南通皋鑫电子公司开发出汽车电子用 CL05-04 型高压硅堆。

五、2015 年江苏省集成电路封测产业投资情况

1）江苏长电科技

* 2015 年 10 月，江苏长电科技完成以 7.8 亿美元收购新加坡星科金朋公司（长电

出资 2.6 亿美元，占 51%；芯电（中芯国际）出资 1 亿美元，占 19.60%；大基金出资 2.9 亿美元，占 29.40%），成立长电新朋。

* 长电科技联合新潮科技集团、芯智联共同投资成立芯智联公司，从事新型集成电路先进封装技术的研发、生产和销售。
* 长电科技与中芯国际及高通公司决定对 12 英寸 28 纳米凸块芯片制造及封装项目在现有的基础上增资扩能，筹备二期建设，投资额为 2.8 亿美元，并用于高通骁龙 410 处理器生产。
* 长电科技为抢下苹果新一代 TDDI 芯片 SiP 模块，决定投资 2 亿美元接单生产，填平补齐扩大产能和市占率。
* 长电科技收购长电先进 22%的股权，向自然人购进 1.92%股权，向 APS（新加坡先进公司）购进 3.812%股权，分别出资 3838.5 万元和 7608.8 万元；通过全资子公司长电国际持有 6.892%股权，长电科技直接和间接持有长电先进 100%的股权。

2）通富微电

* 通富微电投资 80 亿元在苏通工业园区建设"通富苏通"工厂，于 2015 年 9 月 16 日封顶（一期工程投资 3.4 亿元），定于 2016 年下半年正式生产。
* 通富微电投资 80 亿元在合肥市建设"通富合肥"工厂，于 2015 年 10 月 17 日封顶（一期投资 30 亿元），定于 2016 年下半年正式投产。
* 2015 年 10 月 15 日，通富微电与 AMD 签署协议，成立合资公司，通富微电以 3.71 亿美元，持有 AMD 位于新加坡槟城和苏州的两个封装测试工厂各 85%的股份，成为控股方。通富微电通过兼并可获得 AMD 公司 CPU、GPU、网关服务器、基站处理器、FPGA（现场可编程门列阵）的技术，用于生产。

3）其他企业

* 华润微电子旗下华润赛美科（深圳）公司封测二期工程在深圳市龙岗区宝龙工业园开工建设，预计在 2018 年完工投产，月产规模 1 亿块。
* 韩资企业纳沛斯在淮安市投资 3 亿美元建设 8/12 英寸晶圆级芯片封装项目，建设投资 1.7 亿美元，淮安市占 40.1%、纳沛斯占 40.1%、淮安中盛投资占 19.80%，占地 50 亩，年产 8/12 英寸晶圆片 236 万片，COF 封装 10 亿颗，目前工程在进行之中。
* 扬杰科技（300373）6 月 23 日公告，拟以自有资金认购 MaPLE 发行的新股 22.68%股权，双方将加强合作。
* 英飞凌宣布在无锡建设第二座加工工厂，投资 3 亿美元，建筑面积 3.6 万平方米，预计在 2016 年建成投产。

六、我国集成电路封装产品/技术发展方向

国内封装企业在 BGA、CSP、MLP（MLCSP）、FC\FCBGA、PCCSP、BUMP、SiP 等先进封装产品市场已占有一定的比例（约占 30%）。随着物联网、汽车电子、可穿戴设备等各种新兴产业的发展，国内外市场对中高端电路产品需求持续增加。为此，对 SiP、BGA、FCBGA、CSP、WLP、WLCSP、FCCSP、FCQFN、FC、BUMPING、铜柱（Copper Pillar）、2.5/3D（TSV）、Fan-in/out 扇形圆片级封装（FO-WLP）等高端先进封装技术的需求市场正在不断增加。“十三五”期间，先进封装产品销售收入力争达到占 40%～50%。

第十四节　2015 年江苏省半导体分立器件产业发展情况

一、2015 年江苏省半导体分立器件产业概况

江苏省半导体分立器件产业是我国半导体分立器件产业化大生产的基地之一，拥有分立器件企业 40 余家，具有产业基础雄厚、企业众多、产业链齐全、人才集聚等优势，在全国占有重要的地位。

2015 年江苏省半导体分立器件产业产品产量为 840.3 亿只，同比增长 0.6%；销售收入达 137 亿元（已含在集成电路产业销售中），同比下降 1.08%。分立器件销售收入占到 2015 年全省集成电路产业总销售收入的 15.6%，同比增速下降 1.5%，是近年来增长较差的一年。

二、2015 年江苏省半导体分立器件产业发展背景

（一）2015 年世界半导体分立器件产业

1. 2015 年世界半导体分立器件市场情况

2015 年世界半导体分立器件市场为 606.84 亿美元（含光电器件、传感器和分立器件、O-S-D），同比增长 3.7%，呈一个缓慢增长的趋势，其原因有光电子器件增长 11.30%，传感器增长 3.7%，而分立器件同比下降 7.7%，见表 4.14.1～表 4.14.4 所示。

表4.14.1　2010—2017年世界半导体分立器件（O+S+D）市场规模及增长预测

单位：亿美元

指标名称	2010 年	2011 年	2012 年	2013 年	2014 年	2015 年	2016 年(E)	2017 年(E)	CAGR
市场规模	504.1	527.1	533.0	538.0	585.4	606.8	615.6	641.2	3.05%
同比	6.1%	4.6%	1.1%	0.9%	8.8%	3.7%	1.5%	4.2%	—

表4.14.2　2010—2017年世界半导体分立器件市场规模及增长预测

单位：亿美元

指标名称	2010 年	2011 年	2012 年	2013 年	2014 年	2015 年	2016 年(E)	2017 年(E)	CAGR
市场规模	202.8	218.0	191.0	182.0	201.7	186.1	181.1	187.5	−0.98%
同比	—	7.5%	−12.4%	−4.7%	10.8%	−7.7%	−2.7%	3.5%	—

表4.14.3　2010—2017年世界光电子器件市场规模及增长预测

单位：亿美元

指标名称	2010 年	2011 年	2012 年	2013 年	2014 年	2015 年	2016 年(E)	2017 年(E)	CAGR
市场规模	232.7	228.2	262.0	276.0	298.7	332.6	343.1	358.9	5.57%
同比	—	−1.9%	14.8%	5.3%	8.2%	11.3%	3.2%	4.6%	—

表4.14.4　2010—2015年世界半导体分立器件产业营收规模及增长情况

单位：亿美元

指标名称	2010 年	2011 年	2012 年	2013 年	2014 年	2015 年	CAGR
营收额	558	532	536	542	587	608	1.44
同比	30.5%	-4.7%	0.8%	1.1%	8.3%	3.6%	—

2. 2015 年世界半导体分立器件产品产量

据 IC Insight 报道，2015 年世界半导体产品产量为 8404 亿块（只），同比增长 3.8%，其中半导体分立器件产品产量为 6048 亿只（含 O-S-D），同比增长 4.40%，如图 4.14.1 和图 4.14.2 所示。

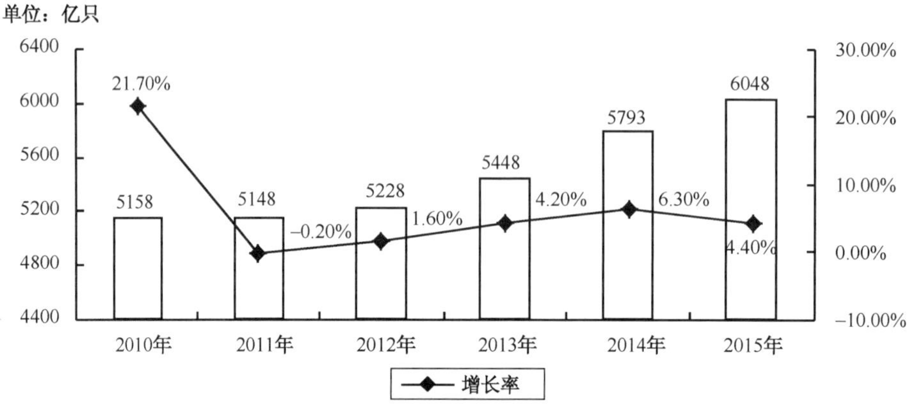

注：CAGR=2.69%（2010—2015 年）。

图 4.14.1　2010—2015 年世界半导体分立器件产品产量发展规模及增长情况

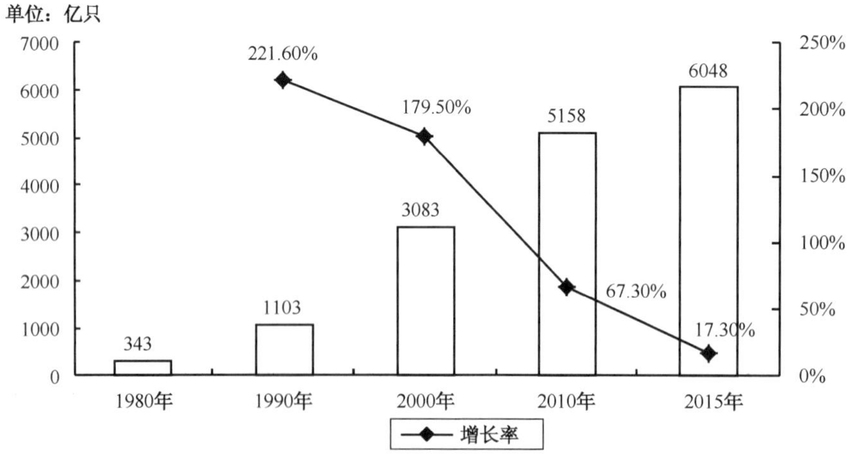

注 CAGR=8.30%（1980—2015 年）。

图 4.14.2　1980—2015 年世界半导体分立器件产品产量发展规模与增长情况

（二）2015 年中国半导体分立器件产业发展情况

1. 2015 年中国半导体分立器件产业发展规模

2015 年我国半导体分立器件销售收入为 1754 亿元，同比增长 2.8%，取得了一个较好的成绩，但增速同比下降 8.30 个百分点，如图 4.14.3 所示。

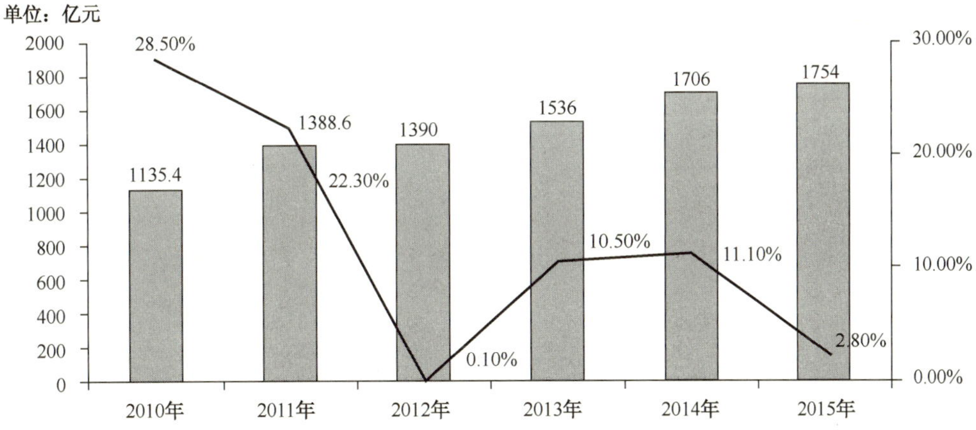

注：CAGR=7.52%（2010—2015 年）。

图 4.14.3 2010—2015 年中国半导体分立器件销售收入规模及增长情况

2. 2015 年中国半导体分立器件产品产量

2015 年中国半导体分立器件产品产量预计为 5551.9 亿只，同比增长 3.6%，其增长的亮点有：功率器件、IGBT、LED、OLED、晶闸管、开关管、MEMS 等，如图 4.14.4 所示。

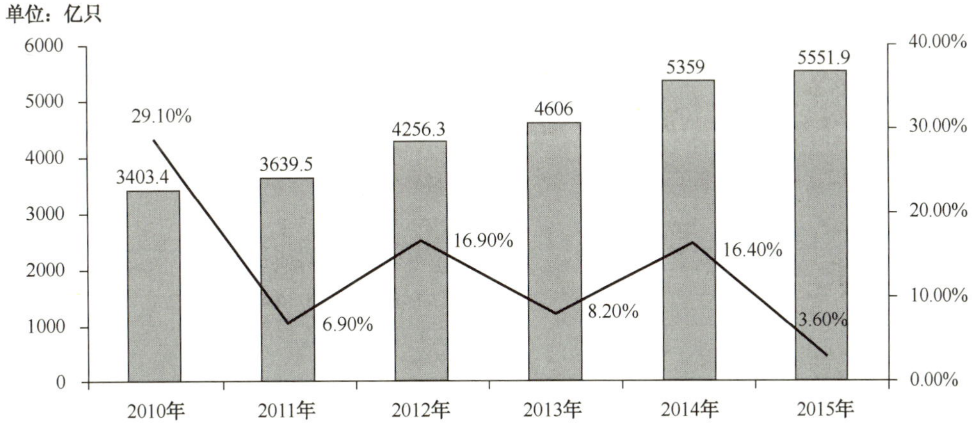

注：CAGR=8.50%（2010—2015 年）。

图 4.14.4 2010—2015 年中国半导体分立器件产品产量

三、2015 年江苏省半导体分立器件产业发展情况

1. 2015 年江苏省半导体分立器件销售收入情况

自 2014 年起，由于受节能灯功率器件市场需求的剧减（但 LED 产品市场扩大、部分大型骨干企业调整产品结构，减少分立器件生产而扩大集成电路产品产能）等原因，到目前，江苏省半导体分立器件产业销售收入仍呈下降趋势。

2015 年江苏省半导体分立器件产业销售收入为 137 亿元（已包含在集成电路封测和晶圆业中），同比下降 1.08%，占到全省 2015 年集成电路产业总收入的 15.6%，比 2014 年下降了约 1.5 个百分点，如图 4.14.5 所示和表 4.14.5 所示。

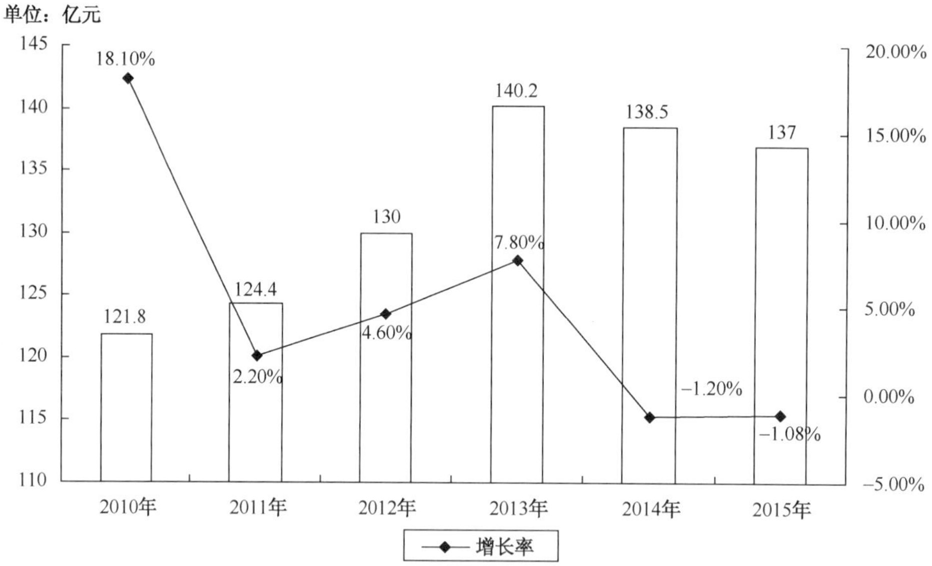

注：CAGR=1.98%（2010—2015 年）。

图 4.14.5 2010—2015 年江苏省半导体分立器件销售收入及增长情况

表4.14.5 2010—2015年江苏省半导体分立器件销售收入在全国同业中所占比重

单位：亿元

指标名称	2010 年	2011 年	2012 年	2013 年	2014 年	2015 年	CAGR
全国分立器件收入	1135.4	1388.6	1390.0	1536.0	1706.0	1754.0	7.52%
江苏省分立器件收入	121.8	124.4	130.0	140.2	138.5	137.0	1.98%
江苏省占比	10.7%	9.0%	9.4%	9.1%	8.1%	7.8%	—

2. 2015 年江苏省半导体分立器件产品产量情况

2015 年江苏省半导体分立器件产品产量约为 840.3 亿只，同比增长 0.6%，基本持平。占到全国分立器件总产量 14.3%左右，如图 4.14.6 所示和表 4.14.6 所示。

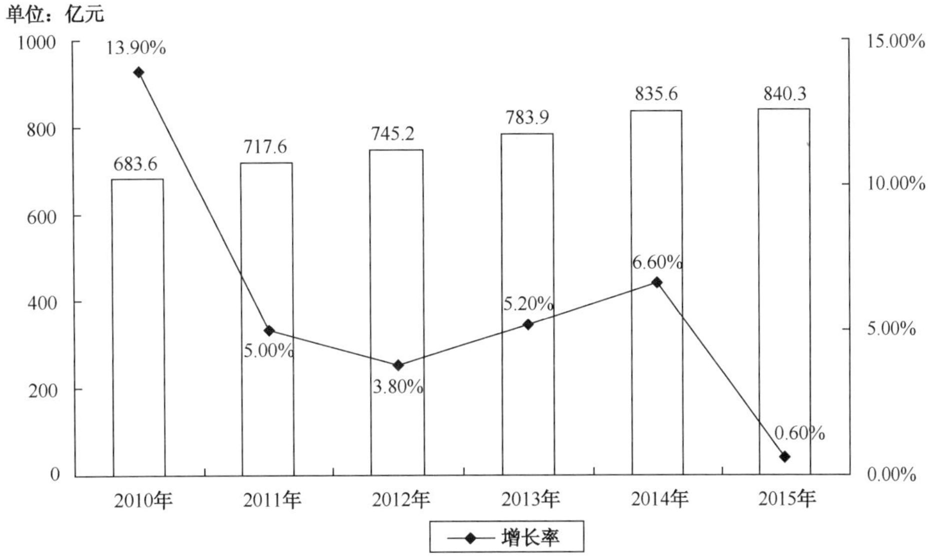

注：CAGR=3.50%（2010—2015 年）。

图 4.14.6　2010—2015 年江苏省半导体分立器件产品产量及增长情况

表4.14.6　2010—2015年江苏省半导体分立器件产品产量占全国的比重

单位：亿只

指标名称	2010 年	2011 年	2012 年	2013 年	2014 年	2015 年	CAGR
全国 TR 总产量	3403.9	3639.5	4256.3	4606.0	5359.0	5551.9	8.50%
江苏 TR 产量	683.6	717.6	745.2	783.9	835.6	840.3	3.50%
江苏 TR 占比	20.1%	19.7%	17.5%	17.0%	15.6%	15.1%	—

3. 2015 年江苏省半导体分立器件企业情况（见表 4.14.7 和表 4.14.8）

表4.14.7　按2015年销售收入规模排序

序号	企业名称	序号	企业名称
1	江苏新潮科技集团	6	常州银河世纪
2	无锡华润华晶	7	常州星海电子
3	英飞凌科技（无锡）	8	苏州晶方科技
4	苏州固锝电子	9	无锡红光微电子
5	力特半导体（无锡）	10	无锡罗姆半导体

表4.14.8　按2015年产品产量规模排序

序号	企业名称	序号	企业名称
1	江苏新潮科技集团	5	常州银河世纪微电子有限公司
2	苏州固锝电子股份有限公司	6	力特半导体（无锡）有限公司
3	英飞凌科技（无锡）有限公司	7	无锡红光微电子有限公司
4	常州星海电子有限公司	8	南通华达微电子集团

4．2015 年江苏省各地区半导体分立器件产业情况（见表 4.14.9）

表4.14.9　2015年江苏省各地区半导体分立器件产业规模

序号	城市	2015 年			2014 年		2013 年
		销售收入（亿元）	同比	占比	销售收入（亿元）	同比	销售收入（亿元）
1	无锡市	109.2	-1.0%	79.7%	110.3	-3.4%	114.2
2	苏州市	9.0	平	6.6%	9.0	12.5%	8.0
3	扬州市	7.5	2.7%	5.5%	7.3	25.3%	5.8
4	常州市	6.0	-7.7%	4.4%	6.5	-9.7%	7.2
5	南通市	4.6	7.0%	3.4%	4.3	7.0%	4.0
6	泰州市	0.7	-36.4%	0.5%	1.1	10.0%	1.0
全省合计		137.0	-1.1%	100.0%	138.5	-1.2%	140.2

5．2015 年江苏省半导体分立器件产业技术进步情况

由中国半导体行业协会、中国电子材料行业协会、中国电子专用设备工业协会、中国电子报社共同举办的“第十届（2015 年度）中国半导体创新产品和技术”项目经专家评审业已公布，江苏省半导体分立器件企业获奖产品和技术如表 4.14.10 所示。

表4.14.10　2015年分立器件（半导体功率器件、光电器件）、MEMS产品和技术获奖项目

企业名称	获奖产品和技术	创新特点
无锡华润华晶微电子有限公司	600～1200V FS（Field-Stop）场截止IGBT 制造产品与技术	该项目属于原始创新，其 FS 结构通过注入形成，具有和一般 FS 不同的浓度分布，该分布使得产品具有极强的参数稳定性和很高的产品应用可靠性优势

2015 年江苏省半导体分立器件企业在中国赛迪顾问公司评比中获得功率器件市场五强企业的有：无锡华润华晶微电子有限公司、扬州扬杰电子科技股份有限公司、苏州固锝电子股份有限公司；获得半导体市场年度最具影响力的企业有：无锡红光微电子股份有限公司。

华润上华科技有限公司自主研发的“跑道型 NLDMOS 晶体管及其制作方法”技术开创了国内首个可应用于单片机智能开关电源集成电路工艺技术，达到国际领先水平，该制作方法采用圆环形结构在 N 型漂移区形成 P 型同心环，通过调整 P 型同心环的半径控制 P 型杂质总量，从而与 N 型杂质达到电荷平衡，提高跑道型器件结构弯道部分耐压的方式，而且可以在弯道部分保留沟道，使器件电流变大，达到有效利用芯片面积，增大电路，降低导通电阻的目的。

华润上华半导体公司展示出无线充电方案、环境光接近检测芯片和 700V BCD 工艺，将高电压、高功率、高密度等方面把 BCD 持续做强。

无锡新浩能股份有限公司自主研发的能实现电流双向流通的功率MOSFET器件，获发明专利授权，实现了单颗MOSFET电流双向流通只需一颗MOSFET芯片替代原先要两颗芯片，且导通电阻与耐电压能力保持不变。该专利技术填补了国内空白，在世界上也属领先水平。

6．江苏省半导体分立器件部分主要企业简介

● 无锡华润华晶微电子有限公司

无锡华润华晶微电子有限公司是江苏省半导体分立器件产业的元老级公司，现拥有两条6英寸晶圆生产线，技术水平分别为1.2～0.8微米和0.6～0.35微米的双极模拟、IGBT、FRD、BiPolar、MOSFET、MEMS等，月投片量达12.5万片；拥有两条5英寸晶圆生产线，技术水平达3.6微米和1.6～0.8微米，月投片量各10万片，主要从事分立器件和VDMOS工艺；拥有1条封装测试生产线，可封装TO-92系列、SOT/SOD系列、TO-126、TO-220、TO-251/252系列等。

● 江苏新潮科技集团有限公司

江苏新潮科技集团有限公司为江苏省最早从事半导体分立器件封装代工的大型骨干企业之一，该公司拥有1条5英寸分立器件晶圆生产线，技术水平为2～1.6微米，月投片量达7万片。该公司可以封装TO-92系列、SOT/SOD系列、FBP、TO-126、TO-220、TO-251/252等。在2011年前后分别在江苏宿迁市和安徽省滁州市建设二座大型封测工厂。

● 南通华达微电子集团有限公司

南通华达微电子集团有限公司是江苏省半导体分立器件起家最早的大型骨干企业之一，主要以代工为主。主封测产品有：SOT23、SC70、SOT89、SOT223、TO-92、TO-251/252、TO-220、TO247等。

● 英飞凌科技（无锡）有限公司

英飞凌科技（无锡）有限公司主要从事封装与测试业务，公司始终以零缺陷的质量标准，进行汽车电子中的分立器件与智能卡的封装测试，因其过硬的封装与测试质量，使得产品成为汽车电子分立器件和智能卡行业的标杆。

英飞凌科技（无锡）有限公司的半导体分立器件产业起步较早，产业链全面，无论在封装测试，还是在分立器件设计上，在国内具有一定的优势。但是随着电子产品向小型化、轻薄化、低能耗等方向发展，半导体分立器件则为适应电子产品要求，向高频、宽带、高速、低噪声、高灵敏、低功耗、低成本、高可靠、微小型等方面快速发展。汽车电子使用的分立器件随着汽车电子多样性的增加销量同步增多，同时汽车电子又要具备高可靠性。

英飞凌科技（无锡）分公司生产的功率分立器件中，耐压600伏特及以下采用5英寸氮化镓材料，而耐压1000伏特及以上采用了5英寸碳化硅材料。2014年制造出第五代1200伏特碳化硅二极管，极大地提高了静态与开关电特性。2015年又进行3亿美元投资，建设第二座工厂，扩大产能。

● 无锡红光微电子股份有限公司

无锡红光微电子股份有限公司是从事半导体产业的省高新科技企业，主要从事半导体分立器件和集成电路产品的设计和封装测试业务，可进行：SOT-223、SOT-23-23L/25L、SOT-89、TO-252/251、TO-92/92L/92S、TO-126、TO-200/5L、7L、TO-200、TO-263、TO-247、TO-3P、MEMS 以及 QFN、DFN、ESOP/8 等的封装测试。

无锡红光微电子股份有限公司在 2014 年 8 月 15 日于“新三板”挂牌上市，名为“红光股份”。

无锡红光微电子股份有限公司获 2015—2016 年中国半导体市场年度最具影响力企业的称号。

● 启东吉莱电子有限公司

启东吉莱电子有限公司主要从事于 TO3P、TO-220B/C/P/F、TO-220 ST、TO-247、TO-220 M-1/M-2、TO-220 HD、TO-126/D、TO-92、TO-251/252/263、SOT223、SOT/89-3L、SOT23 等。

● 江苏东晨电子科技有限公司

江苏东晨电子科技有限公司专注功率半导体行业，聚焦晶闸管、新型电力电子器件；做深防护器件、GDT 产业，已形成 IGBT、VDMOS、防护器件、晶闸管、GDT 等系列产品，广泛应用于各行各业,公司的半导体防护功率器件被中国电信等基础电信运营商认定为其设备供应商的指定采购产品，并在中国通信用防护器件领域市场占有率多年来排名第一。而公司自主研发的 VDMOS 系列产品由于其优越的性能及显著的节能降耗特性，随着国家节能减排政策的不断推进，产品在计算机、工业控制、消费电子等领域市场前景广阔。封装形式：SMB(DO-214AA)、DO-15、SMA(DO-214AC)、SMAFL、SOP-8、TO-3P、TO-3PN、TO-92、TO-126、TO-202-3、TO-220、TO-220F、TO-247、TO-251、TO-252、TO-262、TO-263、GBJ15(20～80)、纽扣式、模块、凸台式、GBU、GBJ、GBPC、KBP、GBL、KBJ、KBU、KBL、MB-M、MB-S、DB1、DB1S、DB15、DB15S、AR/ARS。

四、2015 年江苏省半导体分立器件产业存在的问题

一是省内分立器件生产企业众多，但都规模小（外资企业、国企除外）、档次低，同质化竞争日益激烈。

二是由于节能灯用功率管被 LED 灯取代，节能灯用管急剧下降，而江苏省 LED 灯用管又没有及时大量供货，所以造成分立器件产销量和收入都低于往年，呈下滑态势。

三是省内一些原来从事分立器件生产的企业，因产业竞争激烈、压价销售、企业盈利微薄和困难，或因生产需要转变产品结构，向集成电路产品发展，这也是造成江苏省分立器件产销量下降的原因。

四是高档的大功率分立器件市场长期被欧、美、日系大型企业所垄断，对国内企业进行技术封锁，国内企业都以民营资本为主，难以与国外大企业在技术上相抗衡，也一定程度延缓了江苏省分立器件的发展速度。

五、2015年江苏省半导体分立器件产品发展动向

分立器件具有集成电路产品某些不可替代的功能，如在大功率、大电流、高电压、低噪声、高频率、低功耗等方面。

2015年江苏省半导体分立器件企业正在开发和生产电子信息产品急需的高端分立器件。一是Si、GaAs微波功率器件、功率MOS器件、光电子器件、变容管、肖特基二极管等，从高压大电流的GTO到高频多功能的IGBT、功率MOSFET的自关断、全控型器件，向着集成化、复合化、模块化及功率集成方向发展，如IGPT、MCT、HVIC等产品发展。二是开发和生产SiGe、SiC、InP、GaN等化合物半导体材料为基础的新型器件，以尽快上量上市，满足市场需求，促进企业发展。三是在分立器件封装上目前仍以片式器件发展，以适应市场设备的小型化、轻量化、薄型化的需要，向着更小型化的SOT-723/923、SOD-723/923、DFN/FBP 1006等封装发展，向着片式小型化功率器件、功率更大的SOT-89到10W的TO-252等大功率封装发展。四是有些企业正在开发和生产大功率LED产品、MEMS传感器产品、功率IGBT等，如苏州固锝公司、常州银河的LED，无锡美新公司、苏州纳米科技、苏州明皜的MEMS传感器，华润微电子、江苏东晨的高压IGBT，江苏捷捷公司的低结电容过压保护晶闸管，苏州能讯高能公司的SiC衬底氮化镓功率器件，无锡力芯公司的大功率电池开关，民爆数字系列产品和技术等，都取得了很大的进步和较好的业绩。

六、江苏省半导体分立器件行业展望

从未来几年的市场发展来看，工业控制、计算机、汽车电子、消费电子和网络通信依旧是中国分立器件市场四大主要应用领域。受消费电子产业快速发展的影响，其部分相关领域的分立器件需求也将稳定增长。据预计，2016年消费电子类分立器件市场仍将保持5%～6%的增长。故江苏省半导体分立器件产业销售收入将达到140亿元，同比增长2.2%，一改往年下滑的态势，如图4.14.7所示。

分立器件作为基础性电子元件仍然是电子世界里不可缺少的组成部分。从总体看，过去两年来，全球分立器件市场经历了从负增长到反弹，再到增幅回落的行情后，2015年半导体分立器件产业发展性周期将步入平稳发展的阶段。LED以及功率器件成为带动市场加速增长的主要动力。

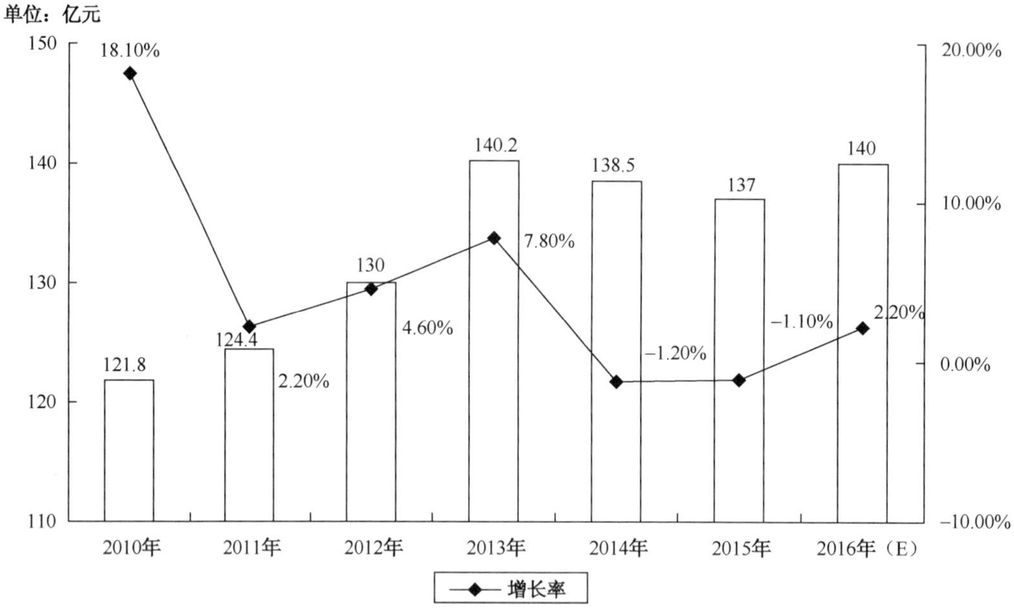

注：CAGR= 2.01%（2010—2016 年）。

图 4.14.7　2010—2016 年江苏省半导体分立器件销售额增长预测

根据我们对江苏省半导体分立器件企业的调查了解，随着市场对分立器件的需求不断更新，在未来的产业发展过程中，江苏省半导体分立器件产业还将继续壮大，企业产能和生产技术水平还将有所提升，产品将向高频、宽带、高速、低噪声、大功率、大电流、高线性、大动态范围、高效率、高亮度、高灵敏度、低功耗、低成本、高可靠、微小型等方面快速发展。

第十五节　2015 年江苏省集成电路企业的主要举措

1．2015 年江苏省集成电路企业面临的困难

据协会会员单位反映，2015 江苏省集成电路企业面临的困难有：

- 应收款账期控制愈加困难，资金压力巨大；
- 同类产品相互压价竞争激烈，利润空间越来越小；
- 用工成本上升，吸引、留住人才难度大；
- 企业负税压力大；
- 出口订单的减少对整体销售经营情况有所影响。

2．2015 年江苏省集成电路企业的举措

- 江阴润玛电子材料股份有限公司根据市场需求，积极开拓市场，调控目标产品，锁定目标客户，积极稳妥地配备研发团队、销售团队及时跟进，有效降低营销风险，并保证资源的及时满足，稳步巩固拓展市场。
- 无锡市晶源微电子有限公司提出让资深研发主管和工程师走出去，进行市场应用服务及推广，进一步提高了应用服务质量，并通过贴近市场，及时根据市场变化调整研发方向。
- 江苏东晨坚持自主创新，注重科技投入，重视科技人才的引进和培养，擅长利用现代科学理论和方法，实现企业的战略转型、技术升级、结构优化和人才队伍建设。公司通过对料、工、费等的控制，达到节约成本，使利润达到最大化。
- 南京矽力杰半导体技术有限公司重视自主创新，为保证企业产品技术保持领先地位，公司始终重视知识产权工作的开展，自主专利储备保持快速增长。
- 中鹏新材料股份有限公司以技术中心为创新载体，以市场为导向，加大创新力度，加大研发资金投入，积极开发新产品新技术、持续技术改造、不断扩大生产规模，促进成果转化，提升产品档次和水平，稳定、提升了产品质量，取得良好的经济效益。
- 南通富士通大量引进中高端人才，加大设备投资力度。

3．2015 年江苏省集成电路企业的建议

- 对于成长中的科技型中小企业的融资在缺乏有效抵押的情况下能否降低门槛。目前企业融资的中间环节太多，单一的降息没有明显的效果，建议采取有效措施减少企业融资的难度。
- 建议政府部门加强相关政策的宣传力度，政策发布同时能提供详细的解读注释，帮

助企业用好用足各项优惠政策。

- 希望能有效地减轻企业税务压力。
- 建议通过整合财税扶持政策、细化项目预算、强化扶持资金管理、提升纳税服务水平，加大财税支持力度。

虽然目前国家正在积极扶持集成电路产业，但是相关监管部门的现行政策和规定未能配套跟进，建议政府相关部门及时梳理政策文件，实时出台支持集成电路产业发展的新政策支持。

第十六节　2016 年江苏省集成电路产业发展预测

2016 年是“十三五全面建成小康社会决胜阶段”的开局之年，也是推进结构性改革的攻坚之年。在省委、省政府强有力的支持下，通过江苏省集成电路产业链全体同仁的共同努力，2016 年必将取得好成绩，为“十三五”大发展开好局。

2016 年江苏省半导体产业销售收入预计为 1272.25 亿元，同比增长 6.72%（见表 4.16.1）；

2016 年江苏省集成电路产业销售收入预计为 943.55 亿元，同比增长 7.7%，其中：IC 设计业预计销售收入达 179.85 亿元，同比增长 17%；IC 晶圆业预计销售收入达 225.4 亿元，同比增长 7.5%；IC 封测业预计销售收入达 538.3 亿元，同比增长 5%（见表 4.16.2）。

2016 年江苏省集成电路支撑业销售收入预计达 328.7 亿元，同比增长 4%（从 2015 年情况来看，江苏省支撑业除了小部分企业有明显增长，大部分企业状况稳定，销售收入波动较小）。

表4.16.1　2016年江苏省半导体产业发展规模预测

单位：亿元

项目名称	2016 年(E)	2015 年	同比	占比
半导体产业销售收入总额	1272.25	1192.19	6.72%	100%
IC 产业销售收入	943.55	876.09	7.70%	74.16%
支撑业销售收入	328.7	316.10	4.00%	25.84%

表4.16.2　2016年江苏省集成电路产业发展规模预测

单位：亿元

项目名称	2016 年(E)	2015 年	同比	占比
集成电路产业销售收入	943.55	876.09	7.7%	100%
IC 设计业收入	179.85	153.72	17.0%	19.06%
IC 晶圆业收入	225.4	209.67	7.5%	23.89%
IC 封测业收入	538.3	512.7	5.0%	57.05%

资料来源：协会秘书处。

第十七节　江苏省集成电路产业“十三五”期间主要目标和任务

依据江苏省《省政府关于加快全省集成电路产业发展的意见》（苏政发〔2015〕71号）文的精神，江苏省集成电路产业在“十三五”期间的主要目标和任务如下。

一、主要目标

到2020年，全省集成电路产业销售收入超3000亿元，产业链主要环节达到国际先进水平，一批企业进入国际第一方阵，成为国内外知名的集成电路产业高地。

1．产业结构

集成电路设计、制造、封装测试三业结构更为合理，设备和材料业支撑作用进一步增强。年销售收入超百亿元的集成电路企业4家，超50亿元的企业10家，形成一批创新活力强的中小企业。

2．技术创新

物联网、移动智能终端、网络通信、云计算和大数据等重点应用领域核心芯片设计水平进入国际先进行列，安全可靠的产业生态体系基本形成；关键元器件制造自主可控；封装测试业进入国际主流领域，关键技术达到国际先进水平；部分设备材料能满足12英寸、32～22纳米工艺水平技术要求。

3．集聚发展

各地产业基础和优势充分发挥，产业集聚度进一步提高。以无锡、苏州和南京等市为中心的沿江集成电路产业带建设进一步加快，带动作用更加明显。

二、重点任务

1．大力发展集成电路设计业

围绕国民经济重要信息系统应用需求，以高端服务器CPU（中央处理器）为突破口，加强国际合作，强化芯片、软件、整机、系统和信息服务等协同创新和发展，建设国内服务器软硬件技术研发高地和产业化集聚区，加快产业生态体系建设，发挥江苏省集成电路设计业新优势。继续支持技术基础好、产业优势强的系统芯片、数字信号处理器、高端电源转换、功率驱动和新型平板显示等芯片设计。积极拓展应用领域，重点发展市场前景好、产业附加值高的智能制造、信息安全、移动互联网、云计算、大数据、物联网、绿色节能和医疗保健等新兴产业应用高端芯片。

2. 积极做大集成电路制造业

抓住新一轮产业升级和布局调整机遇，支持先进生产线的引进和建设。突出特色工艺能力，缩小与国际先进技术的差距，打造具有国际竞争力的制造基地。大力发展模拟及数模混合电路、微机电系统（MEMS）、高压电路、射频微波电路等特色专用工艺生产线。增强芯片制造综合能力，以工艺能力提升带动设计水平提升，以生产线建设带动关键设备和材料配套发展。

3. 着力做强集成电路封装测试业

充分发挥我省在国内的领先优势，积极争取和组织实施国家布局内的重大项目，大力支持集成电路封装测试企业兼并重组，培育行业国际领军企业，打造国际知名的集成电路封装测试产业集聚区。加强与集成电路设计、制造的结合，重点支持高密度三维系统集成技术研发，突破圆片级封装、系统级封装、硅通孔、三维封装、功率器件封装、真空封装和超高密度/超薄基板技术等关键技术。支持龙头骨干企业扩大先进封装和测试规模，提升技术水平。

4. 加快发展关键设备和材料

加强集成电路设备、材料与工艺结合，开展关键技术攻关，缩小与世界先进水平的差距，提高设备和材料国内市场占有率。积极支持减薄机、抛光机和净化设备等装备的研发生产，大力发展集成电路制造用高密度封装基板、化学试剂、塑封料、光刻胶等关键材料，支持国产设备和材料的规模化应用。

5. 强化创新能力建设

积极组织企事业单位参与并承担国家科技重大专项。依托骨干企业，推动形成产业链上下游协同创新体系，支持产业联盟发展。进一步发挥国家级和省级集成电路重点实验室、工程中心、企业技术中心等创新平台作用，开展集成电路重大关键技术研发。支持集成电路企业在国（境）外设立研发机构，开展合作创新。鼓励创新型中小企业使用公共技术服务平台，逐步形成产学研合作的良性循环。在集成电路重大创新领域加快形成标准，充分发挥技术标准的作用。

6. 支持安全可靠软硬件产品推广应用

支持技术先进、安全可靠的集成电路、基础软件及整机系统在重点领域、重要部门的推广应用。面向移动互联网、云计算、物联网、大数据等新兴应用领域，加快构建标准体系，支撑安全可靠软硬件开发与应用。鼓励基础电信和互联网企业应用基于安全可靠软硬件的整机和系统。

三、保障措施

为实现上述目标和任务，一是要加强组织领导，二是要加大财政支持力度，三是要落实税收政策，四是要加大金融支持力度，五是加强人才培育和引进，六是要加强国际合作等。

第五章

2015 年江苏省集成电路支撑业发展情况

第一节　2015 年江苏省集成电路支撑业发展情况概述

江苏省集成电路支撑业由集成电路专用装备（设备、仪器、工模具）、专用材料（塑封料、内引线、外引线、基板、掩模板、光刻胶、硅材料、石英、磨抛材料、零部件、化学试剂、特种气体等）组成，是集成电路产业的重要组成部分，是支撑集成电路产业发展的有力基石。本节主要介绍 2015 年江苏省集成电路支撑业各部分的发展情况。

一、2015 年江苏省集成电路支撑业总体发展规模

江苏省集成电路支撑业 2015 年销售总收入为 316.10 亿元，同比增长 3.67%，占到全省半导体产业销售收入的 26.52%（见图 5.1.1）。2015 年江苏省集成电路支撑业发展主要得益于集成电路、分立器件、LED 业、TFT 及其他产业市场的复苏，产业需求增大，支撑企业抓住机遇迅速扩大生产。

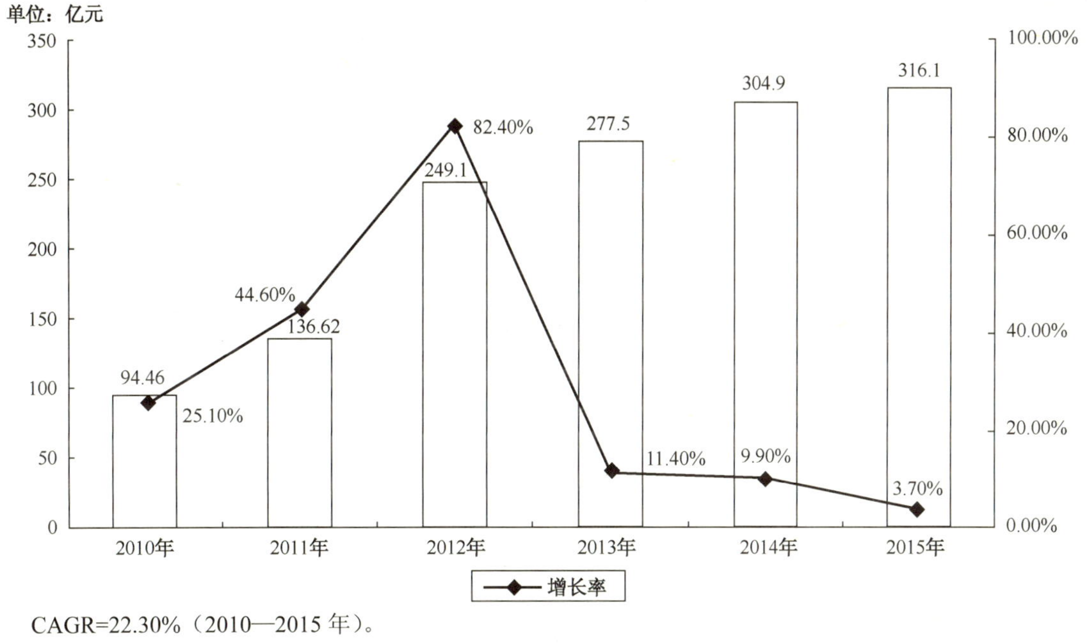

图 5.1.1　2010—2015 年江苏省集成电路支撑业发展规模及增长情况

二、2015 年江苏省各地区集成电路支撑业发展情况

江苏省集成电路支撑业有 40 余家企业，主要集中在苏州、无锡、常州、连云港、泰州、南京等城市，各地区产业发展各具特色。苏州市主要是以台资、韩资、日资企业为主，其他城市以内资企业为主。连云港市有德资企业（见表 5.1.1）。

表5.1.1　江苏省集成电路支撑业产品地区结构情况

序号	城市名称	支撑业产品大类分布
1	苏州市	电子专用设备、超净设备、引线框、塑封料、光刻胶、内引线、化学试剂、各种气体
2	无锡市	电子专用设备仪器、引线框、塑封料、化学品试剂、各种气体
3	连云港市	塑封料
4	常州市	电子设备仪器
5	泰州市	引线框
6	南京市	电子设备仪器、引线框

江苏省集成电路支撑业发展主要依托苏南地区和半导体产业发达的上海市、浙江省，形成了较为完备的支撑业产业链体系（见表 5.1.2）。同时也有力地促进了江苏省集成电路产业的快速发展。

表5.1.2　2015年江苏省各地区集成电路支撑业发展规模

序号	城市名称	2015 年			2014 年		2013 年
		销售收入（亿元）	同比	占比	销售收入（亿元）	同比	销售收入（亿元）
全省合计		316.10	3.7%	100.0%	304.9	9.9%	277.5
1	无锡市	180.20	3.8%	57.0%	173.6	12.0%	155.0
2	苏州市	103.6	2.6%	32.8%	101.0	4.8%	96.4
3	常州市	10.3	3.0%	3.3%	10.0	5.3%	9.5
4	连云港市	8.4	9.1%	2.7%	7.7	7.0%	7.2
5	南京市	7.04	21.4%	2.2%	5.8	81.3%	3.2
6	泰州市	6.56	−3.5%	2.1%	6.8	9.7%	6.2

三、2015 年江苏省集成电路支撑业主要企业情况

1. 2015 年江苏省集成电路支撑业主要企业销售收入情况

2015 年江苏省半导体行业协会统计范围内的支撑业企业总体销售收入增长幅度为 3.7%。其中江阴润玛与华海诚科两家企业增长幅度排列前茅，其余大部分企业基本处于持平状态，或略有少量浮动。按照 2015 年江苏省支撑业企业销售收入排序（见表 5.1.3），从事内引线的外资企业贺利氏招远（常熟）电子材料有限公司列为榜首。

表5.1.3　按2015年支撑业销售收入规模排序

序号	企业名称	序号	企业名称
1	贺利氏招远（常熟）	6	苏州瑞红
2	南京国盛	7	江阴试剂
3	汉高华威	8	无锡创达
4	江阴康强	9	江苏中鹏
5	江阴润玛	10	长兴电子材料（昆山）

2. 2015 年江苏省集成电路支撑业在全国同业中的地位

● 多晶硅产业

江苏省位居全国第一，主要企业有江苏中能公司，也是世界第一位。

● 塑封树脂业

江苏省位居全国第一，主要企业有（内资）：江苏中鹏、华海诚科；外资企业有汉高华威、长春塑封（常熟）、苏州住友等公司。

● 净化设备业

江苏省位居全国第一，主要企业有苏州苏净集团公司。

● 光刻胶业

江苏省位居全国第一，主要企业有苏州瑞红公司。

● 化学试剂业

江苏省位居全国第一，主要企业有江阴润玛、江阴江化、江阴试剂等公司。

● 内引线业

江苏省位居全国第一，主要企业有贺利氏招远（常熟）电子材料公司、田中电子（苏州）公司等。

● 引线框架业

江苏省位居全国前茅，主要企业有（内资）宁波康强（江阴）、宁波华龙（泰州）、南京长江电子、华晶利达电子；外资企业有：住矿电子（苏州）、顺德工业（台资）。

3. 2015 年江苏省集成电路支撑业发展中存在的不足

江苏省集成电路支撑业企业以小、散、弱居多，产品档次绝大部分只能满足 6 英寸及以下的半导体生产线要求，少量的产品类型和品种能够供 8 英寸半导体生产线使用。

江苏省集成电路支撑业除外资企业以外，内资和民营企业都面临缺少资金，缺乏高端技术人才的困难。

第二节　2015年江苏省集成电路装备业发展情况

1. 2015年江苏省集成电路装备业企业及分布情况

江苏省集成电路装备业企业主要集中在苏州市和无锡市，两市合计占到全省总量的90.3%，苏州市以外资（台资）企业为主，无锡市以民资企业为主（见表5.2.1）。

表5.2.1　江苏省集成电路装备业企业情况

城市	序号	企业名称	类别	主要产品
苏州市	1	江苏苏净集团有限公司	内资	净化设备
	2	库力索法半导体（苏州）有限公司	美资	键合设备及零部件
	3	均强机械（苏州）有限公司	台资	贴片机
	4	TOWA半导体设备（苏州）有限公司	日资	塑封机
	5	爱德万测试（苏州）有限公司	日资	测试设备及部件
	6	永科电子科技（苏州）有限公司	新加坡	封包设备
	7	爱发科真空技术（苏州）有限公司	日资	真空镀膜设备
	8	苏州赛力精密工具有限公司	内资	切割刀片
	9	泉瑞科技（苏州）有限公司	台资	探针卡
	10	昆山中辰矽晶有限公司	内资	磨片机、抛光机
	11	张家港市德科超声有限公司	内资	清洗机
	12	安泰半导体（苏州）有限公司	台资	设备研发、生产、加工
	13	顺德工业（江苏）有限公司	台资	配输电设备、工模具
	14	昆山登祥光电设备有限公司	外资	光学仪器、工业成像等
	15	苏州斯利德电子有限公司	合资	磨片机、划片机、备件等
	16	苏州微影光电科技有限公司	内资	激光直接成像曝光机
	17	苏州美图半导体有限公司	内资	晶圆键合、光刻喷涂机
	18	苏州赫瑞特电子专用设备科技有限公司	外资	抛光机、研磨机、双面磨机
	19	江苏艾科瑞思封装自动化设备有限公司	外资	装片机
无锡市	1	江阴新基电子设备有限公司	内资	分选机、贴片机、去飞边机等
	2	江阴新杰科技有限公司	内资	编带机
	3	无锡瑞达电子科技有限公司	内资	清洗机、贴片机等
	4	无锡华晶电子设备有限公司	内资	清洗机、去胶机等
	5	江阴格朗瑞科技有限公司	内资	编带机、分选机、装料机等
	6	无锡帕特纳科技有限公司	日资	热老化箱、高低温试验箱
	7	无锡南亚环境设备厂	内资	高低温烘箱

续表

城市	序号	企业名称	类别	主要产品
无锡市	8	无锡凯世通科技有限公司	内资	太阳能设备研发生产
	9	无锡超钰微电子有限公司	台资	电脑外围设备
	10	无锡宏源芯盛半导体科技有限公	内资	半导体设备研发制造
	11	纽威仕微电子（无锡）有限公司	内资	通信电缆、电力设备
	12	无锡机床厂股份有限公司	内资	平面磨
	13	无锡斯威克自动化设备有限公司	内资	自动化焊接机
	14	无锡新智达自动化设备有限公司	内资	TO、IGBT、SMC 非标设备
	15	无锡华普微电子有限公司	内资	全自动分选机、编带机、测试系统
南通市	1	南通金泰科技有限公司	内资	压焊机、打印机、排片机、编带机、分选机、机械手等
南京市	1	南京翰纳科技有限公司	内资	高频预热机、测试仪
	2	南京中南激光设备有限公司	内资	激光打印机
	3	南京大恒光电子技术有限公司	内资	激光打印机
	4	南京三超金刚石工具有限公司	内资	切割、磨削、抛光机
泰州市	1	靖江先锋半导体科技有限公司	内资	半导体设备、零部件
常州市	1	常州天龙光电设备有限公司	内资	单晶、多晶生长炉、宝石炉体
	2	常州瑞择微电子科技有限公司	内资	光掩模清洗设备
	3	江苏省华盛天龙机械股份有限公司（金坛市）	内资	单晶炉、切片机、研磨机等
	4	常州快克锡焊股份有限公司	内资	四轴焊接机器人、工具

2. 2015 年江苏省集成电路设备业技术进步情况

江苏华盛天龙光电设备股份有限公司的 DRF-B80 型蓝宝石晶体生长炉，采用高精度称重技术，先进传动减速机构和驱动机构，高效的导电环技术，独有的创新算法及电器控制机理提高了控制精度，满足了市场对 4″～6″ 蓝宝石晶体片的生产需求，共申请了 8 项专利，其中已获授权实用新型专利 4 项。

常州瑞择微电子科技有限公司在研制开发了 PMC 系列光掩模清洗设备并成功投入掩模制造企业使用后，2015 年开始研制 pmc3000 光掩模清洗设备。该型号设备将应用于 14 纳米技术节点的光掩模工艺处理。该公司拥有多项专利、软件著作权和软件产品，其中发明专利授权 12 项，实用新型专利授权 28 项，软件著作权 2 项。

3. 江苏省集成电路装备制造业主要企业产品发展情况

（1）江苏新基电子设备有限公司主要生产 OFN 自动测试分选机、高密度倒装贴机、SOT/SOD 激光去飞边机、高压水射流去飞边机、外观检测机等。

（2）无锡瑞达电子科技有限公司生产清洗机（蚀刻机、双槽全自动去胶机、清洗机）、后道工序的装备（划片机、装片机、倒角机、贴片机、键合机）、后道流程的工装夹具、料盒等。

（3）无锡华晶电子设备有限公司主要生产清洗机、去胶机、腐蚀机、测试打印机、编带机、自动分选机、料盒等。

（4）无锡凯世通科技有限公司从事太阳能设备的研发和生产。

（5）无锡宏源芯盛半导体科技有限公司从事半导体设备服务、制造和研发，半导体和LED光刻、蒸发和CVD设备的设计、制造等。

（6）无锡新智达自动化设备有限公司致力于IGBT、COB、轴向二极管及非标设备的研发，并生产、销售SMA、SMB、SMC、SOD、MBC等全自动一体设备。

（7）无锡华普微电子有限公司由中国电科第58所控股，生产全自动分选机、编带机、打标机、转塔式一体机、数字/模拟集成电路测试系统等，设备广泛应用于集成电路和分立器件产品中。

（8）江苏苏净集团有限公司是我国规模最大的净化设备公司之一，以生产高效超净过滤器、超净厂房、超净管道、超净专业设备等为主。

（9）苏州汇科机电设备有限公司以生产锂电池粉料设备和陶瓷元件设备为主，曾获得电子专用设备产业最具成长性企业称号。

（10）顺德工业（江苏）有限公司主要生产电工电气—配电输电设备、五金工具、单体导线架、极体电路架、精密模具等。

（11）安泰半导体（苏州）有限公司从事集成电路有关设备和材料的研发、生产、加工，集成电路及其模块的设计、测试、应用等。

（12）苏州赫瑞特电子专用设备科技有限公司主要生产X61/62 D9B2M-9T双面研磨/抛光机等。

（13）苏州美图半导体有限公司主要生产晶圆键合系统、光刻胶喷涂系统及热板等半导体先进工艺设备。

（14）苏州斯利德电子有限公司主要生产磨片机、划片机、划片周边设备、备品备件等。

（15）苏州微影光电科技有限公司主要生产Catamount系列激光直接成像曝光机，适用于高阶HDI、软板、软硬结合板、多层板的小批量多品种生产及成像解决方案，配备专利技术的动态倾斜扫描技术和业内最先进的光学系统及数据传输系统等。

（16）江苏艾科瑞思封装自动化设备有限公司专注于高端装片机的研发、设计、制造和销售。重点开发高速、高精准、更柔性的半导体封装设备（IC封装、系统级封装、多芯片封装、夹焊工艺、高精度点胶等）。

（17）南通金泰科技有限公司主要生产超声波粗铝线压焊机、全自动测试分选机、图像分析仪、全自动激光打印机、半自动激光打印机、半自动打印机、上料机、自动装片机、全自动编带机、晶圆字符识别系统、测试分选机械手、QFP三维引脚外观检测机等。

（18）江苏华盛天龙光电股份有限公司主要产品有硅、锗、砷化镓等各种晶体生长设备，单晶炉、单晶硅切片机、滚磨机，多晶硅铸造系统、硅芯炉等。

（19）常州市天龙光电设备有限公司主要生产一、二类压力容器、单晶硅晶体生产炉体、多晶硅铸锭炉、宝石炉炉体，是目前国内专业生产光伏设备炉体部件的最大企业之一，也是压力容器行业专业制造厂商和领军者。

（20）南京翰纳科技有限公司主要生产臭氧发生器、EMC 高频预热器。

（21）南京三超金刚石工具有限公司主要生产应用于硅、蓝宝石、石英、陶瓷、硬质合金等材料的切割、磨削、精密抛光，还生产硅背面减薄砂轮、倒角砂轮、划片刀、金刚石线锯等产品。

4. 2015年江苏省承担国家科技重大专项主要设备项目进展情况

由江苏长电科技股份有限公司、南通富士通微电子股份有限公司联合承担的“关键封装设备、材料应用工程项目”，有 26 家单位参与，其中有 6 家江苏企业。项目包含 39 个设备和材料课题。28 项设备课题通过了验收。

由江苏长电、通富微电、天水华天、深南电路等公司承担的“通信与多媒体芯片封装测试设备与材料应用工程”有关项目和 4 个验证课题已完成，待验收。

由苏州晶方科技公司独立承担的“12 英寸硅通孔工艺国产集成电路制造关键设备与材料量产应用工程”自 2013 年实施来经过三年的开发建设，成功突破 3D TSV 先进封装技术瓶颈，并建成全球首座 12 英寸 3D TSV 晶圆级封装工厂，实现大规模量产。项目的成功实施推动了国内半导体制造装备及材料的全面产业化，成为全球主流供应商，并在国内构建了全球目前唯一完备的 12 英寸 3D TSV 先进封装产业链，带动了国内集成电路产业链的整体产业化升级。

由江苏长电科技股份有限公司、南通富士通微电子股份有限公司、华天科技（西安）有限公司、苏州固锝电子股份有限公司共同承担的“国产集成电路封测关键设备与材料量产应用工程”项目正在实施中。通过该项目，课题单位采购通过验证的国产封测系列设备与材料，建立面向 QFN/LQFP/QFP、LED 和电力电子器件等封装的规模化生产线，有效推动了国内高端封测设备、材料厂家整体联动。

5. 2015年江苏省集成电路装备业面临的困难与挑战

从 2015 年江苏省集成电路装备业内资企业的情况看，企业规模相对偏小，加工能力较弱；企业缺乏高层次专业技术人才，高技术含量的产品开发能力不够；设备企业在投资方面缺乏有力的支持。综合原因造成了省内集成电路装备业发展缓慢。

面对国内集成电路产业新一轮发展高潮的到来，集成电路制造业、封测业和专用材料产业都会有更多的装备需求。江苏省集成电路装备业应该在已有的资源和能力基础上，主动积极地迎接挑战，抓住机遇、扩大规模、顺势发展。

第三节　2015 年江苏省集成电路材料业发展情况

一、2015 年江苏省集成电路材料业发展情况

江苏省集成电路材料产业起步于 20 世纪 80 年代，发展于 20 世纪 90 年代和 21 世纪初，涉及集成电路塑封料、外引线、内引线、基板、硅材料、掩模板、光刻胶、高纯化学品试剂、特种气体、石英制品、磨抛材料等，形成了较强的产业特色，有力地支撑了江苏省集成电路产业发展的需求。

江苏省集成电路材料产业主要集中在苏州市、无锡市、连云港市及泰州市等。苏州市材料产业以外资、台资企业为主，主要为其母公司提供配套服务；无锡市的材料业以民资企业为主，面向国内企业提供服务；泰州市、常州市、南京市等集成电路材料产业主要是近几年发展起来的产业群。

二、2015 年江苏省集成电路材料业企业在全国同行业中的地位

- 江苏中鹏新材料股份有限公司生产的集成电路塑封材料居中资公司销量第一位。
- 长春塑封料（常熟）公司在塑封料行业中居全国第一位，汉高华威电子有限公司居第二位。
- 贺利氏招远（常熟）电子材料公司在内引线行业（产能）中居全国第一位，键合金丝居全国第三位。
- 苏州瑞红电子化学品有限公司在光刻胶行业中居全国第一位。
- 江阴康强电子有限公司借助其母公司宁波康强电子有限公司，在外引线（引线框架）行业中居全国第一位。
- 江阴化学试剂业拥有江阴江化微公司、江阴化剂厂、江阴市润玛公司等多家化剂企业，形成了江阴化剂集群，名列全国前茅。
- 江苏中能多晶硅产能和产量居世界和全国同业第一位。

三、2015 年江苏省集成电路材料业技术进步

由中国半导体行业协会、中国电子材料行业协会、中国电子专用设备工业协会、中国电子报社共同举办的“第十届（2015 年度）中国半导体创新产品和技术”项目半导体专用材料中：

南京国盛电子有限公司 4～6 英寸低掺厚层碳化硅外延片获奖。该产品技术采用 TCS 作为硅源，反应气体引入 CI，生成稳定高黏附系数的 SiHxCIy，同时优化反应气体 C/Si 之比，极大提高了外延层的生长速率。

四、2015 年江苏省集成电路材料各类别情况

（一）塑封材料（EMC）

1. 2015 年江苏省塑封材料企业情况

江苏省是全国封装材料企业最集中的地区，中外塑封料生产企业有 10 家，生产销售量占全国 90%以上。其中包括汉高华威电子公司、住友电木（苏州）有限公司、日立化成工业（苏州）有限公司、江苏中鹏新材料股份有限公司、江苏华海诚科新材料有限公司、长春塑封料（常熟）有限公司、长兴电子材料（昆山）公司、无锡创达电子有限公司等。江苏省塑封材料占到全国 90%以上的份额。外资企业长春塑封料（常熟）公司、汉高华威电子有限公司是全国最大的塑封材料生产企业，是我国进入世界 EMC 前三强的企业；江苏中鹏新材料股份有限公司是中资公司中销量最大的塑封料企业，以全系列产品拓展全国市场，并已进入世界前十强；江苏华海诚科新材料有限公司是业界新星，业绩快速发展。无锡创达公司在产销均衡稳步增长的基础上，加大技术研发方面的投入，新增加两个实验室，以提高企业满足市场需求的能力，见表 5.3.1。

表5.3.1　2015年江苏省环氧塑封料主要生产厂商情况

序号	企业名称	企业性质	所在地	销量（吨）
1	长春封塑料（常熟）有限公司	日台合资	江苏常熟	12000
2	汉高华威电子有限公司	德资	江苏连云港	10000
3	住友电木(苏州)有限公司	日资	江苏苏州	10000
4	日立化成工业（苏州）有限公司	日资	江苏苏州	7000
5	江苏中鹏新材料股份有限公司	中资	江苏连云港	6000
6	江苏华海诚科新材料股份有限公司	中资	江苏连云港	5300
7	长兴电子材料(昆山)有限公司	台资	江苏昆山	3800
8	无锡创达电子有限公司	中资	江苏无锡	2400
9	江苏晶科电材料有限公司	中资	江苏连云港	1200
10	科化新材料（泰州）有限公司	中资	江苏泰州	800

目前江苏省塑封料已具有高可靠性、高耐热性、低冲丝、低翘曲、低成本等优点，基本能满足 MCD、SIP、MMC、POP、SCSP 等产品类型上的应用。

2015 年江苏省集成电路材料产业克服困难，全力发展生产。江苏华海诚科新材料股份有限公司，凭借强大的研发团队、领先的技术、先进的制造装备，已在中高端环氧塑封料市场占有一定的份额，在业内产生较大影响力，提高了企业知名度。江苏中鹏新材料公司以技术中心为创新载体，以市场为导向，加大创新力度，加大研发资金投入，积极开发新产品的新技术，持续进行技术改造，不断扩大生产规模，促进成果转化，提升产品档次和

水平，稳定并提升产品质量，取得了良好的经济效益。

2. 2015 年江苏省塑封材料企业面临的挑战与对策

环氧塑封料作为集成电路的主要结构材料，随着集成电路向高集成化、布线细微化、芯片大型化及表面安装技术发展，对环氧塑封料性能提出越来越高的要求。目前省内环氧塑封料企业虽然在中高端产品取得了良好的成绩，但高端封装产品份额所占比重还较低。由于国内有规模封测企业使用高端产品领域的封装材料很大部分是进口的，对国产塑封料认可度低，要求苛刻，例如，既要求国产高端材料低价格，又希望产品性能要达到甚至超过国外产品。这样，必然就对省内企业进入高端塑封材料产品市场增加了更大的难度。

2015 年江苏省集成电路塑封材料企业面对存在的困难和问题，采取了相应的对策和措施。一方面，积极争取使塑封材料这门边缘科学技术的研究开发，形成产业规模，能够得到政府政策的扶持；另一方面，企业想方设法加大科技投入，包括人才培养、技术创新、新品开发、工艺设备改进以及市场开拓等逐步建立塑封材料研发及检测中心，增强高端产品研发能力。同时，省内塑封材料企业也提出希望加快配套基础原材料的发展，特别是生产环氧塑封料用的新型高性能环氧树脂和球形硅微粉的发展，改善目前基本上全靠进口的局面。如果能够逐步实现国产的关键原材料替代进口，则可以充分发挥国内的价格优势，降低成本，提高省内塑封材料企业产品的市场竞争力。

（二）内引线

1. 2015 年国内外集成电路键合丝产业发展情况

据中国半导体行业协会支撑业分会报道，2015 年世界集成电路键合丝材料市场规模为 32.6 亿美元，同比下降 3.6%，占封装材料市值的 15.40%；其他芯片粘结材料市场规模为 7.3 亿美元，同比增长 4.3%，占封装材料市值的 3.40%（见图 5.3.1）。键合丝材料营收下降的主要原因有：随着集成电路封装先进高端产品技术发展，开发生产更为先进的多圈阵列 BGA、SIP、CSP、WLP（WLCSP）、FC、BumP 等，引线改为植球式，因此内引线同比呈下降趋势；同时，由于铜丝代替了价格昂贵的金丝，因此在内引线市场营收规模上，也使总值同比下降较快。

据中国半导体行业协会封装分会报道，2015 年中国主要企业集成电路键合丝产量为 10000KKM（见表 5.3.2）。金丝市场持续降低，年均减少 10%～15%。铜丝线，尤其是镀钯铜丝线继续增长，但增长率将由过去 3 年的平均 40%以上降为 10%左右。银线在集成电路市场获得重大突破，保持高速增长。

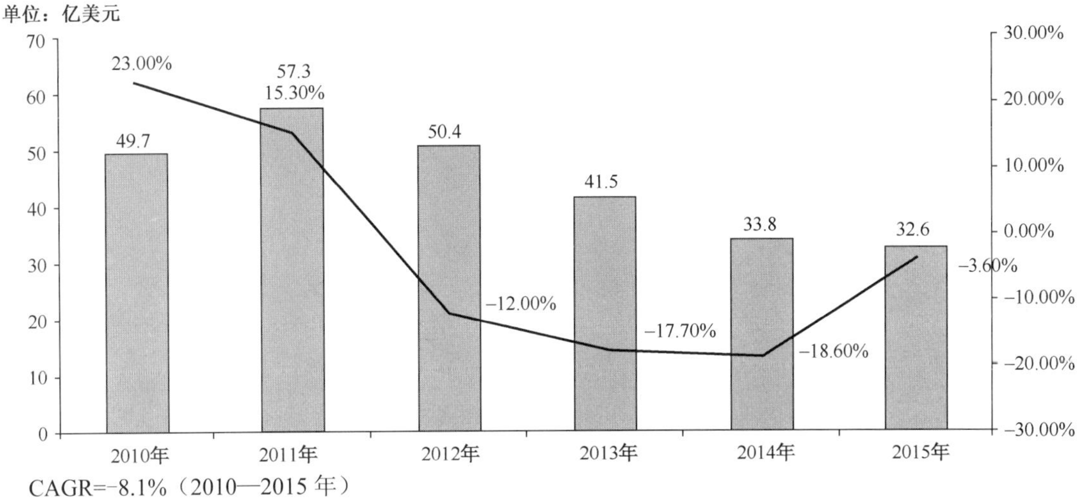

图 5.3.1　2010—2015 年世界半导体键合丝市场发展规模及增长情况

表5.3.2　2015年中国集成电路键合丝前十大企业销量及占比情况

序号	企业名称	销量（KKM）	占比	序号	企业名称	销量（KKM）	占比
1	贺利氏招远（常熟）	2376	23.8%	6	北京达博有色金属	460	4.6%
2	田中电子/日茂新材料	1565	15.7%	7	烟台一诺电子	370	3.7%
3	铭凯益电子（昆山）	1050	10.5%	8	烟台招金励福	330	3.3%
4	喜星金属	650	6.5%	9	宁波康强电子	300	3.0%
5	乐金股份	530	5.3%	10	广东佳博电子	300	3.0%

2. 2015 年江苏省集成电路键合丝产业发展情况

江苏省封装内引线产能在全国排在第一位。贺利氏招远（常熟）电子材料有限公司的内引线产能居全国第一位，键合金丝居全国第三位；该公司多年生产高强度、低弧度的合金金丝，并已研发和生产 Cu、Al HZCM 以及新一代超软铜丝（见表 5.3.3）。

表5.3.3　2015年江苏省集成电路键合丝主要企业情况

序号	公司名称	企业性质	产品	所在地
1	贺利氏招远常熟电子材料有限公司	外资	Au、Cu、Pd-Cu、Ag、Al	常熟
2	铭凯益电子（昆山）有限公司	外资	Au、Cu、Pd-Cu、Ag	昆山
3	田中电子（苏州）有限公司	外资	Au、Cu、Pd-Cu、Ag	苏州
4	常熟市天益微电子有限公司	内资	Al、Cu	常熟
5	无锡雪浪电子焊料厂	内资	合金焊料	无锡
6	无锡黎宏电子材料有限公司	内资	合金焊料	无锡
7	泰州天河电子材料有限公司	内资	Au、Cu、Pd-Cu、Ag	泰州

（三）外引线

1. 2015 年国际国内引线框架发展情况

2015 年全球引线框架产量预计为 6008 亿只，同比增长 5.1%；引线框架市场营收约为 29.9 亿美元，同比下滑 6.9%，增产不增收的现象尤为突出。

2015 年中国集成电路引线框架销售额为 9.39 亿美元，同比下降 6.75%，为近几年来之最（见表 5.3.4）。

表5.3.4 2011—2017年国内引线框架企业销售规模及增长预测

指标名称	2011 年	2012 年	2013 年	2014 年	2015 年	2016 年(E)	2017 年(E)
引线框架销售额（亿美元）	10.31	10.19	10.5	10.07	9.39	9.67	9.96
增长率	—	-1.16%	3.04%	-4.10%	-6.75%	2.98%	3.00%

2. 2015 年江苏省引线框架企业发展情况

2015 年江苏省的引线框架企业数量与 2014 年相比没有增减，但为适应集成电路封装企业产品升级的需求，产品结构有了新的调整。

江苏省集成电路引线框架内资企业有：江阴康强电子有限公司、泰州华龙电子有限公司、南京长江电子有限公司、无锡华晶利达电子有限公司、泰兴光电器材厂、江苏三鑫电子有限公司、泰州东田电子有限公司等（见表 5.3.5）。

表5.3.5 主要外资引线框架企业情况

序号	公司名称	企业性质	所在区域	主要产品
1	住矿电子有限公司	日本独资	苏州市	中高端冲压框架（SOIC/SOJ、TSOP/SSOP、PQFP/TQFP）及蚀刻框架（LQFP、QFN/DFN 等）
2	顺德工业有限公司	中国台湾独资	张家港市	中端冲压引线框架（SOT、TO Discrete、TO Power Discrete 等）
3	新光电气工业（无锡）有限公司	日本独资	无锡市	中高端冲压框架（SOIC/SOJ、TSOP/SSOP、PQFP/TQFP）
4	一诠精密电子工业公司	台资	昆山市	LED 引线框架
5	无锡健策精密工业公司	台资	无锡市	做端子为主，兼做引线框

江苏集成电路引线框架外资企业有：住矿电子（苏州）有限公司、顺德工业（江苏）有限公司、新光电气工业（无锡）有限公司（见表 5.3.6）。

表5.3.6　主要内资引线框架企业情况

序号	公司名称	企业性质	所在区域	主要产品
1	宁波康强电子股份有限公司	内资	宁波市 江阴市	冲压框架（SOIC/SOJ、DIP、TSOP/SSOP、PQFP/TQFP、PLCC、SOT、TO Discrete、TO Power Discrete 等）及高端蚀刻框架（LQFP、QFN/DFN 等）
2	宁波华龙电子股份有限公司	内资	宁波市 泰州市	冲压框架（SOIC/SOJ、DIP、TSOP/SSOP、SOT、TO Discrete、TO Power Discrete 等）
3	南京长江电子有限公司	内资	南京市	冲压框架（SOIC/SOJ、DIP、TSOP/SSOP、SOT）
4	无锡华晶利达电子有限公司	内资	无锡市	冲压框架（SOIC/SOJ、DIP）
5	江苏三鑫电子有限公司	内资	江阴市	冲压框架（SOIC/SOJ、DIP、TSOP/SSOP、SOT、TO Discrete、TO Power Discrete 等）
6	泰州东田电子有限公司	内资	泰州市	冲压框架 TO 系列、DIP、TSOP/SSOP 、SOT 系列等
7	泰兴光电器材厂	内资	泰州市	冲压框架（TO Discrete、TO Power Discrete 等）
8	泰兴永志电子器件公司	内资	泰兴市	功率器件引线框架
9	泰州有润电子有限公司	内资	泰州市	功率器件引线框架
10	吴江恒源金属制品有限公司	内资	苏州市	功率器件引线框架

2015 年，江苏省内引线框架行业面临诸多困难，主要体现在：企业价格竞争优势正在失去导致企业盈利能力下降；传统引线框架产品淘汰速度明显加快，而要求企业加快加大投入的压力骤增；以及产品可靠性要求提高，迫使企业加大技术创新的力度。

2015 年，分立器件冲压引线框架中，SOT 类表面贴装引线框架快速增长，一枝独秀。该类产品还有较好的发展空间。而 TO 类分立器件，将会逐渐被替代，市场空间减小。随着清洁能源应用的推广（如纯电动汽车等），半导体功率引线框架有一个较为稳定的市场，但质量要求较高。前几年在这类产品上，国产异型铜带的质量不够理想，因此，高端产品市场一直被国外客户垄断，而我国又是需求最大的国家，该类产品值得江苏省引线框架企业投入发展。

2015 年，冲压类集成电路引线框架中传统的 DIP/SOP/TSOP、SOT 等引线框架正根据封装客户的要求往多排、小基岛、深打凸、引线小间距方向发展。SOP 类引线框架，还会有几年稳定的发展期，而后也将逐渐被蚀刻的 QFN 引线框架取代。

2015 年，国内蚀刻引线框架的市场规模有所增长，但国内康强、东盛等生产蚀刻引线框架的企业只能满足一小部分的市场需求，江苏省只有住矿电子（苏州）有限公司生产蚀刻框架产品。QFN、DFN 等蚀刻类引线框架产品将会是今后几年的主力发展方向，发展空间较大。

2015年引线框架企业的低价格竞争发展的模式越加严重。省内企业一直在国际市场上有价格优势，但这个价格的差距随着近两年企业各种成本的上升而逐渐缩小，产品竞争力逐渐下降。如何降本增效是江苏省各个引线框架生产厂家亟待解决的难题。只有大力推动自动化，大幅提升生产效率，才是出路。

（四）金属、陶瓷材料

据中国科技集团第58所统计报道，2015年中国金属、陶瓷封装行业销售收入为60.5亿元，同比增长11.0%；各类陶瓷基板的销售额约37亿元，主要是LTCC基板增长；在光电通信、微波等强劲增长的带动下，各类金属外壳（包括微波外壳）总规模达到9.5亿元；陶瓷外壳销售规模约5亿元。2015年金属、陶瓷封装加工产值约为9亿元，同比增长12.5%。

2015年江苏省金属、陶瓷外壳和引线生产企业数量与2014年相比没有增减，但企业的产能和销售额都有所增加（见表5.3.7）。

表5.3.7　主要金属与陶瓷外壳引线企业情况

序号	单位	企业性质	所在区域	主要产品
1	江苏省宜兴电子器件总厂	内资	宜兴市	各类陶瓷外壳
2	中国电科第55所	国资	南京市	微波外壳、IC等用陶瓷外壳
3	钟山微电子有限公司	内资	南京市	各类陶瓷外壳
4	宜兴市吉泰电子有限公司	内资	宜兴市	混合集成电路用金属外壳
5	无锡市博精电子有限公司	内资	无锡市	各类金属外壳
6	无锡市惠波电子器材二厂	内资	无锡市	声表器件金属外壳、光电外壳等
7	江阴市赛英电子有限公司	内资	江阴市	功率金属陶瓷外壳

（五）基板

封装基板（Packaging Substrate，或称IC载板），根据基板主要材质可以分为有机封装基板（含刚性和柔性封装基板）、陶瓷基板和硅玻璃封装基板。有机封装基板制造与传统的印刷电路板（PCB）制造在原理和工艺上类似，一些典型的封装基板是在印制电路板制造的基础上发展起来的。

据Prismark预估，2015年世界封装基板产值约为70亿美元，占到全球集成电路封装材料的1/3，比2014年略有下降，主要应用于手机、大数据、可穿戴设备、汽车电子等。

引线键合BGA基板（WB-BGA基板）、引线键合芯片尺寸封装基板（WB-CSP基板）以及倒装芯片封装基板（FC-BGA；FC-CSP基板）是主要的基板类封装用基板，这三者占到全球有机封装市场的绝大部分份额。

全球封装基板主要供应商来自日本、韩国和中国台湾地区，其中以 IBIDEN、Kyocera 等为代表的日本公司技术实力强大、占 CPO 市场需求额最大份额；韩国和台湾地区具有产业链优势，如表 5.3.8 和表 5.3.9 所示。

表5.3.8 2015年全球封装基板主要供应商情况

供应商名称	性质	主要产品与技术情况
楫斐电（Ibiden）	日资	主要产品：积层封装基板、倒装封装基板、主要客户有三星、英特尔等
欣兴（Unimicron）	台资	主要产品：印制电路板和封装基板、基板类型有 CSP、BGA、BOC、Hybrid(WB+FC)起落基板等
三星电机（SEMCO）	韩资	主要产品：FC-CSP 基板、积层 CSP 基板、FC*GA 基板等、主要客户有高通、三星电子、英特尔、AMD 等
南亚（Nanya）	台资	主要产品：FC、BGA、CSP、主要针对 20nm 技术代芯片封装布局
新光（Shinko）	日资	主要产品：PBGA、积层基板以及 TAPE BGA 等
景硕（Kinsus）	台资	主要产品：FC、BGA、CSP、COF 等，主要客户有高通、博通等
日月光材料（ASEM）	台资	主要产品：FCBGA、FBGA、BOC 基板等，主供日月光
京瓷（Kyocera）	日资	主要产品：FCBGA、FC-CSP、积层基板等
Simmtech	韩资	主要产品：CSP/PBGA、BOC、FC-CSP 基板等
大德（Dacduck）	韩资	主要产品：FCCSP、积层 CSP、BOC 等、主供三星、海力士等

表5.3.9 2015年中国大陆主要封装基板制造企业情况

企业名称	产品类型	主要产品与技术情况
深南电路	印制电路板、封装基板	主要产品：硅麦克风、基带芯片、存储芯片、指纹芯片等。主提供 2～6L 的 BGA、CSP 基板、生产线宽 25/25 微米，研发 15/15 微米
珠海越亚	无线射频功率放大四芯片，基带处理器、超宽类芯片	基板属于 Coreless 及 Via Post 封装基板。可实现 1.5～12L 利用 Build-UP 工艺，可实现 15/15 微米线距
安捷利	FPC 及柔性基板	主要产品：FPC 及柔性封装基板，量产 15/15 微米，研发能力为 10/10 微米
兴森快捷	FPC 及柔性基板	主要产品：柔性基板量产 15/15 微米。研发 10/10 微米
芯智联	MIS 基板（无芯基板）	主要产品：MIS 基板，主要用于 RFIC、SOC 及 PM，层数 1～4，量产线宽 15/15 微米，研发 12/12 微米
五株科技	MicroSD.双面 CSP 基板	2015 年进入基板研发

（六）化学试剂

1. 2015 年国内外化学试剂市场情况

据中国半导体行业协会支撑业分会报道，2015 年世界集成电路晶圆制造工艺化学品营收入为 11.2 亿美元，同比增长 5.70%，占晶圆制造前工序使用材料总值的 4.50%（见表 5.3.10）。

表5.3.10　2010—2015年世界集成电路晶圆制造业工艺化学品产业营业收入及增长率

单位：亿美元

指标名称	2010 年	2011 年	2012 年	2013 年	2014 年	2015 年	CAGR
营业收入	8.5	9.1	9.7	10.0	10.6	11.2	4.70%
同比	—	7.1%	6.6%	3.1%	6.0%	5.7%	—

2015 年中国集成电路晶圆制造工艺化学品销售收入为 13.89 亿元，同比增长 16.00%，占晶圆制造前工序使用材料总值的 4.40%（见表 5.3.11）。

表5.3.11　2010—2015年中国集成电路晶圆制造工艺化学品产业营业收入及增长率

单位：亿元

指标名称	2010 年	2011 年	2012 年	2013 年	2014 年	2015 年	CAGR
营业收入	6.10	7.97	8.67	10.43	11.97	13.89	14.70%
同比	—	30.7	8.8	20.3	14.8	16.0	—
占比	4.0%	3.0%	4.1%	4.2%	4.3%	4.4%	—

据中国半导体行业协会支撑业分会报道：2015 年中国集成电路制造工艺化学品试剂产量为 40 万吨（包括通用性化学品和功能性化学品）。2015 年中国集成电路制造刻蚀/清洗/CVD 等用化学品 7 万吨。

2．2015 年江苏省化学试剂业发展情况

江苏省集成电路（器件）生产用的化学试剂的制造主要集中在江阴市和苏州市。江阴市有江阴市润玛电子材料股份有限公司、江阴江化微电子材料股份有限公司、江阴化学试剂厂有限公司。苏州市有苏州瑞红电子化学品有限公司、苏州苏瑞电子材料有限公司、苏州晶瑞化学有限公司等。江阴江化、江阴润玛等是国内规模较大的超高纯电子化学品生产企业如表 5.3.12 所示。

表5.3.12　江苏省主要高纯化学品生产企业情况

城市	序号	企业名称	资别	主要产品
苏州市	1	苏州晶瑞化学品有限公司	民资	高纯化学品试剂
	2	苏州苏瑞电子材料有限公司	民资	高纯化学品试剂
	3	苏州瑞红电子化学品有限公司	合资	光刻胶/显影液
	4	光洋化学应用材料科技（昆山）有限公司	外资	靶材、高纯化学品试剂
	5	苏州三和微电子有限公司	民资	化学试剂
	6	安智电子材料（苏州）有限公司	外资	光刻胶、显影液
	7	麦德美科技（苏州）有限公司	外资	高纯化学品试剂
	8	富士胶片电子材料（苏州）有限公司	外资	高纯化学品试剂

续表

城市	序号	企业名称	资别	主要产品
苏州市	9	林德电子特种气体（苏州）有限公司	外资	特种气体
	10	比欧西气体（苏州）有限公司	外资	高纯气体
	11	苏州金宏气体有限公司	外资	高纯气体
无锡市	12	江阴市润玛电子材料股份有限公司	民资	高纯化学品试剂
	13	江阴市化学试剂厂有限公司	民资	高纯化学品试剂
	14	江阴市江化微电子材料有限公司	民资	高纯化学品试剂
无锡市	15	江苏达诺半导体超纯科技有限公司	民资	高纯化学品试剂
	16	无锡高新气体有限公司	合资	特种气体
	17	无锡华润动力工程有限公司	国资	特种气体
	18	无锡建晶磨抛材料厂	民资	各种磨抛液

江苏省电子化学品试剂产品主要适用于6英寸生产线，并已有部分产品应用于8英寸生产线，而用于12英寸生产线的电子化学品试剂产品正在研发之中。

江阴市润玛电子材料股份有限公司凭借技术优势，全资建设“江苏中德电子材料科技有限公司”年产10万吨超净高纯电子化学品试剂，2015年建设项目初具规模，部分产线已经正常运行，有望今后在规模上成为全国最大的电子化学品生产厂家，某些产品力争打破国外企业垄断，突破技术壁垒，替代进口，发展具有自主知识产权的知名品牌。

（七）光刻胶

苏州瑞红电子化学品有限公司是全国最大的光刻胶生产企业，主要生产紫外负性光刻胶及配套试剂、G线光刻胶、TN-STN光刻胶、I线光刻胶等，并承担国家科技重大专项项目等。2015年，公司加大对光刻胶的研发，提高8英寸晶圆线用光刻胶的产量。

（八）硅基材料

江苏省集成电路硅材料企业较少，力量单薄（见表5.3.13）。其中在国内较知名的企业有南京国盛电子有限公司，该公司主要从事高性能半导体外延材料的研发和生产，主营硅基/碳化硅基外延片（功率IGBT硅外延片、功率MOSFET硅外延片、肖特基器件外延片、微波毫米波器件外延片、IC埋层硅外延片、碳化硅外延片等），产品覆盖4～8英寸的各类外延片，月产能达20万片（折合6英寸）；拥有10多项国家发明专利，拥有省、市两级“半导体硅外延材料工程技术中心”，承担10余项国家、省、市科技项目等。

苏州新美光纳米科技有限公司可为客户提供硅片全面解决方案，提供各种规格硅片（调试硅片、测试级硅片、氧化硅片、氮化硅片、超平硅片、镀铝片、镀铜片、定制硅片）及硅片单面/双面抛光片、减薄、激光切割等加工服务等。

表5.3.13　江苏省主要硅基材料企业

城市	企业名称	类别
南京市	中国电科第 55 所	国资
	南京国盛电子有限公司	国资
	江苏南大光电材料股份有限公司	民资
苏州市	昆山中辰矽晶有限公司	台资
	苏州新美光纳米科技有限公司	民资
	苏州恒嘉晶体材料有限公司	民资

（九）其他材料

2015 年，与半导体集成电路产业相关的其他各类材料企业也为江苏省集成电路产业发展作出了应有的贡献。

无锡中微掩模电子有限公司是具有研发及生产 0.13 微米及高阶二元掩模(binary mask)、高阶工艺相移掩模(phase shifting mask)的企业。该公司拥有光学邻近效应 (OPC)的处理技术。对于 0.25 微米及其以下的普通 5 英寸、6 英寸二元掩模也具有兼容生产能力。

无锡晨旸科技有限公司是目前国内唯一可以批量生产氧化铝研磨微粉、绿碳化硅微粉，并替代进口的企业。

无锡日月合金材料有限公司主要产品是银基、铜基二元、三元及多元合金焊接材料，主要用于磁控管（微波发生器主要部件）封装和真空开关管（灭弧室，输、变电控制元件）封装。

江苏省太平洋石英股份有限公司、无锡迈图石英有限公司和苏州凯西石英电子有限公司为本地区半导体集成电路企业就近提供了高纯石英粉、石英管（棒）、扩散管、石英坩埚、各类石英器件等多种类型的石英制品。

苏州恒嘉晶体材料有限公司主营蓝宝石材料，生产 2～4～6 英寸蓝宝石晶圆，从事生产、切割、抛光等业务。

光洋化学应用材料科技（昆山）有限公司是专业从事真空溅镀靶材生产的外资企业。

苏州天华超净科技有限公司是一家向客户提供防静电、防微污染解决方案的企业，具备防控三大体系（人体防护系统、制程防护系统和环境防护系统），是国内三防工程超净产品行业中的领先企业。

江苏南大光电材料股份有限公司主要从事高纯金属有机化合物（MO 源）的研发、生产和销售。

第六章

2015 年江苏省重点地区集成电路产业发展情况

第一节　2015年南京市集成电路产业发展情况

一、2015年南京市集成电路产业基本情况

2015年南京市半导体产业实现销售收入62.0亿元，同比增长43.85%。2015年南京市集成电路产业实现销售收入54.96亿元，同比增长47.35%，占到全省总值的6.27%，其中：集成电路设计业实现销售收入47.32亿元，同比增长52.60%；集成电路封测业实现销售收入7.64亿元，同比增长21.27%。2015年南京市半导体支撑业实现销售收入7.04亿元，同比增长2.23%，见表6.1.1。

表6.1.1　2015年南京市集成电路产业总量一览表

单位：亿元

序号	指标名称	半导体产业		其中：集成电路产业				支撑业			
		实绩	同比	实绩	同比	占比	占全省	实绩	同比	占比	占全省
1	全市合计	62.0	43.85%	54.96	47.35%	88.65%	6.27%	7.04	21.38%	11.35%	2.23%
2	集成电路合计	—	—	54.96	47.35%	100.0%	6.27%	—	—	—	—
3	集成电路设计业	—	—	47.32	52.60%	86.10%	30.79%	—	—	—	—
4	集成电路封测业	—	—	7.64	21.27%	13.90%	1.49%	—	—	—	—

2015年南京市集成电路企业有100余家，其中规模以上（年收入2000万元以上）的企业有35家。其中：集成电路设计企业有25家，集成电路封测企业有8家，支撑业企业有2家，见表6.1.2。

表6.1.2　2015年南京市集成电路重点企业情况

单位：亿元

序号	排名	企业名称	销售收入	同比增幅
前20强企业，实现销售收入37亿元，占全产业销售总额的82%				
一、设计业（14家）				
1	1	江苏东大集成电路系统工程技术有限公司	7.6	65.2%
2	2	南京中兴软件有限责任公司	6.2	24.0%
3	3	南京国博电子有限公司	4.98	11.6%
4	4	南京恒电电子有限公司	1.5	50.0%
5	5	南京微盟电子有限公司	1.3	7.7%
6	6	江苏凌比特微电子技术有限公司	1.2	160%
7	7	江苏沁恒股份有限公司	0.84	50.0%
8	8	南京誉葆科技有限公司	0.75	15%

续表

序号	排名	企业名称	销售收入	同比增幅
一、设计业（14 家）				
9	9	南京中旭电子科技有限公司	0.69	12%
10	10	南京矽力杰半导体技术有限公司	0.51	60%
11	11	南京芯力微电子有限公司	0.4	37%
12	12	江苏瑞福智能科技有限公司	0.35	10%
13	13	南京龙渊微电子科技有限公司	0.33	36%
14	14	南京拓品微电子有限公司	0.25	−24%
二、封测业（4 家）				
15	1	江苏芯艾科半导体有限公司	2.6	25.4%
16	2	南京桑德斯微电子有限公司	1.3	−3.3%
17	3	南京创锐半导体有限公司	1.3	8.3%
18	4	南京银茂微电子制造有限公司	0.47	25%
三、支撑业（2 家）				
19	1	南京国盛电子有限公司	4.93	−5.2%
20	2	南京长江电子信息产业集团微电子有限公司	0.4	5%

二、2015 年南京市集成电路产业发展特点

1. 产业规模平稳增长

2015 年全市集成电路产业实现销售收入 54.96 亿元，同比增长 47.35%。全省排名第 4 位。占全省集成电路产业销售收入总量的 6.3%，占全国总量的 1.52%。增速比全国增速高 27.65 个百分点，比江苏全省增速高 39.15 个百分点。

南京现拥有各类集成电路企业 100 多家，拥有一批行业知名专家和领军人才。

2. 集成电路设计业优势明显

在集成电路设计、制造和封测三个环节中，南京市集成电路设计业具有相对优势，2015 年销售收入 47.32 亿元，占全市集成电路产业总量 76.30%，占全省设计业总收入的 30.8%，占全国设计业收入的 3.6%。在国内主要城市集成电路设计业排名第 5 位，如图 6.1.1 所示。

全市现有 100 余家集成电路企业，设计企业有 80 家左右。设计业从业人员约 7000 人，其中研发人员 5500 余人（博士 215 人、硕士 3300 人、本科约 2000 人）。南京设计企业获得各项专利数 700 余件，发明专利数 400 余件，布图证书数近 300 件，企业参与制定相关行业标准 30 余项。体现了全市设计企业拥有良好的发展能力。

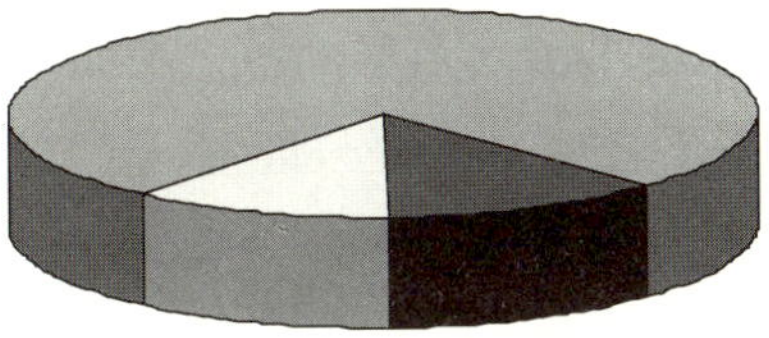

图 6.1.1 2015 年南京市半导体产业链销售收入结构

三、重点企业支撑强劲

全市规模以上集成电路企业（产值 2000 万元以上）30 家，实现销售收入 38 亿元，占全行业总量的 80.3%，其中：超亿元企业有国盛电子、国博电子、东大集成等 10 家，实现销售收入 33 亿元，占总量 70%。

1. 南京国博电子有限公司

2015 年实现销售收入 4.98 亿元，同比增长 11.6%，是全省最大的设计企业之一，主要产品为通信射频芯片及模块。2015 年新增知识产权 17 项，其中发明专利 3 项，实用新型 2 项，集成电路布局保护 12 项，在核心期刊发表论文 9 篇。移动通信市场，2015 年多个型号高性能射频开关集成电路产品批量进入华为、中兴的智能手机中，应用机型占全部机型的 80%，其中 3 个型号产品成为华为智能手机的平台器件，应用于包括 Mate8、P8 等华为旗舰机型。用于移动通信智能终端和基站等设备的芯片全年累计发货量超过 1.8 亿只，是年度计划值的 1.8 倍。宽带通信应用市场，国博公司是江苏电信宽带接入产品的重要供应商，在电信 aWIFI、4G-WiFi 等新市场应用领域，继续保持省内市场份额 30%的领先地位 。

2. 南京国盛电子有限公司

2015 年实现销售收入 4.9 亿元，同比减少 5.2%，是国内半导体材料的主要生产商，主要产品为 4 英寸、6 英寸、8 英寸硅外延片、碳化硅外延片。2015 年，获评首届中国电子材料 50 强行业、海关 A 级企业，某专利获第 17 届中国专利优秀奖，被台积电授予“合格供应商”。年度新开发海外客户韩国 6 家、中国台湾 2 家及美国通用公司。当年 8 英寸外延产品生产技术取得了突破性进展，多个产品开始批量生产，主要产品中，8 英寸 MOSFET 系列硅外延片达到了韩国客户的苛刻要求，已完成上万片的出口订单；8 英寸 SBD 系列硅外延片通过了国内知名芯片厂家的产品审核，并取得了批量订单；8 英寸集成电路埋层外延已通过无锡上华产品认证。

3. 南京微盟电子有限公司

2015 年销售收入 1.17 亿元，同比增长 6%，是全市最大的模拟电源管理芯片设计企业，主要产品分为消费类产品、AC-DC 产品、数模混合产品三大板块。2015 年，消费类芯片产品发布超低静态功耗稳压芯片，技术指标达到国际领先水平；AC-DC 产品中的六级能效产品不断得到丰富，有 5 款产品符合能源之星六级标准；MCU+ADC 在 2015 年首次形成销售。2015 年 1 月获得“江苏省管理创新示范企业”（全省 32 家，南京 5 家），获得了江苏省经信委 2015 年度省工业和信息产业转型升级专项资金项目，获得市经信委 2015 年新兴产业专项。

4. 江苏沁恒股份有限公司

2015 年实现销售收入 0.83 亿元，同比增长 0.2%，核心业务是接口类集成电路、SOC/MCU 类集成电路及嵌入式软件的研发和销售，产品主要应用于金融税控、信息安全、工业控制等领域。2015 年获得专利 2 项、软件著作权 2 项、集成电路布图设计 2 项，申请发明专利 3 项、集成电路布图设计 1 项，获得省级科技项目资金 150 万元。

5. 南京中旭电子科技有限公司

2015 年销售收入 0.56 亿元，同比增长 2%，公司从事霍尔集成电路研制和生产的企业，该产品主要应用于航空、航天等特殊领域。2015 年，研制了高精度小回差霍尔集成电路、陶瓷表贴小型霍尔集成电路等新产品，成功为航天、航空、兵器、舰船等领域解决了国产化以及小型化的问题，并与东南大学、南京理工大学等高校积极开展产学研合作，当年还建成江苏省工程技术研究中心和南京市企业技术中心。

四、产业载体加快建设

2014 年以来，全市以国家级江北新区（浦口开发区）为主要载体，规划建设了面积 5 平方千米的省级集成电路产业基地，推进具有国际领先水平的集成电路全产业链建设。同时结合全市软件产业“一谷两园”空间布局，支持中国（南京）软件谷、南京软件园、江苏软件园等园区加快发展网络通信、卫星导航、智能电网等领域的集成电路设计业。2015 年，各载体已集聚了全市 80%的企业，合计实现销售收入 39 亿元，占全市集成电路产业总量的 87%。

1. 江北新区（浦口开发区）

浦口开发区继 2014 年被授予“南京市集成电路产业基地”后，2015 年 7 月，又被江苏省经信委授予“江苏省电子信息产业园（集成电路）”的称号。该区按照推进具有国际领先水平的集成电路全产业链建设，打造集聚和承载集成电路龙头企业、重点平台、高端人才、研发机构等各类资源要素产业高地的总体思路，产业基地已完成整体规划布局、基础设施配套建设等，截至 2015 年年底，已签约项目 16 个，总投资 160 亿元，在谈项目 6 个，总投资 200 多亿元，其中，清华紫光（90 亿元）、艾科半导体（50 亿元）等大项目已入驻启动建设，台积电（30 亿美元）等项目已完成谈判于 2016 年 3 月 28 日签约。为提供入驻企业相关配套的公共服务，总投资 1.55 亿元的艾科测试、微邦封装、金创模具三个集成电路产业公共服务平台项目已于 2015 年上半年投入运营。

2. 软件谷（雨花区）

2015 年实现销售收入 8.5 亿元，占全市产业比重的 18%。园区以集成电路设计业为主要发展方向，以互联网、数字存储、宽带通信等领域为设计项目重点方向。目前，软件谷已集聚了国际著名的芯片设计企业美满电子（Marvell）、博通公司（Broadcom）、三星（Samsung）研发中心以及本土的中兴通信（芯片部）、沁恒科技等 10 多家集成电路设计企业。其中，存储器集成电路设计企业美满电子科技(Marvell)于 2014 年签约入驻，2015 年迁至软件谷楚翘城载体，并将中国大陆的研发中心经营部设在南京雨花区。

3. 江宁开发区（江苏软件园）

2015 年实现销售收入 14 亿元，占全市产业比重的 30%。共有 20 多家企业，其中设计业主要有 55 所国博电子、新捷中旭、龙渊微电子、东大通信、泽延微电子、米乐为等一批企业，在半导体材料领域主要有 55 所国盛电子、蓦希微电子、金美镓业等企业。

4. 徐庄集成电路设计产业园（江苏软件园）

2015 年实现销售收入 4.5 亿元，占全市产业比重 9.5%。目前聚集了集成电路设计企业近 20 家，园区以电源管理、物联网射频等芯片设计项目为发展重点，正在加强专用芯片设计和相关软件研发能力，着眼于通过提供智慧城市等系统解决方案来带动提升整个物联网产业链的竞争力。

5. 高新区北斗产业基地（南京软件园）

2015 年实现销售收入 9.5 亿元，占全市产业比重的 20%。园区以北斗兼容型芯片及卫星应用相关的通信芯片设计项目为发展重点，目前园区已拥有东大集成、凌比特、英特神斯、艾倍科、诺弗尔、睿隍电子、贝科森微等一批集成电路设计企业。

五、公共平台稳步发展

重点建设集成电路封装测试平台、集成电路 EDA 平台 2 个公共技术平台以及市集成电路行业协会公益服务平台。

1. 公共技术平台

● 集成电路封装测试平台

平台建在浦口开发区，主要为中小集成电路设计企业提供芯片封装测试服务。2015 年，完成了工厂的无尘室建设，快速完成设备安装调试，并顺利地进入量产，已完成 ISO 9000 的认证，服务企业 30 余家；在框架类产品上迅速上量到 15kk/月；成功完成了无线射频芯片、北斗芯片、陀螺仪等产品的加速度实验与小批量产，开启了指纹识别封装的研发，QFN无引脚封装等，平台已获专利 8 项。同时，全年多次接待省市领导参观，并协助南京集成电路行业协会举办第二届年会。

- 中科院 EDA 中心南京分中心

平台建在徐庄软件园，以设计企业为重点服务对象，提供 EDA 软件使用、MPW 流片、设计培训等专业服务。2015 年，为 3 家企业提供 EDA 软件服务，为 5 家企业提供了包括版图二次拼版、新品研发 MPW 技术服务，累计为企业节省 700 万元研发费用。并为东南大学、南京邮电大学等高校提供先进射频芯片 MPW 技术服务。同时，积极组织全市企业集成电路开展各类集成电路技术讲座，全年共组织 5 次，参加企业 100 多家/次，技术人员近 300 人。

2. 南京市集成电路行业协会

2015 年是市集成电路行业协会成立后的第二年，目前协会会员单位已有中国电科第 55 所、南京大学、东南大学、东大集成和南京微盟等 60 多家，协会现已与中国半导体行业协会、江苏省半导体行业协会等主动对接并形成了垂直对接的工作体系，也与上海、杭州、无锡等重点城市的集成电路协会建立起横向交流关系。2015 年以来协会已组织有关重点企业开展各类活动 20 多场次，其中，代表南京集成电路产业在 2015 年第十一届软博会整体展示亮相，牵头主办了由胡伟武（中科院计算所研究员、“龙芯 1 号”研制组组长）、叶甜春（中科院微电子所所长、核高基专家）、马佐平（美国工程院院士、微纳电子科学家）等国内外知名专家学者主讲的多场集成电路产业发展论坛，策划组织了与创维、熊猫、南瑞等本地整机企业的产业链对接合作活动，组织了芯片知识产权讲座等在内的多场专业培训，为推动全市集成电路企业形成产业链交流合作、共同发展起到积极的公共平台作用。

六、存在的问题

1. 产业总体规模偏小

全市集成电路企业总体规模为 54.96 亿元，总量仅占全省总量的 6.27%。目前，全市集成电路企业多为小微企业，其中，亿元以下企业数占 95%，企业人数在百人以下的企业占 88%，总体规模偏小、实力偏弱。

2. 产业链环节单一

目前，全市产业主要集中在设计业，设计业占产业总量的 86.1%，其余主要为分立器件封装和材料业等，随着浦口矽邦、艾科项目的引进，封装测试业也刚起步。重点环节中的晶圆制造业暂无，随着台积电入驻浦口开发区，建设 12 英寸 16 纳米晶圆生产线，2018 年后将从根本上改变南京在集成电路晶圆制造业的落后面貌。

3. 设计业平台力量弱

目前，南京市从事集成电路设计业公共服务的平台仅一家，为徐庄软件园与中科院共建的 EDA 平台（中科院 EDA 中心南京分中心），受投资规模和园区发展定位等因素限制，平台自 2012 年成立以来，仍以提供单一功能及配合本园区招商引资需要为主，总体服务能力有限。全市缺少类似上海、北京、深圳、苏州、天津等地功能全面、辐射面广、影响力大的集成电路设计公共服务平台。

第二节　2015年无锡市集成电路产业发展情况

2015年，在PC市场持续下滑、智能手机市场增长放缓、物联网应用增长不及预期等多种因素作用下，全球半导体市场规模呈现微降态势。中国在《国家集成电路产业发展推进纲要》等一系列政策实施的重大利好影响下，仍然保持高速发展态势。作为中国集成电路产业重镇的无锡借此东风瞄准应用市场、加大研发投入，进一步增强自身的创新能力和风险抵御能力，无锡集成电路产业迎来新一轮的发展机遇。

一、无锡集成电路产业整体运营情况

1. 产业总体概况

2015年，无锡产业界同仁克服种种不利因素，迎难而上、开拓创新，全年半导体产业规模达到637.5亿元，与2014年同期相比增长6.18%，其中集成电路产业销售收入457.3亿元，同比增长7.15%；集成电路支撑业销售收入180.2亿元，同比增长3.8%。

2015年集成电路设计产业销售收入76.1亿元，同比增长17.8%；集成电路制造业销售收入184.55亿元，同比增长7.4%；集成电路封测业销售收入196.65亿元，同比增长3.28%。

2015年，SK海力士、华润微电子、江阴长电、海太半导体等无锡集成电路龙头企业保持平稳发展，继续在全国同行业中名列前茅。SK海力士半导体（中国）有限公司（销售额127亿元，同比增长13.1%）和华润微电子有限公司（销售额47.8亿元，同比下降5.2%）分别以第三名和第四名入围2015年中国十大半导体制造企业，江苏新潮科技集团有限公司（销售额92.2亿元，同比增长33.4%）和海太半导体（无锡）有限公司（销售额37.2亿元，同比增长4.8%）分别以第一名和第七名入围2015年中国十大半导体封装测试企业。多年来一直名列其中的英飞凌科技（无锡）有限公司第二次无缘十大半导体封装测试企业，但随着英飞凌科技新投入的生产线实现量产，预计2016年销售额将实现快速增长，有望再次迈入中国十大半导体封装测试企业。

2. 2015年无锡市集成电路产业在全国、江苏省的地位

1）在国内的地位

集成电路设计业列全国第四（仅次于深圳、上海和北京）

集成电路制造业列全国第二（仅次于上海）

集成电路封测业列全国第三（仅次于上海和苏州）

2）在省内的地位

集成电路设计业列全省第一

集成电路制造业列全省第一

集成电路封测业列全省第二（仅次于苏州）

3. 2015 年无锡市集成电路知识产权情况

2015 年，无锡集成电路企业知识产权保护意识进一步增强，全年共申请专利近 500 项，完成授权专利近 120 项。无论申请专利还是授权专利，集成电路产业的发明专利在所有行业中占比达到 80%以上，遥遥领先其他产业。2015 年无锡市集成电路企业还完成集成电路布图保护近 100 件。

二、无锡市集成电路产业发展情况

1. 集成电路设计

2015 年，无锡市集成电路设计产业销售收入 76.1 亿元，同比增长 17.8%，继续稳居江苏省第一位。无锡市集成电路设计企业主要由海归系、院所系和民营系构成，2015 年无锡市集成电路设计企业十强中，海归系占了 2 席，民营系占了 6 席，院所系占了 2 席；10 家企业分布在新区和滨湖区两个区。2015 年无锡市集成电路企业继续开拓创新，将产品方向扩散到智能存储芯片、卫星导航芯片、RF 射频芯片、MEMS 传感芯片、通信芯片等高端、主流领域，为无锡市集成电路设计产业的发展源源不断的注入新鲜血液，有力地推动了无锡市集成电路设计产业的持续发展壮大。

2015 年，无锡芯朋微电子董事长张立新入选 2015 年“国家千人计划”；无锡中感微电子股份有限公司的“低功耗蓝牙 SOC 芯片 WS9625”项目入围“2015 年度中国半导体创新产品和技术”奖；无锡中感的“低功耗蓝牙 SoC 芯片”获评 2015 年“中国芯·最佳市场表现产品”；无锡新硅的“高可靠自匹配通信接口集成电路”和无锡华润矽科的“智能卡读写器电路”获评 2015 年“中国芯·最具潜质产品”；无锡芯朋的高集成芯片提名 2016 年度大中华电子成就奖之年度最佳产品；无锡力芯微电子、无锡安特源、无锡中感微电子等集成电路设计企业已步入上市工作的辅导期，逐步形成无锡上市的集成电路设计企业群；无锡新区集成电路设计应用先进制造业基地入选首批江苏省先进制造业基地。

2. 集成电路制造

2015 年，无锡集成电路制造业销售收入 184.55 亿元，同比增长 7.4%。龙头企业 SK 海力士、华润微电子依然位列全国十大半导体制造企业。

无锡华润上华科技有限公司研发的“跑道形 NLDMOS 晶体管及其制作方法”填补了国内空白，开创了国内首个可应用于单片智能开关电源集成电路工艺技术，达到国际领先水平。无锡华润上华半导体有限公司推出无线充电方案、环境光接近检测芯片和 700V BCD 工艺，在高电压、高功率、高密度等方面把 BCD 持续做强。

3．集成电路封测业

2015年，无锡集成电路封装测试业实现销售196.65亿元，同比增长3.28%。其中江苏新潮科技集团有限公司扭转2014年销售略有下滑的颓势，大幅增长33.4%，达到92.2亿元，继续巩固全国集成电路封测业首位。

2015年10月，英飞凌科技公司在无锡新区投资3亿美元建无锡市第二个工厂，该厂为生产下一代新型半导体元器件，主产IGBT产品，预计可形成年销售30亿元的销售规模。无锡华润安盛成功引入世界上第一家将3D打印技术运用到半导体封装的EoPlex公司的先进封装平台，为客户提供具有优质电热性能的封装方案。

三、无锡集成电路产业后续发展目标及主要措施

1．发展目标

无锡是全国超大规模集成电路大生产的发祥地。经过20多年的发展，构建了较为完整的产业链。在贯彻落实《国家集成电路产业发展推进纲要》、启动“十三五”集成电路产业发展规划的2016年，无锡要能够在新的起点上加速发展，半导体产业规模跃上700亿元；集成电路产业销售收入超过500亿元大关，同比增长10%。

2．主要措施

确立“优先发展集成电路设计业，重点引进晶圆制造业，优化提升封装测试业，积极扶植支撑业”的基本思路，完善和落实产业政策，调整和优化产业结构，不断提升自主创新能力，加强公共服务，促进产业链各环节的协调发展。

（1）抓好科技重大专项等重点项目的实施。科技重大专项是按照国家发展目标设定，对微电子行业发展具有重要作用。通过加强项目实施推进，落实地方配套与支持措施，切实加快国家科技重大专项、863 计划、电子发展基金、省重大科技成果转化等项目实施，确保达到预期目标。

（2）完善专业园区建设。按照高标准规划、高水平建设的要求，完善无锡集成电路产业园的建设，形成设计研发、高端制造、总部经济等区域，成为无锡集成电路产业的核心区域和增长点。继续做好无锡集成电路设计大厦、国家集成电路设计中心等专业园区建设和完善工作，强化平台功能和服务能力，构建产业发展的支撑服务体系。

（3）切实落实国家和地方相关政策。认真落实国家、省、市、区各级政府关于集成电路企业、集成电路设计企业、高新技术企业、企业研究开发经费加计扣除等优惠政策，引导和支持企业加大创新投入、加快企业发展。进一步研究制定鼓励集成电路企业发展高端产品、引进领军型人才的相关措施，以及促进集成电路产业发展的土地、税收和融资等方面的政策措施，确保重点企业和重点项目的用地。争取政府安排用于集成电路产业发展的财政资金逐年增加，并进一步完善各项税收优惠政策。

（4）做好人才引进和培养工作。认真落实无锡市委市政府《关于深化“530”计划，建设“东方硅谷”的意见》，大力实施创新驱动战略，深入推进“530”计划，以更大力度吸引海内外高层次微电子人才来无锡高新区创新创业，促进产业转型升级。重点放在引进行业领军型人才和具有高端技术和产品开发能力的创新团队，弥补无锡地区重大产品的缺失，推动无锡集成电路产业的产品创新开发实现跃升。利用“7+1”产学研合作平台，建立全方位、多层次、多元化的人才培养体系，建立校企结合在职培训模式，有针对性地培养急需的专业人才。

第三节　2015 年苏州市集成电路产业发展情况

进入 21 世纪以来，苏州抓住国际半导体产业转移的历史机遇，通过积极实施开放战略，在苏州集聚了以和舰科技、日月光、矽品、三星电子、快捷半导体、超威半导体等为代表的一大批具有国际当代先进水平的集成电路晶圆制造、封测企业。通过积极支持本土企业发展，使固锝电子、苏州半导体总厂等成长为本地民营半导体企业的代表。通过鼓励技术团队创新创业，诞生了国芯科技、创达特、盛科网络、多维科技、晶方科技等一大批新兴成长型集成电路企业。通过兼并重组，华天科技（昆山）、能讯高能等企业得到快速发展。经过 10 多年的发展与探索，苏州已成为产业链较完整、企业集聚度高、自主创新与市场竞争能力强、充满发展活力的国家重要的集成电路产业发展重镇。

一、总体情况

目前，苏州共有各类集成电路企业 180 家左右，涉及集成电路设计、晶圆制造、封装测试以及配套设备和材料等领域。2015 年，苏州市半导体产业实现销售收入 377.52 亿元，同比增长 3.6% ，其中集成电路设计实现销售 29.7 亿元，实现同比增长 24.8%；集成电路晶圆制造实现销售 18.12 亿元，同比增长 11.5%；集成电路封装测试实现销售 226.1 亿元，同比增长 1.2%；设备、材料和配套等支撑企业实现销售 103.6 亿元，同比增长 2.6%。

2015 年，苏州市集成电路产业销售收入（不包含支撑业，苏州按 273.92 亿元计算）占江苏省集成电路产业销售收入的 31.3%，占全国集成电路产业销售收入的 7.6%。全国排名第五，位于上海、无锡、深圳、北京之后。整体实力来讲，江苏省集成电路产业中苏州市排名仅次于无锡，主要体现在设计业和晶圆制造业落后于无锡，但封测业苏州排在江苏省各地首位。

二、分行业及重点骨干企业情况

1. 集成电路设计业

目前，苏州集成电路设计业规模占全市集成电路产业销售收入的 10.8%，占全国集成电路设计企业销售收入的 2.2%，占全省集成电路设计企业销售收入的 19.3%，在省内仅次于无锡和南京，位列全国大中城市第 9 名。

苏州集成电路设计业销售收入前十强的企业是：创发信息科技（苏州）有限公司、三星半导体（中国）研究开发有限公司、瑞萨集成电路设计有限公司苏州分公司、苏州日月成、硅能半导体、华芯微电子、银河龙芯、国芯科技、苏州博创、聚元微电子。其中，创发信息科技（苏州）有限公司是苏州工业园区 2014 年度重点引进的集成电路设计企业。该公司原为联发科集团的宽带芯片事业部，于2013年7月从集团分割独立出来，在苏州工业园区设立大陆运营总部（创发信息科技（苏州）有限公司），承担集成电路研发、设计、接单、销售、投片、开票纳税、管理等企业总部功能。该公司规划5年内完成营业收入累计45亿元，争取在2016年上市，2018年达到年营业收入13.36亿元。

苏州集成电路设计业涌现出一些明星企业，如盛科网络（苏州）有限公司、苏州雄立科技有限公司、苏州中晟宏芯信息科技有限公司等。其中，盛科网络研制的支持软件定义网络(SDN)的高性能以太网交换芯片CTC5160荣获中国电子学会技术发明类三等奖。

苏州创达特科技VDSL2芯片方案获得英国电信的正式入网测试认证，其多项技术指标和性能已达到甚至超过业界世界一流的水平。

苏州迈瑞微电子有限公司的指纹传感芯片2015年年底已经量产，得益于智能手机指纹解锁、支付等功能的实现，预计2016年公司业绩会取得爆发性增长。

灵芯微电子量产业界首款针对WiFi音响市场的WiFi芯片。该方案解决现有传统方案无法解决的延时问题，抗干扰问题，多声道问题等。

2. 晶圆制造行业

苏州晶圆制造行业销售收入占全市集成集成电路产业销售收入的6.6%，占全国集成电路晶圆制造企业销售收入的2.0%，占全省集成电路晶圆制造企业销售收入的8.6%，在省内仅次于无锡。和舰科技（苏州）有限公司是苏州唯一的集成电路制造企业，共有2条8英寸生产线，已将上、下游产业引进苏州，形成了群聚效应。提供多种硅晶圆制造工艺技术、最佳的生产成品率及最短的生产周期来满足客户的需求，其开发0.5～0.11微米多种工艺技术并已量产，在密度、速度、功耗等方面具有更优的性能。和舰科技排名列中国十大半导体企业第十名。

3. 集成电路封装测试行业

苏州集成电路封装测试行业销售收入占全市集成集成电路产业销售收入的82.5%，占全国集成电路集成电路封装测试企业销售收入的16.3%，占全省集成电路集成电路封装测试企业销售收入的41.1%，一直处于全国的领军地位。三星电子（苏州）半导体有限公司、矽品科技（苏州）有限公司和快捷半导体（苏州）有限公司销售仍然位居苏州市封测业前三。

4. 配套设备和材料等支撑行业

配套设备和材料等支撑行业销售收入占全市半导体产业销售收入的27.4%,已成为苏州集成电路产业的重要组成部分。聚集了江苏苏净集团、苏州天华超净、库力索法半导体、苏州瑞红电子等一大批设备和材料企业。

三、公共服务平台建设情况

苏州大力发展集成电路产业的过程中建设了一系列的公共服务平台和科研支撑机构，主要包括 EDA 设计、公共集成电路测试、MEMS 中试等系列化专业平台，形成了对集成电路产业各主要环节的有效支撑。

1. 集成电路设计服务平台

苏州中科集成电路设计中心成立于 2003 年 8 月，是苏州市政府和中科院计算技术研究所联合在苏州工业园区成立的非营利性机构，共建成 EDA 设计、集成电路测试、物理设计服务、人才培养、产品工程研发服务、产业化及创业孵化七大服务平台。中心充分利用中科院技术和人才优势，服务、引导整个苏州市乃至江苏省的集成电路产业迅猛发展。

2. MEMS 中试平台

苏州纳米科技发展有限公司于 2011 年 8 月启动建设 6 英寸微纳机电制造（MEMS）中试线，目前已建设超净厂房、配套设施、研发实验室、公共服务等场地 1.6 万平方米，其中超净工艺厂房 3400 平方米。中试线平台工艺以 6 英寸为主，扩展兼容 8 英寸工艺，填补了我国 MEMS 产业研发机构与规模代工厂之间的空白，满足了 MEMS 相关中小企业工艺研发和小批量生产的需求，为 MEMS 产业发展积累共性、关键技术。目前，苏州纳米科技发展有限公司承担了 MEMS 产品工艺研发、MEMS 加工、部分封装测试、专利运营、设备租赁、超净场地租赁、工艺技术培训等十多项专业服务。

四、苏州市集成电路产业发展特点

1. 外资企业为主导，自主创新创业团队为补充

苏州集成电路封测业已具规模，但主要厂商呈现外商独资、中外合资的格局，仍以外资为重。这些外资企业多为国际大型 IDM 厂商在中国大陆投资设立的后段封测厂，其无论在规模上还是技术水平上都具有主导地位。业内具有国资成分的晶方半导体、民营企业昆山华天科技和高新区固锝电子有较强的技术实力和发展前景。近年来，以良好的创业环境，苏州吸引一批创新创业团队，涌现出了盛科网络、创达特、雄立科技等一大批创新型企业，未来发展后劲十足。

2. 产业链相对完整，但产业链分段发展不均衡

苏州集成电路产业形成了集成电路设计、芯片制造、封装测试、配套设备和材料四业并举、较为协调的发展格局。集成电路设计业销售收入占全行业比重为 10.8%；芯片制造业比重仅为 6.6%；封装测试业达到 82.5%；集成电路配套设备和材料业形成一定的产业规模，有力支撑了集成电路产业的发展。苏州封测业一直处于全国的领军地位，但集成电路设计，尤其是晶圆制造发展相对滞后。

3．企业集群集聚，优势骨干企业发展不突出

依托市场、环境、资金等优势，苏州集成电路产业迅速发展，苏州工业园区产业聚集和带动作用更加明显，高新区、昆山等地区日益发挥重要作用。尽管成绩显著，但是苏州集成电路产业仍存在诸多问题。内资企业规模小，持续创新能力不强，核心技术少，产品国内市场占有率仍然较低，缺乏几款明星产品，在微处理器、存储器、可编程逻辑阵列、数字信号处理器等大宗战略产品中没有对市场占有绝对份额的产品出现，仍游离于国内外主战场之外，与国外先进水平有较大差距。

4．自主发展是主流，人才等要素支撑明显不足

纵观全球的集成电路产业，在 CPU、存储器、数字电视芯片、智能手机芯片等各个领域已经形成了大企业垄断的局面，企业欲进入这些领域，面临着资金、技术、规模的重重壁垒。多年以来，苏州的集成电路企业主要是依靠自身的环境、市场和资金优势，得以持续发展。与集成电路产业发展领先的地区相比，苏州在产业布局、产业投入、人才引进和培育等方面差距正逐步拉大。特别是由于近年来苏州在产业投资和产业人才保障方面做得不够，苏州地区集成电路产业规模没有比较明显的提升。

五、苏州市集成电路产业发展面临的机遇

1．市场需求营造了集成电路产业新的发展空间

当前以移动互联网、三网融合、物联网、云计算、节能环保、高端装备为代表的战略性新兴产业快速发展，将成为继计算机、网络通信、消费电子之后，推动集成电路产业发展的新动力，多技术、多应用的融合催生新的集成电路产品出现。预计“十三五”期间，国内集成电路市场规模仍将保持 1 万亿元以上，广阔、多层次的大市场为本土集成电路企业提供了新的发展空间。

2．国家信息安全催生芯片国产化

当前，和信息安全相关的集成电路产业，已经提升至国家战略高度，我国信息安全的潜在需求释放将催生集成电路产业链进入高景气周期。芯片国产化的大趋势已经不可逆转，相关方面的资金投入有望实现几何级增长。而目前，国内集成电路产业仅能满足 15%左右的国内市场需求，加快芯片国产化替代进程，推动民族集成电路产业不断发展已势在必行。在此背景下，国内集成电路产业链条上的相关企业，均有望迎来高速发展。

3．空前利好的产业发展政策环境

2011 年，国务院印发了《进一步鼓励软件产业和集成电路产业发展若干政策》（国发〔2011〕4 号），保持了对国务院《鼓励软件产业和集成电路产业发展若干政策》（国发〔2000〕18 号）的延续，进一步加大了对集成电路产业的扶持力度，扩大了扶持范围，优惠政策覆

盖了产业链各个环节，产业发展环境进一步得到优化。2014年6月，国务院正式发布《国家集成电路产业发展推进纲要》，提出设立国家集成电路产业投资基金，扶持力度进一步加大。近期，江苏省集成电路产业政策和产业基金正酝酿出台和设立。这些政策的颁布实施，必将促进苏州市集成电路产业进入新的发展阶段。

六、苏州集成电路产业发展的建议

（1）全面落实国家和江苏省产业政策，制定适合苏州产业发展的政策意见。《国家集成电路产业发展推进纲要》出台后，成立1200亿元国家产业基金，重点发展晶圆制造，兼顾设计、封装、装备与材料等，优先支持领先的集成电路龙头企业。目前，从全国各地方看，北京设立总规模300亿股权投资基金；上海、武汉、合肥设立总规模500亿元集成电路产业投资基金；深圳、无锡、成都和西安等地也正在制定相应的扶持政策。为此，建议苏州加强集成电路战略研究，全面落实国家和省产业政策，出台针对苏州集成电路产业发展的若干政策，加大软件和集成电路专项扶持资金，落实扶持集成电路企业的优惠政策。同时，设立集成电路产业基金，以产业基金为资金平台，重点支持集成电路领域的兼并重组、骨干企业培育、企业上市、人才培养、公共服务平台建设，探索产业投融资体系建设，人才培育体系建设，产业服务体系建设等。

（2）加大招商引资力度，超常规引进一批优势企业和项目。坚持对外开放，继续优化环境，大力吸引国外（境外）资金、技术和人才，承接国际高端产业转移。吸引跨国公司以及国内重点骨干集成电路企业在苏州设立研发中心、生产中心和运营中心。加大整合现有产业资源，紧扣产业链前后延伸，放大产业特色优势。依托苏州MEMS中试平台的优势，引进一批MEMS设计及封测企业。鉴于晶圆制造投资大，产出高，对产业上下游带动性强，在条件允许的情况下，引进一条12英寸生产线。目前，随着智能设备尤其是可穿戴设备的崛起，封装还担负着如何将芯片做轻、做薄以及小型化，以符合智能产品发展趋势的重任，重点引进一批先进封装项目，强化苏州封装测试优势。

（3）强化集成电路产业人才引进和培育，鼓励人才创业。集成电路是知识技术密集型产业，产业的发展离不开人才的支撑，构建完善的人才政策体系，开展集成电路人才培训基地建设，同时加大引智招商的力度。一是以产业高端化攀升为目标，加大人才的招引力度，力争从美、日、韩等发达国家和台湾地区引进高水平设计公司或团队。二是构建以高等院校微电子专业为主，社会培训机构和企业培训部门为有益补充的人才培育体系。在微电子人才的培养方面，建议：一方面，培养微电子人才的高校紧密结合集成电路产业发展需求，加强与国际知名大学、跨国公司合作，引进国外师资和优质资源，及时调整课程设置、教学计划和教学方式，努力培养适合产业发展需要的复合型、实用性人才；另一方面，高校和企业加强联系和沟通，建立校企结合的人才综合培训和实践基地。

（4）鼓励企业兼并重组，加大扶优扶强力度。摒弃“宁做鸡头、不做凤尾”的观念，以股权投资为引导，通过股权改造优化公司治理架构，推动企业兼并重组，促进企业竞争力提升，争取在多个细分领域有企业跻身全球第一阵营。建议在政策、税收、补贴等方面给予大力支持，帮助解决兼并重组中的困难，形成政府鼓励、政策扶持、市场主导、企业自愿、多方共赢的兼并重组机制。同时，立足于现有集成电路产业基础，排出一批成长性较强的重点企业和项目，整合产业资源，加大要素资源倾斜和政策扶持力度，培育一批“专、精、特、新”的中小企业。

（5）优化和支持产业公共发展平台建设。强化中科集成电路设计服务平台和MEMS中试平台建设，为苏州集成电路企业提供国内最便捷、性价比最高的EDA软件服务、测试服务、MEMS加工等服务。继续推动建立一批国家级的集成电路产业发展和服务平台，引进光刻版制作、快速封装、知识产权服务、法律咨询等机构，加快形成强有力的产业支撑服务体系。

第七章

2015 年江苏省多晶硅和太阳能光伏产业发展情况

第一节　2015 年江苏省多晶硅产业发展情况

一、2015 年世界多晶硅产业概况

2015 年世界多晶硅总产量为 34 万吨，同比增长 12.6%（见图 7.1.1）。2015 年世界多晶硅总产能为 45 万～48 万吨，同比增长 4.3%。2015 年世界多晶硅市场总需求量约为 30 万吨，供大于求的状况仍未改观。2015 年世界多晶硅前十大企业总产量已占全球总产量 95%以上，比 2013 年占比提高了 13 个百分点如图 7.1.2 和表 7.1.1 所示。

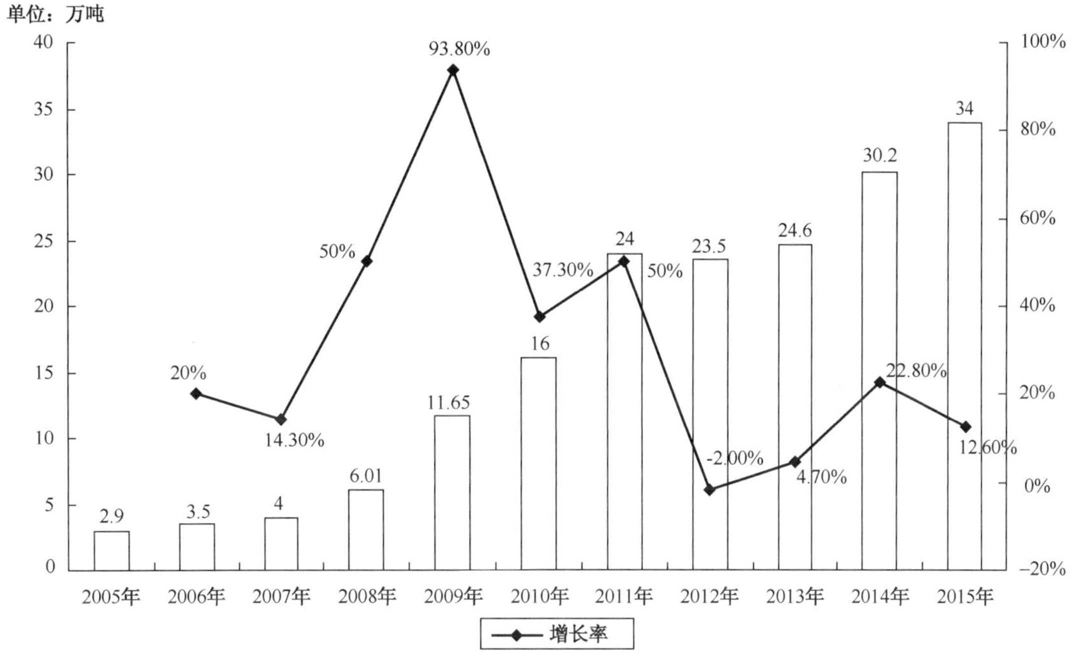

CAGR=25.10%（2005—2015 年）

资料来源：中国光伏协会（2016.4.8）。

图 7.1.1　2005—2015 年世界多晶硅产量规模及增长情况

表7.1.1　2007—2015年世界太阳能级多晶硅产能

单位：万吨

指标名称	2007 年	2008 年	2009 年	2010 年	2011 年	2012 年	2013 年	2014 年	2015 年	CAGR
多晶硅产能	0.31	0.98	6.52	14.15	26.50	35.00	42.00	46.00	48.00	75.11%
同比	—	216.1%	565.3%	217.0%	87.3%	35.8%	16.7%	9.5%	4.3%	—
欧美日韩产能	0.24	0.68	4.55	10.49	20.00	26.00	28.00	30.00	32.00	72.23%
同比	—	183.3%	569.1%	130.5%	90.7%	30.0%	7.7%	7.1%	6.7%	—

续表

指标名称	2007 年	2008 年	2009 年	2010 年	2011 年	2012 年	2013 年	2014 年	2015 年	CAGR
中国产能	0.07	0.30	1.97	3.66	6.50	10.00	16.00	16.00	16.00	82.86%
同比	—	328.6%	556.7%	85.8%	77.6%	53.8%	60.0%	平	平	—
占比	22.5%	30.6%	30.2%	25.9%	24.5%	27.8%	38.1%	34.8%	33.3%	—

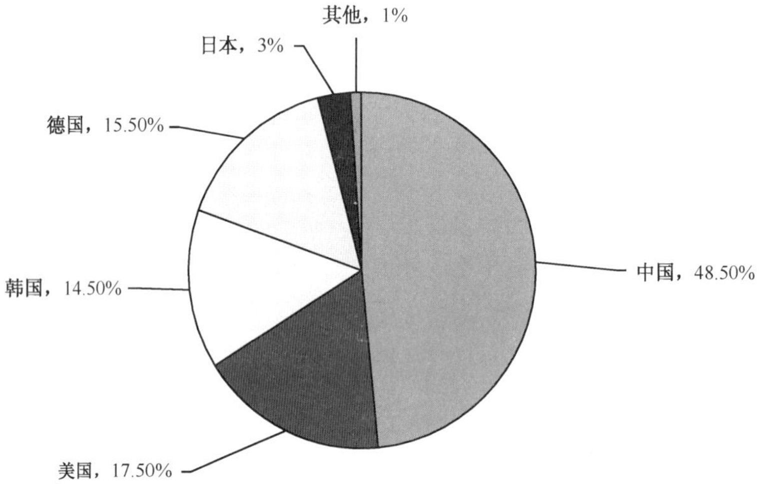

图 7.1.2 2015 年世界主要国家多晶硅生产产量分布

分析多晶硅成本效益，2011 年前世界多晶硅市场价格高，为暴利行业，在 2008 年 9 月达到顶峰为 450 美元/千克；2012 年后逐渐处于合理区间，但企业成本要低于 25 美元/千克才有竞争力；2014 年企业成本要低于 20 美元/千克才能生存；2015 年企业成本要低于 15～18 美元/千克有市场竞争力；2016 年预计成本要低 15～17 美元/千克有市场竞争力见表 7.1.2 和表 7.1.3。

表7.1.2 2007—2015年世界多晶硅价格走势

指标名称	2007 年	2008 年	2009 年	2010 年	2011 年	2012 年	2013 年	2014 年	2015 年	2016 年 (E)
价格（美元/千克）	200～300	300～450～110	110～70	70～100	100～50	50～30	30～18	18～22	18～20	20～17

表7.1.3 2013—2015年第二季度世界多晶硅生产成本

单位：美元/千克

年度	2013 年				2014 年				2015 年	
季度	Q1	Q2	Q3	Q4	Q1	Q2	Q3	Q4	Q1	Q2
成本	20.59	17.64	15.98	15.75	14.49	14.13	13.05	13.23	12.8	12.98
环比	—	-14.3%	-9.4%	-1.4%	-8%	-2.4%	-7.6%	1.4%	-2.4%	1.4%

资料来源：光伏名人堂。

世界多晶硅制造大多以西门子法或改良西门子法为主流技术，使用冷氢、氯化、加压还原的制备。现已有不少工厂使用可有效提高产品质量和大幅度降低生产成本的流化床法（FBR）工艺，但工艺要求高，安全隐患大等不利因素存在，一般企业不可盲目追逐。目前改良西门子法已占半壁江山，未来几年，流化床法将会成为主流技术，新一代流化床法（FBR-B）已应用于生产，2015 年世界多晶硅产业前十大企业产量见表 7.1.4。

表7.1.4 2015年世界多晶硅产业前十大企业产量情况

单位：万吨/年

序号	企业名称	国别	2014 年		2015 年		2016 年(E)	
			产能	产量	产能	同比	产能	同比
1	江苏中能硅业	中国	6.5	6.68	7.5	15.4%	9.0	20.0%
2	瓦克（Wacker)	德国	5.2	5.10	5.2	平	7.0	34.6%
3	OCI	韩国	4.2	3.80	5.2	23.8%	5.2	平
4	Hemlock	美国	4.3	2.80	4.3	平	4.3	平
5	REC	美国	2.2	1.88	2.2	平	2.2	平
6	特变电工	中国	1.7	1.75	2.2	5.6%	1.8	-18.2%
7	洛阳中硅	中国	1.0	0.92	1.5	20.0%	1.2	-20.0%
8	Tokuyama	日本	2.2	0.70	2.8	27.3%	2.8	平
9	大全新能源	中国	0.6	0.70	1.2	100.0%	1.2	平
10	四川瑞能	中国	0.8	0.60	1.0	25.0%	1.0	平
前十大企业合计			28.72	24.85	32.4	12.8%	35.7	10.2%
前十大企业占全球总量			82.3%		95.3%		95.0%	
前十大企业中中国占比			36.9%		39.2%		39.8%	

当前，世界多晶硅企业都重视大规模的冷氢化、二氯二氢硅等副产品的回收利用和热能回收利用等技术改进和应用，可减少对大气、水源、土壤的污染，对重视环保、降低企业生产成本起到良好的作用。

二、2015 年中国多晶硅产业概况

据中国光伏行业协会报道：2015 年中国多晶硅生产企业现有 18 家，其中规模以上企业（大于年产 2000 吨）有 16 家。2015 年中国多晶硅产量为 16.5 万吨，同比增长 21.3%，占世界多晶硅总产量 34 万吨的 48.6%。

1. 2015 年中国多晶硅产量情况

2005 年中国多晶硅产量仅为 80 吨，仅占全球 2.87 万吨的 0.3%，其中 95%以上依赖进口，到 2015 年年产 16.5 万吨，十年间平均递增速度为 114.5%，如图 7.1.3 和表 7.1.5 所示。

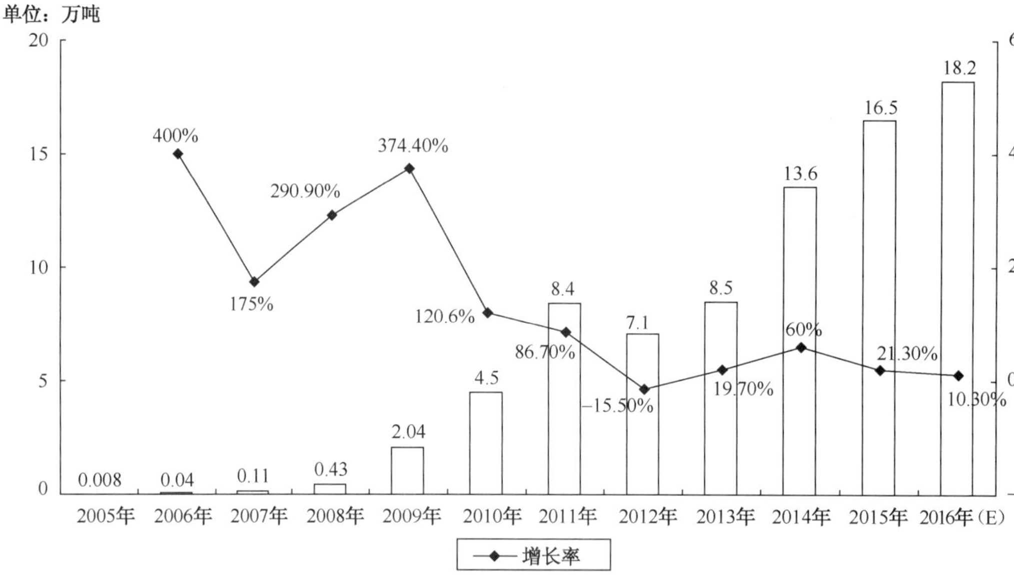

CAGR=114.5%（2005—2015 年）。

图 7.1.3　2005—2015 年中国多晶硅产量发展情况

表7.1.5　2005—2015年中国多晶硅产量占世界同业的比重

单位：万吨

指标名称	2005年	2006年	2007年	2008年	2009年	2010年	2011年	2012年	2013年	2014年	2015年	CAGR
世界多晶硅产量	2.90	3.50	4.00	6.00	11.70	16.00	24.00	23.50	24.60	30.20	34.00	27.9%
中国多晶硅产量	0.008	0.04	0.11	0.43	2.04	4.50	8.40	7.10	8.50	13.60	16.50	114.5%
中国多晶硅产量占比	0.3%	1.1%	2.8%	7.2%	17.1%	28.1%	35.0%	30.2%	34.6%	45.0%	48.5%	—

- 2015 年中国多晶硅一类企业有 7 家，总产能 16.1 万吨，占全国多晶硅产能的 72.9%（见表 7.1.6）。
- 2015 年中国多晶硅二类企业有 10 家，总产能 6 万吨，占全国多晶硅产能的 27.1%。

2．2015 年中国多晶硅成本与效益

2015 年，中国多晶硅大部分厂家成本在 20 万元/吨（约合 32 美元/千克），这样完全失去竞争能力。只有江苏中能、四川永祥、特变电工等少数企业成本尚可控制在 12 万～15 万元/吨（约合 19.2 美元/千克），尚有一些竞争力，其中江苏中能可与世界先进水平相持平。

2015 年中国多晶硅厂其中有一部分企业尚需靠下游的铸锭和切片弥补上游的亏损，而特变电工的成本尚需依赖新疆的低价煤和发电价贴来弥补，而非工艺优化的结果。

表7.1.6　2015年中国多晶硅主要企业产能情况

单位：万吨

类别	序号	企业名称	产能	类别	序号	企业名称	产能
一类企业（年产超万吨）	1	江苏中能	7.5	二类企业（年产 2000 吨以上）	1	盾安光伏	0.80
	2	特变电工	2.2		2	宜昌南玻	0.70
	3	四川永祥	1.5		3	江西赛维	0.50
	4	洛阳中硅	1.5		4	国电晶阳	0.50
	5	新疆大全	1.2		5	神州硅业	0.45
	6	亚洲硅业	1.2		6	陕西天宏	0.30
	7	四川瑞能	1.0		7	昆明冶研	0.30
	小计		16.1		8	黄河水电	0.25
					小计		3.80

3. 2015 年中国多晶硅进口情况

2015 年中国多晶硅进口量为 6 万吨，同比下降 41.1%，如图 7.1.4 和表 7.1.7 所示。

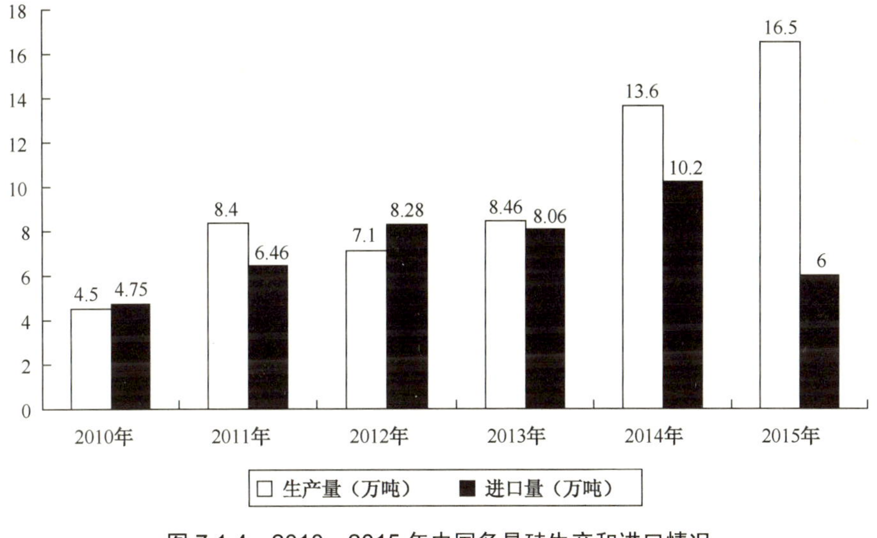

图 7.1.4　2010—2015 年中国多晶硅生产和进口情况

表7.1.7　2010—2015年中国多晶硅生产和进口情况

单位：万吨

进口情况	2010 年	2011 年	2012 年	2013 年	2014 年	2015 年	CAGR
生产量	4.5	8.4	7.1	8.46	13.6	16.5	24.2%
进口量	4.75	6.46	8.28	8.06	10.2	6	4.0%
市场需求合计	9.25	14.86	15.38	16.52	23.8	22.5	16.0%
生产量同比	125.00%	86.70%	-15.50%	19.20%	60.80%	21.30%	—
进口量同比		36%	28.2%	-2.7%	26.6%	-41.2%	—

- 2015 年 7 月从中国台湾转口多晶硅量达 966 吨，环比增长 40.6%，占当月进口量的 10%，超过美国成为第三大进口地区。

4．2016 年中国多晶硅产能预测

2016 年中国多晶硅产能预计为 22 万吨左右，见表 7.1.8。

表7.1.8　2016年中国各地多晶硅产能预测

地区名称	江苏	新疆	内蒙古	青海	其他	合计
产能（万吨）	10.0	4.0	3.0	2.0	3.0	22.4
占比	45.5%	18.2%	13.6%	9.1%	13.6%	100.0%

三、2015 年江苏省多晶硅产业情况

江苏省发展多晶硅产业具有得天独厚的自然资源优势。江苏东海县拥有丰富优质的硅资源，已探明的东海天然水晶矿储量达 30 万吨，硅矿储量达 3 亿吨，硅矿资源占全国储量的 60%以上，占世界硅储量的 15%以上。这是江苏省发展多晶硅、单晶硅极为有利的条件。

江苏省太阳能级多晶硅主要集中在徐州地区，江苏中能（保利协鑫）公司为全球第一大多晶硅企业，产能占全球总产能的 15.6%，占全国总产能的 33.9%，占全国产量的 45.5%。在技术水平上达到世界一流企业水准，在产品成本上能达到 12 万元/吨的水平以下，可与欧洲、美国、韩国、日本等的同类企业在市场上一决高下，成为江苏省多晶硅产业的一面旗帜。

2016 年江苏省太阳能级多晶硅产能将达到 10 万吨，占全国总产能的 45.5%，其中江苏中能产能将达到 9 万吨，同比增长 20%，占全国总产能的 41%，位居全球全国第一位。

第二节　2015 年江苏省太阳能光伏产业发展情况

一、2015 年世界太阳能光伏产业发展情况

（1）2015 年世界太阳能光伏发电新增装机容量为 53GW，同比增长 23.00%（见图 7.2.1）；

（2）2015 年世界太阳能光伏发电累计装机容量为 236GW，同比增长 29.00%（见图 7.2.2）；

（3）2015 年世界太阳能光伏电池组件产量为 60.2GW，同比增长 15.80%（见图 7.2.3）；

（4）2015 年世界太阳能光伏企业营收入预计为 1450 亿美元，同比下降 6.00%。

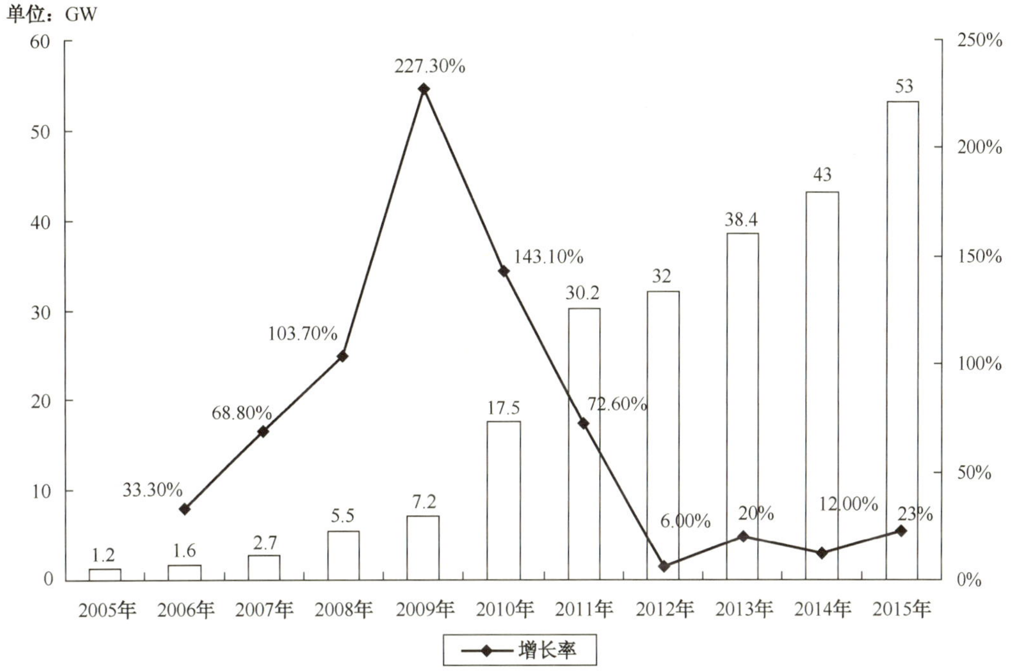

CAGR= 41.11 %（2005—2015 年）

资料来源：中国光伏协会/JSSIA 整理。

图 7.2.1　2005—2015 年世界太阳能光伏新增装机量总量及增长情况

图 7.2.4～图 7.2.6 分别给出了 2015 年世界多晶硅片产量分布情况，多晶硅电池片产量分布情况和太阳能组件产量分布情况。

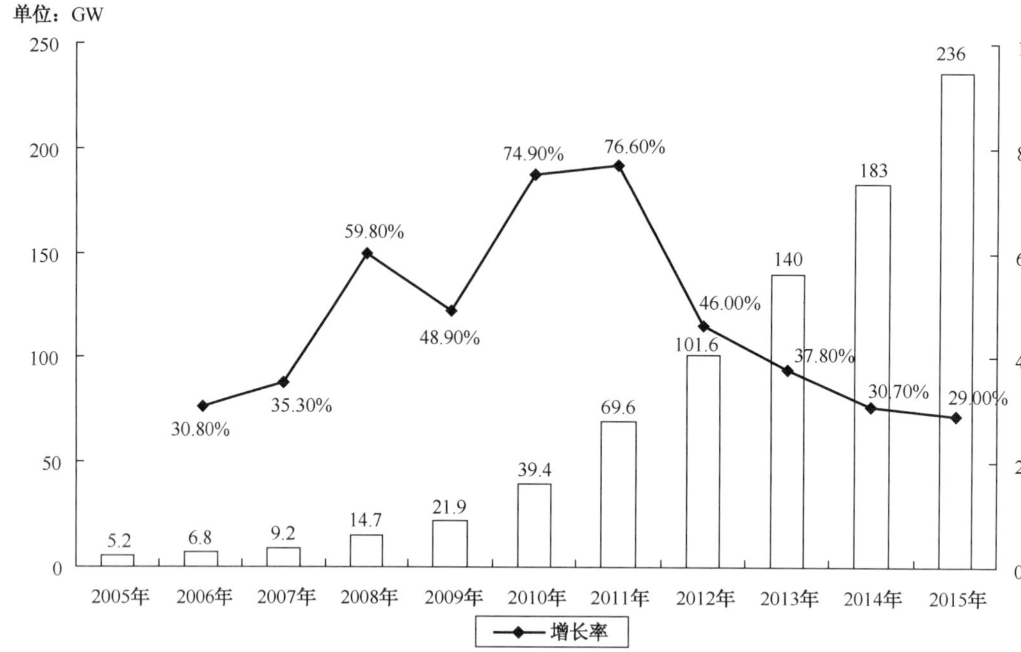

CAGR= 41.46 %（2005—2015 年）

资料来源：中国光伏行业协会/ JSSIA 整理。

图 7.2.2　2005—2015 年世界太阳能光伏累计装机量总量及增长情况

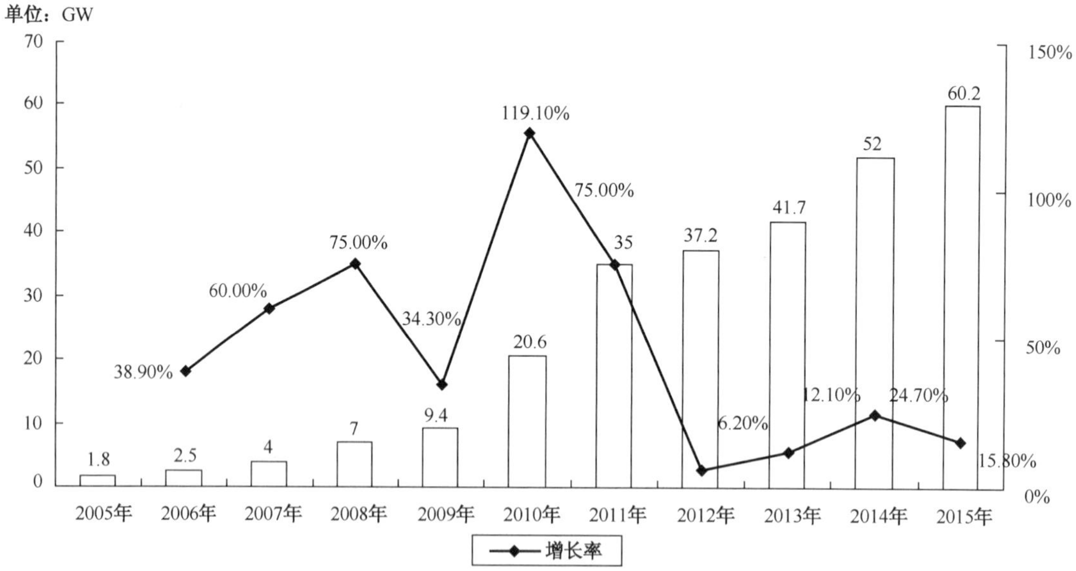

CAGR= 37.59%（2005—2015 年）

资料来源：中国电子报（2016.4.8）/JSSIA 整理。

图 7.2.3　2005—2015 年世界太阳能电池组件产量及增长情况

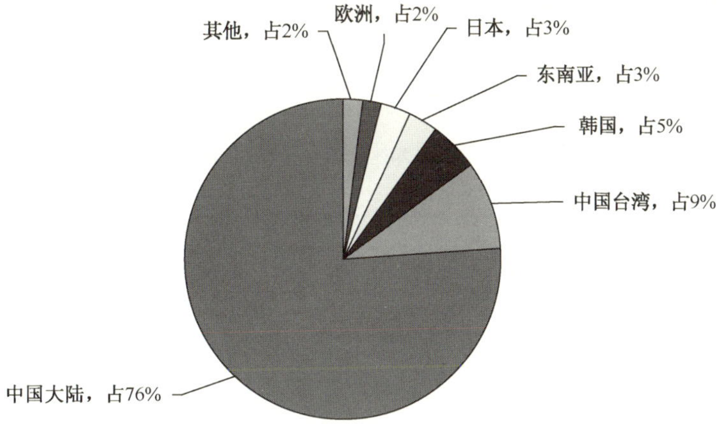

图 7.2.4　2015 年世界多晶硅片产量分布

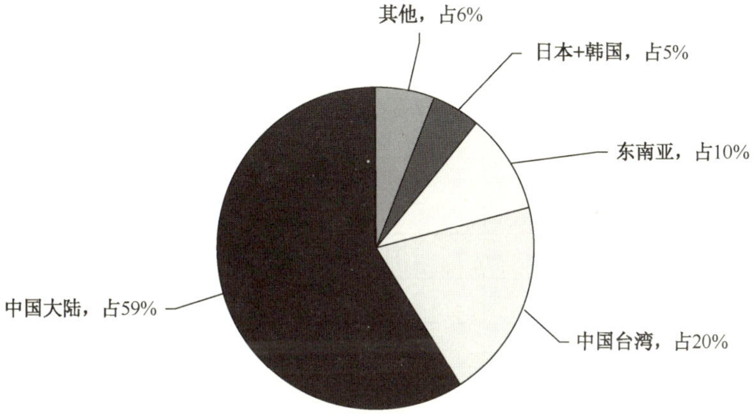

图 7.2.5　2015 年世界多晶硅电池片产量分布

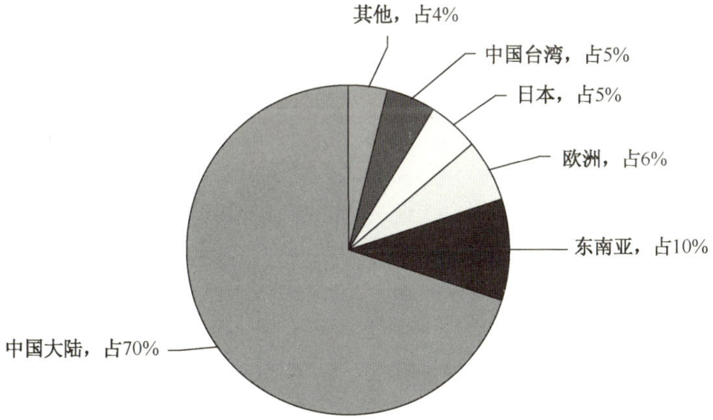

图 7.2.6　2015 年世界太阳能组件产量分布

从表 7.2.1 可以看出，2015 年世界太阳光伏组件十大出货量企业，中国占到 8 家，出货量占到十大企业的 82.15%，占到世界光伏组件总量的 48.16%。

表7.2.1　2015年世界太阳能光伏组件十大企业出货量情况

单位：GW

2014 年排名	2015 年排名	企业名称	2015 年出货量	2014 年出货量	同比	国别/地区
1	1	天合光能（TSL）	5.74	3.66	56.80%	中国
3	2	阿特斯（CSI）	4.71	3.11	51.60%	中国
4	3	晶科能源(JKS）	4.51	2.94	53.40%	中国
5	4	晶澳（JASO）	4.00	3.10	28.80%	中国
6	5	韩华（QCELLS）	3.2-3.4	2.38	42.90%	韩国
8	6	First Solax	2.8-2.9	1.50	93.30%	美国
—	7	无锡海润	2.99	2.75	8.7%	中国
2	8	英利绿色（YGE）	2.45	3.36	-27.10%	中国
—	9	常州亿晶	2.31	1.76	30.9%	中国
—	10	无锡尚德	2.28	2.14	6.5%	中国
光伏组件前十名企业合计			35.29	26.70	32.17%	—
光伏组件前十名企业占世界总量			58.62%	51.35%	提升 7.7 个百分点	

图 7.2.7～图 7.2.9 分别给出了 2015 年世界各地区太阳能光伏组件安装量分布占比、太阳能光伏电池分类分布、2011—2015 年世界太阳能光伏产业投资规模及增长情况。

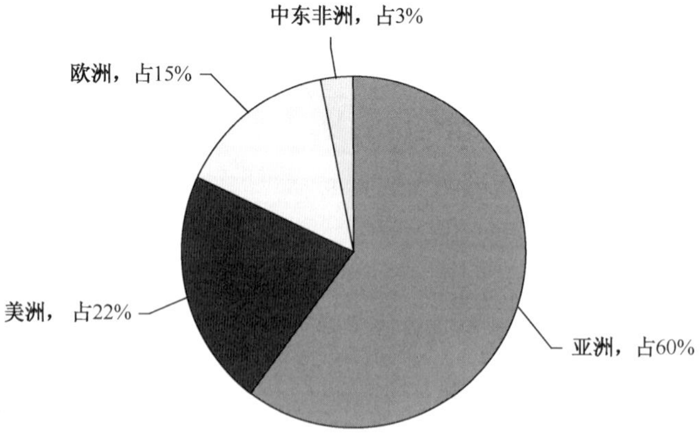

图 7.2.7　2015 年世界各地区太阳能光伏组件安装量分布占比

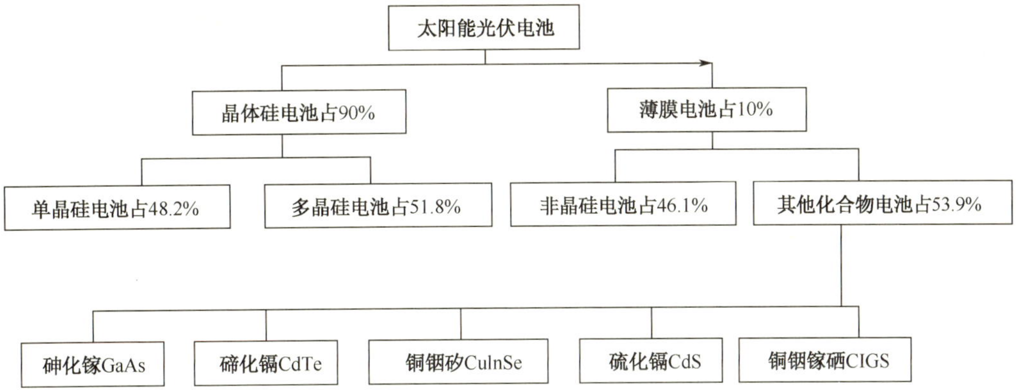

图7.2.8　太阳能光伏电池分类分布

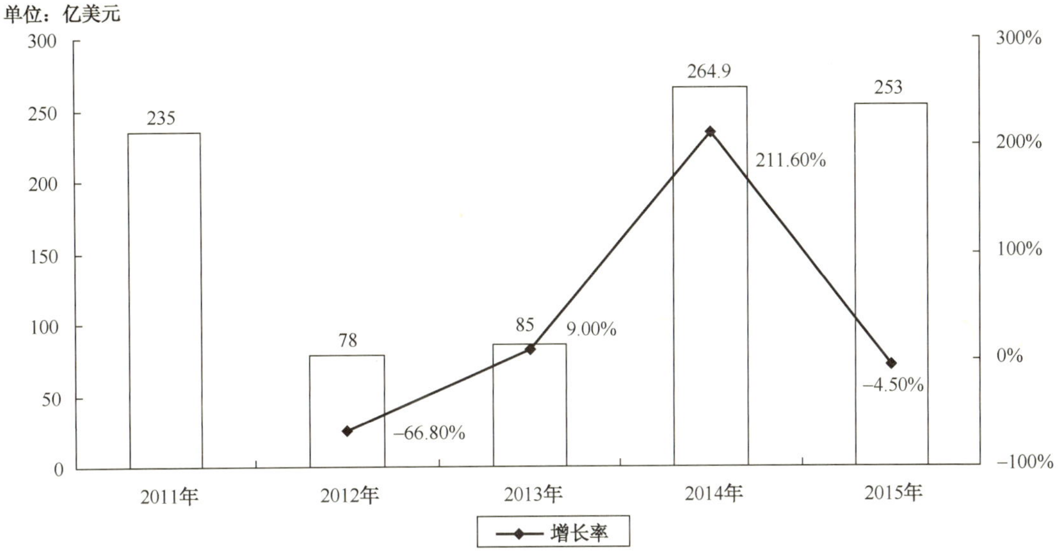

资料来源：美国Mercom（清洁能源通信）。

图7.2.9　2011—2015年世界太阳能光伏产业投资规模及增长情况

2015年世界太阳能光伏技术进步情况

（1）中国太阳能多晶硅流化床法已替代改良西门子法作为主流技术。

（2）在硅片环节，金刚线切割已大规模应用于单晶硅片，在多晶硅片中也已小规模应用。

（3）在电池环节，多次印刷、PERC技术、黑硅技术等已在使用或进行研发。

（4）为降低成本，EVA胶膜、背板与辅料生产进程加快。

（5）太阳能光伏转换率技术进步加快，多晶硅产品转换率达18%以上（目前多晶硅电池片大生产转换率平均为17.5%），单晶硅产品转换率达20%以上（目前单晶电池片大生产转换率平均为19.0%）。

（6）电池片的技术也在发展，采用PERC技术的电池片已被市场证明可稳定量产；较大尺寸单晶硅片的应用正在增加，已获得高效率；今后将着力改善 P 型单晶光衰问题，N 型单晶电池片今后会有大的发展。

（7）新一代流化床法（FBR-B）技术已应用于生产，但产量还不大。

2015 年薄膜太阳能电池材料技术发展情况

在多种薄膜太阳能电池生产技术中，目前已经产业化的主要有 3 种：硅基薄膜太阳能电池、碲化镉（CdTe）薄膜太阳能电池和铜铟镓硒薄膜太阳能电池（CIGS）。

（1）硅基薄膜虽然最早实现产业化，技术成熟，成本较低，但存在转换效率低和组件衰退快这两大弱点，目前已经不具备很强的竞争力。

（2）CdTe 薄膜电池本身固有的材料特性及发展实践，已经证明其是一种适合于大规模生产的高效廉价太阳能电池。目前实验室小面积电池效率已达 20.4%，组件全面积效率已达 14.2%。CdTe 电池具有较低的温度系数和优良的弱光响应，比晶硅电池发电能力要高出 5%～10%。欧盟从 2011 年开始对其豁免了 RoHS 的要求，认为 CdTe 薄膜电池无论在生产或是使用上，都是安全可控的。

（3）CIGS 具有很好的材料特性，易形成好的背电极和高质量的 PN 结，而且较容易做成柔性组件。CIGS 的实验室效率已达 21%，组件全面积效率已接近 16%。一些公司已经实现了 CIGS 的产业化。不过，继续提高沉积速率、优品率和材料的利用率以降低成本仍是产业化需要解决的问题。业界目前仍较认同 CIGS 是薄膜太阳能电池发展的方向。

（4）日本东京 Solar Frontler 与日本新能源产业技术开发机构（NEDO）通过使用 CIS 技术，使 0.5CM 太阳能电池转换率达 22.3%，创薄膜太阳能电池能效转换率新高，比以前的能效记录 21.70%提高 0.6 个百分点。

据市场调研机构 HIS 数据显示：2016 年世界太阳能光伏电池安装量预计可达 69GW，同比增长 30.20%。主要集中在中国（20GW）、美国（15GW）、日本（12GW）、印度（4GW），占到世界新增安装量的 74%。中国仍居第一位。

2016 年世界太阳能光伏电池组件降价幅度预计不足 5%，是近几年来降幅最小的年份。光伏电池组件毛利率有望达到 22%。

二、2015 年中国太阳能光伏产业发展情况

● 2015 年中国太阳能光伏产业发展业绩：

* 2015 年中国太阳能光伏新增装机容量为 15GW，同比增长 41.50%；占世界光伏新增装机容量 53GW 的 28.30%；连续三年位居世界光伏新增装机第一位（见图 7.2.10 和表 7.2.2）。

* 2015 年中国太阳能光伏累计装机容量为 43～45GW，占世界累计装机容量 236GW 的 19.10%，首次超过德国，跃居世界第一装机大国，其中：光伏电站为 37GW、分

布式电站为 6.1GW（见图 7.2.11 和表 7.2.3）。

* 2015 年中国光伏电池国内消化占到 1/3，对光伏“两头在外”的处境有所改善（见表 7.2.4）。
* 2015 年中国光伏电池硅片产量达 48GW，占全球总产量 60.3GW 的 79.60%。
* 2015 年中国光伏电池片产量达 41GW，占全球总产量 65.5GW 的 62.6%。
* 2015 年中国光伏电池组件产量达 45.80GW，占全球总产量 60.2GW 的 76.1%（见图 7.2.12 和表 7.2.5）。
* 2015 年中国光伏电池生产厂家中有 12 家超过 1GW，有 16 家超过 0.5GW。
* 2015 年中国太阳能光伏年发电量达 392 亿千瓦时。
* 到 2015 年中国太阳能光伏电池片累计生产 169GW。

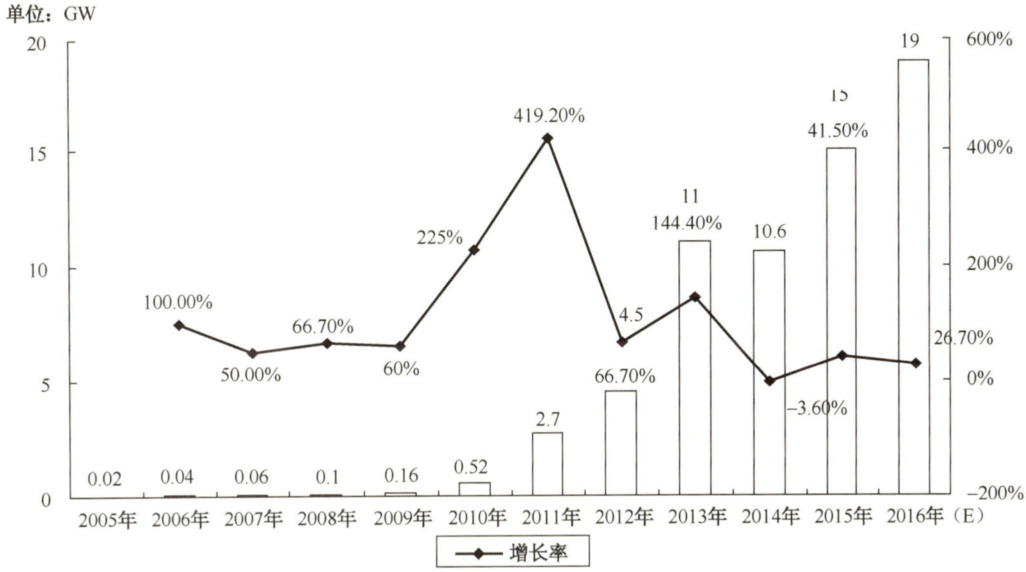

CAGR=77.07%（2005—2016 年）

资料来源：中国光伏行业协会（2016.4.8）。

图 7.2.10　2005—2016 年中国太阳能光伏新增装机总量及增长情况

表7.2.2　2005—2015年中国太阳能光伏新增机量占世界同业的比重

单位：GW

指标名称	2005 年	2006 年	2007 年	2008 年	2009 年	2010 年	2011 年	2012 年	2013 年	2014 年	2015 年	CAGR
世界新增装机	1.2	1.6	2.7	5.5	7.2	17.5	30.2	32.0	38.4	43.0	53.0	41.11%
中国新增装机	0.02	0.04	0.06	0.10	0.16	0.52	2.70	4.5	11.0	10.6	15.0	82.54%
占比	1.70%	2.50%	2.2%	1.9%	2.2%	3.0%	8.9%	14.1%	28.6%	24.7%	28.3%	—

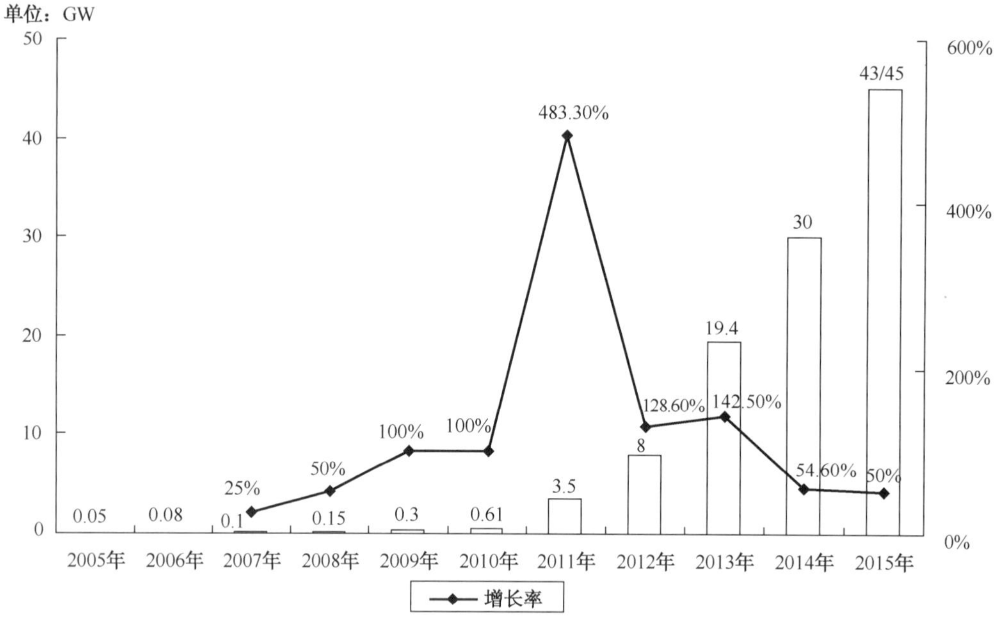

CAGR=85.6%（2005—2015 年）

图 7.2.11　2005—2015 年中国太阳能光伏累计装机总量及增长情况

表7.2.3　2005—2015年中国太阳能光伏累计装机量占世界同业的比重

单位：GW

指标名称	2005年	2006年	2007年	2008年	2009年	2010年	2011年	2012年	2013年	2014年	2015年	CAGR
世界累计装机量	5.2	6.8	9.2	14.7	21.9	39.4	69.6	101.6	140.0	183.0	236.0	41.46%
中国累计装机量	0.05	0.08	0.10	0.15	0.30	0.61	3.5	8.0	19.4	30.0	43/45	85.60%
同比	0.1%	1.2%	1.1%	1.0%	1.4%	2.1%	5.1%	7.9%	13.9%	16.4%	19.1%	—

表7.2.4　2015年中国主要地区太阳能光伏装机量情况

单位：GW

序号	省、直辖市、自治区	2015 年累计装机容量		2015 年新增装机容量	
		装机量	光伏电站	装机量	光伏电站
1	甘肃省	6.10	6.06	0.93	0.89
2	青海省	5.64	5.64	1.51	1.51
3	内蒙古	4.89	4.71	1.87	1.87
4	江苏省	4.22	3.04	1.65	1.32
5	新疆	4.06	4.02	1.31	1.31
6	宁夏	3.09	3.06	0.92	0.90
7	河北省	2.39	2.12	0.89	0.89

续表

序号	省、直辖市、自治区	2015 年累计装机容量		2015 年新增装机容量	
		装机量	光伏电站	装机量	光伏电站
8	浙江省	1.64	0.42	0.90	0.39
9	新疆建设兵团	1.60	1.60	0.79	0.79
10	山东省	1.33	0.89	0.73	0.67
前十大企业合计		34.96	31.56	11.50	10.54
全国总计		43.18	37.12	15.13	13.74
前十大企业占全国比重		81.0%	85.0%	76.0%	76.70%

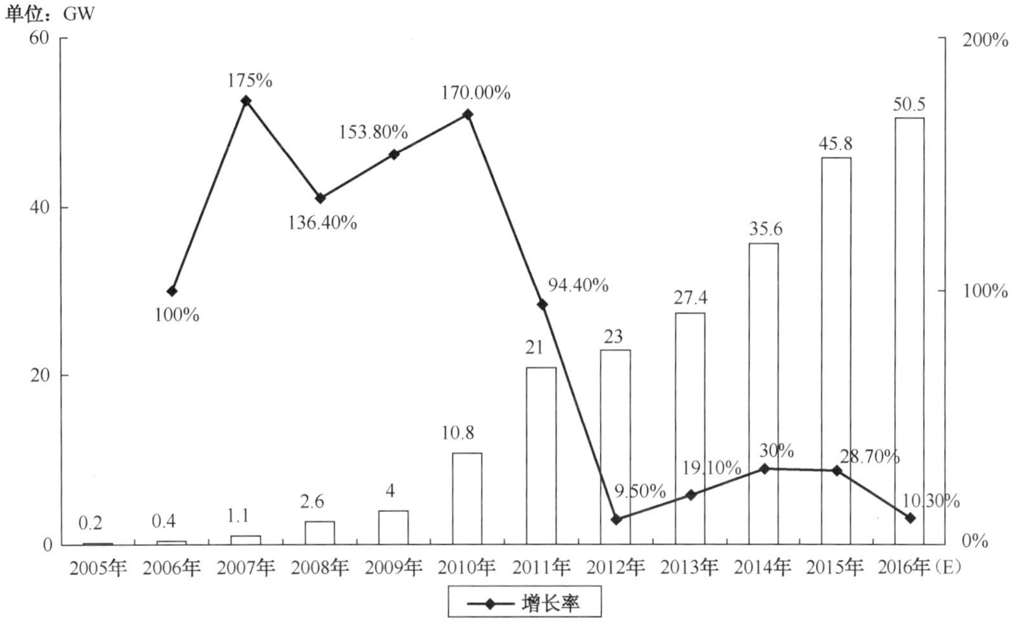

CAGR=58.56%（2005—2016 年）

图 7.2.12　2005—2016 年中国太阳能电池组件产量及增长情况

表7.2.5　2005—2015年中国太阳光伏电池组件产量占世界同业的比重

单位：GW

指标名称	2005年	2006年	2007年	2008年	2009年	2010年	2011年	2012年	2013年	2014年	2015年	CAGR
世界电池组件产量	1.8	2.5	4.0	7.0	9.4	20.6	35.0	37.2	41.7	52.0	60.2	37.59%
中国电池组件产量	0.2	0.4	1.1	2.6	4.0	10.8	21.0	23.0	27.4	35.6	45.8	63.88%
占比	11.0%	16.0%	27.5%	37.1%	42.6%	52.4%	60%	61.8%	65.7%	68.5%	76.1%	—

2015 年中国太阳能光伏产业企业情况见表 7.2.6～表 7.2.11。

表7.2.6　2015年中国光伏电站组件企业20强

单位：MW

序号	企业名称	产量（E）	序号	企业名称	产量（E）
1	常州天合光能	5740.0	11	浙江正泰太阳能科技	1000.0
2	阿特斯阳光	4706.0	12	东方日升新能源	852.7
3	晶澳太阳能	4000.0	13	上海航天机电	800.0
4	晶科能源	4552	14	亿晶光电科技	790.0
5	海润光伏科技	2985	15	特变电工（新疆）新能源	750.0
6	英利绿色能源	2447	16	苏州爱康能源	670.0
7	常州亿晶	2308	17	中利腾辉光伏科技	667.0
8	无锡尚德	2282	18	商洛比亚迪	611.2
9	浙江昱辉阳光	1970.3	19	正信光伏	600.0
10	韩华新能源	1436.0	20	中电电气（南京）光伏科技	583.0
合计					39056.10

表7.2.7　2015年中国光伏电站投资企业20强

单位：MW

序号	企业名称	产量（E）	序号	企业名称	产量（E）
1	中国电力投资集团	1180.0	11	上海航天汽车机电	320.0
2	顺风国际清洁能源	644.0	12	招商新能源	310.0
3	协鑫新能源	615.5	13	上海艾力克新能源	300.0
4	中节太阳能科技	600.0	14	常州天合光能	290.0
5	浙江正泰新能源	500.0	15	晶科能源	288.0
6	中利腾辉光伏科技	495.0	16	英利绿色能源	261.0
7	特变电工（新疆）新能源	470.0	17	中国华电集团新能源	255.0
8	江苏爱康实业	413.9	18	中国大唐集团新能源	190.0
9	振发新能源科技	410.0	19	山东力诺太阳能电力	180.0
10	中国三峡新能源	389.5	20	中广核太阳能开发	170.0
合计					82819.0

表7.2.8　2015年中国光伏电站EPC总包企业20强

单位：MW

序号	企业名称	产量（E）	序号	企业名称	产量（E）
1	特变电工（新疆）新能源	760.0	11	南京南瑞太阳能科技	253.0
2	南京协鑫新能源	615.5	12	山东力诺太阳能电力工程	235.0
3	信息产业电子第 11 设计院科技工程	610.0	13	上海筑安建设工程	211.5
4	中利腾晖光伏科技	590.0	14	中盛新能源（南京）	200.0

续表

序号	企业名称	产量（E）	序号	企业名称	产量（E）
5	振发新能源科技	575.0	15	北京能高自动化技术	169.0
6	湖北追日电气	450.0	16	青岛昌盛日电太阳能科技	131.1
7	上海航天汽车机电	431.0	17	中广核太阳能开发	120.0
8	苏州爱康能源	350.0	18	江苏能新光伏科技	112.0
9	中国电力建设集团	290.0	19	苏州高创特新能源发展	105.0
10	协合新能源集团	260.0	20	江苏旷达汽车织物集团	100.0
合计					65681.0

表7.2.9　2015年中国光伏电站逆变器企业20强

单位：MW

序号	企业名称	产量（E）	序号	企业名称	产量（E）
1	阳光电源股份	4234.7 14.3 亿元	11	山亿新能源	620.0
2	华为技术	4000.0 23 亿元	12	深圳古瑞瓦特新能源	550.0
3	特变电工（西安）电气科技	1800	13	深圳晶福源科技	527.0
4	无锡上能新能源	1700	14	深圳市中兴昆腾	400.0
5	深圳科士达科技	892.3	15	北京能高自动化技术	368.0
6	厦门科华恒盛	832.0	16	江苏固德威电源科技	360.0
7	广东易事特电源	830.0	17	广州三晶电气	350.0
8	上海正泰电源系统	817.0	18	宁波锦浪新能源科技	300.0
9	湖北追日电气	684.0	19	北电能源（青岛）	80.0
10	江苏兆伏爱索新能源	679.0	20	浙江昱能光伏科技集成	54.0
合计					20078.0

表7.2.10　2015年中国光伏电站支架企业20强

单位：MW

序号	企业名称	产量（E）	序号	企业名称	产量（E）
1	江苏爱康科技	1300.0	11	江阴永嘉新能源科技	500.0
2	深圳安泰建筑技术	1200.8	12	广东保威新能源	400.0
3	中信博新能源科技（苏州）	1000.0	13	杭州华鼎太阳能科技	379.4
4	清源科技（厦门）	926.5	14	江苏华康电力钢结构	323.1
5	河南天丰集团	921.0	15	上海奉琛金属制品	300.0
6	北京中伏源建筑工程	857.6	16	江苏东升光伏发电设备	290.0
7	诺斯曼能源科技（北京）	673.3	17	江苏山峰新能源科技	250.0

续表

序号	企业名称	产量（E）	序号	企业名称	产量（E）
8	江苏威尔五金	659.1	18	江苏国宏光伏机械	200.0
9	江苏国强镀锌实业	600.0	19	常州茂德自动化科技	120.0
10	江阴索尔光伏系统工程	550.0	20	苏州瑞得恩光能科技	110.0
合计					11560.8

资料来源：百度光伏（2015.10.16/2016.1.6）。

表7.2.11　2015年中国十大知名光伏企业

序号	企业名称	企业经营内容
1	国家电力投资集团（S.P.I.C）	注册资金 450 亿元，总资产 7223 亿元，电力装机规模 10044 万千瓦，清洁能源占比 39.59%，在太阳能领域为最大投资商，2015 年预计光伏电站项目达 5GW
2	汉能控股集（HANERGY）	该公司成立于 1994 年，总部设在北京。总产能 3GW，国内外签约 10GW 薄膜太阳能电站
3	特变电工（新疆）新能源（TBEA）	该公司成立于 2000 年，主营业务为光、风、火等电力工程，是我国唯一拥有太阳能全产业链企业。2014 年承包光伏安装 1.5GW
4	天合光能（TSL）	该公司成立于 1997 年，2006 年在纽交所上市，2014 年光伏组件出货 3.66GW，世界首位。2005—2015 年 Q3 累计出货 15GW，占世界光伏出货 10%以上
5	顺风国际（SFCE）	该公司为中国最大的私人大型地面式光伏发电商，成为 2014 年国内第二大光伏装机商。曾并购无锡尚德公司
6	江西维赛 LDK	该公司是亚洲最大的多晶硅太阳能生产企业，成立于 2005 年，驻地新余。2015 年 11 月 17 日宣布进入破产重组程序
7	协鑫集团（GCL）	该公司是一家以清洁能源为主的国际化综合性能源集团，总资产近 1000 亿元，旗下有 3 家上市公司，是全球领先的光伏材料制造商
8	英利能源（YGEHCL）	该公司成立于 1987 年，总产能已达 2.45GW，在全球已有 14GW 的光伏发电组件，平均年发电 160 亿千瓦
9	海润光伏	该公司成立于 2004 年，总部在江阴市，注册资本 15.80 亿元，总资产超 180 亿元。2015 年投资建设光伏电站项目 1GW，投资额达 130 亿元
10	晶澳太阳能	该公司成立于 2005 年 5 月，目前拥有 1GW 硅片产能，3.5GW 电池产能及 3.5GW 组件产能，2014 年出货量达 3.1GW，进入世界前五。2015 年二季度盈利 1.4 亿元，到第三季度显示，在 2016 年光伏电池和组件产量达到 5GW

资料来源：百度光伏（2015.12.8）。

“十三五”规划期，国家将大力支持发展太阳能光伏产业，在“十三五”期间，每年新装机量达 20GW，“十三五”期间新增装机容量达 150GW，其中集中式电站为 80GW，分布式电站为 70GW。到 2020 年在全国发电量中，太阳能光伏发电占到发电总量的 2.5%。

三、2015 年江苏省太阳能光伏产业发展情况

1. 2015 年江苏省太阳能光伏产业发展情况

2015 年江苏省太阳能光伏产业产量为 22.37GW（2236.7 万千瓦时），同比增长 21.8%，占到全国总产量 45.8GW 的 48.90%，又重回到占全国半壁江山的地位，见表 7.2.12 和表 7.2.13。

表7.2.12　2007—2015年江苏省太阳能光伏电池组件产量及增长情况

单位：GW

指标名称	2007 年	2008 年	2009 年	2010 年	2011 年	2012 年	2013 年	2014 年	2015 年	CAGR
光伏电池组件产量	0.76	1.58	2.68	5.00	8.00	11.00	9.54	18.37	22.37	45.61%
同比	—	108.5%	69.8%	86.4%	52.7%	38.0%	-14.5%	92.6%	21.8%	—

表7.2.13　2007—2015年江苏省太阳能光伏电池产量在全国同业中的比重

单位：GW

指标名称	2007 年	2008 年	2009 年	2010 年	2011 年	2012 年	2013 年	2014 年	2015 年	CAGR
全国光伏电池产量	1.1	2.6	4.0	10.8	21.0	23.0	27.4	35.6	45.8	51.34%
江苏光伏电池产量	0.8	1.6	2.7	5.0	8.0	11.0	9.5	18.4	22.4	44.81%
占比	72.7%	61.5%	67.5%	46.3%	38.1%	47.8%	34.7%	51.7%	48.9%	—

2. 2015 年江苏省太阳能光伏产业主要企业情况

2015 年江苏省太阳能光伏产业主要企业情况见表 7.2.14 和表 7.2.15。

表7.2.14　2015年江苏省太阳能光伏主要企业营收情况

单位：亿元

序号	企业名称	2015 年		2014 年		2013 年
		营收入	同比	营收入	同比	营收入
1	苏州阿特斯	225.03	23.4%	182.33	81.5%	100.48
2	常州天合	194.40	37.80%	141.06	30.9%	107.79
3	扬州晶澳	136.29	22.9%	110.88	51.7%	73.08
4	无锡尚德（顺风国际）	70.32	23.4%	57.00	280.0%	15.00
5	无锡海润	60.88	22.80%	49.58	4.2%	47.58
6	常州亿晶	49.18	51.4%	32.49	21.7%	26.90
7	江苏林洋	8.04	673.1%	1.04	285.20%	0.27

表7.2.15　2013—2015年江苏省太阳能光伏主要企业产量情况

单位：MW

序号	企业名称	2015 年		2014 年		2013 年
		产量	同比	产量	同比	产量
1	常州天合	5740	56.80%	3660	41.90%	2580
2	常州阿特斯	4706	51.60%	3105	63.90%	1894
3	扬州晶澳	4000	28.80%	3100	47.60%	2100
4	无锡海润	2985	8.70%	2745	10.70%	2479
5	常州亿晶	2308	30.90%	1763	38.60%	1272
6	无锡尚德	2282	6.50%	2144	95.90%	1095
7	协鑫集成	1704	181.2%	606	461.1%	108
8	江苏林洋	210	—	—	—	—
9	常州爱康能源	—	—	670	—	—

常州天合光能 1～9 月，出货量为 1703.2MW，外贸出口 1353.2MW，占 79.50%；对内出货 350MW。组件同比增长 38.30%；收入 7.93 亿美元（合 49.96 亿元），同比提高 9.6%；毛利率为 17.4%。

常州天合光能 1～9 月，硅锭产量约为 2.3GW，硅片产量约为 1.8GW，电池产量约为 3.5GW，组件产量约为 4.7GW，居全国五强之首，居世界第一位。

天合光电对荷兰光伏电池厂 Solland Solar 进行收购，约有 200MW 产能。

12 月 21 日，中国核能科技建设光伏发电项目落户泰州市，总装机容量为 100MW。

扬州晶澳，1～9 月出货 1126MW，同比增长 43.50%，环比增长 42.50%，收入 6.01 亿美元，同比增长 270%，利润为 0.47 亿美元。

苏州阿特斯，1～9 月收入 8.51 亿美元，环比增长 33.50%，利润 1.27 亿美元，环比增长 30.90%。

无锡市 2015 年光伏产业实现总产值 467.9 亿元，同比增长 6.80%：15 家重点光伏企业平均产能利用率达 78%，高佳太阳能、无锡隆基、海润光伏等企业达到满产满销，无锡尚德给菲律宾某项目 8.5MW 太阳能电站项目全面进入运营。以浚鑫科技、爱康科技等为代表的光伏企业重新规划发展路线，借力国家“一带一路”战略实施，进一步促进东南亚、印度、中亚、非洲等沿线新兴光伏市场，浚鑫科技在哈萨克斯坦签约 5MW 光伏电站项目，在泰国洽谈两个分布式电站项目计 10MW。在供给侧方面，多晶硅硅芯多线切割设备一直被国外垄断，且每台售价达 1200 万元，无锡斯达新能源公司背水一战，开展技术攻关，历经失败，已自主研发数控多晶硅硅芯多线切割设备获得成功，切割速度为美国设备的 1.5 倍，价格仅为 400 万元，切割成本只有美国设备的 80%，实现全面超越并出口到多个国家，并在新三板上市。

3. 2015 年江苏省太阳能光伏产业技术进步情况

当今世界上，太阳能光伏电池转换率（大生产、室外）已达 18%～19%；太阳能光伏电池转换率（室内试验）已达 21%～23%；太阳能单晶电池转换率好于多晶硅电池，为此，高效的单晶电池市场进一步扩大，转换率高、长期受益好的单晶电池势必引领太阳能高效电池的发展。2015 年单晶电池组件产量预计达到 3.5～4GW 冲顶历史纪录。世界最大的单晶硅制造商隆基公司在 2016 年签下 9.6GW 单晶组件订单，3GW 硅单晶硅片，故无锡隆基公司将会受益。

江苏省太阳能光伏电池产业技术在全球处于领先地位。无锡尚德电力公司投入规模化生产的冥王星高效太阳能电池法，突破了太阳能电池常规制造的瓶颈，打破了晶体硅太阳能电池商业化大生产转换效率的世界纪录，单晶硅出货产品光电转化率平均达到 20.0%以上，多晶硅转换率可达到 17.5%。无锡尚德电力公司的冥王星光伏电池制造技术，其表面金属化技术具有自主知识产权，金属栅线细至 30 微米以下，仅为传统丝网印刷电池金属栅线的 1/4；同时超细金属线的材质也由铜代替了银；通过技术工艺的改进，降低了光伏电池片金属覆盖率，从而产生更多电量。无锡尚德电力公司采用了先进的浇铸锭技术，通过使用改良的多晶硅设备生产出低成本、高质量、高效率的多晶硅片。该公司推出的“Black Pearl”组件深得业界好评。

常州天合与新加坡太阳能研究所合作研发高效全背面接触式硅片太阳能电池，光效转化率将达到 21.5%，三年内实验室转换率将提高到 23.5%，使江苏省太阳能光伏电池转化率达到世界一流水平。常州天合公司推出自主研发的 Honey 电池技术的两种新产品：TSM-PC/PA05A 和 TSM-PC/PA14A。其中，PC/PA05A 由 60 片电池片组成，功率输出范围为 245～255WP，转换率达 15.9%；PC/PA14A 由 72 片电池片组成，功率输出范围为 285～305WP，转换率达到 15.7%。60 片的 Honey 组件输出功率最高可达 274W，创造了标准尺寸多晶硅组件发电功率的新纪录。常州天合公司 500MW Honey 高效电池组件目前已进入大规模生产阶段，Honey 组件可适用于风压 2400Pa，雪压 5400Pa 的环境，使用寿命可达 25 年以上。

江苏省太阳能光伏电池以晶体硅电池为主，其产量占到全省总产量的 90%左右，薄膜太阳能电池（非晶硅、非晶/微晶叠层和铜铟镓硒）产量占到全省总产量的 10%。

江苏省太阳能光伏电池所需硅片厚度已经达到 160～180 微米的技术要求，可减少单晶硅、多晶硅的切片消耗量，降低成本。

目前太阳能光伏企业皆以 P 型单晶电池加上 PERC 制程为主要效率提升方式，在投入不高的情况下，单晶硅电池的转换率从 19.2%～19.4%跃升到 20%～20.2%，而且在 2015 年达到 21%，成为单晶硅电池的主流技术。N 型单晶硅电池转换率可达 22%，一举超过 P

型硅电池，故 N 型硅电池将成为下一代产品，其具有初始光衰接近零、在弱光下发电性能好等特性，封装成组件后能达到较高效率。

在专利技术上，浚鑫科技拥有 138 项光伏专利、120 项专有技术，增强型背电场高效单晶硅电池产业化项目已列入国家火炬计划；爱康科技拥有 50 多项专利；核新太阳能公司成功研发太阳能电池“双玻组件”等。

第八章

文件选登

江苏省政府关于加快全省集成电路产业发展的意见

苏政发〔2015〕71 号

各市、县（市、区）人民政府，省各委办厅局，省各直属单位：

集成电路产业是信息技术产业的基础和核心，是支撑经济社会发展和保障国家安全的战略性、基础性和先导性产业。为深入贯彻落实《国家集成电路产业发展推进纲要》，进一步加快全省集成电路产业发展，现提出以下意见。

一、主要目标

到 2020 年，全省集成电路产业销售收入超 3000 亿元，产业链主要环节达到国际先进水平，一批企业进入国际第一方阵，成为国内外知名的集成电路产业高地。

（一）产业结构。集成电路设计、制造、封装测试三业结构更为合理，设备和材料业支撑作用进一步增强。年销售收入超百亿元的集成电路企业 4 家，超 50 亿元的企业 10 家，形成一批创新活力强的中小企业。

（二）技术创新。物联网、移动智能终端、网络通信、云计算和大数据等重点应用领域核心芯片设计水平进入国际先进行列，安全可靠的产业生态体系基本形成；关键元器件制造自主可控；封装测试业进入国际主流领域，关键技术达到国际先进水平；部分设备材料能满足 12 英寸、32～22 纳米工艺水平技术要求。

（三）集聚发展。各地产业基础和优势充分发挥，产业集聚度进一步提高。以无锡、苏州和南京等市为中心的沿江集成电路产业带建设进一步加快，带动作用更加明显。

二、重点任务

（一）大力发展集成电路设计业。围绕国民经济重要信息系统应用需求，以高端服务器 CPU（中央处理器）为突破口，加强国际合作，强化芯片、软件、整机、系统和信息服务等协同创新和发展，建设国内服务器软硬件技术研发高地和产业化集聚区，加快产业生态体系建设，争创我省集成电路设计业新优势。继续支持技术基础好、产业优势强的系统芯片、数字信号处理器、高端电源转换、功率驱动和新型平板显示等芯片设计。积极拓展应用领域，重点发展市场前景好、产业附加值高的智能制造、信息安全、移动互联网、云计算、大数据、物联网、绿色节能和医疗保健等新兴产业应用高端芯片。

（二）积极做大集成电路制造业。抓住新一轮产业升级和布局调整机遇，支持先进生产线的引进和建设。突出特色工艺能力，缩小与国际先进技术的差距，打造具有国际竞争力的制造基地。大力发展模拟及数模混合电路、微机电系统（MEMS）、高压电路、射频微波电路等特色专用工艺生产线。增强芯片制造综合能力，以工艺能力提升带动设计水平提升，以生产线建设带动关键设备和材料配套发展。

（三）着力做强集成电路封装测试业。充分发挥我省在国内的领先优势，积极争取和组织实施国家布局内的重大项目，大力支持集成电路封装测试企业兼并重组，培育行业国际领军企业，打造国际知名的集成电路封装测试产业集聚区。加强与集成电路设计、制造的结合，重点支持高密度三维系统集成技术研发，突破圆片级封装、系统级封装、硅通孔、三维封装、功率器件封装、真空封装和超高密度/超薄基板技术等关键技术。支持龙头骨干企业扩大先进封装和测试规模，提升技术水平。

（四）加快发展关键设备和材料。加强集成电路设备、材料与工艺结合，开展关键技术攻关，缩小与世界先进水平的差距，提高设备和材料国内市场占有率。积极支持减薄机、抛光机和净化设备等装备的研发生产，大力发展集成电路制造用高密度封装基板、化学试剂、塑封料、光刻胶等关键材料，支持国产设备和材料的规模化应用。

（五）强化创新能力建设。积极组织企事业单位参与并承担国家科技重大专项。依托骨干企业，推动形成产业链上下游协同创新体系，支持产业联盟发展。进一步发挥国家级和省级集成电路重点实验室、工程中心、企业技术中心等创新平台作用，开展集成电路重大关键技术研发。支持集成电路企业在国（境）外设立研发机构，开展合作创新。鼓励创新型中小企业使用公共技术服务平台，逐步形成产学研合作的良性循环。在集成电路重大创新领域加快形成标准，充分发挥技术标准的作用。

（六）支持安全可靠软硬件产品推广应用。支持技术先进、安全可靠的集成电路、基础软件及整机系统在重点领域、重要部门的推广应用。面向移动互联网、云计算、物联网、大数据等新兴应用领域，加快构建标准体系，支撑安全可靠软硬件开发与应用。鼓励基础电信和互联网企业应用基于安全可靠软硬件的整机和系统。

三、保障措施

（一）加强组织领导。成立省集成电路产业发展领导小组（以下简称领导小组），由省政府分管领导任组长，省发展改革委、省经济和信息化委、省教育厅、省科技厅、省财政厅、省环保厅、省商务厅、省国资委、省地税局、省质监局、省金融办、省国税局、南京海关等部门和集成电路产业集聚区所在市级人民政府负责同志为成员。领导小组负责统筹推进全省集成电路产业发展，整合调动各方面资源，协调解决重大问题。领导小组办公室设在省经济和信息化委，承担领导小组的日常工作。成立由信息技术相关领域和有关方面专家组成的咨询委员会，对产业发展的重大问题和政策措施开展调查研究，进行论证评估，提供咨询建议。

（二）加大财政支持力度。省级工业和信息产业转型升级专项引导资金、省级战略性新兴产业发展专项资金、省级科技创新与成果转化专项引导资金等，加大对集成电路产业链重点企业、重点环节、关键设备、关键材料的支持力度，重点支持集成电路设计和封装测试业，进一步提升我省领先优势。主动对接国家有关产业政策，积极争取国家有关科技重大专项立项。改革财政性资金支持方式，将有关专项资金改设为省集成电路产业发展基金，充分发挥财政资金的政策引导和杠杆作用，吸引更多的社会资本支持我省集成电路产业发展。

（三）落实税收扶持政策。进一步贯彻《国务院关于印发鼓励软件产业和集成电路产业发展若干政策的通知》（国发〔2000〕18 号）、《国务院关于印发进一步鼓励软件产业和集成电路产业发展若干政策的通知》（国发〔2011〕4 号）、《国家集成电路产业发展推进纲要》和《省政府关于印发江苏省鼓励软件产业集成电路产业发展若干政策的通知》（苏政发〔2001〕59 号）等精神，落实集成电路封装、测试、专用材料和设备企业所得税优惠政策。落实并完善支持集成电路企业兼并重组的企业所得税、增值税、营业税等税收政策。落实集成电路专项政策进口自用生产性原材料、消耗品、净化室专用建筑材料、配套系统以及集成电路生产设备零、配件，重大技术装备政策进口产品关键零部件及原材料，以及科技重大专项政策进口国内不能生产的关键设备、零部件、原材料免税政策。优化和简化集成电路产品的进出口环节和程序。

（四）加大金融支持力度。鼓励各类金融机构加大对我省集成电路产业企业的信贷支持力度，支持金融机构推出符合集成电路设计业企业融资需求的信贷创新产品。鼓励社会各类风险投资和股权投资基金进入我省集成电路领域。支持我省集成电路企业充分利用国内主板、中小板、创业板、新三板、区域股权交易市场和国（境）外资本市场上市融资、加快发展。

（五）加强人才培育和引进。大力引进国内外一流的集成电路人才和团队来我省创新创业。支持各类教育培训机构采取多种形式，大力培养培训集成电路领域高层次、急需紧缺和骨干专业技术人才。完善鼓励创新创造的分配激励机制，落实科技人员科研成果转化的股权、期权激励和奖励等收益分配政策。

（六）加强国际合作。充分利用各种合作机制，引导和推动省内相关企业、单位与境外知名企业和研发机构开展多方式、深层次的交流合作，鼓励在我省建设高水平的研发机构、运营中心和生产基地。鼓励省内企业参与国际合作和竞争，整合利用国际资源，拓展国际市场。

江苏省人民政府

2015 年 6 月 12 日

（此件公开发布）

财政部、国家税务总局、发展改革委、工业和信息化部关于进一步鼓励集成电路产业发展企业所得税政策的通知

财税〔2015〕6 号

各省、自治区、直辖市、计划单列市财政厅（局）、国家税务局、地方税务局、发展改革委、工业和信息化主管部门：

根据《中华人民共和国企业所得税法》及其实施条例和《国务院关于印发进一步鼓励软件产业和集成电路产业发展若干政策的通知》（国发〔2011〕4 号）、《国家集成电路产业发展推进纲要》精神，为进一步推动科技创新和产业结构升级，促进信息技术产业发展，现将进一步鼓励集成电路产业发展的企业所得税政策通知如下：

（1）符合条件的集成电路封装、测试企业以及集成电路关键专用材料生产企业、集成电路专用设备生产企业，在 2017 年（含 2017 年）前实现获利的，自获利年度起，第一年至第二年免征企业所得税，第三年至第五年按照 25%的法定税率减半征收企业所得税，并享受至期满为止；2017 年前未实现获利的，自 2017 年起计算优惠期，享受至期满为止。

（2）本通知所称符合条件的集成电路封装、测试企业，必须同时满足以下条件：

①2014 年 1 月 1 日后依法在中国境内成立的法人企业；

②签订劳动合同关系且具有大学专科以上学历的职工人数占企业当年月平均职工总人数的比例不低于 40%，其中，研究开发人员占企业当年月平均职工总数的比例不低于 20%；

③拥有核心关键技术，并以此为基础开展经营活动，且当年度的研究开发费用总额占企业销售（营业）收入（主营业务收入与其他业务收入之和，下同）总额的比例不低于 3.5%，其中，企业在中国境内发生的研究开发费用金额占研究开发费用总额的比例不低于 60%；

④集成电路封装、测试销售（营业）收入占企业收入总额的比例不低于 60%；

⑤具有保证产品生产的手段和能力，并获得有关资质认证（包括 ISO 质量体系认证、人力资源能力认证等）；

⑥具有与集成电路封装、测试相适应的经营场所、软硬件设施等基本条件。

（3）本通知所称符合条件的集成电路关键专用材料生产企业或集成电路专用设备生产企业，必须同时满足以下条件：

①2014 年 1 月 1 日后依法在中国境内成立的法人企业；

②签订劳动合同关系且具有大学专科以上学历的职工人数占企业当年月平均职工总人数的比例不低于 40%，其中，研究开发人员占企业当年月平均职工总数的比例不低于 20%；

③拥有核心关键技术，并以此为基础开展经营活动，且当年度的研究开发费用总额占企业销售（营业）收入总额的比例不低于 5%，其中，企业在中国境内发生的研究开发费用金额占研究开发费用总额的比例不低于 60%；

④集成电路关键专用材料或专用设备销售收入占企业销售（营业）收入总额的比例不低于 30%；

⑤具有保证集成电路关键专用材料或专用设备产品生产的手段和能力，并获得有关资质认证（包括 ISO 质量体系认证、人力资源能力认证等）；

⑥具有与集成电路关键专用材料或专用设备生产相适应的经营场所、软硬件设施等基本条件。

集成电路关键专用材料或专用设备的范围，分别按照《集成电路关键专用材料企业所得税优惠目录》《集成电路专用设备企业所得税优惠目录》的规定执行。

（4）符合本通知规定条件的企业，应在年度终了之日起 4 个月内，按照本通知及企业所得税相关税收优惠政策管理的规定，凭省级相关部门出具的证明向主管税务机关办理减免税手续。省级相关部门证明出具办法，由各省（自治区、直辖市、计划单列市）发展改革委、工业和信息化主管部门会同财政、税务等部门研究确定。

（5）享受上述税收优惠的企业有下述情况之一的，应取消其享受税收优惠的资格，并补缴存在以下行为所属年度已减免的企业所得税税款：

①在申请认定过程中提供虚假信息的；

②有偷、骗税等行为的；

③发生重大安全、质量事故的；

④有环境等违法、违规行为，受到有关部门处罚的。

（6）享受税收优惠的企业，其税收优惠条件发生变化的，应当自发生变化之日起巧日内向主管税务机关报告；不再符合税收优惠条件的，应当依法履行纳税义务；未依法纳税的，主管税务机关应当予以追缴。同时，主管税务机关在执行税收优惠政策过程中，发现企业不符合享受税收优惠条件的，可暂停企业享受的相关税收优惠，并提请相关部门进行有关条件复核。

（7）集成电路封装、测试企业以及集成电路关键专用材料生产企业、集成电路专用设备生产企业等依照本通知规定可以享受的企业所得税优惠政策与其他定期减免税优惠政策存在交叉的，由企业选择一项最优惠政策执行，不叠加享受。

（8）本通知自 2014 年 1 月 1 日起执行。

财政部办公厅

2015 年 3 月 2 日

国务院印发关于深化中央财政科技计划（专项、基金等）管理改革方案的通知

国发〔2014〕64 号

各省、自治区、直辖市人民政府，国务院各部委、各直属机构：

《关于深化中央财政科技计划（专项、基金等）管理改革的方案》已经党中央、国务院同意，现印发给你们，请认真贯彻执行。

国务院

2014 年 12 月 3 日

（此件公开发布）

关于深化中央财政科技计划（专项、基金等）管理改革方案

科技计划（专项、基金等）是政府支持科技创新活动的重要方式。改革开放以来，我国先后设立了一批科技计划（专项、基金等），为增强国家科技实力、提高综合竞争力、支撑引领经济社会发展发挥了重要作用。但是，由于顶层设计、统筹协调、分类资助方式不够完善，现有各类科技计划（专项、基金等）存在着重复、分散、封闭、低效等现象，多头申报项目、资源配置“碎片化”等问题突出，不能完全适应实施创新驱动发展战略的要求。当前，全球科技革命和产业变革日益兴起，世界各主要国家都在调整完善科技创新战略和政策，我们必须立足国情，借鉴发达国家经验，通过深化改革着力解决存在的突出问题，推动以科技创新为核心的全面创新，尽快缩小我国与发达国家之间的差距。

为深入贯彻党的十八大和十八届二中、三中、四中全会精神，落实党中央、国务院决策部署，加快实施创新驱动发展战略，按照深化科技体制改革、财税体制改革的总体要求和《中共中央国务院关于深化科技体制改革加快国家创新体系建设的意见》、《国务院关于改进加强中央财政科研项目和资金管理的若干意见》（国发〔2014〕11 号）精神，制定本方案。

一、总体目标和基本原则

（一）总体目标

强化顶层设计，打破条块分割，改革管理体制，统筹科技资源，加强部门功能性分工，建立公开统一的国家科技管理平台，构建总体布局合理、功能定位清晰、具有中国特色的科技计划（专项、基金等）体系，建立目标明确和绩效导向的管理制度，形成职责规范、科学高效、公开透明的组织管理机制，更加聚焦国家目标，更加符合科技创新规律，更加高效配置科技资源，更加强化科技与经济紧密结合，最大限度激发科研人员创新热情，充分发挥科技计划（专项、基金等）在提高社会生产力、增强综合国力、提升国际竞争力和保障国家安全中的战略支撑作用。

（二）基本原则

转变政府科技管理职能。政府各部门要简政放权，主要负责科技发展战略、规划、政策、布局、评估、监管，对中央财政各类科技计划（专项、基金等）实行统一管理，建立统一的评估监管体系，加强事中、事后的监督检查和责任倒查。政府各部门不再直接管理

具体项目，充分发挥专家和专业机构在科技计划（专项、基金等）具体项目管理中的作用。

聚焦国家重大战略任务。面向世界科技前沿、面向国家重大需求、面向国民经济主战场，科学布局中央财政科技计划（专项、基金等），完善项目形成机制，优化资源配置，需求导向，分类指导，超前部署，瞄准突破口和主攻方向，加大财政投入，建立围绕重大任务推动科技创新的新机制。

促进科技与经济深度融合。加强科技与经济在规划、政策等方面的相互衔接。科技计划（专项、基金等）要围绕产业链部署创新链，围绕创新链完善资金链，统筹衔接基础研究、应用开发、成果转化、产业发展等各环节工作，更加主动有效地服务于经济结构调整和提质增效升级，建设具有核心竞争力的创新型经济。

明晰政府与市场的关系。政府重点支持市场不能有效配置资源的基础前沿、社会公益、重大共性关键技术研究等公共科技活动，积极营造激励创新的环境，解决好“越位”和“缺位”问题。发挥好市场配置技术创新资源的决定性作用和企业技术创新主体作用，突出成果导向，以税收优惠、政府采购等普惠性政策和引导性为主的方式支持企业技术创新和科技成果转化活动。

坚持公开透明和社会监督。科技计划（专项、基金等）项目全部纳入统一的国家科技管理信息系统和国家科技报告系统，加强项目实施全过程的信息公开和痕迹管理。除涉密项目外，所有信息向社会公开，接受社会监督。营造遵循科学规律、鼓励探索、宽容失败的氛围。

二、建立公开统一的国家科技管理平台

（一）建立部际联席会议制度

建立由科技部牵头，财政部、发展改革委等相关部门参加的科技计划（专项、基金等）管理部际联席会议（以下简称联席会议）制度，制定议事规则，负责审议科技发展战略规划、科技计划（专项、基金等）的布局与设置、重点任务和指南、战略咨询与综合评审委员会的组成、专业机构的遴选择优等事项。在此基础上，财政部按照预算管理的有关规定统筹配置科技计划（专项、基金等）预算。各相关部门做好产业和行业政策、规划、标准与科研工作的衔接，充分发挥在提出基础前沿、社会公益、重大共性关键技术需求，以及任务组织实施和科技成果转化推广应用中的积极作用。科技发展战略规划、科技计划（专项、基金等）布局和重点专项设置等重大事项，经国家科技体制改革和创新体系建设领导小组审议后，按程序报国务院，特别重大事项报党中央。

（二）依托专业机构管理项目

将现有具备条件的科研管理类事业单位等改造成规范化的项目管理专业机构，由专业机构通过统一的国家科技管理信息系统受理各方面提出的项目申请，组织项目评审、立项、

过程管理和结题验收等，对实现任务目标负责。加快制定专业机构管理制度和标准，明确规定专业机构应当具备相关科技领域的项目管理能力，建立完善的法人治理结构，设立理事会、监事会，制定章程，按照联席会议确定的任务，接受委托，开展工作。加强对专业机构的监督、评价和动态调整，确保其按照委托协议的要求和相关制度的规定进行项目管理工作。项目评审专家应当从国家科技项目评审专家库中选取。鼓励具备条件的社会化科技服务机构参与竞争，推进专业机构的市场化和社会化。

（三）发挥战略咨询与综合评审委员会的作用

战略咨询与综合评审委员会由科技界、产业界和经济界的高层次专家组成，对科技发展战略规划、科技计划（专项、基金等）布局、重点专项设置和任务分解等提出咨询意见，为联席会议提供决策参考；对制定统一的项目评审规则、建设国家科技项目评审专家库、规范专业机构的项目评审等工作，提出意见和建议；接受联席会议委托，对特别重大的科技项目组织开展评审。战略咨询与综合评审委员会要与学术咨询机构、协会、学会等开展有效合作，不断提高咨询意见的质量。

（四）建立统一的评估和监管机制

科技部、财政部要对科技计划（专项、基金等）的实施绩效、战略咨询与综合评审委员会和专业机构的履职尽责情况等统一组织评估评价和监督检查，进一步完善科研信用体系建设，实行“黑名单”制度和责任倒查机制。对科技计划（专项、基金等）的绩效评估通过公开竞争等方式择优委托第三方机构开展，评估结果作为中央财政予以支持的重要依据。各有关部门要加强对所属单位承担科技计划（专项、基金等）任务和资金使用情况的日常管理和监督。建立科研成果评价监督制度，强化责任；加强对财政科技资金管理使用的审计监督，对发现的违法违规行为要坚决予以查处，查处结果向社会公开，发挥警示教育作用。

（五）建立动态调整机制

科技部、财政部要根据绩效评估和监督检查结果以及相关部门的建议，提出科技计划（专项、基金等）动态调整意见。完成预期目标或达到设定时限的，应当自动终止；确有必要延续实施的，或新设立科技计划（专项、基金等）以及重点专项的，由科技部、财政部会同有关部门组织论证，提出建议。上述意见和建议经联席会议审议后，按程序报批。

（六）完善国家科技管理信息系统

要通过统一的信息系统，对科技计划（专项、基金等）的需求征集、指南发布、项目申报、立项和预算安排、监督检查、结题验收等全过程进行信息管理，并主动向社会公开非涉密信息，接受公众监督。分散在各相关部门、尚未纳入国家科技管理信息系统的项目信息要尽快纳入，已结题的项目要及时纳入统一的国家科技报告系统。未按规定提交并纳入的，不得申请中央财政资助的科技计划（专项、基金等）项目。

三、优化科技计划（专项、基金等）布局

根据国家战略需求、政府科技管理职能和科技创新规律，将中央各部门管理的科技计划（专项、基金等）整合形成五类科技计划（专项、基金等）。

（一）国家自然科学基金

资助基础研究和科学前沿探索，支持人才和团队建设，增强源头创新能力。

（二）国家科技重大专项

聚焦国家重大战略产品和重大产业化目标，发挥举国体制的优势，在设定时限内进行集成式协同攻关。

（三）国家重点研发计划

针对事关国计民生的农业、能源资源、生态环境、健康等领域中需要长期演进的重大社会公益性研究，以及事关产业核心竞争力、整体自主创新能力和国家安全的战略性、基础性、前瞻性重大科学问题、重大共性关键技术和产品、重大国际科技合作，按照重点专项组织实施，加强跨部门、跨行业、跨区域研发布局和协同创新，为国民经济和社会发展主要领域提供持续性的支撑和引领。

（四）技术创新引导专项（基金）

通过风险补偿、后补助、创投引导等方式发挥财政资金的杠杆作用，运用市场机制引导和支持技术创新活动，促进科技成果转移转化和资本化、产业化。

（五）基地和人才专项

优化布局，支持科技创新基地建设和能力提升，促进科技资源开放共享，支持创新人才和优秀团队的科研工作，提高我国科技创新的条件保障能力。

上述五类科技计划（专项、基金等）要全部纳入统一的国家科技管理平台管理，加强项目查重，避免重复申报和重复资助。中央财政要加大对科技计划（专项、基金等）的支持力度，加强对中央级科研机构和高校自主开展科研活动的稳定支持。

四、整合现有科技计划（专项、基金等）

本次优化整合工作针对所有实行公开竞争方式的科技计划（专项、基金等），不包括对中央级科研机构和高校实行稳定支持的专项资金。通过撤、并、转等方式按照新的五个类别对现有科技计划（专项、基金等）进行整合，大幅减少科技计划（专项、基金等）数量。

（一）整合形成国家重点研发计划

聚焦国家重大战略任务，遵循研发和创新活动的规律和特点，将科技部管理的国家重点基础研究发展计划、国家高技术研究发展计划、国家科技支撑计划、国际科技合作与交流专项，发展改革委、工业和信息化部管理的产业技术研究与开发资金，有关部门管理的公益性行业科研专项等，进行整合归并，形成一个国家重点研发计划。该计划根据国民经济和社会发展重大需求及科技发展优先领域，凝练形成若干目标明确、边界清晰的重点专项，从基础前沿、重大共性关键技术到应用示范进行全链条创新设计，一体化组织实施。

（二）分类整合技术创新引导专项（基金）

按照企业技术创新活动不同阶段的需求，对发展改革委、财政部管理的新兴产业创投基金，科技部管理的政策引导类计划、科技成果转化引导基金，财政部、科技部、工业和信息化部、商务部共同管理的中小企业发展专项资金中支持科技创新的部分，以及其他引导支持企业技术创新的专项资金（基金），进一步明确功能定位并进行分类整合，避免交叉重复，并切实发挥杠杆作用，通过市场机制引导社会资金和金融资本进入技术创新领域，形成天使投资、创业投资、风险补偿等政府引导的支持方式。政府要通过间接措施加大支持力度，落实和完善税收优惠、政府采购等支持科技创新的普惠性政策，激励企业加大自身的科技投入，真正发展成为技术创新的主体。

（三）调整优化基地和人才专项

对科技部管理的国家（重点）实验室、国家工程技术研究中心、科技基础条件平台，发展改革委管理的国家工程实验室、国家工程研究中心等合理归并，进一步优化布局，按功能定位分类整合，完善评价机制，加强与国家重大科技基础设施的相互衔接。提高高校、科研院所科研设施开放共享程度，盘活存量资源，鼓励国家科技基础条件平台对外开放共享和提供技术服务，促进国家重大科研基础设施和大型科研仪器向社会开放，实现跨机构、跨地区的开放运行和共享。相关人才计划要加强顶层设计和相互之间的衔接。在此基础上调整相关财政专项资金。

（四）国家科技重大专项

要坚持有所为有所不为，加大聚焦调整力度，准确把握技术路线和方向，更加聚焦产品目标和产业化目标，进一步改进和强化组织推进机制，控制专项数量，集中力量办大事。更加注重与其他科技计划（专项、基金等）的分工与衔接，避免重复部署、重复投入。

（五）国家自然科学基金

要聚焦基础研究和科学前沿，注重交叉学科，培育优秀科研人才和团队，加大资助力度，向国家重点研究领域输送创新知识和人才团队。

（六）支持某一产业或领域发展的专项资金

要进一步聚焦产业和领域发展，其中有关支持技术研发的内容，要纳入优化整合后的国家科技计划（专项、基金等）体系，根据产业和领域发展需求，由中央财政科技预算统筹支持。

通过国有资本经营预算、政府性基金预算安排的支持科技创新的资金，要逐步纳入中央公共财政预算统筹安排，支持科技创新。

五、方案实施进度和工作要求

（一）明确时间节点，积极稳妥推进实施

优化整合工作按照整体设计、试点先行、逐步推进的原则开展。

2014 年，启动国家科技管理平台建设，初步建成中央财政科研项目数据库，基本建成国家科技报告系统，在完善跨部门查重机制的基础上，选择若干具备条件的科技计划（专项、基金等）按照新的五个类别进行优化整合，并在关系国计民生和未来发展的重点领域先行组织 5～10 个重点专项进行试点，在 2015 年财政预算中体现。

2015—2016 年，按照创新驱动发展战略顶层设计的要求和“十三五”科技发展的重点任务，推进各类科技计划（专项、基金等）的优化整合，对原由国务院批准设立的科技计划（专项、资金等），报经国务院批准后实施，基本完成科技计划（专项、基金等）按照新的五个类别进行优化整合的工作，改革形成新的管理机制和组织实施方式；基本建成公开统一的国家科技管理平台，实现科技计划（专项、基金等）安排和预算配置的统筹协调，建成统一的国家科技管理信息系统，向社会开放。

2017 年，经过三年的改革过渡期，全面按照优化整合后的五类科技计划（专项、基金等）运行，不再保留优化整合之前的科技计划（专项、基金等）经费渠道，并在实践中不断深化改革，修订或制定科技计划（专项、基金等）和资金管理制度，营造良好的创新环境。各项目承担单位和专业机构建立健全内控制度，依法合规开展科研活动和管理业务。

（二）统一思想，狠抓落实，确保改革取得实效

科技计划（专项、基金等）管理改革工作是实施创新驱动发展战略、深化科技体制改革的突破口，任务重，难度大。科技部、财政部要发挥好统筹协调作用，率先改革，作出表率，加强与有关部门的沟通协商。各有关部门要统一思想，强化大局意识、责任意识，积极配合，主动改革，以“钉钉子”的精神共同做好本方案的落实工作。

（三）协同推进相关工作

加快事业单位科技成果使用、处置和收益管理改革，推进促进科技成果转化法修订，完善科技成果转化激励机制；加强科技政策与财税、金融、经济、政府采购、考核等政策

的相互衔接，落实好研发费用加计扣除等激励创新的普惠性税收政策；加快推进科研事业单位分类改革和收入分配制度改革，完善科研人员评价制度，创造鼓励潜心科研的环境条件；促进科技和金融结合，推动符合科技创新特点的金融产品创新；将技术标准纳入产业和经济政策中，对产业结构调整和经济转型升级形成创新的倒逼机制；将科技创新活动政府采购纳入科技计划，积极利用首购、订购等政府采购政策扶持科技创新产品的推广应用；积极推动军工和民口科技资源的互动共享，促进军民融合式发展。

各省（区、市）要按照本方案精神，统筹考虑国家科技发展战略和本地实际，深化地方科技计划（专项、基金等）管理改革，优化整合资源，提高资金使用效益，为地方经济和社会发展提供强大的科技支撑。

关于调整重大技术装备进口税收政策有关目录及规定的通知

财关税〔2015〕51号

根据近年来国内装备制造业及其配套产业的发展情况，在广泛听取产业主管部门、行业协会及企业代表等方面意见的基础上，财政部、国家发展改革委、工业和信息化部、海关总署、国家税务总局、国家能源局决定对重大技术装备进口税收政策有关目录和规定部分条款进行修订。现通知如下：

一、《国家支持发展的重大技术装备和产品目录（2015年修订）》（见附件1）和《重大技术装备和产品进口关键零部件及原材料商品目录（2015年修订）》（见附件2）自2016年1月1日起执行，符合规定条件的国内企业为生产本通知附件1所列装备或产品而确有必要进口附件2所列商品，免征关税和进口环节增值税。附件1、附件2中列明执行年限的，有关装备、产品、零部件、原材料免税执行期限截至该年度12月31日。

根据国内产业发展情况，自2016年1月1日起，取消轴流式水电机组等装备的免税政策，生产制造相关装备和产品的企业2016年度预拨免税进口额度相应取消。

二、《进口不予免税的重大技术装备和产品目录（2015年修订）》（见附件3）自2016年1月1日起执行。对2016年1月1日以后（含1月1日）批准的按照或比照《国务院关于调整进口设备税收政策的通知》（国发〔1997〕37号）有关规定享受进口税收优惠政策的下列项目和企业，进口附件3所列自用设备以及按照合同随上述设备进口的技术及配套件、备件，一律照章征收进口税收：

（一）国家鼓励发展的国内投资项目和外商投资项目；

（二）外国政府贷款和国际金融组织贷款项目；

（三）由外商提供不作价进口设备的加工贸易企业；

（四）中西部地区外商投资优势产业项目；

（五）《海关总署关于进一步鼓励外商投资有关进口税收政策的通知》（署税〔1999〕791号）规定的外商投资企业和外商投资设立的研究中心利用自有资金进行技术改造项目。

为保证《进口不予免税的重大技术装备和产品目录（2015年修订）》调整前已批准的上述项目顺利实施，对2015年12月31日前（含12月31日）批准的上述项目和企业在2016年6月30日前（含6月30日）进口设备，继续按照《财政部国家发展改革委工业和信息化部海关总署国家税务总局国家能源局关于调整重大技术装备进口税收政策的通知》（财关税〔2014〕2号）附件4和《财政部国家发展改革委海关总署国家税务总局关于调整

〈国内投资项目不予免税的进口商品目录〉的公告》（2012年第83号）执行。

自2016年7月1日起对上述项目和企业进口《进口不予免税的重大技术装备和产品目录（2015 年修订）》中所列设备，一律照章征收进口税收。为保证政策执行的统一性，对有关项目和企业进口商品需对照《进口不予免税的重大技术装备和产品目录（2015年修订）》和《国内投资项目不予免税的进口商品目录（2012年调整）》审核征免税的，《进口不予免税的重大技术装备和产品目录（2015 年修订）》与《国内投资项目不予免税的进口商品目录（2012 年调整）》所列商品名称相同，或仅在《进口不予免税的重大技术装备和产品目录（2015年修订）》中列名的商品，一律以《进口不予免税的重大技术装备和产品目录（2015年修订）》所列商品及其技术规格指标为准。

三、将《财政部国家发展改革委工业和信息化部海关总署国家税务总局国家能源局关于调整重大技术装备进口税收政策的通知》（财关税〔2014〕2号）附件1《重大技术装备进口税收政策规定》中第六条、第七条、第八条、第九条分别修改为：

“第六条对新申请享受进口税收优惠政策的企业免税资格认定工作每年组织一次。新申请享受政策的制造企业应在每年11月1日至11月30日提交申请文件（要求见附1），报送下一年度申请进口税收优惠享受政策的进口需求。其中，地方制造企业通过企业所在地省级工业和信息化主管部门转报申请文件，由省级工业和信息化主管部门汇总后在每年12月5日前将申请文件上报工业和信息化部；中央企业直接向工业和信息化部提交申请文件。承担城市轨道交通重大技术装备自主化依托项目的业主应在每年11月1日至11月30日向国家发展改革委提交申请文件，报送当年度申请享受进口税收优惠政策的进口需求。承担核电重大技术装备自主化依托项目的业主应在每年11月1日至11月30日向国家能源局提交申请文件，报送下一年度申请享受政策的进口需求。逾期不予受理”。

“第七条工业和信息化部、国家发展改革委、国家能源局收到企业的申请文件后，应当审查申请文件是否规范、完整，材料是否有效。企业提交的申请文件符合规定的，有关部门应当予以受理。企业提交的申请文件不符合规定的，有关部门应当及时告知企业需要补正的材料，企业应在5个工作日内提交补正材料。企业不能按照规定提交申请文件或补正材料的，有关部门不予受理”。

“第八条工业和信息化部受理制造企业申请文件后，应会同财政部、海关总署、国家税务总局（对能源装备制造企业资格的认定还应会同国家能源局）组织相关行业专家，根据本规定有关要求，对企业资格进行认定，并汇总企业进口需求。国家发展改革委、国家能源局应会同财政部、海关总署、国家税务总局组织相关行业专家，分别负责对城市轨道交通、核电领域承担重大技术装备自主化依托项目的业主免税资格进行认定，并核定项目业主进口需求。工业和信息化部、国家发展改革委、国家能源局应在每年12月31日前将企业免税资格认定及相关因素核定结果报送财政部，逾期不予受理”。

“第九条财政部会同海关总署、国家税务总局根据有关部门对企业免税资格认定和汇总的企业进口需求，每年1月31日前明确新获得免税资格的企业名单，并将企业进口需求直接确定为免税进口额度。根据对已获得免税资格企业上一年度政策执行情况的绩效评估，在年度进口税收税式支出规模（年度减免税规模）安排的框架内，依据企业设计研发制造能力、重大技术装备技术先进性、免税额度执行率和政策执行效果等因素，确定企业下一年度免税进口额度”。

四、自2016年1月1日起，《财政部国家发展改革委、工业和信息化部海关总署国家税务总局国家能源局关于调整重大技术装备进口税收政策的通知》（财关税〔2014〕2号）附件2、附件3、附件4予以废止。

附件：

附件1 国家支持发展的重大技术装备和产品目录（2015年修订）（略）

附件2-1 重大技术装备和产品进口关键零部件及原材料商品目录（2015年修订）（略）

附件3 进口不予免税的重大技术装备和产品目录（2015年修订）（略）

财政部　国家发展改革委　工业和信息化部

海关总署　国家税务总局　国家能源局

2015年12月1日

关于改革过渡期国家重点研发计划组织管理有关事项的通知

国科发资〔2015〕423 号

国务院各部委、各直属机构，各省、自治区、直辖市、计划单列市科技厅（委、局）、财政厅（局），新疆生产建设兵团科技局、财务局，各有关单位：

2014 年，国务院印发了《关于改进加强中央财政科研项目和资金管理的若干意见》（国发〔2014〕11 号，以下简称 11 号文）和《关于深化中央财政科技计划（专项、基金等）管理改革的方案》（国发〔2014〕64 号，以下简称 64 号文），对中央财政科技计划以及科研项目和资金管理改革做出了全面部署。

64 号文明确要求，将科技部管理的国家重点基础研究发展计划、国家高技术研究发展计划、国家科技支撑计划、国际科技合作与交流专项，发展改革委、工业和信息化部管理的产业技术研究与开发资金，有关部门管理的公益性行业科研专项等整合形成国家重点研发计划，针对事关国计民生的农业、能源资源、生态环境、健康等领域中需要长期演进的重大社会公益性研究，以及事关产业核心竞争力、整体自主创新能力和国家安全的战略性、基础性、前瞻性重大科学问题、重大共性关键技术和产品、重大国际科技合作，按照重点专项组织实施。为推动国家重点研发计划在改革过渡期顺利实施，根据 11 号文和 64 号文的要求，现就组织管理有关事项通知如下。

一、重点专项的形成机制

国家重点研发计划根据国民经济和社会发展重大需求以及科技发展优先领域，凝练形成若干目标明确、边界清晰的重点专项，从基础前沿、重大共性关键技术到应用示范进行全链条创新设计，一体化组织实施。重点专项的形成机制如下：

1. 根据国家重大发展战略、国家中长期科技发展规划纲要和“十三五”科技创新规划，强化顶层设计，采取自上而下和自下而上相结合的方式，统一组织征集部门、地方、行业等的重大研发任务需求。

2. 科技部通过国家科技计划（专项、基金等）管理部际联席会议制度（以下简称联席会议），会同相关部门，按照党中央、国务院的重大战略部署，对需求征集情况进行全面深入分析，研究提出重点任务布局，充分听取战略咨询与综合评审委员会（以下简称咨评委）意见后，提交联席会议全体会议审议。

3. 根据联席会议审议通过的重点任务布局，科技部会同相关部门和地方凝练形成重点专项建议，组织编制重点专项实施方案。各重点专项实施方案要围绕国家重大战略部署，聚焦重大科学问题和核心共性关键技术，在体现全链条设计要求的基础上，合理部署不同研发阶段的主要任务；要创新组织实施方式，加强协同，结合目标任务测算经费需求，建立多元化的资金投入体系。

4．咨评委召开专题会议，对重点专项实施方案进行咨询评议，提出修改完善意见，并依据专项部署的紧迫性和实施方案的成熟度，按领域提出排序建议。

5．联席会议召开专题会议，对咨评委的咨询评议意见和排序建议进行研究讨论，形成意见。联席会议专题会议的研究结果应向联席会议全体会议报告；如联席会议专题会议存在重大异议，可再次委托咨评委进行咨询论证后，提交联席会议全体会议审议。

6．联席会议提出的重点专项经国家科技体制改革和创新体系建设领导小组审议后，按程序报国务院，特别重大事项报党中央。

7．按照专业机构管理办法的相关规定，遴选确定承担重点专项具体项目管理工作的专业机构。科技部代表联席会议与专业机构签订重点专项项目管理委托协议。专业机构应针对受托管理的重点专项特点和实施方案，研究制定管理工作方案，与重点专项实施方案一并作为委托协议附件。

8．鼓励地方、行业、大型骨干企业与中央财政共同出资，组织实施重点专项，探索由出资各方共同管理、协同推进的组织实施模式，积极支持专项成果在出资的地方和企业推广应用，促进重大成果转化落地。

二、重点专项的项目立项

重点专项下设项目，项目可根据自身特点和需要下设任务（课题）。具体立项流程如下：

1．专业机构按照《关于中央财政科技计划管理改革过渡期资金管理有关问题的通知》（财教〔2015〕154 号）等有关文件要求，依据重点专项实施方案编制概算。财政部会同科技部共同组织重点专项概算评估，并按程序批复概算。

2．科技部会同实施方案编制工作参与部门及专业机构，共同组织专家编制项目年度指南，统一通过国家科技管理信息系统发布。指南应充分体现从基础研究、共性关键技术研发到典型应用示范的全链条部署，并保证基础研究占适当比例；应当依据实施方案进一步提出细化、明确的主要技术指标，但不得限定具体技术路线和研究方案；应当明确项目承担单位遴选方式（公开择优或定向择优），对于定向择优的项目要明确承担单位资质和能力要求。发布年度指南同时，公布编写专家组名单。保密项目要采取定向择优、非公开方式确定承担单位。

指南按项目征集。发布指南时可公布重点专项年度概算，但不先行设定项目预算控制额度。

3．项目申报单位应为具有较强科研能力和条件、运行管理规范、在中国大陆境内注册的、具有独立法人资格的企业、科研院所、高等院校等。专业机构通过国家科技管理信息系统受理项目申报，并负责申报答疑、项目查重、申报材料形式审查等。自项目指南发布日到项目申报受理截止日，原则上不低于 50 天，以保证科研人员有充足时间申报项目。项目、任务（课题）负责人实行限项管理。

4．专业机构按照项目评估评审相关要求组织项目评估评审，项目评估评审专家从统一的国家科技管理专家库中选取。推行视频评审，合理安排会议答辩评审。项目申报材料应提前请评审专家审阅，确保评审的效果、质量和效率。从受理项目申请到反馈立项结果原则上不超过 120 个工作日。

项目评审应当以同行专家为主，吸收海外高水平专家参与，评审专家中一线科研人员的比例应当达到 75%左右。市场导向类项目评审注重发挥企业专家作用。采用视频或会议方式评审的，评审前公布专家名单，强化专家自律，接受同行质询和社会监督。项目申请人和申请单位不得通过打招呼、托关系等方式干扰评审专家的评审活动，一经发现将终止其申请资格，并纳入不良信用记录，情节严重的计入“黑名单”。

5．专业机构完成评审工作后，提出项目安排方案、总预算和年度预算安排方案，并按相关要求进行公示。项目安排方案按相关要求报科技部，预算安排方案按照预算申报渠道报送财政部。

6．科技部对重点专项立项程序的规范性、立项情况与任务目标和指南的相符性等提出意见，反馈专业机构并抄送财政部。财政部按照预算审核程序和要求，结合科技部意见，下达重点专项预算，并抄送科技部。

7．专业机构根据通过合规性审核的项目和预算安排发布项目立项通知，并与项目牵头单位签订项目任务书（预算书）。任务书（预算书）中要明确项目的总体目标和年度目标、经费补助方式、预算金额和支出内容，各项考核指标要与经评审确认的指标相一致，必须“落地”、细化、具体、可考核，能够真正检验项目实施效果。

三、重点专项的项目管理

1．专业机构是重点专项管理的主体，对实现任务目标负责。专业机构负责拨付项目年度经费、组织中期检查（评估）等过程管理工作。对重点专项内的不同类型项目（如基础科学、共性技术研发、应用示范等）实施分类精细化管理，加强相关项目实施的协调互动和整体推进。

2．建立年度报告制度。项目承担单位每年 11 月底前，向专业机构报送项目年度执行情况，执行期不足一年的项目可在下一年度一并上报；专业机构每年 12 月底前，向科技部提交重点专项实施年度报告。

3．根据项目执行情况，任务书签署双方均可提出调整建议，经协商后，由专业机构批复执行。对于可能影响重点专项总体目标实现的重大调整事项，要及时报科技部。

4．项目执行过程中，如遇下列情况之一，应予撤销或终止：经实践证明，研究路线不合理、不可行，或无法实现任务书规定进度，且无改进办法的；执行过程中出现了严重的知识产权问题的；所需资金、原材料、人员、支撑条件等未落实导致无法完成任务的；任务书规定的其他需撤销或终止项目的情况。任务签署双方均可提出撤销或终止建议，经协商后由专业机构批复执行，并及时报科技部。

5．专业机构组织开展项目验收（含业务验收和财务验收）工作，可采取会议验收、视频验收、现场验收、用户和第三方测评等方式进行。项目验收结论分为通过验收、不通过验收和结题三种。其中，按期完成项目目标和任务、经费使用合理的，为通过验收；因主观因素未完成项目的主要目标和任务，或经费使用和管理中存在严重问题的，按不通过验收处理；未在约定时间内完成或因不可抗拒因素未能完成项目主要目标和任务的，按照结题处理。

项目验收工作严格以签订的任务书和批复的调整方案为依据。对于上下游有机衔接的项目群在验收时要有整体设计，强化对一体化实施绩效的考核。验收应于项目到期后 6 个月内完成，不得无故逾期；项目验收结论及成果要及时向社会公开，并纳入国家科技报告系统和科研信用体系。

四、建立协调保障和监督评估机制

1．重点专项实施方案编制工作参与部门应建立统筹协调和保障机制，在重点专项组织实施以及政策协调、资金配置、典型应用示范等方面发挥积极作用，相关部门、地方加强产业和行业政策、规划、标准等与重点专项的衔接。

2．科技部、财政部组织对重点专项实施绩效、专业机构履职情况进行评估评价和监督检查，会同有关部门对项目和资金管理使用情况开展随机抽查。各有关部门和地方要加强对相关承担单位执行科技计划任务和资金使用管理的监督，加强对相关共性技术应用示范的协调督导。专业机构负责相关项目任务执行和经费使用过程管理和监督。

3．科技部、财政部根据绩效评估和监督检查结果以及相关部门建议，提出重点专项的动态调整建议，经咨评委专题会议咨询后，报联席会议专题会议审议。

五、其他相关管理要求

1．强化承担单位法人责任。项目及其任务（课题）承担单位按照法人管理责任制的要求，对项目任务的实施和资金管理负责。要建立健全科研和财务管理等相结合的内部控制制度，落实配套条件，按照签订的项目任务书（预算书），组织任务实施，完成预定目标。

2．严格专家回避制度。咨评委委员及参与重点专项咨询评议的专家，不能申请本人参与咨询和论证过的重点专项项目；参与重点专项实施方案编制的专家，不能申请和评审相关重点专项项目，参与重点专项年度项目指南编制的专家，不能申请和评审相关重点专项该年度的项目，但可参与项目检查和验收工作。项目评审专家的遴选要严格执行相关回避条件和要求。

3. 加强信息公开和反馈。通过国家科技管理信息系统，在形式审查、项目评审、项目立项等计划管理的主要环节及时将进展和结果反馈项目申请者，使立项过程可申诉、可查询、可追溯。除涉密及法律法规另有规定外，立项信息、资金安排情况和验收结果要按规定向社会公开，接受监督。

4. 建立信用管理制度。专业机构应当根据相关规定，客观、规范地记录项目管理过程中的各类信用信息，包括项目申请者在申报过程中的信用状况，承担单位和项目负责人在项目实施过程中的信用状况，专家参与项目评审评估、检查和验收过程中的信用状况，并按信用评级实行分类管理。建立黑名单制度，将严重不良信用记录者记入“黑名单”，阶段性或永久性取消其申请中央财政资助项目或参与项目管理的资格。

5. 推进知识产权保护、成果转化和资源共享。项目参与单位应通过正式协议约定成果和知识产权归属及权益分配，加强知识产权管理和保护，鼓励知识产权应用和有序扩散，促进技术交易和成果转化。建立项目科技资源共享机制，推动重点专项实施过程中购买的科研仪器、产生的科技成果等信息公开、资源共享。

6. 开展国际科技合作和对外开放。鼓励国家重点研发计划项目及其任务（课题）承担单位与境外科研机构开展合作研究；对于重大国际科技合作类重点专项，探索按照对等原则扩大对外开放的合作机制。

7. 继续做好在研项目管理。纳入国家重点研发计划整合范围的各类科技计划（专项）在研项目，继续按照任务书和项目批复执行。相关部门要严格按照原有计划管理办法和实施细则的有关要求，加强过程管理和验收，按时拨付项目经费，做好服务支撑与管理监督工作，确保任务顺利实施。

各专业机构依照本通知制定相应的过渡期项目管理实施细则。科技部、财政部将结合过渡期内重点研发计划组织实施情况进行调整完善，再正式发布国家重点研发计划管理办法。

科技部　　财政部

2015 年 12 月 6 日